文汇传记

悠悠长水

谭其骧传

（精简版）

葛剑雄 著

文匯出版社

图书在版编目（CIP）数据

悠悠长水：谭其骧传：精简版 / 葛剑雄著. — 上海：文汇出版社，2018.2

ISBN 978－7－5496－2338－9

Ⅰ. ①悠…　Ⅱ. ①葛…　Ⅲ. ① 谭其骧-传记　Ⅳ. ①K825.8

中国版本图书馆CIP数据核字（2017）第323735号

悠悠长水

——谭其骧传（精简版）

作　　者 / 葛剑雄
责任编辑 / 鲍广丽
封面装帧 / 王　翔

出 版 人 / 桂国强

出版发行 / 文匯出版社
上海市威海路755号
（邮政编码200041）
经　　销 / 全国新华书店
排　　版 / 南京展望文化发展有限公司
印刷装订 / 上海新文印刷厂
版　　次 / 2018年3月第1版
印　　次 / 2018年3月第1次印刷
开　　本 / 640×960　1/16
字　　数 / 422千字
印　　张 / 26.25

ISBN 978－7－5496－2338－9
定　　价 / 59.00元

求是师求真，要求是求真，必先辨是非真假。要明辨是非真假，关键首在能虚衷体察，弃绝成见，才能舍各宗各派之非之假，修订各宗各派之是之真。

学术之趋向可变，求是之精神不可变。

历史好比演剧，地理就是舞台；如果找不到舞台，哪里看得到戏剧！

譚其驤

目　录

第十五章　荣誉与烦恼

第十六章　最后的奉献

后记

再版后记

精简版后记

引　言

1984年1月3日，先师谭其骧先生为他自己的论文集《长水集》写了一篇自序，在结尾写道："最后需要解释一下这个集子何以要以长水为名。这并无深意，不过因为我是嘉兴人，据六朝人记载，嘉兴在秦始皇以前本名长水。"

在协助先生编辑《长水集》后，我撰写了一篇题为《耕耘历史地理园地五十年的结晶——读谭其骧〈长水集〉》的读书心得（载《历史地理》第五辑，上海人民出版社，1987年），谈到我对"长水"二字的联想："半个多世纪以来，先生在历史地理这块处女地中经过辛勤的耕耘，取得了丰硕成果。今天，先生虽已年逾古稀，还是孜孜不倦，夜以继日，为祖国，为学术，为下一代无私地贡献出余年，正像那长年的流水，始终在滋润大地，催人奋进！"

这一联想和解释得到了先生的赞成。1988年，他收到蔡尚思先生来信，亦将"长水"理解为细水长流。在4月24日给蔡先生的复信中，他写道："《长水集》之长水，在您之前已有人解作细水长流。我看这样解释虽非我原意，却比原意好，我愿意接受。且此解含有祝贺之意，太谢谢了。"

遗憾的是，我们的良好祝愿没有能成为事实。1991年10月18日中午，年逾八十的他突发脑溢血，尽管他的生命顽强地延续到了1992年8月26日，但他的工作至此画上了句号。

1992年8月28日凌晨，就在送走先生的遗体后，我骑车穿行在宁静的街道，赶回学校筹办先生的丧事。先生最后十几年间的工作和生活情景又浮现在脑海，随着车轮的不停旋转，我仿佛从1978年走到了1992年，思绪中最终跳出了四个字——"悠悠长水"。我拟了一副挽联，请中文系的老师修改后，在告别仪式上挂在先生遗像两边：

基肇《禹贡》，功成《图集》，春秋六十汇为悠悠长水；
泽被士林，化导实学，桃李三千仰止巍巍高山。

1993年5月17日晚上，当我整理完先生的遗稿，编成《长水集续编》时，又在编后记的基础上写成一篇怀念先生的文章。当时已是18日的2点，我将文章命名为《悠悠长水——怀季龙先师》，寄往《读书》杂志。

当我准备为先生作传时，我又很自然地想到了这四个字。我相信，先生地下有知，肯定也会赞成以此为他传记的书名。

1980年，《晋阳学刊》编辑部向先生索自传。先生收到后并未置理，我知道后问起，他说："我这一辈子不是念书就是教书，有什么好写？"我说："你觉得很平常的事，在我们看来就不平常；当时看来很平常的事，以后就会变得不平常。"我指着已经发表的几篇别人的自传或传记说："他们不也是念书、教书吗？"其他师友也这样劝他，我还自荐替他起草初稿，终于获得他的首肯。11月1日和7日，他两次给我谈了自己的经历，回答了我的问题。我作了记录和录音，这盘音带如今珍藏在我的书房。12月间，经他改定的自传寄往《晋阳学刊》。稍后我又为他起草了另一篇自传，以后编入"中国当代社会科学家传记"。

此后的十余年间，我作为先生的助手，经常随他外出开会、工作或参加学术活动，有时一年有十多次，有的一次长达数月。在这些日子里，我与他朝夕相处，时承謦欬。由于他已半身不遂，行动不便，我一般都不离咫尺。或于工作之余，或在旅途之中，或当饭后茶余，先生往往忆及故人，谈及往事；我也不时询问，先生总是耐心作答，一时记不得的，以后或许又会提及。时间一长，我对先生的经历行状了解渐深，他也告诉了我一些从未向旁人透露过的私事。至于先生在这十余年间的事，即使我未亲历，他也会及时告诉我。例如1985年至1986年我有一年时间在美国做访问学者，他给我的信上总是详细地写着他身边的情况，最长的信有七页、近万言之多。

记得有一次我去先生处，他正在阅读蒋天枢先生所写的《陈寅恪先生编年事辑》，在有的页上还写有他的批语。他翻到一段让我看，上面写着陈寅恪在"文革"中曾要助手为他作学传，助手迫于形势，只能违心地说"都已忘了"，陈听后说："忘了好，免得中毒。"先生不胜感慨地说："陈寅老真可怜，一辈子的学问没有能传下来。”又对我说：“你随我多年，以后可以将我做学问的方法记下来，把我来不及写成文章的意思记下来。”我表示一定要为他写一部传记，他说可以，“但一定要实事求是，不要因为我是你的老师就尽说好话。”此后，他除了将新完成或发表的文章交我收藏外，还陆续交给我一些旧稿和资料。有时记完日记时对我说：“我是只记流水账，但也不是没有用，以后你可以看。”

先生辞世后，哲嗣德睿兄将全部遗著遗物，包括先生的日记、书信、文稿、照片和有关资料，都交我自由使用。先生的弟弟其飞先生审阅了部分初稿，并详细地解答了我的提问。得知我在写先生的传记，谢兴尧、胡厚宣、周一良、王锺翰、洪廷彦、胡绳武、张允和、邓锐龄、吕东明、刘宗弼、高德、王煦华、徐常太、邹逸麟、赵永复、张修桂、史为乐、周振鹤、刘统、靳润成等前辈、师友，或向我提供了先生的书信或有关资料，或接受了我的采访。这些都弥补了我原来了解的不足，也为传记能尽可能符合先生实际提供了有利条件。

遵照先生的嘱托，传记应该完全尊重历史事实，做到实事求是。这就要求我站在第三者的立场上，客观地记录事实，公正地发表议论。所以尽管先生是我的恩师，我们之间有割不断的感情纽带，但在撰写传记时我只能将他作为传主，作为一位历史人物。出于这样的目的，也为了行文的便利，传记中省略了一切尊称。但我并不回避我所经历或与我有关的事实，并大量采用了先生直接告诉我的各种情况，我想这也是实事求是的态度。

卷 首

1992年3月，我在处理谭其骧的来信时，见到了一封2月21日发自美国传记研究所的信件，通知他已入选该所将在1993年中出版的《500位具有重大影响的领袖人物》，这是该所为庆祝成立25周年而编辑出版的世界性名人录，仅收录以往四分之一世纪间对国际社会产生重大影响的精英，即富有想象力、智慧和社会责任感的领袖人物。

当时的谭其骧已躺在上海华东医院三楼一间单人病房中，去年突然发作的脑溢血，加上1978年就开始的脑血栓，使他完全丧失了说话的能力，手脚也不能自由行动。我将信件放在他眼前，大声告诉他这一消息，他似懂非懂地看着我，和平时一样紧紧地攥着我的手，嘴里发出谁也无法理解的声音。或许他已经听懂了我的话，或许他根本不知道，我无法肯定，因为直到六个月后逝世，他再也没有说过一句话。我曾经试图让他用点头摇头或眨眼的方法表达意见，或者在他比较能活动的右手夹上一支铅笔，但都失败了。

当《文汇报》刊出这条消息时，大多数注意到的读者感到很意外：谭其骧，历史地理学家、中国科学院学部委员、复旦大学教授，《中国历史地图集》主编，凭这些就能成为过去25年间世界上最有影响的500人之一吗？也有些人知道《中国历史地图集》是一本重要的书，但编一本书就有那么大的贡献和影响吗？

和绝大多数科学家一样，谭其骧只为少数人所知。要是他没有主编过《中国历史地图集》，知道的人必定会更少。

他的经历很简单，从6岁开始到82岁逝世都没有离开学校——先是读书：私塾、小学、中学、大学、研究院；再是教书：辅仁大学、燕京大学、北京大学、学海书院、清华大学、浙江大学、复旦大学，而从1950年以后的42年间，他的工作单位就一直是复旦大学。

他的工作也很单纯,从20岁登上讲台,就是上课和作研究。

虽然他上课的内容万变不离其宗,不外乎中国古代史、中国历史地理、中国地理、文化史、社会史,但听课的对象却形形色色:本科的,专业的、非专业的,硕士的、博士的,抗战时给国军的将官班上过地理课,1963年给林彪的妻子叶群讲过历史地理,"文化大革命"中给工厂的工人上过历史课,也给当时由周恩来总理特批的两位外国留学生之一、诺贝尔奖得主李政道之子李中清单独上过课,晚年还给不少学术界人士和党政官员作过学术报告。

他的研究领域虽广,也没有超过所讲的范围,他作考证,搞调查,写论文,编地图,与其他历史学家和地理学家并没有什么不同。他藏书逾万卷,但都是普通版本,并没有什么珍本秘籍,这就是他写论文的主要依据。他也查各种地图,包括打上"内部""机密"字样的大比例尺地图,但其他研究人员也都能看到。晚年的他看到了我们用电脑打印的文稿,但他的左手已经不能运动自如,否则,他说也会学习电脑,所以他终身用笔——毛笔、钢笔、圆珠笔、铅笔,也与常人无异。但他编的地图集出自毛泽东主席的提议,先后为这部地图集作过指示、参与过领导、解决过问题、表示过关心的有周恩来、胡耀邦、李先念、胡启立、胡乔木、吴学谦、郭沫若、范文澜、吴晗、胡绳等,也有林彪、康生、陈伯达、王洪文、张春桥、姚文元等人,曾经惊动过中共中央书记处、外交部、中国社会科学院、中共上海市委和数以十计的有关省市自治区或更基层的政府,也引来过海外的大量报道、外国政府的关注和驻华大使馆的照会。

他写的论文、作的报告都是复原过去,却关系今天的生态环境、防灾减灾、国土整治、经济开发、文化建设和学术繁荣,关系到黄河、长江、海河、运河、太湖、洞庭湖、鄱阳湖、渤海湾、上海沿海的未来。

他一生没有做官,民国年间没有出任过任何官职,新中国成立后也没有,但他在复旦大学担任的历史系主任、中国历史地理研究所所长或许能算成正处级干部。他在16岁时有过一段短暂的革命史,当了不足一年的共青团员。新中国成立后他是九三学社成员,一度任复旦大学支社的主任委员,晚年获得"中央参议委员"的荣衔。年过七十才加入了中国共产党,是一名普通党员。他还当过全国人大代表、上海市政协常委,不过谁都知道,这些都不是什么官。

从17岁以后,他就不想再问政治,但政治没有放过他,特别是在新中国成立以后。他的一生经历了五卅运动、上海工人第三次武装起义、四一二事变、九一八事变、七七事变、抗日战争、解放战争、新中国建立,也经历了土地改革、三反五反、思想改造、反胡风集团、整风"反右"、大跃进、批判资产阶级学术思想、三年困难时期、社会主义教育运动、无产阶级"文化大革命"、打倒四人帮、拨乱反正、解放思想、反对资产阶级自由化、改革开放。历史给他留下了风霜雨露的印记,他与中国一起度过了翻天覆地的82年。

我曾经设想过:要是谭其骧17岁后继续参加革命,他可能成为中国共产党或政府的高层领导,干一番惊天动地的事业。要是他新中国成立后更积极地参与政治,他完全可能担任大学校长或更高的职务。要是他在1978年没有得病,要是他有更好的工作和生活条件,《中华人民共和国国家历史地图集》和其他重大项目就能在他手中完成。要是那天他没有倒在地上,或者得到更及时地抢救,或许他能活到今天。但历史不需要任何假设,历史造就了一切,要是这些假设成立,也就没有谭其骧其人其事了。

本书要写的,就是谭其骧的一生。

第一章

家世和童年

谭氏出于春秋时的谭国(今山东章丘市)。据谭氏族谱记载：嘉兴谭氏的先人是明初从湖南迁至浙江山阴县(今浙江绍兴市)的。大约在明朝弘治(1488—1505年)、正德(1506—1521年)年间，谭仲斌迁至嘉兴，成为嘉兴谭氏的始迁祖。但谭其骧在1987年5月18日所写谭氏世系称："山阴谭氏于南宋初迁自河南西平，传七世有讳定者，避兵役移居嘉兴，是为嘉兴谭氏之始迁祖。西平以前无考。"看来，谭氏自山阴迁至嘉兴，时间在明中叶是没有问题的。

嘉兴谭氏的第六代是可贤、可教两兄弟，可贤一支到万历年间出了一位进士谭昌言(八世)，官至常熟知县、山东莱登道副使。其子贞默(九世)于崇祯年间中进士。十世有谭吉璁，官至山东登州府知府，康熙年间举博学鸿词科。这是谭氏最辉煌的几代，使谭氏成为嘉兴的望族。谭昌言当时还确定了此后子孙按"贞吉有孚，君子之光，日新其德，衍泽维长"16字排行(《谭氏家谱》所载16字的前八字为"文章华国，诗礼传家"，但从实际名字看，显然没有采用此八字)。但从此以后，谭氏长期衰败，"百年之中几无一个青其衿者"，连秀才、举人都没有再出现。经济上的拮据更使族人外出谋生者增加，往往就此失去联系，在族谱上只能注上"失考"。还有好几支"不娶无嗣"，看来主要也是因贫困所致。到太平天国时期，可贤一支在嘉兴的族人只剩下30多人。

盛极而衰的家庭

可教一支则一直默默无闻。在谭昌言中进士时，这一支的八世祖谭正言却已弃学从商，只是因经营不善，屡屡亏本，以至家业凋零。其子贞谅在商场一度得手，但由此招致族人疏远和反对，最终仍归失败。以后屡世务农，生活贫穷，直到第十四世谭子铨又"弃儒服贾"。谭子铨的经营本小利微，临终时仅给年少的之松兄弟三人留下一家京货铺，家产总共才值600串钱。道光八年(1828年)，谭之松(声扬)将京货铺交给弟弟，自己创办成衣铺，但第二年嘉兴大灾，粮食歉收，市面萧条，成衣生意清淡。谭之松死后，20岁的长子光熙率兄弟四人全力经营，经过20年努力，终于事业有成，不仅在嘉兴站稳脚跟，还将业务扩大到苏州一带。咸丰十年(1860年)，太平军逼近嘉兴，正在苏州经商的谭光熙星夜赶回嘉兴，集合族人，外出避难。谭氏家族先后避居桐乡晏城、平湖新仓，最后到达上海。当时上海已聚集大批江浙富室巨商，谭光熙感到发展余地有限，当他得知汉口局势已趋稳定，与战地的物价有很大差额时，当机立断，包租一艘外国轮船，兄弟五人迁往汉口。他们到汉口后就开设了估衣铺，买卖旧衣物。由于在战乱中富户抛弃变卖和军队盗匪劫掠到的衣物饰品极多，无不急于脱手。他们低价收进，高价售出；或者在汉口购进，运往上海出卖，获利丰厚，数年间资产猛增。同治三年（1864年）战争结束，谭光熙兄弟衣锦还乡，举家东归。谭氏兄弟分别在嘉兴、上海、松江设店，合力经营，成为嘉兴首屈一指的富商。光绪五年（1879年），谭氏兄弟以15 800两白银的巨资建成谭氏祠堂和慎远义庄，是当时嘉兴城内最大的建筑。他们又在平湖县购置义田1 020亩，用以维持祠堂和义庄的日常开支，如祭祀祖宗，祭扫祖坟，修造家谱，赡养贫困族人，资助子弟教育等。兄弟五人又在杭州灵隐寺后购置坟地，死后合葬于此。谭氏家业鼎盛，社会地位也显著提高，如谭光熙的侄儿日休（光勋之子）娶大臣许景澄之五妹为妻。

据说谭氏兄弟当初选定灵隐寺后这块“吉地”时，风水先生看后连连说好，但又说万一今后灵隐寺的屋脊超过了坟地的高度就会败了谭家的势头。为了此事，谭家专门请人到灵隐寺大殿内观察，见屋柱所用木料已经十分高大，大家认为即使今后再造大殿也找不到更高的木料，屋脊无论如何不会超过坟地。岂料以后灵隐寺大殿因失火重建时，竟从美国进口了高大的洋松，重建成的大殿屋脊居然超过了坟地。这使谭氏族人产生了不祥的预感，不久家道果然中落。到了“文革”，这块与谭家兴衰攸关的坟地已被夷为平地，荡然无存了。

其实，使谭家的产业受到最沉重打击的是火灾，汉口和上海的估衣铺都曾被大火烧得一干二净，嘉兴的店铺也曾遭受火灾。而使谭其骧家这一支败落的祸首却是他祖父谭日森。

光字辈五兄弟共有十个儿子，即日字辈十房。长房、三房定居上海，二房曾居上海，但不久就迁回嘉兴，其余各房大多在嘉兴。

谭日森是日字辈第八房，字蔼如，号爱萱，生于清同治壬戌（1862年）八月，光绪甲午（1894年）中了举人，成为谭家弃商入学的成功者。历任清朝驻欧洲各国公使、总理各国事务衙门大臣许景澄曾请谭日森担任他的私人秘书，代拟书翰，但时间不长。谭日森娶比他年长七个月的平湖朱氏，生有一子二女。光绪庚子（1900年）闰八月朱氏卒后，谭日森又娶继室钟氏。钟氏生于同治丁卯(1867年),生一女。后又娶侧室汪氏。谭日森讲究排场,又好赌。父辈创下的一份产业,在谭日森手中已挥霍殆尽。当时嘉兴城内的几位举人都是有名的赌客,所以城里人称举人为"赌鬼"(嘉兴方言"鬼"读如"举")。

谭日森的独子新润生于光绪辛巳(1881年),字公泽,号步声,又名蒲生、蒲僧,别署谭天、天风。谭新润于光绪己亥(1899年)娶王文毓为妻,次年二月生下长子其玉。王文毓是江苏吴江县平望镇人,她的大姐嫁给盛泽郑家(世泽堂),生下郑之藩(桐荪)和郑之瑛(佩宜),郑桐荪是著名数学家陈省身的岳父,而郑佩宜是柳亚子的夫人。与上一辈一样,王文毓也长谭新润一岁。就在谭新润考取秀才不久,清朝宣布废除科举,一时间浙江士人纷纷东渡寻找出路。谭日森和谭新润父子都加入了留学日本的行列,谭日森不愿意学日语,好在日本为吸引中国留学生,设有不需要讲日语的学校,谭日森选择了这类学校学习警察事务,不久就返国。他回国后并没有当警察,却凭着举人和留学生的双重身份当了嘉兴府学堂监督。以后退休在家,1918年病故。谭新润入东亚铁道学校攻读铁道管理,毕业回国后应聘任京奉铁路皇姑屯车站站长。

谭日森的三个女儿,长女家璜和次女家骥都是朱氏所出,家璜适海盐大族兼富商三乐堂冯氏季侯,家骥嫁嘉善监生孙家。三女为钟氏所出(一说系领养),名不详,字馥芝,适本地世代业医的金诵盘。金诵盘先在嘉兴开诊所,以后到上海行医,与戴季陶私交甚深,经戴的介绍而为蒋介石治病,以后在南京国民政府军医署任职。金诵盘的儿子就是前几年因被蒋纬国称为结拜兄弟而名噪一时的金定国,但谭其骧第一次在《团结报》上见到这条消息,着实吃了一惊,因为他以往只知道这位姑父为蒋介石治花柳病,却从未听说过他与孙中山有如此深的关系,更不是什么"四大干部"之一。谭其骧生前多次告诉笔者,他这位表弟的"回忆"和由此产生的大量报道只能当小说看待。

皇姑屯车站本来只是奉天(今沈阳)城郊一个普通小站,以后因张作霖在此被日本特务炸死而成为中国近代史上的重要地点。宣统三年正月二十六日(1911年2月25日)谭其骧就出生在皇姑屯车站站长宿舍。当时,谭新润已有三子二女,谭其骧在儿子中排行第四,按家族大排行取名其骧,以"虎步龙骧"之义,字季龙。因生在奉天,号奉甫。但第二年谭新润因突发脑血栓而无法工作,只能辞职携眷南归,所以奉天和皇姑屯车站没有给谭其骧留下任何印象。

谭新润回嘉兴后,在家养病多年才逐渐痊愈,但已落下了半身不遂的残疾。他在嘉兴县公署当了几年科员,又担任了一年多由嘉兴商界主办的《嘉兴日报》的主笔，1924年江浙齐卢战事起，报纸停办，就一直赋闲在家。谭家住在嘉兴城内芝桥街24号，是谭日森置下的一幢二层楼房，有二三百平方米的面积，加上谭家人口多，给外界的印象依然是世家大族。实际上由于谭新润长期患病，又没有固定收入，坐吃山空，谭家已只剩下这座房子的外壳了。谭其骧幼时听得父母发生争吵时，父亲常说的一句话是："一家人家已经败完了，还吵点啥？"

谭新润善诗词，曾参加南社，《南社丛刊》载有其作品。自定有诗文集《弯弧庐集》(因中风后言语不清，家人以嘉兴方言戏称之为"弯葫芦"，遂以其谐音为室名)，姨甥婿柳亚子为之作序，但未刊印，在抗日战争中散佚。

谭新润学贯新旧，兼通文理，谭其骧自幼耳濡目染，获益不小。例如他们兄弟之间常以全国地名互相考问，某地应在某省，某县周围是哪几个县，然后以地图或书籍核对，确定胜负，这自然与当过火车站站长的父亲有关，但无形中使谭其骧增加了对地理的兴趣。由于谭新润当报纸主笔，使他家成了嘉兴第一批电话用户，给少年的谭其骧打开了一扇现代文明的窗户。

发蒙海盐　求学秀州

谭其骧五岁时，家里已有兄弟姐妹八个：谭其骧的大哥其玉（麟伯，号迦甫，生于1900年）、大姐其端（淑庄，生于1901年）、二姐其昙（优华，生于1903年）、二哥其来（斌甫，生于1905年）、三哥其翔（勉之，号勉甫，生于1908年）、大弟其猛（啸甫，生于1914年）、二弟其飞（忌飞，盛甫，生于1916年）和他本人，母亲难以照料。海盐的姑母只有一个女儿，遂将他接至海盐冯家寄养，第二年随表姊入家馆识字。冯家为海盐巨室，又是开酱园的富商，所居绮园，俗称冯家花园，擅名浙中。谭其骧在冯家住了三年，姑母因自己无子，想立他为嗣，姑父也赞成，但遭到族人反对，只得作罢。

姑父母虽未能立他为嗣，但对谭家的资助一直没有减少，特别是在谭其骧上大学期间。另一方面，谭新润对冯家立嗣一事仍未绝望。1933年7月，姑父冯季侯突然病故，生前所留遗嘱没有提及立嗣，谭家的一线希望才最后破灭。

谭其骧回嘉兴后，即进谭氏义庄所设私立谭氏慎远小学，仍从一年级读起。在读完三年级时，谭新润嫌他上学太迟，让他跳班进入县立第一高等小学。1921年秋，谭其骧由高小毕业，考入基督教会所办的秀州中学。当时嘉兴城内只有两所中学，一所是省立第二中学，离谭家相当远；另一所就是秀州中学，就在谭家后门附近，步行仅两三分钟，所以就考了秀州中学。入学后第一年读的是旧制，是不分初高中的四年制。第二年改行新制，即初中、高中分段，各三年。学校采取考试分班的办法，读过旧制一年级的学生经考试，按成绩高低分入高一或初三，这使谭其骧在读了一年中学后就成了高中一年级的学生。

第二章

短暂的革命和大学生活

1925年5月30日，上海发生震惊中外的“五卅惨案”，引起了全国各地的反帝高潮。离上海不远的嘉兴很快受到影响，在一向平静的秀州中学里，开始出现反对学校当局的言行。当时，谭其骧的大哥其玉在上海工厂当职员，常将《新青年》《向导》等进步刊物带回家中，使他从这些刊物中接触到了革命思潮，更激起了对帝国主义列强的仇恨。1926年夏，在高二下学期即将结束时，为了抗议学校对学生的压制，谭其骧和班里一些同学同盟退学。后来有的同学在学校和家长的劝诱胁迫下复学了，但谭其骧和另外几位同学仍坚持退学。就这样，他在不满15岁时就结束了中学生活。

当时谭新润已失业在家，全部家产只有一所房屋和一两千元股票，就靠一半房屋出租的租金和股票的红利维持全家十多人的生活，处境相当窘迫。谭其骧的大哥毕业于中等工业专科学校，二哥、三哥连中学也未毕业，大姐、二姐只读完小学。在谭其骧退学后，正好上海一家无线电公司招收练习生，家中就要他去报考，但他对无线电毫无兴趣，就故意不认真考试，结果自然没有被录取。他不愿再上其他中学，就到上海，考入了上海大学社会系。

按照家里的经济条件，谭其骧无论如何是上不起大学的。但就在前一年，谭氏宗族义庄做出了一项新的规定：凡族中子弟就读中学、大学者，每年均给予一百元的补助。他的两位姑母又答应每年资助一百元，加上家里挤出几十元钱，才凑足了学杂费和食宿费，使他成为兄弟姐妹中第一位大学生。以后他的两个弟弟其猛、其飞也这样读上了大学。

革命大学中的革命生涯

上海大学是国共合作的产物，由共产党人瞿秋白、恽代英、萧楚女等人先后执教，是当时上海一个传播马克思主义的堡垒，也是共产党人培养进步青年的基地。但上海大学在社会上的名声，自然不能与其他名牌大学相比；在守旧者的眼中，更是一所很不正规的“野鸡大学”；因此谭其骧的许多亲戚长辈都反对他报考。好在谭新润毕竟受过新式教育，对新事物并不反对，对子女的兴趣爱好一贯采取听其自然的态度，从不干预他们上什么学校、选什么专业，以至在谭其骧读大学二年级时，他还不知道儿子学什么专业。因此尽管反对者居多，谭其骧还是自作主张进了上海大学。

当时上海大学已在郊区江湾建新校舍，临时校舍和学生宿舍则还分散设在闸北青云路宝山路口的几幢民房里。谭其骧住在宝山路西一条弄堂的宿舍内，在他内室有一位来自江苏南通的中文系同学于绍杰。由于房间小，于绍杰每次进出时都要从谭其骧的铺前挤过。于绍杰是目前所知谭其骧唯一一位健在的上海大学同学，是广东省农业科学院的离休干部。80年代上海大学重建时，曾在上海寻找当年上海大学旧人，据说在上海仅找到谭其骧与施蛰存二人。当时主持校务的是陈望道，教授主要有李季、施复亮（存统）、郑振铎、沈雁冰（茅盾）等，曾经担任过教授的瞿秋白等已经离校。上海大学有共产党和共青团（CY）组织，谭其骧进校不久就参加了共青团。除了开会、讨论等活动外，共青团员经常在闸北一带张贴标语，散发传单，在马路上和茶馆中向群众演说。孙传芳的“大刀队”不时出没，团员们得随时注意，一有动静就散入小路，或从弄堂中溜走。

1927年春新学期开学，学校迁至江湾，但北伐军已逼近上海，时局紧张，没有开课。谭其骧和同学们成了职业革命家，天天在闸北街头做宣传。3月21日，上海工人配合北伐军，举行第三次武装起义，上海大学同学跟随队伍呐喊助威，并参加救护伤员。在攻打北火车站时，一位指挥员让谭其骧随同，临时发给他手枪一支，但到达不久车站就已攻克，他的手枪还没有使用就交回了。北伐军进入上海后，谭其骧和同学们又多次参加群众大会，他们沉浸在胜利的喜悦和振奋之中，革命热情更加高涨，对即将到来的反革命风暴完全没有思想准备。

每年清明，谭氏合族老小都要去杭州扫墓，往返费用和在杭州的食宿都是由义庄负担。17岁的谭其骧舍不得放弃这个免费游玩杭州的机会，作为一名普通团员他也不了解局势的严重性，就在4月初向团组织请假去了杭州。他和家人在杭州住了一个星期，归途中又在家乡嘉兴停留了几天，回到上海已是“四一二”政变以后，上海大学已被蒋介石当局封闭。谭其骧从学校取出行李寄存在大哥处，带上随身用具，过上了革命流浪生活。为了与组织保持联系，也为了躲避敌人的追捕，他们几乎每天换一个住处。最后，他和一位姓康的宁波籍同学住进了一位负责同志租的公寓，这位负责同志因风声很紧已在事先撤离。两三天后的黎明时分，一伙拿着手枪的便衣闯进屋来，当发现他们要逮捕的人已经不在时，就抓走了谭其骧和康某。他们被押送到设在引翔港一所停办的医院里的宪兵司令部，分别囚禁，被提审了几次。由于所有的文件事先都已销毁，敌人没有找到任何证据，他们又不是搜捕的对象，所以每次提审时只是恐吓诱骗。他俩自然不会上当，一口咬定是因为学校被封，没有住的地方，才住到那人的空房中去的。一星期后，同学陈广云得到他们被捕的消息后，立即通知了谭其骧的大嫂。大哥闻讯后赶到宪兵司令部营救，经办人大概觉得这两个十七八岁的小伙子没有什么油水，在收了100块钱后就同意保释。

出狱后，康某回了宁波，谭其骧暂住在曹家渡他大哥工作的工厂里。他两次到闸北寻找组织，但所有认识的同志都已转移，没有得到什么线索。这时，家里得知他的消息，来信催他立即回嘉兴。在上海没有工作，大哥厂里也不便久住，他只得返回故乡。

暨 南 三 年

两星期后就到了暑假，谭其骧决定重新报考大学，结果考上了上海暨南大学中文系。在此前的6月，南京国民政府教育行政委员会刚派郑洪年接管设在真如的国立暨南学校，后任命郑为校长。郑主持编订《国立暨南大学计划大纲》，准备用六年时间，分三期将该校改组、扩充为“三院鼎立、六部具备的华侨最高学府”。谭其骧之所以选择暨南大学，是考虑到自己高中少读了一年多，大学一年又没有上过多少课，要考名牌大学把握不大，而暨南大学虽是国立，却新组建，并以招收归国华侨子弟为主，录取要求相对较低。当年暨南大学招生两次，谭其骧参加了第二次，于8月4—18日报名，19、20两天考试。25日上海《申报》刊出录取名单，谭其骧的名字出现在文哲学院中国文学系录取的九人之中。

开学到暨南大学报到后，谭其骧仍然没有放弃与组织接上关系的念头。有一次偶然打听到上海大学一位同学的地址，他估计此人与组织有联系，就给他写了信，却如石沉大海，杳无音讯。几个月下来，连熟人都遇不到一个，他绝望了，给短暂的革命生活画上了句号，走上了另一条道路。谭其骧晚年曾与我谈及这段经历，我问他：“要是当时与组织接上了头，你会不会再干下去？”他说：“当然要干。”“四一二后，蒋介石镇压共产党很厉害，共产党人被抓被杀那么多，你就不怕吗？”“当时一点也没有想过。”我问：“如果你那时找到了组织，继续参加革命，现在大概是党和国家领导人、无产阶级革命家了，至少也应该是部长级干部了。”他想了想，笑着说：“但也许早就死了，或者成了党内的反革命。”是的，历史是无法假定的。无论如何，历史使他错过了革命的机会，却给中国造就了一位杰出的历史地理学家。

1930年夏，暨南大学毕业照。左起：黄永标、谭其骧、史猛

开学后第一学期，中文系主任是夏丏尊，他自己教一年级国文，余上沅教英文，沈端先（夏衍）教第二外语日文，开课的教师还有林语堂、张凤等。夏丏尊一贯提倡新文艺，上课讲的也是新文学，因而深受谭其骧的尊敬和欢迎。直到晚年，他还清楚地记得，夏丏尊上第一课时首先声明自己的名字是丏尊，不是丐尊，丏读音缅，意思是被遮蔽，看不见；但没有说他为什么要用这个字为名。谭其骧对新文学的兴趣很大，假日常到福州路书店买小说和文学期刊，还尝试写过小说，其中一篇《给我的小弟弟》发表在《国立暨南大学中国语文学系期刊》。夏丏尊对青年学生十分热情，谭其骧也乐意和他亲近，常在课后找些问题请教。夏丏尊对谭其骧的习作很赞赏，学期中间曾带领他和班上同学

到市区一家餐馆与鲁迅见面，聚餐前进行了座谈。新中国成立后，曾经参加过座谈的中文系同学黄永标还清楚地记得鲁迅谈话的内容，接受过不少次采访。或许是因为以后的兴趣不在文学，谭其骧对鲁迅当时说了什么话已完全没有印象，甚至无法判断黄永标说得对不对。

这位黄永标一度出家为僧，因而被谭其骧称为“和尚同学”，“文革”前后不时到谭其骧家中走动，谭其骧常在可能条件下给予资助。1979年4月5日，谭其骧曾为黄永标致书赵朴初，促使替他落实政策。但黄永标没有等到这一天，在次年1月25日病亡。在他死后一周，杭州市佛教协会汇来了第一笔二月份的生活费23元。

林语堂上的课给他印象最深的并不是讲的内容，而是烟瘾：由于林语堂的烟瘾极大，在课堂上往往忍不住，但又不便在讲台上面对学生抽烟，常常讲着讲着突然停止，不声不响地躲到教室角落对着角落抽上几口，待过足了瘾再捺灭烟头，重上讲台继续讲课。

以谭其骧的激进思想和对新文学的热情，加上他出众的才华，当时完全可能在夏丏尊的引导下走上文学创作的道路，成为一名新文艺的斗士，但半年后的变化又改变了他的方向。第二学期开学，夏丏尊因故去职，中文系主任换了陈锺凡。谭其骧当时的看法，陈锺凡是崇尚旧学的，擅写古文，请来的教授如陈柱、龙沐勋等也是比较守旧的，他们上课都是讲旧学，深为谭其骧所厌恶。于是他串联了班上同学，联名上书校长郑洪年，要求撤换“顽固派”陈锺凡，还在饭厅前张贴大字报，攻击这些“冬烘”教授，大字报都是由他一手起草的。校方自然不为所动，他们换来的只是教务长的召见和一顿训斥，系主任依然是陈锺凡。

到1928年秋季开学，谭其骧再也不愿在中文系读下去了，好在学校允许转系，他就转入了外文系。外文系主任是叶公超（崇智），加上当时普遍重视外文，在一般人看来，能转入外文系自然是幸运的。谁知才上了两星期课，谭其骧又转系了。

原来学校新成立了历史社会系，贴出布告招生。不过这一次谭其骧却寝食不安地思考了好几天，究竟要不要转？当时不少人对他的转系打算不以为然，劝他慎重考虑，最后他还是决定转入历史社会系，主修历史，兼修社会学。或许是书香门第的潜在影响，但主要还是他对自身能力的估计。原来经过一年的学习，他发现自己形象思维的能力有限，却长于逻辑推理，搞文学创作未必会有成绩，研究历史倒相当合适，因此他做出了决定他未来的关键选择。就在这一年，谭其骧写下了这样的话：“其骧十五以前浑浑噩噩，十六十七献身革命，十八而志于学，从今而后，矢志不移。”

他的选择是认真的，以后的事实也证明，他的选择是正确的。

历史社会系第一任主任是黄凌霜，1928年秋由程憬（仰之）[①] 代理，1930年春以后又换了许德珩（楚生），教师有孙本文、邓初民、潘光旦、周传儒、王庸（以中）、徐中舒、方壮猷等人。程憬教中国古代史，传播的是当时风靡一时的以顾颉刚为代表的疑古学派观点，使谭其骧感到很新鲜，对顾颉刚十分向往。程憬还经常邀谭其骧去他家，谈疑古学派，谈做学问的方法。在他的鼓励下，谭其骧开始翻线装书，他到福州路买书时也转而选购史学书籍了。徐中舒、王庸、方壮猷都出身于清华大学国学研究所，深受王国维、梁启超的学术思想和学风的熏陶，他们的课又使谭其骧受到考据方法和史学理论方面的训练。

另一位对谭其骧有重要影响的教师是潘光旦。潘光旦是著名的社会学和人类学家，他开的两门课——社会学基础和种族问题，谭其骧都选了。潘光旦讲课非常动听，对学生极有吸引力。尽管谭其骧没有完全接受他的优生学理论，对他的很多见解却完全赞同，并经常提出一些问题求教，潘光旦也很乐意作指点和讨论。他们讨论的范围很广，如移民问题、血统与人口素质的关系、汉族与少数民族的交流和同化、江南的宗族、一些民族和地方人口的来源等。虽然限于谭其骧当时的知识，这些讨论不可能很深入，但给谭其骧留下了深刻的印象，以后他一些重要的论文的观点就是在这些讨论的启发下产生的。谭其骧将一套《谭氏宗谱》送给潘光旦，成为潘光旦写《明清嘉兴的望族》一书的资料来源之一。谭其骧的毕业论文就以《中国移民史要》为题，由潘光旦指导完成，并得到潘的激赏。他一直保存着这两册论文原稿，上面留着潘光旦用红笔写下的批语。1988年，他得知我开始撰写中国移民史，就将这两册文稿赠给了我。

对另一些教师的课谭其骧却不欢迎，如孙本文的文化社会学，他感到只有空洞的理论，没有实际内容。1929年秋季开学，许德珩请来了马哲民和一位姓

---

① 笔者曾据先师遗稿作“陈憬”，近承顾潮女士指正，并承北京大学中文系陈泳超教授查阅相关史料予以证实，特此说明，并致谢忱。

牟的教社会学，谭其骧觉得更讨厌，就施展出反陈锺凡的本领，带头哄赶，结果把姓牟的教师气走。当时学生赶走教师的现象并不少见，但像他这样三年中两次带头闹事的学生也不多，所以给许德珩留下很深印象。以后许德珩当了暨南大学的教务长，社会历史系又发生哄教师的事，他马上就问："是不是又是谭其骧带的头？" 其实，谭其骧已提前毕业离校了。

那时暨南大学的风气相当自由，学校对学生没有什么管理，上课一般不点名，不上课也没有人管，课外的生活和活动更完全自由。许多选修课都不考试，只要交一篇论文就可以作为修毕该课的成绩，而论文是否由学生自己撰写无人检查。谭其骧在期终时总要为几门选修课同时写上几篇论文，除了用一篇作为自己的成绩外，其余就供因病因事或写不出论文的同学署上自己的名字上交。

暨南的体育运动相当有名，尤其是足球，拥有名将陈镇和等人，但谭其骧对体育没有兴趣，课余生活一般是聊天、散步、上咖啡馆。晚饭后外出散步，经常是向西至杨家桥折回，假日还到较远的大场镇、南翔古猗园、江湾叶家花园游玩。他也很少看电影，因为学校在真如火车站铁路以北，电影院在四川路，往返路程太远。不过如有南国社的话剧和京剧名角的演出，他还会跑到市中心去看。散戏后到北火车站旁宝山路坐"野鸡汽车"（无营业执照）回学校，每人只收小洋二角，坐满就开，相当方便。学校虽有食堂，但多数学生喜欢到铁路以南小街上小饭馆吃包饭，每月花十元钱多一点就够了。

谭其骧能够提前毕业，得益于暨南大学的学分制，学生读满规定的学分就能毕业，而且不仅在中文系的学分算数，连他在上海大学一学期的学分也得到承认，加上他选课较多，所以在社会历史系实际读了两年，到1930年夏天就符合毕业条件了。他的班级有五名学生，其余四位是江应梁、陈源远、许震球、刁焕国，都是下一年毕业的。江应梁毕业后留校当了助教，1937年去广州中山大学读研究生，后即在该校任教，1948年后一直在云南大学当教授，是一位著名的西南民族史专家和人类学家，1988年逝世。陈源远毕业后也进了燕京研究院，毕业后任职于苏州江苏第二图书馆，1934年2月《禹贡》半月刊首发时，封面上所列代售处中就有他的单位和名字，显然是作为两位编辑之一的谭其骧所联络。以后陈长期在江苏水利机构任职，又改名陈从天，退休后住在南京，1981年谭其骧曾与他在南京会面。许、刁二位在毕业后不久就失去联系。

毕业时的谭其骧已经选定了治学的目标，决定到故都北平攻读史学。程憬将他推荐给燕京大学研究院。燕京研究院录取研究生不通过考试，只审查大学成绩单和推荐书，谭其骧很快收到了录取通知，在1930年9月登上了北行的火车。

第三章

「应列第一」的燕大研究院毕业生

当时，首都虽已南迁，但故都北平依然是人文荟萃的文化中心，不仅文物典籍极其丰富，而且清末和五四以来的著名文史学者大多在北平的大学中执教，清华、北大等校更是名流如云，极一时之盛。谭其骧对顾颉刚仰慕已久，又得到程憬的介绍，自然就以燕京大学为首选。燕京大学在北平西郊的海淀，校址就是今天的北京大学。

谭其骧一到燕京，就拿了程憬的介绍信到学校附近成府蒋家胡同9号顾颉刚家中拜谒。那时顾颉刚虽才38岁，但已是声望很高的学术领袖，除任历史系教授外，还兼任国学研究所研究员和学术会议委员、中央研究院历史语言研究所特约研究员，并在北京大学历史系兼课。出乎谭其骧意料的是，顾颉刚这样一位名教授对一位素不相识的学生的态度竟如此诚恳而热情。

师生之争：步入学术之始

新学期开始，谭其骧选了顾颉刚开的课“中国上古史研究”，内容是《史记》本纪和世家的研究实习，同时听课的有国学研究所、历史系、中文系的20余人。与他流畅的文笔相反，顾颉刚上课的口才很差，有时还有些口吃，以后他讲《尚书》中“若稽古帝尧”一句的口气甚至被俞大纲在背后模仿，引起同学大笑。但顾颉刚经常与学生个别谈话，无论学生成绩优劣、水平高低，他都能循循善诱，提出努力方向。对程度较好的学生，更是热情鼓励他们大胆探索和研究问题，所以学生们既钦佩他的学问，也感激他的知遇，感到收获很大。

顾颉刚

1931年9月，顾颉刚新开“《尚书》研究”，听课学生有冯家昇、叶国庆、邓嗣禹、翁独健等22人；谭其骧因学分已满，是三位旁听生之一。顾颉刚当时正准备作《王制考》，所以准备将《尚书》一篇篇地教读，编了《尚书研究讲义》两册，但只是他计划写的讲义的三分之一。讲义的第二册包括四个问题，第一个就是“《尧典》著作之时代”。顾颉刚认为《尚书·尧典》写作时代应在西汉武帝以后，一条主要的证据就是《尧典》中说虞舜时“肇十有二州”。而先秦著作称述上古州制的只有九分制（分为九州），却没有十二分制（分为十二州），到汉武帝时置十三刺史部，其中十二部都是以某州为名，自此才有十二州之名，所以《尧典》中所载十二州应是汉武帝时的制度。为了让同学们了解汉代的制度，还将《汉书·地理志》印发给每位同学，作为讲义的附录。

谭其骧在读了这段讲义后，又把《汉书·地理志》仔细翻阅了一遍，觉得顾颉刚在讲义中所列举的十三部并不是西汉时的制度，而是东汉的制度。一天下课，他就向顾颉刚提出了自己的看法。听到学生的不同意见后，顾颉刚非常高兴，鼓励他写成书面。原来谭其骧只是想口头说一下，由于老师要他写成书面意见，促使他又查了《汉书》《后汉书》《晋书》等有关篇章，结果更加坚定了自己的看法，在10月2日将三点意见写成一封信。

在信的一开始，谭其骧就指出：“先生‘尚书研究’讲义中所列之十三部，非西汉之十三部（不但非武帝时之制，亦且非平帝时之制），兹已证实。”接着列举了三条理由：1. 西汉的十三部刺史是在元封五年（前106年）设置的，而司隶校尉部要到十七年后的征和四年（前89年）才设置，可见十三部中并不包括司隶校尉部。2. 根据《汉书·地理志》和《晋书·地理志》的记载，西汉同时存在着朔方郡和朔方刺史部，前者是元朔二年（前127年）新建的一个行政区域，后者则是元封五年从雍州分置的，名称虽一样，却是两个完全不同的概念。3. 整个西汉只有交趾刺史部，没有交州刺史部，交州这个名称不见于《汉书·地理志》，只见于颜师古的注解，而颜的注解恰恰是错误的，这从《晋书·地理志》的记载可以得到证明。他进一步发现，《后汉书·百官志》载明，将司隶校尉部列为十三部之一，是东汉建武年间（25—55年）的事；而据《后汉书·光武帝纪》的记载，将朔方刺史部并入并州刺史部也在建武年间。至于交趾立为刺史，更在东汉末的建安八年（203年），见《晋书·地理志》。谭其骧认为，由于西汉和东汉的建置正好都是十三部，《汉书·地理志》又没有具体说明这十三部的名称，后人就误会东汉的制度就是西汉的制度了。“此不特先生为然，即号称地学专家之白眉初氏，以及各种坊间民行之地理沿革图，亦莫不有此误也。”最后他建议，“先生所谓‘《尧典》之十二州系袭诸汉武之制’一义应有所改正”。不过他认为，“推翻此点，殊无伤于全文之大旨；不但无伤，且益可证实之”。因为西汉虽抚有朔方、交趾而不设州，与《尧典》中所载尧抚有朔方、南交之地而不设州是一致的。至于西汉实际只有十一州,《尧典》却要凑成十二州,是因为作者有意要凑成“天之大数”的缘故。

就在收到谭其骧来信的当天,顾颉刚就复了一封五千多字的长信,首先肯定了他的努力:“西汉的十三州久已成为一个谜,现在经你这样一整理,觉得大有弄清楚的可能了。”接着又详细讨论了与意见有关的史料,在学术问题上,师生之间没有什么客气了。

首先,顾颉刚指出,他认为《汉书·地理志》中没有人称的注文是班固的原注,而不是出于颜师古。但他在编讲义时也注意到了《汉书·地理志》自身的矛盾,“现在接读你的来信,使我更相信注文所云不是汉武帝时的制度。你说武帝置十三部刺史在元封五年,而其置司隶校尉在征和四年,后了十七年,当然司隶校尉不在十三部之内。……这是极确切的论断。”“可是十三州不仅是一个数目问题,而尚有事实问题在后面。”在列举了有关事实后,顾颉刚说:“所以我对你的话赞成一半,反对一半。赞成的,是武帝时朔方不名州,反对的,是朔方刺史部与并州刺史部同时存在。……我尤其反对的,是你讲的朔方郡属并州,朔方刺史部分自雍州,两不相关之说。朔方既已属于并州,何必再设一朔方刺史部呢?朔方刺史部既分自雍州,朔方郡又何以属于并州呢?”顾颉认为,谭其骧致误的原因是《晋书·地理志》的说法,而《晋书·地理志》致误的根源是《汉书·地理志》中记载的自相矛盾。但这样一来,元封五年“置刺史部十三州”就少了一州,这少的一州是什么?顾颉刚承认,由于原始史料太少,“我对于这个问题,也不能作满意的答复。”他试着作了两种解释:一是汉武帝元封五年只置了十二部刺史,因为后来增加了司隶校尉,才有十三部,但史官把这件事倒记在元封五年了。一是司隶校尉本来就不在十三部之内,所以设置司隶校尉前称十三部,设置后还是称十三部。“以上两个解释似都有可能性,虽则都没有充分的证据,只好存疑。”但他倾向于第二种解释。

但他不同意建安八年前没有交州的名称的看法,“至于你说交趾改为交州是汉献帝建安八年的事,以前无称交州的,这下未免过于信任《晋志》。建安八年固然有表立交州的事,但在没有证明《汉书·地理志》注文不是班固原注之前,我们不能说班固时无‘交州’之名。在没有证明扬雄的《交州箴》(见《艺文类聚》州郡)是伪作以前,我们也不能说扬雄时无‘交州’之名。我以为这一名大概是王莽立的,故即为扬雄所用,到东汉初还未废,故又为班固所用,不知何时废弃了,故至建安八年而又上表立之。”

顾颉刚的结论是，赞成他的三点意见，即：(1) 元封五年之十三部内无司隶校尉一部；(2) 元封五年之十三部内有朔方刺史部，不属并州；(3) 元封五年之十三部内有交趾刺史部，不称交州。不赞成他另外三点：(1) 朔方刺史部与并州刺史部同时存在；(2) 朔方郡属并州，朔方刺史部分自雍州，两不相关；(3) 交州之名始于东汉建安八年。认为取得了三点收获：(1) 汉武帝时的十三州，究竟如何，我们已不可知。平帝时王莽所定的十二州，大约就是现在《汉书·地理志》注文中所举的某郡属某州之文（除了司隶校尉部）。其时朔方为并州，交趾为交州，合之《禹贡》九州及幽州正是十二。(2) 东汉建武中设司隶校尉，领一州，合之于王莽时十二州则为“十三部”。这即是《汉书·地理志》注文中所载的。后人因后汉的制度而载于前汉的史书，遂错认为前汉的制度。这个错误，班固不能不负责任。还有两个问题因缺乏材料，只能存疑：(1) 并州之名似非武帝时原有的，若是有了就不必再置朔方刺史部了。王莽时，可能是为了将州名统一，将此刺史部改为并州，再将朔方郡划归它管辖。到东汉光武帝即位，再正式予以承认。(2) 汉武帝时新设置的西南夷七郡，完全有设置一个刺史部的资格，可能武帝时曾以梁州和益州并列，到王莽时加以合并。班固不了解真相，就以为武帝改梁州为益州。

根据这些意见，顾颉刚重新排列出汉武帝所立之十三州、王莽所更定之十三州和光武帝所列之十三州，“不知尊见以为如何，敬待商榷”。最后他又鼓励谭其骧继续努力钻研：“但我们不要怕，只要肯找，总有新材料可以发现！”

这封回信进一步激发了谭其骧钻研的兴趣和辩论的勇气，六天以后果然找到了新材料，于是他又写了一封信，对被顾颉刚反对的三点提出异议：(1) 据《汉书》，朱博曾在哀帝建平二年（前5年）任并州刺史，而王莽更定十二州名在此后十余年的平帝元始年间（1—5年），所以并州的名称不是从王莽时才开始的。翟方进在成帝时曾任朔方刺史，说明并州刺史部与朔方刺史部实际上是同时存在的。梁州与益州分立的可能性，在情理上可以理解，却没有事实根据。《汉书》所载当过益州刺史的有王尊、孙宝、任安、王吉、王襄等，却没有记载一位梁州刺史。如果真是益、梁并存，王莽才合而为一，王莽一贯标榜自己崇尚儒家经典，为什么他反而不用见于经书的梁州而采用不见于经书的益州呢？(2) 顾先生因为不承认并州与朔方二部同时并存，所以将朔方、五原、西河、上郡、云中、定襄、雁门七郡划归朔方，太原、上党二郡划归冀州。现在既然证明并州、朔方确实同时存在，那就应该采用钱大昕《廿二史考异》卷十四的考证,《汉书》注文中所谓并州九郡,其中一半当属朔方,一半属并州。(3)《后汉书·岑彭传》称建武四年时有交趾牧邓让,当时光武帝势力尚未达到荆湘以南,所以这个交趾牧显然是王莽所任命的,说明王莽时亦称交趾,难道只有在扬雄作《交州箴》那时称为交州吗?《后汉书·南蛮传》在"建武十六年,交趾女子征侧及其妹征贰反"一事下也载有"交趾刺史及诸太守"。即使王莽时真的有"交州",那时也改称交趾了,班固作《汉书》又在此后,怎么会还称"交州"呢?东汉不是十六国或五代,总不见得翻来覆去改了多次吧!

所以他认为顾先生的三点收获应有所改正:

(1)汉武帝时之十三州,当仍以第一信表中所列者为是,并州与朔方同时存在,无梁州。《汉志》注中并州九郡当分隶于朔、并二部。(2)平帝时,王莽所更定之十二州已不可知。据《后汉书》建武初年有并朔方入并州之记载,又叠见交趾刺史之称,则王莽之制一仍西汉之制也,何改之有?(3)光武建武十一年省朔方并并州,在未尝证明此言不确之前,未有确证可证明王莽时已曾合并之前,东汉司隶而外之十二州当仍以"就西汉十三部并省改称而成"之说为是。

仍然不明白者为二事:(1)交州之称究竟是否在建安八年以前已有之?(2)《汉书·地理志》注文非师古所注,亦不似班固所注,究竟系何人何时所注?

在认真研究后,顾颉刚于10月24日再次复信,表示对谭其骧的来信"佩甚"。"你既寻出了朱博在成帝绥和元年前曾为并州刺史,又寻出了翟方进在成帝世曾为朔方刺史,那么,并州自是先于王莽的更定州名而存在,且确是与朔方刺史部同时存在。"接着他主动为谭其骧提供了一条证据,即根据扬雄《益州箴》的内容,"益州确是梁州所扩大的而不是与梁州并峙的",益州不与梁州同时存在,"证明我上次猜测的失败"。"并州既与朔方刺史部同时存在,益州又不与梁州同时存在,则武帝所设的十三部刺史的事实可定,且足以证明《汉书·地理志》叙论中的话是不错的。"随后他考定了十三部的具体名称和来源。

但顾颉刚不赞成谭其骧对交趾改交州时间的结论,他认为单看谭其骧的证据固然相当充足,但同样可以找到相反的证据。如《汉书·平帝纪》中有

“更十二州名”的记载,《王莽传》中有“谨以经义正十二州名分界。以应正始,奏可”的话,说明王莽的建议得到了正式批准。扬雄的《十二州箴》和班固的《汉书》自注,更明确说王莽改西汉之制,将交趾之名改为交州。“所以关于这个问题,你和我的主张各有理由,亦各有证据;我固不能掩没你的证据,你也不能抹杀我的证据。只恨古书太多抵牾,古人不可复生,无法作根本解决耳。”正因为如此,顾颉刚还是认为他是对的,因为他的主要依据扬雄的《州箴》毕竟是一件王莽时代的史料,比谭其骧所根据的史料要早。扬雄的《州箴》作于元始四年至王莽始建国(4—9年)之间,扬雄为新定的十二州作十二箴,是完全可能的。“所以我以为扬雄作箴的十二州即是王莽更定的十二州,王莽更定的十二州并非不可知。”

至于王莽时有交趾牧,光武帝时有交趾刺史的原因,顾颉刚认为或许是沿用习惯上的名称而不是当时的正式名称的缘故。

顾颉刚不同意的另一点,是谭其骧证明朔方与并州合并是在光武帝时而不是王莽时代。他以为扬雄的《并州箴》已经说明了这一点,就不能不说是王莽时的事。一种可能的解释,是光武帝即位后要完全推翻王莽的政令,所以将已经合并的朔方与并州分开,但到建武六年六月,因户口少官员多而并省了四百余个县,又将朔方部撤销了。

尽管还有不同意见,顾颉刚认为主要问题已经得到解决。更加难能可贵的是,顾颉刚不仅如此虚心地接受了学生的意见,还将往返讨论的这四封信加上附说,作为讲义的一部分印发给全班。顾先生在附说中写道:

这几封通信都是讨论汉代的州制的,为什么要印了发与诸位同学,占据《尚书研究》一课的时间呢?这有两个原因:一是藉此可以明白古人治学方法的不正确,使得我们从此不要再上他们的当:二是藉此可以对于以前注解《尧典》“肇十有二州”一语的各家说作一个总评判,使得这些妄意的猜测从此失掉它们存在的地位。……

临了,敬致感谢于谭其骧先生。要不是他提出质问,我们一定循着传统的见解,习用班固在《汉书·地理志》注文中的说法。现在经过这样的辩论之后,不但汉武帝的十三州弄清楚,就是王莽的十二州也弄清楚,连带把虞舜的十二州也弄清楚了。对于这时期中的分州制度,二千年来的学者再没有象我们这样的清楚了。庄子说“知出乎争”,这是极确切的一句话。希望诸位同学更能在他处提出问题，让我们永远的争下去，让我们常常的得到新知，无愧于这一个“研究”的课目。

这场讨论决定了谭其骧此后61年的学术方向，也给他留下了终生难忘的印象。50年后，谭其骧检出这份珍藏在书箱中的讲义，将四封信发表于《复旦学报》(1980年第3期)，又写了一篇后记，深情地忆及往事：

我两次去信，他两次回信，都肯定了我一部分意见，又否定了我另一部分意见。同意时就直率地承认自己原来的看法错了，不同意时就详尽地陈述自己的论据，指出我的错误。信中的措辞是那么谦虚诚恳，绝不以权威自居，完全把我当作一个平等的讨论对手看待。这是何等真挚动人的气度！他不仅对我这个讨论对手承认自己有一部分看法是错误的，并且还要在通信结束之后把来往信件全部印发给全班同学，公诸于众，这又是何等宽宏博大的胸襟！正是在顾先生这种胸襟气度的感召之下，才促使我对这个问题努力深入钻研下去，勇于独立思考，提出了一些合理的见解，对这个问题的解决作出了一定的贡献。而顾先生后来之所以会写出《两汉州制考》这篇名著，我的这两封信当然是起了推动作用的。

……当年这场讨论，不仅像顾先生在附记里所说的那样把一个二千年来多少学者没搞清楚的问题基本上搞清楚了，还有一点顾先生没有提到而同样很重要的，那就是：通过这场讨论，使我这个青年对历史地理发生了浓厚的兴趣，又提高了我做研究工作的能力。这对于我后来能够在大学里当一名还算称职的教师，在学术上多少能够取得一些成就，是起了很大的作用的。

顾颉说要“让我们永远的争下去，让我们常常的得到新知”，并不是说大话，更不是一般的客套。1934年，当他为庆祝蔡元培先生65岁而撰写的长篇论文《两汉州制考》排出校样后，他果然将它寄给谭其骧，让他提意见。谭其骧也毫不客气地写了一篇《〈两汉州制考〉跋》，说“我觉得文中尚有几处论断颇有商量的余地，又有几次误引了不可靠的史文，应该加以考证”。他提出了六条具体的意见，大多是上次讨论的继续。这篇《跋》与《两汉州制考》同时收入论文集，自然是出于顾颉刚的主张。

邓之诚——另一位恩师

除了顾颉刚，邓之诚（文如）教授是与谭其骧关系最密切的老师。

邓之诚比谭其骧年长24岁，完全是一位上一辈的旧式文人，不仅做的是旧学问，连穿戴也是旧的，一直是瓜皮帽、长袍、布鞋，与燕京另一些西装革履的洋派教授适成对比。他博闻强识，文史兼通，谙熟历代典章制度和明清掌故，常常以明朝人自居，对同辈的新派、洋派人物很不以为然，常常加以批评，课堂上"城里头那个胡适，老是胡说"的话至今还留在当年学生的记忆之中。但对他认为学问好、人品好的人，邓之诚就十分器重，乐意交往。他刚与洪业相识时，常讥笑他只懂英文，不懂中文，背后称为"那个洪业"，以后见洪业诚心相待，又刻苦研习古文和唐诗，就刮目相看，与他合作得很好，连称呼也改为"煨莲先生"了。邓之诚对谭其骧的才识极为赞赏，所以尽管对顾颉刚的学风和观点也不时有所批评，对深受顾颉刚影响的谭其骧却关怀备至，还说："我搞的是明朝人的学问，你可以搞你清朝人的考据。"

当时北平的大学教授月薪有300多元（庚款教授高达400多元），燕京大学更是待遇优渥，学校为邓之诚备了一所有十多间屋的住宅。但邓在城内另有公馆，夫人、姨太太和子女都住在城里，只有一个儿子与他同住学校。邓养着一名为他编讲义、抄文稿兼陪他下围棋、聊天的"清客"，雇了一名厨师做饭，一名拳教师教他儿子打拳，有时自己也练上几下，还包了一名洋车夫。他每星期有课时在学校住上三四天，就坐洋车回城里住了。邓之诚还有一位二弟，也长期由他供养，视他如严父。邓之诚当时能过如此宽绰的生活，还有一个特殊原因：由于他参与过护国战争的活动，与滇军、川军一些将领有交情，一度做过范石生的私人代表，还代表范石生出席过善后会议。

邓之诚喜欢谈话，一谈就是几个钟头。他嫌一个人寂寞，就邀谭其骧住在家里，食宿都由他供给。在他进城时，谭其骧和这位清客就成了邓宅的主人。直到1932年春，谭其骧才搬到北平图书馆职工宿舍。与邓之诚共同生活，耳濡目染，使谭其骧对魏晋南北朝、隋唐五代史有了更深的见解，对典章制度和掌故也饶有兴趣。以后他的朋友谢兴尧（揖唐）办《逸经》杂志，他曾写过几篇《张宸与董鄂妃》，偶尔还写些小考证，只是由于专业研究太忙，没有能花更多的工夫。邓之诚与谭其骧的师生情谊极深，以后谭其骧能以研究生的身份登上大学讲台，也是出于邓的大力举荐。

在研究生期间，谭其骧还选修过张星烺（亮尘）的课，旁听过陈垣（援庵）的课，写过中西交通史方面的学期论文。历史系的主任是一位外国人，实际负责人是洪业（煨莲）。谭其骧没有听过洪业的课，在研究生期间与洪也没有什么接触，所以以后洪业一直不把谭其骧当作自己的学生。

第一篇论文——《湖南人由来考》

燕京大学的研究生期限一般是两年，也可以延长到三年或四年，但规定的学分是18个，修满学分就能写毕业论文。谭其骧第一年就读完了18个学分，第二年开始写毕业论文。

虽然在与顾颉刚讨论两汉州制后，谭其骧已经立志以沿革地理为研究方向，又受到邓之诚治学方法的影响，但他的毕业论文依然是暨南大学潘光旦指导下的题目——中国移民史。原来在他写完六万多字的《中国移民史要》后，潘光旦认为很有价值，希望他稍作增补，准备介绍到商务印书馆去出版。读研究生后，谭其骧觉得在未做深入研究之前不可能写好综述性的“史要”，一个一个地区，或一个一个时代逐步进行，搞清楚当前各地人民的来历才是研究移民史的首要课题。于是他决定主要根据地方志中的材料，按今省区逐个开展，先从材料较易收集的湖南省着手。至1931年底，谭其骧完成了毕业论文《中国内地移民史·湖南篇》，学期结束时通过答辩，结束了研究院的学业。论文的指导教师是顾颉刚，但实际上从确定题目到搜集资料，顾颉刚都没有过问。半年后的1932年6月，此文刊载于燕京大学历史系主办的《史学年报》上，这是谭其骧第一篇公开发表的学术论文，当时他还没有正式毕业。1933年，南京中央大学所办《方志月刊》要求转载，此时谭其骧已放弃了一省一省写下去的打算，便将题目改为《湖南人由来考》。

此文的上篇题为《历史上之陈迹——当时记载之一鳞半爪》，主要根据史料记载，对隋唐以前迁入湖南的状况作了概括。下篇是本文的重点和精华所在，题为《今日湖南人之由来——后世追述之整理与统计》。第一部分的根据是道光《宝庆府志》、光绪《邵阳县乡土志》、光绪《武冈州乡土志》、光绪《湘阴县图志》和光绪《靖州乡土志》这五种方志中的氏族志，这些氏族志包括邵阳、新化、武冈、新宁、城步、靖县和湘阴七县共七百余族，基本代表了湖南全省的情况。通过对各族的原籍（迁出地）、迁入地和迁入时间的分类统计，对隋唐以后湖南吸收移民的过程作了详细的论述。这项研究的结果发现：迁入统计地区的人口中，江西省最多，占总数近三分之二，湖南本省其次；江西以外省移民，合计不过26%，其中又以江苏、河南、湖北、福建、安徽诸省为较多。

谭其骧认为，江西移民在湖南占绝大多数，并非偶然，完全符合汉民族在长江流域由东而西的开发过程，“故江西人之开发湖南，鲜有政治的背景，乃纯为自动的经济发展。其时代，则两宋、元、明江西人口超越一般平衡线之时，正湖南省草莱初辟之际也。”“江西而外，外省人之移入湖南，则经济的原因之地位较低，另有政治的原因在焉。”在对移民迁入年代具体分析的基础上做出的结论是：“自五代以至于明，六七百年间，是为‘如此今日’之湖南构成时期。微此六七百年间吾先民之经营奋斗，则湖南至今盖犹为榛莽地带，安得比于‘中原’哉！”

下篇的第二部分，是以23种文集及《湖南文征》中的族谱序等文字为依据的。这些文集所载有关文章中统计到的族姓，长沙府有95族，岳州府20族，衡、永、郴、桂、湘南诸郡合计22族。统计的结果，也是来自江西的最多，其次是湖南本省，江苏第三，与第一部分的结论完全相同。江西省中又以吉安府为最多，南昌府次之，与前面的论证结果也完全相同。

至此，他得出了五点结论：

1. 湖南人来自天下，但“什九”（十分之九，绝大多数）来自江苏、浙江、安徽、福建、江西等东部各省，其中江西人占什九，而庐陵一道（相当清吉安府，今除新干县外的吉安市和莲花县）、南昌一府（今南昌市和修水、铜鼓、武宁、靖安、奉新、丰城等县市）又占江西的什九。

2. 江西人迁入湖南后大多从事农业，江苏、安徽、河南、山东人大多当官吏或经商。长沙是都会之地，五方杂处，来自长江下游江、浙、皖的移民最为集中。

3. 江西南部人大多迁入湖南南部，江西北部人大多迁入湖南北部，湖南南北部的划分以湘阴、平江为界。

4. 自古以来就有移民迁入湖南，但五代、两宋、元、明时期迁入的居其什九，在这四时期中元、明又占什九，而元末明初这六七十年间又占元、明二期的什九。

5. 五代以前的湖南人多来自北方，此后则多来自东方。南宋以前，移民的来源单纯,几乎都是江西人;此后逐渐复杂,苏、豫、闽、皖等人增加。清代以前,江西移民占绝对优势;至清代,湖北、福建移民急剧增加,与江西移民有并驾齐驱之势。清代以前,本省内部移民的数量远低于外省移民,至清代本省移民激增,逐渐超过了外省移民。

这是近代中国第一篇深入研究一个省区移民历史过程的专题论文,也是第一篇成功地运用抽样调查和计量方法作移民史研究的论文。就湖南省而言,这项研究可以说是前无古人的,而来者出现在近60年以后,即谭其骧指导的博士生、我撰写《简明中国移民史》的同人曹树基发表的《湖南人由来新考》。

在研究过程中,谭其骧还注意到了移民对物质文化和精神文化的影响,如江西人的刻苦耐劳、重宗祠、重先人庐墓的风尚,随着他们的迁入而传入湖南;湖南人原来大多住板屋,江西人迁入后逐渐以砖屋取代;江西人崇祀许真君,在他们迁入湖南后,许真君庙(万寿宫)遍及湖南各地,其他如福建的天后宫(妈祖)、湖北的封哲宫(鲁班)和外省、外县的庙宇、会馆等也随着移民迁入湖南各地。尽管这些只是作为正论外的"琐事"而载入,实际已开了历史文化地理研究的先河。

由于这篇论文的基本资料和数据来自族谱,谭其骧还就族谱作为史料价值的可靠性作了论述。他指出:"谱牒之不可靠者,官阶也,爵秩也,帝皇作之祖,名人作之宗也。而内地移民史所需求于谱牒者,则并不在乎此,在乎其族姓之何时自何地转徙而来。时与地既不能损其族之令望,亦不能增其家之荣誉,故谱牒不可能,然惟此种材料则为可靠也。"他还举湖南安化田头萧氏等几族的迁移史为例。萧氏族谱序称:"萧氏之先,出于宋大夫萧叔大心,……至汉文终侯何以功第一封以。……其居吾邑之田头,盖昭明太子之后有讳俭者,观察湖南遂家焉。后因马氏之乱,迁于江西。宋神宗时开梅山,置安化县,其孙国清乃由泰和转徙于此。"前面自萧叔大心至昭明太子这部分自然并不可靠,但萧家是萧国清之后、宋神宗时从江西泰和迁来这一点却没有怀疑的理由,因为萧国清并非名人,江西泰和也不是萧氏郡望所著之地。如果真要作假,那么作为"昭明太子之后"的观察使萧俭已在湖南安了家,又何必造出宋神宗时又入江西迁回来这一段呢?

以后以研究客家史知名的罗香林,对谭其骧的观点非常赞成,他在研究客家史时就是以大量族谱资料为主要依据的。可惜罗香林忽略了谭其骧事先提出的警告,往往将族谱中所载的早期迁移,即涉及"官阶""爵秩""帝王作之祖，名人作之宗”的内容，也当作信史看待，影响了其结论的可靠性。

丰收的两年

在撰写毕业论文搜集材料的过程中，谭其骧已发现了近代湖南的“汉人”中有相当多一部分出于少数民族血统，因而在1933年又写了一篇《近代湖南人中之蛮族血统》，也发表于《史学年报》。此文运用了大量方志中的资料，而主要的线索则是姓氏的来历。他认为：“姓氏本身虽无从辨别民族，然但须区以地域，证以古今望族、蛮酋姓氏之因缘迁变，则蛛丝马迹，未始无线索可寻也。”具体地说，在一个相对封闭的地域范围，后期的“汉族”大姓，几乎都能在早期找到当地少数民族的来源，这类“汉族”其实都是少数民族的后裔。根据这一方法，他对湖南近代的数十个“大姓”如向、舒、田、彭、覃、符、扶、苏、杨等的来历逐一分析，发现都是出自汉代之后就见于记载的当地少数民族，而不是他们精心编撰的汉族世系。

针对当时存在的民族偏见，他指出：“然则蛮汉之不同，不过因其开化有先后之别耳，在种族本质上固无优劣之可言。”相反正是由于大量少数民族成分给湖南人口增加了新的活力，使近代湖南人口中人才辈出。这篇论文涉及的虽仅湖南一省，但这种现象在南方具有普遍意义。由于历来封建统治者宣扬大汉族主义和推行民族歧视政策的结果，大量少数民族人口不仅不断被汉族同化，而且自觉或不自觉地割断了与本民族的关系，用“征蛮”“谪居”“流寓”等种种理由将历史上的汉族名人望族同本族祖先联系起来。而一般学者既没有从本质上认识封建社会的民族关系，又不能从史料的辨析中发现问题，因而对这些“汉族”世系深信不疑。正因为如此，此文的结论受到学术界的注目。他的好友向达（觉明）出身溆浦大族，当年就十分赞成这一结论，以后就取消了祖先冒用的汉族，恢复了真实的土家族身份。这篇论文充分肯定少数民族血统对汉族人才辈出的作用，很明显是受到潘光旦优生理论的正面影响。

九一八事变后，日本帝国主义出于长期侵占东北、内蒙古的罪恶目的，通过其御用文人和汉奸伪造历史，“盛倡满（东北三省）蒙（内蒙古）非中华旧有之说，以为侵略东北之借口”。“然国人所习知者仅为秦、汉、隋、唐历朝之抚有东北土地而已；至于近百年以前此东北土地曾与吾中夏民族发生何种关系，则知之者甚少，为文以阐述之者更未之闻也”。针对这一情况，谭其骧在1934年初在《国闻周报》发表了《辽代“东蒙”“南满”境内之民族杂处》一文，以大量史实证明“东北土地，初不仅曾为吾中华朝廷所有，亦且曾为吾中华民众所有；不仅在汉族统治下为属于吾中国之土地，即在其他民族统治之下，亦曾为吾中华人民生息繁衍之地也”。这无疑也是一篇声讨日本帝国主义和汉奸卖国贼的檄文。

同年6月，谭其骧《晋永嘉丧乱后之民族迁徙》一文在《燕京学报》第15期上发表。永嘉之乱后的南迁是中国历史上一件大事，也是中华民族发展史上的一件大事，“盖南方长江流域之日渐开发，北方黄河流域之日就衰落，比较纯粹之华夏血统之南徙，胥由于此也。”但由于正史中本来就没有具体记载，年代久远后更无史料可觅，对这次大规模的移民运动的研究无由开展。谭其骧却在有限的史料中找到了一把“钥匙”——侨州、郡、县的记载。这是因为当时南迁的人口，大多依照他们原来的籍贯，在南方的定居地按原来的名称设置了侨州、郡、县，而这类侨州、郡、县在沈约的《宋书·州郡志》、萧子显的《南齐书·州郡志》和唐人所修的《晋书·地理志》中都有较详细的记录，所以只要将这些资料整理排比，就不难考证出这些单位的设置年代、地点和变迁，从而了解移民的迁出地、迁移时间、迁入地点，并进而推算出移民的数量。

按照这一思路，果然获得了成功，此文对永嘉乱后的人口南迁的具体过程和结局得出了具体的结论。

就迁出地和迁入地而言，可分为东、西二区。东区包括长江下游和淮河流域，以黄河流域下游今山东、河北及河南东部的移民为主体，迁入今江苏大江南北的以山东及本省北部人为主，其次为河北、皖北人；迁入今安徽省、河南的淮河以南地区、湖北东部、江西北边的以今河南、皖北移民为主，其次为河北、苏北移民；来自今河北的山东黄河以北的移民主要迁入今黄河以南的山东。西区包括今长江上游及汉水流域，迁入者以黄河上游今甘肃、陕西、山西及河南西部的移民为主，其中湖北长江上游及湖南北边以接纳来自今山西省的移民为主，其次为河南人；迁入四川与陕西汉中地区的，以甘肃和陕西北部的移民为主，其次为四川北部移民；迁入今河南、湖北二省的汉水流域的移民主要来自陕西及河南西北部。

如果以侨州、郡、县的户口数为南迁人口的约数，那么到刘宋时为止，南迁人口约有90万，占当时全国总人口的六分之一，约占西晋淮河以北地区总人口的八分之一。江苏、山东、安徽接纳的移民最多，分别达到26万、21万和17万，说明移民主要定居地在长江下游，对中上游的影响较小。位于今江苏省境的南徐州有侨口22万余，几乎占全省侨口的十分之九，并且超过了当地人口。“所接受之移民最杂，最多，而其后南朝杰出人才，亦多产于是区，则品质又最精。”南徐州的人才又集中于京口（今镇江市）。

移民迁移的路线，西区的汉水是陕甘人东南下的通途，因而南郑（今陕西汉口市）和襄阳（今湖北襄樊市）这两个汉水流域的大都会也成了移民的集合地。陕甘人西南下的通途是金年道（南栈道），所以今四川省境内的侨郡县都分布在此道附近。东区则以淮河水路为主，由淮河经邗沟进入长江而至江南，所以邗沟南端的江都和江南的镇江、武进（今常州市）一带成为山东及苏北移民的集合地。由于淮河的支流都作东南流向，所以河南人大多东南迁入安徽，而不由正南迁往湖北。

南迁持续了一百多年，其间有四次高潮：第一次，永嘉初乱，河北、山东、山西、河南及苏、皖的淮北流民，相继过江、淮。第二次，东晋成帝初的内乱引起外患，江淮间大乱，淮南人及侨居在淮南的北方人渡江南迁。第三次，后赵亡后，中原大乱，陕西、甘肃流民南下汉中，或迁入四川。第四次，宋文帝时北魏南侵，至明帝时淮北沦于北魏，百姓南渡。氐人的战乱使关陇流民南走梁益。此后北魏军屡下江淮，当地人被俘北迁的很多，到孝文帝汉化，又有不少南迁的中原士族北迁，至此，南迁基本结束。

这篇论文对中国移民史研究、地名学研究和定量分析方面都具有开创意义，发表后即受到学术界的高度重视，近60年来一直被视为该领域的经典。1990年，我在撰写《简明中国移民史》时发现，采用侨州郡县户口数统计到的是永嘉之乱后150年的数字，是南迁移民经过数代繁衍后的人口数，并不能代表始迁移民（或第一代移民）的数量，因而不能用这个数字来计算它占西晋北方人口总数的比例。我向谭其骧提出后，他完全接受了我的意见，并且执意要在他的最后一篇论文《历史人文地理研究发凡与举例》（载《历史地理》第十辑，上海人民出版社，1992年版）中加上一段自我批评的话。但这一名篇在学术史上的历史地位是不会改变的，谭其骧的自我批评只能增加它的光彩。

同期所刊《新莽职方考》是谭其骧研究沿革地理的第一篇力作，却与讨论两汉州制一样，涉及一个近两千年前政区地理的重要领域。两汉之际王莽改制的若干真相，历来无人问津。清初万斯同写过《新莽大臣年表》，但慑于封建正统观念的压力，未敢刊行。到了“五四”以后，当然不再存在政治观念上的障碍了，但由于留下的史料极其有限，要复原出王莽时代的政区制度和具体内容，依然是相当困难的。谭其骧以散见于《汉书》《后汉书》和《水经注》中的史料为主，“旁及汉魏杂著，博稽先儒考证，参以私见，写为是篇”，填补了这一时期政区地理的空白。

此文仿正史地理志例，将王莽时的政区按州、郡、县的序列一一考定列出，是迄今最完整的该时期的政区表。但传统典籍中的史料毕竟有限，所以谭其骧一直在注意新史料的出现。1983年，他在改定收入《长水集》上册的文稿时，又根据日本《东方学报》所载梅原末治《汉代漆器铭文集录补遗》第二，得知汉代漆器铭文证明新莽时有子同、成都二郡，特意写了校后记，肯定此二郡的存在，认为“子同当分自广汉，成都当分自蜀郡”。

此文不仅比较完整地复原了新莽政权的政区建置，还通过三篇附考，总结出王莽设置政区和命名地名的规律，其地方行政系统是州、郡、县、都、部，十二州制和卒正、连率、属长、六队、六乡、六州等制度主要采自《尧典》《王制》《周官》等典籍，而更改汉郡县名称的通例有音义通、义同或近似、音通、义相反及郡县互换、改字、加字等形式。王伯祥先生盛赞此文“例严体精，深造自得”“附考三则，尤征覃思”，立即补入由他主编的《廿五史补编》。一位刚毕业的研究生能在同一期《燕京学报》上发表两篇重要论文，这是谭其骧开的先例。

谭其骧在燕京大学研究院期间取得的成绩，使顾颉刚做出了他在毕业生中“应列第一”的评价。他刚毕业就发表的一些论文，更证明了顾颉刚的评价，也使他在学术界崭露头角，声誉鹊起。

燕京大学规定，研究生可以提前答辩，但毕业时间仍须满两年，所以直到1932年暑假前才通知谭其骧去领取学位证书。根据燕京大学和美国哈佛大学的协定，凡燕京大学研究院的毕业生都可同时获得哈佛大学硕士学位。但此时谭其骧已在北平图书馆工作，认为学位证书可有可无，居然始终没有领取这张含金量不低的硕士学位证书，也从未使用过这个硕士头衔。直到1985年，美国、英国的名人录编撰单位要他填写表格，其中有学位一项，我才征得他同意填上了这个学衔。

1930年研究院招收的研究生只有两名，与谭其骧同班的一位是叶国庆，他来自厦门大学，毕业后又回厦门大学工作，新中国成立后以厦门大学历史系教授退休，长住漳州市土改街。但前后一二班和国学研究所的同学不少，与谭其骧关系密切或长期交往的有俞大纲、姚家积、邓嗣禹（持宇）、翁独健、朱士嘉（蓉江）、冯家昇（伯平）、齐思和（致中）、聂崇岐（筱珊）、牟润孙等，以后都成为著名的学者。

俞大纲是俞大维（后任台湾国民党政府“国防部长”）、俞大绂（著名农学家、中国科学院院士、北京农业大学校长）、俞大綵（傅斯年夫人）、俞大絪（曾昭抡夫人，北京大学西语系教授、主任）、俞大缜（英语教授）的弟弟，天资过人，多才多艺，与谭其骧关系最为密切。谭其骧常去俞家，因此与俞大絪、俞大缜也很熟悉。俞大絪在“文革”初期即被迫害致死，俞大缜与谭其骧也有十多年没有联系。1981年春谭其骧去北京参加中国科学院学部大会，中间有一天休会，会务组派车送他外出访友，他找到了俞大缜的家，已瘫痪八年的俞大缜见到他时，竟像孩童般地拍手高叫：“谭其骧！谭其骧！”以后俞大缜病情加重，迁至中央美术学院家属宿舍与女儿同住。1988年2月1日，谭其骧最后一次去看望已经昏迷的俞大缜，似醒非醒的她居然还用当年的小名称呼谭其骧，并同时喊着俞大纲的小名，令谭其骧为之唏嘘。俞大维与俞大纲岁数相差大，谭其骧虽在俞家见过他，却没什么交往，印象最深的是他的温文尔雅和彬彬有礼，谭其骧曾说，俞大维的形象真难与“国防部长”的身份联系起来。俞大纲离开燕京后任职于中央研究院历史语言研究所，再未与谭其骧同在一地。他在新中国成立前去了台湾，成为台湾著名的戏曲评论家，还出版了专著，这是在他逝世后谭其骧才得知的。

邓嗣禹也是谭其骧的好友，毕业后留在燕京任教，1937年去了美国，后任印第安纳大学历史系教授，以研究中国考试制度史、秘密社会史、近代史著称，晚年曾数度访华，并两次与谭其骧重叙旧谊，1988年因车祸去世。

姚家积曾是谭其骧在学海书院的同事，并一度寄居在北平谭宅，不料竟引出了很不愉快的结果。抗战期间姚返回湖南老家，新中国成立初一度在保险公司工作，后进入中国科学院历史研究所，1967年退休。1956年后谭其骧长期在北京编绘历史地图，历史所一度想调他，他也很愿意在北京工作，只是复旦大学不同意放人。谭其骧每当想到与姚同事会十分尴尬，也就听之任之了。姚家积晚年也因中风而瘫痪，1992年5月28日，早谭其骧三个月逝世。

谭其骧在燕京结识的另一位至交是周一良（太初）。当时周一良就读于燕京大学国文专修科，与毕业于暨南大学中文系的黄焕文住在一个宿舍，谭其骧去看黄焕文时与周相识，彼此意气相投，很快成为莫逆之交。周一良以后与邓嗣禹同住一室，三人来往更加密切。

谭其骧在南方时对官宦子弟十分厌恶，初到北平对他们仍不无戒心。但自结识俞大纲和周一良后，见他们虽都出身名门世家，却丝毫没有纨绔习气，无论治学为人都能融洽无间，使他原来的看法顿时改变。燕京校内思想自由，学生中左右两派旗帜分明，左派一直居于北方学生运动的前列。在左右之争中，谭其骧一秉初衷，总是站在左派一边，但具体活动已不参加了。

第四章

最值得怀念的岁月

燕京研究院的学制是二年，谭其骧完成答辩时离毕业还有一个学期，按燕京大学的规定虽不能提前毕业，却可以离校工作。他的从伯父谭新嘉（志贤）先生是国立北平图书馆的元老，时任中文编目组组长。经新嘉先生向馆长袁同礼（守和）推荐，谭其骧于1932年初被录用为馆员，负责汇编馆藏方志目录，月薪60元。北平图书馆坐落在北海公园西南，环境优美。当时，宫殿式新楼落成仅半年，谭其骧的办公室在主楼楼下东首向南一间，室内就他与助手二人，相当安静。但因他每天平均要查阅六七部方志，将这些书从书库借出搬到办公室翻阅仍嫌费事，所以他就在书架前摆一小桌工作，在办公室的时间反而不多。图书馆在景山西门陟山门大街备有宿舍，为上班方便，谭其骧住进了宿舍。

登上大学讲台

就在谭其骧到北平图书馆报到上班后一星期，一个偶然的机会使他登上了大学讲台。当时在辅仁大学教中国地理沿革史的是柯昌泗（燕舲），可是就在春季开学前不久，却突然不辞而别。原来柯在北平搞了一个“伪组织”（当时对婚外恋的俗称），太太发觉后兴师问罪。这门课是一学年的，不能就此停止，辅仁大学代校长沈兼士十分焦急，只得四处找人代课，邓之诚先生极力举荐谭其骧应聘。沈兼士对初出茅庐的谭其骧自然一无所知，但一则买邓之诚的面子，二则临时实在找不到代课教师，只能同意一试。一学期后，学生对谭其骧的课相当满意，辅仁大学就续聘下去了，结果连续上了三个班。当时谭其骧刚满21岁。这门课是为高年级开的，学生中不乏比他年长的，仗着初生牛犊的锐气，他以严密的条理、充实的内容和洪亮的声音使学生折服。正巧谭其骧在燕京结识的好友周一良在上一年考入了辅仁大学历史系，是一年级学生，他觉得沿革地理重要，谭其骧也希望他来听课，以便作为“坐探”了解学生的反应。因此周一良放弃了必修的谌亚达先生的“中国地理概论”，成为谭其骧课堂中一名学生，使他能不断根据学生们的要求改进教学。第二年听他课的学生中有一位来自山西平陆的史念海（筱苏），比谭其骧小一岁，他大学毕业不久就成为禹贡学会的驻会研究人员。新中国成立后长期任教于陕西师范大学，曾任副校长，历史地理研究所所长、教授，是著名历史地理学家。史念海同班还有赵一匡，山西平鲁人，20世纪80年代还在兰州师专任教。

辅仁大学的课每周才两个钟点（两节），第二年邓之诚先生又向燕京推荐，让谭其骧在燕京兼同样的课。在燕京听课的学生中有侯仁之、张家驹。侯仁之毕业后留校任教，并成为顾颉刚的研究生，以后又赴英国留学，归国后长期任北京大学教授、地理系主任，是著名的历史地理学家、中国科学院院士。张家驹20世纪60年代曾参加《中国历史地图集》的编绘工作，是上海师范学院历史系教授，“文革”中病逝。1934年8月顾颉刚先生因继母在杭州逝世，奔丧南归，请假数月，开学后顾先生在北京大学史学系兼任的中国古代地理沿革史一课委托谭其骧代上。当年11月底顾先生回到北平，但仍由他将这一班的课上完。当时北大规定选课满5人的课才能开，顾颉刚为了保证谭其骧能开课，特别动员了高年级学生杨向奎（拱辰）选这门课。谭其骧还在辅仁大学上过魏晋南北朝史和隋唐五代史，也是代邓之诚上的，因为邓家已从城里搬到了燕京大学，那年他身体不好，不愿再城里城外来回奔波。

当时把在大学兼任讲师上钟点课称为“拉散车”，就像拉洋车的不拉宅门里的包月车，而是停放在街头拉零星散客一样。上零钟点的待遇是每小时5元，一门每周2小时的课每月可得40元。但每年从6月中旬至9月初放假，7、8两月就拿不到钱。由于北平城内外大学很多，有些教零钟点的每周可上到十几、20小时。曾经有一位只顾挣钱，贪多务得，每周上到40多小时，结果累死在洋车上。1935年初谭其骧辞去了北平图书馆馆员之职，专教零钟点。他上的课并不多，钟点费不够，就靠不定期的稿费收入补充。当时的稿费一般也是每千字5元，与上一堂课相等。

编纂馆藏方志目录：北图三年

其实，谭其骧在北平图书馆的工作是比较轻松的，主要是汇编馆藏方志目录，有时为馆里举办的展览起草一些介绍和说明，偶然也为袁馆长代笔写点应酬文字。

由于在当馆员的同时，谭其骧先后在辅仁、北大、燕京兼课，1934年协助顾颉刚创办学会和主编《禹贡》半月刊后所用时间更多，自然不免占用办公时间。袁馆长虽未公开批评，谭其骧也自觉不妥，加上他嫌当馆员得按时上下班不自由，因此在目录编完后即递上辞呈。袁馆长自然求之不得，立即欣然照准。

在谭其骧离馆后，谭新嘉先生又把从1933年至1936年6月间陆续入藏的862部方志编成《国立北平图书馆方志目录二编》一册。由于谭新嘉作为中文编目组主任，不可能在编方志目录上花很多时间，所以尽管二编的体例与初编大致相同，用字体分别郡志邑志这一条就没有能采用。

北平图书馆办有《图书季刊》，《大公报》也专门辟有《图书副刊》，谭其骧任馆职期间写了不少书刊评论，这是业余工作，由报刊支付稿费。当时正有续编《四库全书》之举，那是用日本退还的庚子赔款，由遗老张钟羲、柯绍忞等组成的东方文化事业委员会主持的。谭其骧也写过几篇提要，但现存的提要中署他之名的并不都出于他之手，而是他的友人谢兴尧（五知，揖唐）等所写，因为他们不是北图的职员，不能参加撰写，谭其骧让他们以自己的名义写，以便获得一些稿费。谢兴尧对此事的回忆稍有不同："先作地方史，季龙分得山东省，合计省府县志一百多部，每篇提要约两千字，我与季龙合作，我作的多，季龙作的少。后来我作史部杂史类，及子部天文算法类，季龙又作什么，我不清楚。"（《记大高殿和御史衙门》，《读书》1996年第5期。以下引文同。）

北平图书馆的中文藏书已超过20万册。谭其骧进书库的主要目的虽然是查阅方志，实际却不限于方志，看到书名觉得值得看的就随意翻阅，三年间读到了不少好书和稀见书，眼界大开。

另一方面，北平图书馆不仅是一个专门进行采购、编目、收藏、借阅图书的机构，也是一个学术研究单位。除了各部的主任、馆员之外，馆中还专门设有编纂委员，从事与图书整理有关的研究工作，向达（觉明）、贺昌群（藏云）、刘节（子植）、王庸（以中）、谢国桢（刚主）、赵万里（斐云）、王重民（有三）、孙楷第（子书）等中年学者都是委员，可谓极一时之盛。他们比谭其骧都要大十来岁，在学术上已卓然成家，谭其骧与他们亦师亦友相游处，关系日益密切，学问方面也受益匪浅。比谭其骧稍年长的还有张秀民（涤瞻）、萧璋（仲圭），但他们是同辈人，交往更无拘束。图书馆宿舍中的住客并不限于本馆人员，只要是文化界中人，经人介绍都可住入，谭其骧在宿舍中又结识了女子文理学院教师谢兴尧、从事翻译的刘国平等人。

关于这座宿舍和当时的生活，谢兴尧有十分生动的回忆：

御史衙门在景山附近，靠近北海公园，门牌是陟山门大街三号，人们都称这里为御史衙门。从它的规模看，不像是座衙门，门口没有石狮摆设，只是一个大空场，边上有几间小平房卖烧饼油条。房屋高大宽敞，前后三进，廊子亦宽，又不似普通民房，总共不过十几间房。我揣测或者是巡城御史的落脚处，老百姓便说它是御史衙门。

大约在一九三二年前后，我和谭其骧（季龙）为了到图书馆阅览图书方便，想住在附近，于同住御史衙门前一排东西两间，中间是过道，季龙住西边一间，我住东边一间。房屋高大，每间约二十多平方米，每间房租每月四元。我们白天上课上班，晚上用功。那时我们刚毕业不久，都没有结婚，正是中青年时代，精力充沛，研究心强，白天常有人来，夜间清静，一般干到十二点。有时觉得困累，闲谈一会儿，季龙活泼勇敢，到东安市场九龙斋买几串冰糖葫芦，吃了酸甜凉食以后，精神复振。因为东安市场吉祥戏园演戏，午夜始散，距离不远，来回坐车，不过半小时。出动透透气亦好。

这些人中，赵万里、王重民、孙楷第、张秀民长期在北平（北京）图书馆从事版本目录学研究，谭其骧离馆后与他们仍来往不断，新中国成立后每次到北京几乎都与他们见面。

王重民编《清人文集篇目分类索引》时，曾请谭其骧协助编排地理类的篇目，谭其骧先用卡片将篇目抄出，再按类插定。编完后不久，谭其骧在抽屉发现竟留下了一叠卡片，显然是遗漏了。他赶快去找王重民，但得知书已发排，无法再补入了。到1984年，我们在他指导下编辑《清人文集地理类汇编》时，他告诉了我这段往事，并要我注意收集《索引》以外的篇目。

张秀民从北京图书馆退休后为侍奉老母，长住故乡浙江嵊县（今嵊州市）二十八都，除与谭其骧书信往返，还多次到上海访问。张秀民研究中越关系史，对谭其骧主编的《中国历史地图集》中秦朝象郡的画法有不同意见，不止一次与谭其骧作过争论。他在研究中国印刷史的过程中，也曾与谭其骧讨论过有关史料。

王庸在图书馆长期从事中国地图学史与地理学史研究，还是谭其骧去浙江大学任教的介绍人，1956年3月猝发心脏病逝世，当时谭其骧正在北京，不仅参加治丧，并撰写纪念文章，参与整理他的遗著。

向达在新中国成立后任北京大学历史系教授，1955年谭其骧被借调到科学院历史研究所编绘历史地图时，他兼任历史研究所研究员，到所工作时就与谭其骧住同一间宿舍，过从甚密。

贺昌群1954年后任历史研究所研究员，1973年10月逝世时谭其骧也正在北京。

谢国桢因介绍其姨甥女李永藩与谭其骧结婚，彼此成了亲戚。他新中国成立后在南开大学任教，1957年后任历史研究所研究员。由于他的女儿也在复旦大学工作，住处与谭家相近，所以更是谭家的常客。谭其骧到北京时，也必定造访。80年代初他们还多次在北京出席同一会议。1982年谢国桢逝世后，谭其骧曾在北京图书馆主办的《文献》杂志上发表回忆文章。

刘节后曾去浙江大学任教，新中国成立后任中山大学历史系教授。1977年3月27日，谭其骧去中山大学看望已身患绝症的刘节，当时他因喉癌影响已不能说话，只能以笔谈交流，他们从3点“谈”至4点3刻，这是他们经历“文革”后的第一次会见，也是他们之间的最后一次会面。以后，谭其骧在蒋天枢所著《陈寅恪先生编年事辑》中读到“文革”间刘节代陈寅恪接受批斗一节。传中写道：批斗会后学生问刘节有何感想，刘说：“能够代替老师接受批斗，是我的光荣。”谭其骧感慨不已，在书上批上“刘子植的是可人”！还不止一次向笔者讲及此事。

萧璋后任北京师范大学中文系教授。谢兴尧新中国成立后任职《人民日报》。刘国平后赴欧洲留学，周恩来总理参加日内瓦会议时邀他回国，但这位精通法语的学者却被安排在全国总工会工作，专长得不到发挥，为之悒悒不乐，英年早逝。50年代谭其骧在北京工作时，与谢兴尧、刘国平、萧璋隔一两天甚至每天都要见面。“文革”后谭其骧每次到北京开会，少不了要与谢、萧联系。1985年8月25日，谭其骧正好住在北师大招待所，萧璋请他到寓所吃晚饭。当天下雨，路上泥泞，半身不遂的谭其骧好不容易才走到小红楼萧宅，饭后是由萧的女婿和一位学生用自行车推着他回去的。

1996年，九十高龄的谢兴尧还饶有兴趣地忆及两件事：

一次谭其骧晚上进城，正值谢太太进产科医院生孩子，谢兴尧就留他住宿，两人躺着聊天。谈到半夜，忽听敲门声，原来太太的产期未到，医院又让她回来了，谭其骧只得另觅住处。好在大家都是熟人，并不当一回事。

70年代初，谢兴尧在人民日报社迟迟不得解放。一次谭其骧与他见面时忽然出了个主意，说：“周一良现在是梁效的人，让他跟上面说说或许有办法。”

可是过了几天再见到谢时却垂头丧气，谢问是不是周一良不愿意，谭其骧说连周一良的面都未见到，因为梁效的驻地有军人站岗，不许通报。（此事谭其骧生前从未提及，日记中亦未见记载，但谢兴尧言之凿凿。）

故都风物最宜人

1982年，谭其骧忆及往事，写道："这三年的图书馆生活，确是我一生中最值得怀念的岁月。"这固然是就在学问和交游上的收获而言，也是有感于当时的生活而发。的确，这是他一生中最舒适的一段时间。就生活而言，大概只有50年代前期的一段时间还可相比。

这也得益于北平的特殊情况。自从国民党政府定都南京以后，北京改称北平，北洋时代的中央政府机构已不复存在，一个历时五百年的首都已成过去，一切富贵繁华随之烟消云散。不论是衣食住行，吃喝玩乐，无不供过于求，商店店员和各种服务行业的从业人员态度之好，对顾客之迁就无以复加。另一方面，北京有着极其丰富的文物典籍、名胜古迹，长期的文化积累并没有在短期内消失，文化中心的地位依然保持着，所以不仅有大批一流学者、不少一流学校，而且还有相当优越的治学环境和高雅的文化氛围。这样的条件，对于一个收入中等偏高的文化人来说，是再合适不过了。

当时北平的物价相当低廉，如每月有上百元收入，就更不在话下。谭其骧单身时每月的房租不过5元左右，结婚后租过有十几间屋的房子，月租十几元。大教授租一所大宅子，每月花六七十元的并不少见，因为他们每月的薪水有三四百元，有兼职就更多。辅仁大学校长陈垣的兼职很多，月收入上千。

天桥有大量质地很好的旧家具出卖，柚木书桌、柚木床都不过10元上下。藤椅子到处都有卖，2元一把，有时跌到一元八。单身汉租了屋，随时可以配到合适的家具。要定新家具也不贵。很多商品都可以送货上门，只要指明品种，打去电话，当天或第二天就会送上门来。燕京大学在海淀，离东安市场那么远，但如要吃北门里稻香村的熟食，店里也肯派人骑自行车送来。

出门到处有洋车，坐上后再说到哪里去，拉起就跑，到目的地后按时价路程给钱，很少有要求添几文的，绝不会发生争吵。城里城外不论到哪里，即使远至香山，只要不是跑不动的老头儿，不会有拒载。谭其骧从景山陟山门大街宿舍门口上车，到东安市场门口下车，车资一直是七大枚（一角大洋换23大枚），下大雨刮风下雪时才酌加。大概是因为雇洋车太方便了，谭其骧始终没有学骑自行车。

据谢兴尧的回忆，在北大的宿舍外面，还有专门在晚上拉某些学生去八大胡同的包车，车夫们各有“火车头”“特别快”“飞毛腿”“小飞机”一类外号，从东斋起身到韩家潭，连上下车在内，不能过15分钟，而车夫一夜的代价不过五六毛钱。

吃包饭每月10元出头，但一般都不愿吃，喜欢买饭票按顿数吃，以便随时外出吃小馆。小馆吃一顿花上几毛就够了，偶尔花上一元就算大吃一顿了。有些小馆更便宜，只要几吊（五大枚一吊）。

谭其骧业余的主要享受是吃馆子，听戏（即看戏），逛旧书铺书摊，夏天上公园，当时与他差不多层次的读书人也是如此。

吃馆子自然不是指平时上小馆子，而是上大馆子请客。被请的是多数，自己每年也得做东请一两次客。谭其骧他们常去的地方有长安八大春、前门外煤市街山西馆、西四同和居、砂锅居、东安市场森隆、洞明楼、东来顺等，其中的同和居还是他的朋友牟润逊家开的。通常吃鱼翅席是12元一桌，酒水小费合起来近20元。鱼唇席十元一桌，海参席八元一桌，就显得寒碜了，一般很少要。更高级的有东兴楼、丰泽园，就不是他们去的地方了。最高级的是吃谭家菜，那是由广东人谭篆青家姨太太掌勺的，一桌要40元，主菜是每人一碗厚味鱼翅。一般都不作请客，而是十个人凑起来一起去品尝的。谭家菜的吃法很特别，每次只设一桌，实际要坐11个人，谭篆青照例坐上座，是客，也是唯一不掏钱的。据说这是因为谭氏本来做官，不愿被人说成是靠开餐馆为生。由于一直没有凑满十个人，谭其骧始终没有尝到真正的谭家菜。

当时经常演出的须生有马连良、言菊朋、奚啸伯、谭富英等，旦角有程砚秋、荀慧生、尚小云、筱翠花等，是谭其骧常听的；梅兰芳就难得听到了。高庆奎在珠市口演出，路太远，只是偶然去听。他们还常看富连成和中华戏曲学校的戏，经常出场的有李盛藻、刘盛连、叶盛章、叶盛兰、袁世海、王和霖、宋德珠、李世芳、毛世英、王金潞等。最使谭其骧倾倒的是武生杨小楼，他的票价是一元二角，其他名角都是一元。除京剧外，他们也听昆曲班，听得最多的是韩世昌、侯益隆。任何名角能够卖满座的日子很少，言菊朋和昆曲班一般只能卖五六成票。所以戏票不必事先买，往往是吃晚饭时看当天报上登的各戏园的广告，吃完饭赶去，尽管戏已开场，还能买到票，看得到中轴以下的几出好戏。谭其骧单身住在北图宿舍时，燕京的同学进城看戏，经常借宿在他屋里。他结婚后迁居城外，有时夫妻俩进城看戏，也在朋友家过夜。

谭其骧还曾与傅惜华、朱家源朱家溍（故宫博物院，清史专家，已故）兄弟、陆宗达（颖明，语言学家、北京师范大学中文系教授，已故）等在绒线胡同的国剧社学唱昆曲，由红豆馆主的笛师丌伯维拍曲教唱。通过唱曲，谭其骧又结识了清华大学中文系教授俞平伯、讲师浦江清等人。陆宗达的父亲是邮政局长，家境富裕，1934年他祖母八十大寿，在家演戏。陆宗达自演《训子》，用的是昆弋社的班底。谭其骧与朱家溍同台演《长生殿》中《闻铃》一场，分别饰唐明皇和陈元礼。这是他首次登台，一出场，向达等就在台下大声叫好，他心里一慌，差一点把帽子掉下。这是他唯一一次化装登台。

1934年夏，俞平伯发起成立曲社，至1935年在清华大学成立谷音社，社员有浦江清、汪健君（清华大学教授，1991年犹健在），谭其骧也是社员，并多次参加在清华园的唱曲集会。

谭其骧一直钟爱昆曲，50年代在北京时经常参加京中曲友的同期，老君堂俞平伯家是主要的聚会地点。新中国成立初在上海唱曲时结识了在中学任教的张允和，并和张允和的丈夫、财经大学教授周有光成为好友。1955年周有光调北京中央文字改革委员会专门从事文字改革研究，张允和也随调北京，他们家是谭其骧每次进京必到的地方。1956年7月，教育部召开教学大纲审查会议，复旦大学赵景深教授和武汉大学唐长孺教授进京开会。7日晚上，北京曲社在北海公园取会。先在漪澜堂宴请客人。“八时下海（乘船游于湖上），唱至十时许登岸，又在山坡带身段唱至十一时许而归”（当天日记），是多年未有的盛事。张允和撰写了一篇记述全福班的史料《江湖上一支奇妙船队》，所附一张全福班走江湖的路线图，就是请谭其骧画的草图。1957年回上海工作后，他与章巽、全增嘏夫妇，胡忌等一度请昆曲传字辈的张传芳拍曲，并经常与赵景深等唱曲。直到晚年，谭其骧还常与上海的曲友陈宏亮、甘纹轩等一起唱曲，兴致十足地阅读张允和寄来的北京曲社《曲讯》。

北平的旧书铺和书摊很多，谭其骧最经常去的是东安市场内，隔一阵子还上琉璃厂的书铺和宣武门内西单商场的书摊。逛书铺不一定买，常常只是逛而不买，但看看翻翻本身就是一种乐趣，老板和摊主也一概欢迎。限于财力，谭其骧买书只求实用，不讲版本，如《二十四史》不买百衲本，只买竹简斋石印本；《四部丛刊》不买毛边纸线装景印本，只买白报纸缩印本。当了名人和教授就不用自己去买书了，各个书铺都会派跑外的经常送书上门，由你选择，要的就留下。一年三节结算，端午、中秋不一定都付，可以到年底再清账，到时候还可以退还一些不一定要留的。所以教文史的大教授通常都有几万册藏书。到1930年迁居燕京大学东门外北河沿时，尽管谭其骧还不是副教授，也已有两家书铺送书上门了。

谭其骧夏天经常逛公园，一是中山公园，简称公园；一是北海公园，简称北海；票价都是5分。逛公园实际是坐茶座，在北海坐五龙亭，公园坐长美轩，偶然才散散步。当时，不同圈子的人一般都有固定的聚会场所，常客的座位也差不多是固定的。来今雨轩是洋派人物光顾的地方，在春明馆聚会的是老先生，所以他一般都不去。谭其骧曾在春明馆见到林损（公铎），因旁无他人，被林拉了坐下聊天，林说话都用文言，满口“之乎者也”，讲几句就夹上一句“谭君以为然否”？蒙文通、钱穆（宾四）、汤锡予（用彤）三人常坐一桌，但谭其骧只与蒙文通相熟，与钱穆相识而不熟，因此也没有上过他们这一桌。坐茶座一般从太阳下山开始，旧友新知，海阔天空，直到深夜甚至一两点钟，晚饭就在茶座上叫点心吃。单吃茶每人只花一角钱，点心大多也只有一角钱一碟。长美轩是川黔有名的菜馆，只花几角钱就可以酒足饭饱。

谢兴尧对中山公园的茶座更是情有独钟，早在1936年就写下了这样的话：“凡是到过北平的人，哪一个不深刻的怀念中山公园的茶座呢？尤其久住北平的，差不多都以公园的茶座作他们业余的休憩之所或公共的乐园。有许多曾经周游过世界的中外朋友对我说：世界上最好的地方，是北平，北平顶好的地方是公园，公园中最舒适的是茶座。”他当时印象最深的公园中间大路两旁的三家茶馆：春明馆、长美轩、柏斯馨，春明馆是比较旧式的，长美轩是新旧参半，柏斯馨则纯粹摩登化的。“这三家中，‘春明馆’与‘柏斯馨’，在地理上和性质上，确乎是两极端，长美轩位于中间，可说是中和派，他的雇主多半是中年人或知识阶级。但柏斯馨的摩登少年，与春明馆的老太爷，同时也可以到这里来坐。”三个茶馆的供应和氛围都各有特色：春明馆摆有围棋和象棋，供应的点心也是古色古香、带有清朝气息的茶食，如“山楂红”“豌豆黄”之类。长美轩则维新进化了，好像是清末民初的派头，除了“包子”“面食”外，碟子有“黄瓜子”“黑瓜子”等。柏斯馨则十足洋化，大多数喝的是柠檬水、橘子水、冰激凌、啤酒，点心是“咖喱饺”“火腿面包”及什么“礼拜六”，还有许多说不上来的洋名字。不消说春明馆当然是以遗老们为基本队伍，以自命风雅哼诗掉文的旧名士为附庸。他们的年龄起码都是四十岁往外的正气须生了。最特别的象征，便是这个范围里，多半是不穿马褂即穿背心，秃头而戴瓜皮小帽，很少有穿西服或穿皮鞋的。长美轩是绅士和知识阶级的地盘，大半都是中年人，穿洋服、中装的均有，这个茶座可说是文化界的休息所。每天下午四点钟后，便看见许多下了课或下了班的“斯文人”，手里拿着皮包，嘴里含着烟卷，慢慢儿走到他天天坐的地方，来解除他讲书或办事的疲乏。长美轩的常客有画家王梦白、数理大师冯祖荀、前外交使臣廖石夫、速记的发明者汪怡，还有钱玄同、傅斯年等人。(《中山公园的茶座》，1935年5月，载《堪隐斋随笔》，辽宁教育出版社，1995年版)

不知谢兴尧所说的柏斯馨是否就是谭其骧提到的来今雨轩？

20世纪50年代的夏天，谭其骧也曾约了谢兴尧、刘国平等逛公园，可是在长美轩茶座坐到5点，服务员就开始在旁边扫地，说是已到下班时间。所以以后他们虽然还逛公园，却只是散散步而已，很少再有坐茶座的兴致了。对他们来说，作为一种文化的中山公园茶馆已经不复存在了，或者说，中山公园的茶馆已经不是属于他们的了。

第五章

编《禹贡》始末

1934年2月4日，顾颉刚约谭其骧在他寓所附近的斌泰饭店吃饭，席间邀他共同发起筹组一个以研究中国沿革地理和相关学科为宗旨的学会，商定以我国最早的一篇系统描述全国自然、人文地理的著作——《禹贡》作为名称，还决定创办《禹贡》半月刊，作为未来学会的机关刊物。当时，他们正在北京大学、燕京大学、辅仁大学讲授中国地理沿革史，所以准备以三校学生为基本成员，并以学生们的习作为主要稿源。

从顾颉刚当天的日记看，他是预先作了准备的，所以先与谭其骧去了学校的印刷所。而到斌泰饭店用餐是邓嗣禹约的，餐后他们还到邓的住处小坐。但邓始终未参与《禹贡》，所以席间未必是以讨论《禹贡》为主，故当晚10点谭其骧又到顾家并留宿，则相关事项均已商定。

学会发轫　《禹贡》出版

学会的筹备处和刊物的编辑部就设在燕京大学旁成府蒋家胡同3号顾颉刚家中，全部人员就是他和谭其骧这两位主编，由顾的女儿顾自明担任刊物的发行人。经费主要靠顾、谭月捐20元，有时捐40元维持；一部分来自会费：他们广泛邀约班上的学生及平、津、沪、宁、杭、穗等地的熟人参加学会，普通会员每月收会费一元，学生会员收五角。刊物不设稿酬，写稿、审稿、编辑等全部工作都是义务的。就在这样的条件下，《禹贡》半月刊的创刊号在3月1日问世，16开本，连封面、封底在内24页。此后基本每半月正常出版，到当年8月已出了12期，约40万字，每期的发行量也增加到数千册。那时，顾颉刚对谭其骧的才华和能力都极为赞赏，在给胡适的一封信中写道："谭君实在是将来极有希望的人，他对于地理的熟悉，真可使人咋舌。任

《禹贡》封面

何一省，问他有几县，县名什么，位置怎样，都能不假思索地背出。对于地理沿革史，夙有兴趣，且眼光亦甚锐利，看《禹贡》半月刊、《史学年报》《燕京学报》诸刊物所载可知，他在燕大研究院毕业生中应列第一。今年我所以敢办《禹贡》半月刊，就为有了他，否则我一个人是吃不住的。”

关于建立学会的条件和具体出发点，《禹贡学会募集基金启》指出：“是时燕京大学中，郑德坤先生研究《水经注》，重绘《水经注图》；朱士嘉先生研究地方志，编《中国地方志综录》；冯家昇先生研究辽金史，作《契丹名义考释》等论文；张维华先生研究中西交通史，注释《明史》佛郎机、吕宋、和兰、意大利四传；从事于历史的地理之研究者日多。而燕京大学以外，北平学界之研究甲骨文及金文中之地名与其地方制度者有董作宾、于省吾、吴其昌、唐兰、刘节诸先生；研究古文籍中之地名及民族演进史者有傅斯年、徐炳昶、钱穆、蒙文通、黄文弼、徐中舒诸先生；研究地方志者有张国淦、瞿宣颖、傅振伦诸先生；研究中西交通史者有陈垣、陈寅恪、冯承钧、张星烺、向达、贺昌群诸先生，研究地图史者有翁文灏、王庸诸先生；是诸家者，时有考辨之文揭载于各定期刊物中；风气所被，引起后生之奋发随从者不少。顾谭二君担任此课，于学生课卷中屡睹佳文，而惜其无出版之机会，不获公诸同好。”

《禹贡》第一期所刊《发刊词》由谭其骧撰写，顾颉刚作过修改。这篇文章对于了解和研究他们当时的学术思想和研究计划十分重要，也是《禹贡》杂志和以后成立的禹贡学会的纲领。

《禹贡》的第一、二期是由顾颉刚编的，第三期由谭其骧编。他毕竟缺乏编杂志的经验，稿子排出来后是26页半，装印不便，临时由顾颉刚补了三个短篇和校记，凑满32页。

8月中旬，顾先生因母丧南归，请假期间《禹贡》的编务及燕京、北大的课程均由谭其骧负责。11月下旬，顾先生回北平。次年1月底至5月初，顾先生南归度假及葬母，谭其骧单独编了《禹贡》第三卷第一至第五期。

和而不同：顾谭之争

在离平前的1935年1月8日，顾颉刚向谭其骧提出合编一本中国地理沿革史，谭答应先试写一部分。但顾颉刚到上海后即与商务印书馆签订了出版《中国地理沿革史》的合同，希望尽快写出，致函谭其骧催促。谭其骧复函顾颉刚，答应不久将先寄出一部分。虽然谭其骧已经开了三年的沿革地理课，又写过一些专题论文，但动笔后却发现写沿革史并非如此简单；加上独自编《禹贡》和三校的课程，深感力不从心，《禹贡》第三卷第一期也迟出了一星期。3月6日，顾颉刚得知后十分不满，在日记中写道："季龙编《禹贡》太不上劲，三卷一期，予送他多少稿件，而尚须迟一星期出版，真有'才难'之叹！"次日他向谭发出一函，除催促沿革史外，又提出《禹贡》务必不能脱期，信中对谭颇有责难。13日，顾颉刚收到第一期《禹贡》，又生"才难"之叹："《禹贡》第三卷一期寄到，错字满目。甚欲想一能任校对之人，而竟无之，不胜'才难'之叹。季龙为何如此不中用？"（当日日记）正在此时，谭其骧的回信也到，针对顾的诘难诉说了自己积郁已久的烦闷，谈到"自己不能安心写一篇比较像样的文章，不能好好儿看一点不为做文章而看的书"。

3月18日，顾颉刚给谭其骧写了一封三千多字的长信，告诉他《沿革史》"书肆之约已定，不可愆期"，"请将大作已成者及其他必要之参考书"寄来，"当急遽写成，寄沪而后回平也"。接着又就谭对自己烦闷和繁忙的诉说，谈了他的看法："这个愁闷不是某人某人加给你的，乃是这时代、这国家加给你的。""兄之忙，从表面看来都是我给你的……但你须知道……乃是我想帮助你。"他力劝谭应面对现实，"最苦的一件事，就是做了现代的中国人，无论你学问怎样好，无论你将来的学问可有多大的成就，而依然不能不顾生计问题，依然不能不受生计问题的压迫"。"所以，你固然忙得没办法，但这忙是在社会上奋斗所不得不经过的难关；而且这忙的性质是一贯的，并不是乱忙。……所以，我劝你尚友古人固是要'论世'，评论今人和为自己计划也应'论世'。须知今日决不是乾嘉承平之世，……我们的不成熟的作品，并不是我们自己的罪过，乃是受了时势的压迫，不得不然。只要我们不存心欺世，发现了自己的错误就肯改正，那就对得起这时代。若一味希望'水到渠成'的作品，这仿佛责乞儿以鱼翅席，得无望之太奢乎！"

顾颉刚说："我深知和你性情学问有很不同之点。龚定庵诗云'但开风气不为师'，拿适之先生的话来说，开风气者是敢作大胆的假设的，而为师者是能作小心的考证的。这两种精神固然最好合于一个，但各人的才性不同，不得不有所偏畸。我是偏于开风气，你是偏于为师，这是没法强同的事情；但正有此不同，故得彼此救蔽。这半月刊由我们二人办，以你的郑重合上我的勇往，以相反而相成，事就做得好。……不幸你不甚热心，弄得偏重到我的肩上。”

对《禹贡》的办刊方针和方法，顾颉刚重申了他的看法：“我说《食货》篇幅多，《禹贡》不应少，为的是有了比较。你说东西好坏在质不在量，不必计较这个。你的话固然很对，但你的经验实在不够。试问懂得质的美恶的，世上能有几个？大多数人是只懂得量的多少而已。你将说，办这刊物何须取悦于大多数人！学问之道何必妥洽于一班庸众！话说得自然对，但试问《禹贡》半月刊的基础建设在那里？如果定（订）户与零售减少，我们能不能存在？”“去年我奔丧时，曾请你收一部分软性的作品，例如地方风俗之类。这种事很易，只要出一题目，叫学生每人写一篇，就可挑出十余篇应用。但你似乎没有照办。单靠沿革史，固有永久的价值，但必不能得群众点头。”“说到分量的凑足，并非坏事，亦并非难事。要胡乱发议论，增多篇幅，固然不对。但以中国历史之长，地域之广，多的是材料。我们于议论文重其质，而材料文重其量，这就没有缺稿之虑了。（例如柳彭龄君一文，你所删去的，仍可另立一题而发表。）”

信写完后，顾颉刚意犹未尽，在日记中写道：“季龙纯粹为一读书人，自不能耐烦作事。但要生在这世上，又何能奚落此事。《禹贡》半月刊原是他自己事业，乃予在平他丝毫不管，予走后他编了一两期就起怨恨。此等人看谁能与之合作？予处处提拔之而反被埋怨，其可气也。”

但顾颉刚的信并没有说服谭其骧，他于23日复信，说本来没有能力编辑《禹贡》，也不可能在短期内写出一部沿革史，所以勉强从事只是遵顾先生之命；对顾的其他批评也申述了自己的看法。因此顾颉刚在28日又给他写了一封三千余言的长信。

顾颉刚写道：“一个人的才性不能勉强，我没有认清你的才性，徒然加给你工作，这诚然是我的不是，但这不是我勉强加给你的，而是我请求了你，你自己答应的。我此来携有日记，在日记上一查，知你答应同发起禹贡学会，出版半月刊，是廿三年二月四日在斌泰吃饭时事，你答应编地理沿革小史，是廿四年一月八日在我寓里的事。我固然没有认清你的才性，而你自己却也没有认清自己的才性，否则那（哪）会乱答应呢！”

接着，顾颉刚对“中国知识阶级的不济事”大发感慨，联系到自己参与过的新潮社、朴社、景山书社、技术观摩社等都不能善终，感到“真是使我伤心极了”，说“中国人为什么竟不能合作？我为什么永远找不到一个合作的伴侣”？又谈到他之所以要个人出版《禹贡》，而不在一个机关，是因为以前在北大编《歌谣周刊》和《国学周刊》，以及在广州中大编《语言历史研究所周刊》《民俗周刊》都是人一走就烟消云散，“我办《禹贡》，就是要避免机关中的厄运，让我用一个人的能力维持下去”。他表示下学年决计不离开北平，把《禹贡》办下去。“但是这个刊物，终究有一半为了你而创办的”，所以，他与谭约定，“此后你应当担负下列两个责任：1. 你常做小篇的考据文章。2. 凡属于汉以后的沿革文字，我把排样寄给你看；如有大笑话，请你改后寄我，免得又有‘唐三十六道’等语句出现。此外都由我来做，好吗？”

顾颉刚认为他们的分歧之一，是创办刊物的胸怀太不相同。“我办这刊物，因要使你成名，但世界上埋没了的人才何限，可以造就的青年又何限，我们纵不能博施济众，但也应就力之所及，提拔几个，才无负于天之生才。”他举钟凤年、孙海波、马培棠三人为例，说明通过《禹贡》“使许多有志有为的人都得到他的适当的名誉和地位，岂不是人生一乐？”“所以我们若为自己成名计，自可专做文章，不办刊物；若知天地生才之不易，与国家社会之不爱重人才，而欲弥补这个缺憾，我们便不得不办刊物。我们不能单为自己打算，而要为某一项学术的全部打算。”

其次是治学方法的差异：“现在研究学问，已不是一个人目不窥园可以独立成就的，分工合作乃是避免不了的方式。你要一个人编一部《中国地理沿革史》，而实际上是无数人帮着你编。一个人精神有限，对于一种学问，无论怎样用心，必有看不到的材料，想不到的问题。几个人一讨论，就都看到了，想到了。你说你不赞成编《禹贡》，试问你将来编纂沿革史时能否不看《禹贡》？”

再次是工作精神的不同：“你说我的笔头快，也是当编辑的便利，这话也可商量。诚然我写字快，写议论文章也快……但考据文字，你要查书，我也要查书；你要整理材料，我也要整理材料；彼此便没有大差异。实告诉你，我的作文是拼了命的。”在叙述了他因写作致病的经过后说：“所以常对我妻说：‘别人只知道顾颉刚以作文成名，解决了生计问题；谁知顾颉刚的奋斗生涯是这样艰苦的！”他告诫谭：“你如不欲解决生计问题则已，如果打不破这现实的需要，而犹欲解决之，那么，照你这样慢吞吞地干去是不成的。一个人有一个人的才性，我固然决不该希望谭季龙也成了顾颉刚，作同样的艰苦奋斗；但至少也须把精神紧张起来，才可在社会上打出一个自己的地位。”

最后，顾颉刚批评了谭其骧的骄傲，指出对人对己要全面看：“这三四年中，我在燕大里，或在城里，很听得人家批评你的话，归结起来不外'骄傲'二字。你这次来信说，许多人不给你稿子。我看，这二字就是一个重要的理由。""你的骄傲，是瞧不起人，觉得人家是浮薄，是平庸，是孤陋。实则一个人总是多方面的，有坏处也必有好处。从坏处看，但觉得可厌，而从好处看，则又觉得可亲。就把你来说，你在学问上很不苟且，不肯随便写作，这是好处。你在办事上十分马虎，以至答应了的事情不做，定期刊物变成了不定期，这是坏处。如果我的眼睛只看见你的坏处，那么，我真不值得把你做朋友。但我不是这样的人，我也见到你的好处，所以要写这样的长信来给你，希望你前途可以减少不幸的遭遇。你如此，别人当然也如此。"

顾颉刚在信的结尾写道："不知你能受我这'尽言'否？但无论能与不能，总希望你把我这两封信保存起来，到将来受到别方面挫折时候，再拿来一看，我想你必可在这两封信上找到些橄榄味儿。"在当天日记中他记下这样的话："写季龙信，心中一畅快。他如见我此信而犹不动心，则予亦未知之何也已矣！"

南下广州　告别《禹贡》

1935年5月初顾颉刚回北平，《禹贡》从第六期起仍由他主编，谭协助。至暑假，谭其骧决定应广州学海书院之聘，正式向顾颉刚辞去《禹贡》编务和学会事务。顾无法挽留，心中却十分惋惜和遗憾，在谭其骧向他辞行的当天又在日记上写下了"才难"之感。《禹贡》改由顾颉刚和冯家昇主编。

谭其骧之所以要应学海书院之聘，一方面是经济原因。他的家庭早已没落，父亲长期抱病在家，唯一的固定收入就是出租房屋的租金，所以他每月要寄一笔钱回家奉养双亲。在他长期保存着的几封他父亲的来信中，常常可以看出经济上的压力，如："一日挂号信及汇款十五元均照收悉，勿念可也。来信谓尚有十五元拟待八月底再寄，亦好。惟汝母嘱问：汝所说前欠寄家用款（即此次收到之十五元及八月底再寄之十五元），不知究系何月？因汝向来汇寄贴款，从未指明何月，故汝母亦不得而知。又问此款既属前欠之款，则阳历八月份本月份如何？须于何时方可寄来等语。"又如："汝母因今年年底我家间壁之租户方姓于阳历去年十二月一日迁出，租屋空关，年终又少一笔进益，要想汝弟兄中各就可能范围内，于年内多寄若干，以补不足。亦就此一遭，下不为例之事。急盼复我知之。”这年春天，他辞去了北平图书馆馆员之职后又缺了一份固定收入，靠在北平“拉散车”的薪水往往入不敷出。当时禹贡学会还没有获得张国淦的捐赠和中英庚款的资助，《禹贡》半月刊到第三卷开始才收支相抵略有余存，在此前他与顾颉刚经常在月捐20元之外再作临时捐助，编《禹贡》及为《禹贡》写稿都是尽义务，经济上自然只有损失。就在此前不久，谢国桢已介绍他认识了李永藩，他自然不得不考虑未来结婚的费用。到学海书院当导师可以得到相当在北平当教授的工资，经济上不会再有问题。

另一个原因是其他老师的作用。邓之诚先生对他相当器重和关怀，曾以一联相赠：“释地正堪师两顾，怀才端欲赋三都。”（两顾指明末清初学者、地理学家顾炎武，著有《天下郡国利病书》《肇域志》等；顾祖禹，著有《读史方舆纪要》。三都指西晋左思所作《三都赋》，曾引起洛阳纸贵。）足见期望之殷。学海书院是广东军阀陈济棠委托张君劢办的，张自己忙于搞政治活动，无暇办学，就推荐张东荪当院长。张东荪本是燕京大学哲学系教授，与邓之诚熟悉，就向邓要两个教历史的，邓推荐了谭其骧和姚家积。谭其骧在犹豫之际征求过洪业的意见，洪也力劝他离开北平。邓之诚和洪业都认为谭其骧学术上前途无量，应该集中精力做学问，跟顾颉刚搞学会、编《禹贡》只会荒废学业。

不过最重要的原因似乎还是他与顾颉刚在治学、处世、为人方面的歧见。顾颉刚在信中将自己称为“开风气”者，而把谭当作“为师”者，实在是一语中的。如果真能做到“以你的郑重合上我的勇往，以相反而相成”，无疑是最佳组合；但实际上却办不到。

顾颉刚做学问倾向于大胆假设，想到的观点就要见诸文字，立论恢宏而不计小疵。谭其骧则善于小心求证，非有十分把握不发议论，非有十分证据不写文章。顾颉刚认为新的观点要赶紧发表，学术文章能多写快写的，也不能为求成熟而拖延。在《禹贡》第二期的《编后》中，他说：“谨慎的前辈常常警诫我们：发表文字不可太早，为的是青年作品总多草率和幼稚，年长后重看要懊悔。这话固然有一部分理由，但我敢切劝青年不要受他们的麻醉。在学术上，本没有‘十成之见’，个人也必没有及身的成功。学术的见解与成就，就全体言是一条长途。古人走到那里停下了，后人就从他停止的地方走下去；这样一代一代往前走，自然永有新境界。就个人言也是一条长途，你要进步，就得向前走。”谭其骧则以为文章千古事，自己都不满意如何能发表？学术研究不能赶时间。如在学术争论中，他们可以相得益彰，但要合作完成一项事业，又没有第三者来协调，就只能南辕北辙。

如对《中国地理沿革史》，顾认为谭既然已讲了几年沿革地理，有现成的讲稿，据以成书又有何难？只要不拖拉，有个把月时间就够了；谭却觉得自己对沿革地理尚缺乏研究，讲稿可以采用前人成说，或重复旧说，写书就不能马虎，非经过研究，有自己见解不可，因而不愿从命。实际上顾颉刚早有写一部《中国古代地理沿革史讲义》的打算，在《禹贡》创刊号的《编后》中曾写道："预计这几年中，只作食桑的蚕，努力搜集材料，随时提出问题；希望过几年后，可以吐出丝来，成就一部比较可靠的《中国古代地理沿革史讲义》来（我只敢说讲义，不敢说真正的沿革史，因为要做一部像样的史是数十年后的成就），让愿意得到常识的人有地方去取资。"在顾颉刚心目中，这本书不过是带普及性的"讲义"而已，何况已与商务签约！谭其骧既然坚持不干，就只得另找他人。顾颉刚有此不满，以后出版时既没有署上谭其骧的名字，也没有说明此事的过程，但此书秦汉以后部分自然离不开谭其骧的讲义，这就引起了知情人的不平。

又如作为禹贡学会一项重要工作的沿革底图的编绘，是由顾颉刚和郑德坤编纂，吴顺志、张颐年绘制的，从1933年3月至1934年4月已完成39幅，由谭其骧负校订之责。顾颉刚认为很快可以问世，所以在《禹贡》刊出《〈地图底本〉出版预告》，说"此后谭先生校好几幅，即付印几幅"。但经谭其骧审校后，原稿几乎全部作废，至年底时能够付印的仅12幅。

顾颉刚办事气魄大，富有进取心和想象力，可以同时举办多项事业，而且都有庞大的计划，但往往对困难估计不足，一些计划不得不半途而废。对此，燕京大学的洪业曾经叫苦不迭，因为他是哈佛燕京学社在燕京大学的代表，顾颉刚等申请的项目都是由他经手办理的，但到了规定完成的时间，顾颉刚往往无法拿出预定的成果，或者只能用与原申请计划不相干的成果充数。这倒不是顾颉刚不愿意或不可能完成，实在是手中的工作太忙，开展的项目太多。《禹贡》发刊词列出的学会工作计划有六项，实际上直到1937年学会因日寇侵略而停止时，这六项任务中只有第一项勉强能算完成，其余都还差距甚远。但学会的计划和进行的活动都在不断增加，远远超出了这些范围，相反原定的任务并没有都落实，顾颉刚认为是正常的发展，谭其骧却觉得有违初衷。

顾颉刚希望学会迅速扩大，要求《禹贡》半月刊的篇幅应该不断增加，认为对文章的质量不能要求过高，只要保证有一半或三分之一的高质量文章，其他的内容过得去就可以了，更不能为了稿件的修改而造成脱期。在《禹贡》出满12期时，顾颉刚写了一篇《后记》，他一方面针对一些人以《禹贡》"性质太专门""看不懂"，认为"若只顺应了环境作事，这种不费劳力的成功，有何可喜！这种迎合潮流的心理，又有何价值"！同时又指出："但若永远板着脸说话，专收严整的考据文字，在没有这方面兴趣的人必然是望而生畏的，这决不是引人入胜的好法子。所以我个人主张，史望材料新，不怕说得浅。"他并以《食货》杂志篇幅迅速扩大为例，促使谭其骧改变主张。他说："一个唱戏的名角，他所受的捧场，内行远不如盲目的群众为多，倘使他失去了群众，他能不能靠了几个内行吃饭？天下本来先知先觉最少，不知不觉最多，然而先知先觉者的能自下而上与否，完全决定于不知不觉者的肯捧与否。"谭其骧既不以《食货》的做法为然，也不同意顾颉刚这样的看法，他认为一种学术刊物最重要的是质量，而不是数量；脱期固然不好，草草出版更坏。所以尽管顾颉刚要他编入或组织一些稿件，他却不愿意采用。

顾颉刚奖掖后进不遗余力，对青年学生几乎有求必应，他常采用的方法是将题目布置给学生，让他们写成文章，然后加以修改和补充后在《禹贡》发表。这对于青年学生自然是莫大的鼓舞，甚至就成了他们走上学术道路的第一步。

谭其骧显然并不同意顾颉刚这些办刊方针，他认为，学生作业中基础好的可以修改后发表，但不能降格以求。他虽不反对发表游记和风俗志一类文字，却坚持要有一定的学术性，否则就不像《禹贡》了。顾颉刚《后记》中这段话似乎就是写给谭其骧看的，说明到1934年8月，他们之间的分歧已经出现。从培养学生的角度出发，同时也为了刊物的生存和发展，顾颉刚的主张无疑更正确，但更加执着于学术的谭其骧却不能接受。

顾颉刚主张对各类人兼收并蓄，所以很快为禹贡学会的筹备组织起一支人数可观的队伍，但也难免有个别既无能力又不愿踏实工作的人混迹其中。当时燕京同学中有一位颜某，一位李子魁，因学问平庸，为人华而不实，被大家戏称为"颜李学派"。李子魁善于迎合顾颉刚，对顾交办的事十分卖力。顾认为李子魁"姿质之低诚毋庸讳，但他作事的忠诚则为同学中少见。如果没有他，《禹贡》的经费就不会收到这样多"。所以他要谭其骧将李子魁的文章尽量发表，在谭表示无法修改时，顾不惜要谭以同一题目重写，然后以李的名义刊出。如在《禹贡》第六卷第六期（1936年11月）刊有一篇署名“李子魁”的《汉百三郡国守相治所考》，前面有顾颉刚的按语：“去年李子魁君为本刊作《西汉郡治综录》，由王先谦《汉书补注》中录出诸家之文。以其颇多浮词，交谭其骧君剪裁之。谭君毕意考求，裁成定稿，辞寡而事明，虽谢山（全祖望）、竹汀（钱大昕）无以逾之。易以今题定稿，仍署李作。敬志于斯，籍章让德。”内行人不难看出，李子魁的原稿根本算不上什么研究，重新撰写的论文与他实在没有什么关系。谭其骧以为这种做法不妥，尽管照办了，李却因之而颇自得。但这位李君其实并不忠诚，以后在杨守敬、熊会贞《水经注疏》整理稿本流布的过程中也扮演了一个很不光彩的角色，详见陈桥驿所著《关于〈水经注疏〉不同版本和来历的探讨》（载《中华文史论丛》1984年第二辑）。

顾颉刚稿约甚多，他一般有求必应，但对一些不太重要的或应酬性的文字，他往往找人代笔，有时讲一些观点，有时就让人家照题目写，有时他修改一下，有时连看也来不及看。他这样做或是为了在经济上帮助学生或同人，写出来的文章虽用他的名义发表，稿费却都让执笔人拿。而学生或青年学者的文章合署上他的名字后，不仅很快就能发表，稿费也能拿得高，对解决经济困难不无小补。新中国成立后，贺次君一度因为“政治问题”找不到工作，更不能发表论著，顾颉刚就让他代笔，收入《中国古代地理名著选读》第一辑（科学出版社，1959年）的《禹贡》（全文注释）就完全出于贺次君之手。以后有人对其中将江源释为今嘉陵江的说法提出异议时，顾承认自己当时并没有看过。谭其骧的做法截然不同，他不愿找人代笔，也不愿为人代笔，他对顾先生这种做法颇不以为然，即使是为了别人的经济困难。所以他一生连与别人合作的文章也很少。

顾颉刚交游之广，在北平罕有其匹，他不仅结交学界，也结交政界、商界，来往的不仅有中外教授学者、青年学生，还有党国要人、地方军政大员、蒙古王公、宗教领袖、社会名流。1936年，为了到北平研究院上班和应酬之便，他购置旧汽车一辆，这在北平学界是绝无仅有的，因此邓之诚说：“顾颉刚是要当大总统了。”其实他并无政治意图，更不想做官发财，只是想通过自己的交游扩大学术影响，为学术活动寻求经济上的资助和政治上的保护。这些活动无疑给他的事业带来很多好处，禹贡学会能得到前教育总长张国淦的资助和中英庚款委员会的大笔补助，对边疆史地和现状的调查研究能够开展，要没有顾颉刚的广泛交游是完全不可能的。又如他任社长的通俗出版社一度有工作人员

40人，每周可出版8种读物，每种第一版就可发行10万册，固然是因为适应了抗战的需要，但也得益于南京国民政府和二十九军军长宋哲元等地方实力人物的支持。但谭其骧性情淡泊，寡于交游，疏于应酬，不愿为学术以外的事花费时间，就是与几位情谊甚笃的友人也相交如水。胡适当时是北平学界第一名人，青年人都以受胡适之知为荣。顾颉刚不止一次向胡介绍过谭其骧，并在信中对谭大加赞扬，但谭从未去见过胡适。我曾问他为什么，他答道："不为什么，就是因为没有什么事要见他。"陈寅恪也是声望极高的名教授，不少人攀附唯恐不及。谭的好友俞大纲是陈的表弟，陈曾向他问过谭的情况，谭得知后也没有去见陈寅恪。年轻时如此，功成名就后依然如此。这样的性情对治学固然有益无害，但要办学会、编刊物、拉稿子、求赞助就无计可施了。

顾颉刚说没有了解谭其骧的才性，这是事实。他对胡适的介绍虽然并非过誉，但他大概没有了解谭其骧的另一面。谭其骧有的文章的确写得很慢，而且拖得很久。像地理沿革史，不但顾颉刚要他写的始终未写出来，连他自己的书也一直没有写成，1981年开始我们作过几次努力，但直到他逝世都没有能促成他写出一部中国历史地理概论。他最讨厌的一件事，就是别人要他限期交稿，尽管期限很宽，或者作了多次推迟。1980年他作了中国七大古都的报告后，《历史教学问题》向他约稿。我以为只要将记录整理出来，请他改定即可。岂料上篇刊出后，他迟迟不改出中篇来，急得杂志一位编辑天天到他家去催。我问他是不是整理得不对，他说："不关你的事，报告中我是这样讲的，但现在觉得不妥当，一时又想不出更好的说法，所以只能拖了。"结果，隔了一期后才写出中篇，下篇则始终未能写出。我问他，你编《禹贡》时也是这样吗？他坦率地承认："差不多。但顾先生在北平时由他做主，他等不及了往往自己动手，或者换上其他稿子。他不在北平时就糟糕了，他隔几天就来信催，有时凑不满像样的稿子，免不了脱期，他很不满意，我也很痛苦。"在质量和期限面前，谭其骧会毫不犹豫并无条件地选择质量，脱期或不发表也在所不惜。作为作者，这应该是很大的优点；但作为编者，这无疑是致命的缺点。不幸顾颉刚选择他当了编者。

还有些事是顾颉刚不了解具体情况而产生的误解。如他认为谭其骧在北平要不到稿子是因为骄傲，人家不愿意把稿子给他。实际上愿意将质量高的文章交给刚问世又没有稿酬的刊物的人毕竟有限，顾已是名教授，在北平名气大，交游广，别人卖他的面子。就是这样，因为他见了人又拉稿又要捐款，一些人还有意躲着他。谭是刚步入学术界的年轻人，又不善于交游，就是不骄傲也难拉到稿子。顾认为俞大纲出身世家，生活优裕，不会踏实做学问，所以对谭其骧与他交往颇有异议；而当时谭、俞等都还是二十几岁的青年，少不了一起看看戏、上馆子喝喝酒；顾在给谭的另一封信中告诫他不要沾染"江浙名士习气"，是有所指而发的。

从顾颉刚留下的日记看，他对人的看法感情色彩很浓，变化不一，受他人影响大，往往自相矛盾，不无偏颇。还在办《禹贡》之前，在对谭其骧大加赞许的同时，私下已多不悦，甚至已觉无望。

如1932年3月14日：

写其骧信，略云："一个人有了志愿，固然是一件很痛苦的事（因为决不能使事实与志愿符合），但也是一件很快乐的事（因为事实有一分的接近志愿时，就有两分的高兴）。"又云："能有计划，则一个人的生命永远是充实的，不会因外界的诱惑而变志，也不会因外界的摧残而灰心了。"因劝其以数年之力作西北移民之具体计划。

估计是谭其骧没有接受他的建议，故到12月14日就有以下内容：

写其骧信，劝其努力从事于移民史之研究，勿随环境流传，勿与他人较长短，勿因一时之挫折而灰心，更当坚忍刻苦，勿以生活之舒适为目标。未知彼能受此尽言否？

又如12月9日日记称："燕大史学系学生，以齐思和、翁独健、冯家昇、谭其骧四君为出类拔萃之人物。惟谭君为嘉兴人，不能用苦功，他三人将来必有成就。"顾自己是江苏苏州人，不知何以将毗邻的浙江嘉兴视为谭其骧"不能用苦功"的地方特征。

而次年2月28日日记："（朱）士嘉告予，谭其骧与俞大纲等交，专事看戏饮酒，学问已无望，闻之伤叹。其骧此次来平，独不见我，盖畏我也，亦厌我也。"显然是听了朱士嘉的一面之词。当时寒假刚过，估计谭其骧回北平未几，顾颉刚就断定他"独不见我"，未免联想过度。

不过顾、谭都不愧为"和而不同"的君子，事情过后都不再提及。谭其骧离开北平后，遵守对顾的诺言，继续为《禹贡》撰文审稿，《禹贡》也不时刊出他的文章来信。1936年5月24日禹贡学会在燕京大学举行成立大会，选出的七位理事中就有正在广州的谭其骧（其余六位为顾颉刚、钱穆、冯家昇、唐兰、王庸、徐炳昶，候补理事为刘节、黄文弼、张星烺三人）。当年夏天，陈济棠反蒋介石失败下台，学海书院被封，顾颉刚在为历史系向校长司徒雷登争取到五千元追加款后就聘请谭其骧为兼任讲师，谭其骧回北平后也还是学会积极的一员。1953年顾颉刚与章巽合编成《中国历史地图集》后，特请谭其骧审校。1979年中国地理学会历史地理专业委员会筹备出版《历史地理》丛刊时，谭其骧任主编，顾颉刚是两位顾问之一。总之，他们一直保持着良好的师生和朋友的情谊。

至于《禹贡》半月刊，在顾颉刚和冯家昇的主编下，出到了第七卷。"七七"事变后的7月16日，第十期发行，自此即被迫停刊，共出了七卷82期。禹贡学会会员星散，不得不停止活动，在北平的房屋、图书资料先后由赵贞信、冯世五、吴丰培等守护，得以保全。抗战胜利后，顾颉刚于1946年2月由重庆飞回北平，3月10日在太庙（今劳动人民文化宫）召开了禹贡复会会议，会员30余人和苏秉琦、商鸿逵等15名新会员到会。会议决定在《禹贡》半月刊一时无法恢复的情况下，先在《国民新报》上辟一专栏——《禹贡周刊》，由王光玮、张政烺、侯仁之主编。《周刊》出了十期，又因时局多变，资金无着而停刊。

新中国成立后，民间性质的禹贡学会已不适应需要，顾颉刚于1954年8月应召进京任中国科学院历史研究所第一所研究员后，就与学会原理事、监事商议，做出了正式结束学会的决定。1955年2月6日，禹贡学会理事、监事在民族学院开会，决定将房屋捐献政府，图书赠送民族学院，刊物分送各大学及图书馆，所存现金慰劳军队，"禹贡学会从此终了矣！"（顾颉刚当天日记）顾颉刚的心情于此可知。

1990年，辽宁省社科院孙进己研究员向谭其骧提议重印全部《禹贡》半月刊，邗江古籍印刷厂周光培厂长乐意承担。考虑到海外虽已影印，但价格昂贵，大陆学者使用不便，谭其骧欣然同意，并提供了他所珍藏的全套刊物。所缺的十期《周刊》也由顾颉刚家属提供复印件配得八期。当时谭其骧是《禹贡》前后三位主编中唯一健在者，出版社请他为重印写一篇前言，岂料他在次年发病，未能写成。1992年底，重印的《禹贡》出版在即，我只能写下一段《重印后记》，了却了谭其骧的遗愿。

第六章

不幸的婚姻

就在离开北平去广州前夕，谭其骧与李永藩订婚。

当时，谭其骧已满24岁，按虚岁算已是25岁，已是当婚的年龄。在嘉兴的父母自然焦急，但鞭长莫及，只能托他的伯父谭新嘉设法。大约在1934年，谭其骧结识了一位夏姓女士，籍贯浙江桐乡县（现为桐乡市）濮院镇，与嘉兴相邻。到11月间，关系趋于成熟，谭其骧已在考虑婚事，写信禀告父亲，但不知什么原因没有成功。

谭其骧与李永藩相识是由谢国桢介绍的。李是谢的姨甥女（谢妻是李的姨母），当时中学刚毕业。李家是直隶永平府（治今河北卢龙县）人，李永藩的伯父李士伟在北洋政府当过财政总长，她的父亲李士杰没有什么能耐，靠了李士伟的权势在银行和税务局干过几年，李士伟一死就赋闲在家，靠李家几位兄长接济度日。但与已经没落的谭家相比，李家俨然是贵族门第，排场自然阔绰得多了。李永藩年轻貌美，好动热情，与谭其骧一样爱听京戏，唱昆曲。谭其骧的好友谢兴尧对李的印象是“长相美丽，活像面捏的美人，天真幼稚，文化水平不高”（《记大高殿和御史衙门》）。谭李双方颇感情投意合，从相识到订婚，只有两个多月时间。1935年8月，谭其骧去广州学海书院任职，到次年初结婚，他与李永藩再未有接触的机会，可见相互的了解实在是很浅的。

在广州的四个多月间，谭其骧几次写家信，与父母商议婚事，从谭新润的复信中可见大概：

此事之在年内能否举行，一任汝自己是问。至于经济问题，不知汝自己能力所及可筹若干，有无把握？虽此事所费之或多或少，初难预算，然照现在局面，以对方门第论，至少限度恐非千余金不办。盖旁的正当用途不计，仅仅汝自粤至平，将来再自平返粤之往返川资已属所费不赀，故千金之数决不敷用。就作千金算，不知汝自量在今年阴历年内可以筹得五百之数否？如果能得此数，而千金可以敷用，则尚短之半数五百元，我有存在永明电灯公司内之存款适符此数，可取以用作汝先期所急之用。盖此即我所中航空券所得之奖金也，现在我即每月提取息金作我每月之零用，不妨暂行提用，汝但须每月仍照一分计息，按月寄我零用。此款则汝可随时提开若干，积成一起，俟凑全所取之数时再以归我，由我存入永明，以备他日汝弟辈之亦须办喜事时支用，汝谓如何？……十月十八日父字。

接汝廿一日信，所述商请送亲之去信，而尚未得复。此事如能办到，为我家计，确是便宜简捷。昔年端女之遣嫁端木氏，也是由我方应对方之请求，由禾送往南京，双方均假中央饭店礼堂举行婚礼，当时我家亦□□□□，礼金分文不受，故妆奁亦不备，只领返亲时之川资洋一百元，一切在内，不问我家送亲人数之多少。至婚期选日一事，以风俗习惯言，应由乾宅（男方）主择，亦但须开具新郎父母之八字与新娘八字并无冲克而得，何必顾及对方父母之八字耶？盖汝系娶亲，初非入赘可比。故汝母云：此事汝亦不可一切唯对方之命是听，自己总须也作三分主张，总以遇事节省为第一义。至于我与汝母之八字今开示如下：父辛巳一月十六酉时，母庚辰七月初八寅时。其实合婚选日之举，过于迷信，且无烦对方作主，故我与汝母之八字虽开，而亦无所用也。十一月三十日父字。

汝之婚期，既然如必欲今年举行，婚礼且行，我家以一切不妨从俭。然我谓第一问题，汝就事未久，遽欲请假，能否邀准？其次地点问题，虽送亲一说亦属口是心非，决不是由衷之谈，似不如即就最相宜于两不吃亏之上海为结婚地点。至于从俭云云，初无一定标准。以彼方之不免贵族化观之，深恐在我方已经力尽精疲者，而在对方见之，则犹不值一顾。总之，我家所可一而定者，对妆奁一项可请不备，盖他日结婚之后，势必也如斌、勉哥先例，在外自组小家庭，于动用家具均可到一处即在一处置备，不必带来带去，省费而不累赘也。

再嘱者：送亲费大，最好如昔年端女遣嫁时办法，由我方酌量认还此项送亲费为一百元，一切包括在内。惟结婚时之饭店或旅馆，当日坤宅（女方）所开之房间、膳宿费亦应由乾宅（男方）开销，盖不如此，则送亲人员又多，且有二三十，不限制人数，岂不担任不起？故汝母以大伯父可以代达此意，或汝又函求之。否则仍请介绍人□□矣，注意！注意！（十二月四日）父又字。

汝谓我方特需备办一套新娘礼服，此则汝又错误矣。盖新娘礼服连兜纱大都向绸缎洋货号等租用，绝少自行置备，其理由无非因礼服有气候、式样、颜色之合时与否之不同，不如租用之可以选择。现惟集团结婚，则因为要求一律用国货材料起见也，由当事人自制。闻上海鸿翔公司承办此项礼服，每套洋二十五元。故新娘礼服非必应由我方备办，不信汝可一询他人也。

可见在1935年的最后三个月间，婚事的筹备是谭家的一件大事，但进行得并不顺利。谭家是知识家庭，谭新润受过新式教育，对儿子的婚事既不干预，亦不主张行旧式婚礼。同时谭家确实已无余财，还得为谭其骧的两位弟弟成家留有余地，只能力主节省。而李家门第显赫，尽管李士伟实际寄人篱下，但李家大小姐的婚事却不能不讲点排场。正因为如此，谭新润在字里行间已流露出对李家的不快。父母的指示当然得照办，岳家的要求也不能不考虑，夹缝中的谭其骧自有说不出的苦衷。

谭其骧与李永藩结婚照，1936年摄于北平

婚礼并没有在1935年内举行，而是推迟到1936年1月，结婚的地点是北平，而不是谭家建议的上海。这样谭其骧可以利用寒假回北平，谭家不必再顾虑李家送亲至上海的费用，自家也不必有什么花费，但除了在北平的伯父谭新嘉一家外，谭其骧的父母和家人也无法参加婚礼了。做出这样的决定或许纯粹是经济上的原因，但很可能是谭新润的健康状况也已不宜出门了。

谭其骧、李永藩夫妇合影，约在1930年代末

1936年1月20日（农历十二月二十六），星期一，当天晚上，谭其骧与李永藩的婚礼在北平中央饭店举行，并在饭店租了新房。中央饭店位于王府井大街北口，新中国成立后已因道路扩建

而拆除。浦江清的《清华园日记》(三联书店,1987年版)记有他当天的活动:

三时同昌群至钱宾四寓,稍谈即赴中央饭店贺谭季龙婚。席散,闹房。十时同以中返养蜂夹道三号宿。

浦江清、贺昌群和王庸(以中)肯定参加了婚宴,浦江清和王庸并闹了房。但钱穆(宾四)是否参加,从这段文字中很难判断,因为浦、贺既可能从钱寓辞出后再去参加谭的婚礼,也可能到钱寓会合后,与钱一起去参加婚礼。浦江清当时任教于清华大学中文系,是谭其骧唱昆曲结识的朋友;贺昌群和王庸是北平图书馆时的同事;钱穆当时在北京大学任教,又是禹贡学会成员,与顾颉刚先生关系密切,用谭其骧的话说"长我半辈",因此钱穆如不参加也完全合理;可见这几方面的师友都是谭其骧邀请的对象。但谭其骧另一些朋友却没有能到场贺喜,以至喜筵留下不少空座,弄得主人十分尴尬。谁也没有料到,这竟是李家一位深受李永藩信任的佣人干的好事——他贪图小利,揩了邮票钱的油,寄喜帖的信封上没有贴邮票,以致很多信被退回,不少朋友根本没有收到请柬。

这给这场婚礼蒙上了不祥的阴影。到闹房的人离去后,谭其骧见李永藩随手将一只盘子重重地放下,忍不住说了一句"轻些",谁知李永藩火气更大,几句口角后就出房而去。这可急坏了谭其骧,赶紧打电话找人,好不容易才将李永藩劝回。新婚第三天的1月23日(农历除夕),谭新润没有来得及见到刚过门的媳妇,在嘉兴病逝,享年55岁。谭其骧当天收到电报,次日是农历正月初一,即携李永藩南归奔丧。由于是新婚后首次进门,按照习俗,李永藩依然穿红裙喜服,等拜见婆婆后才换上孝服举哀。当时正值隆冬,在毫无取暖设施的南方李永藩度日如年。加上这是她从未接触过的一个陌生而又清贫的大家庭,以至她与婆婆及谭家人从相识之初就留下了不愉快的感觉。他们在嘉兴住了三星期,待丧事办完,就到上海候轮船去广州。

直到1985年4月5日李永藩在上海病逝,他们间近50年的夫妻关系始终琴瑟失调,有几次已到了离异的边缘,但最后都维持了下来。

他们之间的共同点实在太少了:谭其骧视学术如生命,无论条件如何都不会扔下学问,所以很少有空闲时间,而且从年轻时就养成了熬夜的习惯,经常要干到凌晨三四点钟;李永藩虽不要求谭其骧做家务,但也需要丈夫的关怀和陪伴,更耐不得天天等他到深夜。谭其骧性情淡泊,不愿广泛交游,更不愿趋附名人权贵；李永藩喜欢热闹，乐于应酬，虚荣心强，以结识名流为荣。谭其骧心无芥蒂，不计恩怨，对子女亲朋一视同仁，自奉虽俭，却慷慨大度，对亲友多所周济；李永藩心地狭窄，气量较小，常为一点小事怄气，对人的态度纯粹出于个人好恶，或热情有余，或冷若冰霜，虽讲究排场，却十分吝啬，对一些家人亲友也会斤斤计较。这些差异常常是他们间的导火线，如果当时彼此了解这些差异，或许根本就不会结为夫妻，或者从一开始就会相互容忍。不幸的是，他们在婚前的交往只有短短的两个月，而一旦发现对方的缺点时，则木已成舟，无法挽回了。

谭其骧并不是没有考虑过离婚，但受到习惯势力的劝阻和反对，他自己也没有真正下过决心。李永藩逝世后，谭其骧曾对我说过这样一段话：

结婚不久就吵，也曾动过离婚的念头，亲友就劝："刚结婚吵嘴是免不了的，有了孩子就会好的。"等有了孩子后还是吵闹，亲友又劝道："现在孩子小，等孩子大了就好了。""要离了婚，孩子怎么办？"到孩子长大了还是老样子，又有人来劝阻："孩子都这么大了，还离什么婚？""等老了就会好的。"到老了还是不好，人家就说："都这么老了，还值得离婚吗？"就这样过了一辈子。

李永藩最后几年患了老年痴呆症。而据40年代为她作过诊治的浙江大学一位校医说，那时她的精神就有问题。如果中国有比较普及的精神治疗的话，她的精神偏差或许不会越来越严重，与谭其骧的关系可能也会好得多。

第七章

重回北平

学海书院设在广州东山中山路1号。谭其骧任导师（相当于教授），主讲《汉书》和“三通”（《通典》《通考》《通志》）研究。他比较熟悉的同事有瞿宣颖、陈同燮、缪钺和燕京大学出身的许宝骙、姚家积、姚曾廙三人。瞿宣颖字兑之，以后以字行，是清末军机大臣、大学士瞿鸿禨之孙，此前曾在国史编纂处、北京师范大学任职，《禹贡学会募集基金启》中曾提到他为北平研究地方志的学者，因而谭其骧在北平时就认识。新中国成立后瞿兑之任中华书局上海编辑所特约编辑，与谭其骧也有来往，1973年逝世。陈同燮新中国成立后在山东大学任教。缪钺字彦威，以后又成为谭其骧在浙江大学的同事，相交甚笃；新中国成立后任四川大学历史系教授，与谭其骧书信来往不绝，晚年还有交往。许宝骙与李永藩有亲戚关系，在谭其骧与李结婚后关系更为密切。许在“反右”时被错划为右派，改正后任民革中央常委，是《团结报》的首任主编。姚曾廙新中国成立后也在上海工作，与谭其骧过从甚密，谭、姚两家人都经常来往。

学海书院的课务并不忙，但当时广州的学术条件远非北平可比，加上语言不通，谭其骧的活动一般仅限于校内和同事之间。但他还是没有放弃对移民史研究的兴趣，对广东先民的来源作了一番考证，写成《粤东初民考》一文在《禹贡》发表。他提出：“有史以来最先定居于粤东境内者，实为今日僻处于海南岛之黎族，汉唐时称为‘里’或‘俚’者是也。”在此研究过程中，他首次注意到了南朝高凉冯氏之妻、黎族的冼夫人的巨大贡献，认为“冼氏为俚族第一伟人，佐其夫及子若孙三代，历事梁、陈、隋三朝，先后讨平李迁仕、欧阳纥、王仲宣诸乱，梁、陈易代之际，皆能保境安民，一方为之晏然”。以后他一直想著文宣扬这位杰出的黎族妇女，但都未能如愿，直到1988年才写成《自汉至唐海南岛历史政治地理——附论梁隋间高凉冼夫人功业及隋唐高凉冯氏地方势力》一文，在《历史研究》发表。

在沿革地理方面，他完成了《〈补陈疆域志〉校补》一文。《补陈疆域志》四卷，臧励和所著，收入由王伯祥主编的《二十五史补编》。谭其骧读到校样后，发现仍有可校补处，到广州后就利用以往读《陈书》《南史》积累的资料，写下了百余条考证，还对臧书的体例提出了七点意见，发表于《禹贡》第五卷五、六期。

1936年暑假，谭其骧回北平休假，住在岳父家中。正在此时，陈济棠发动反蒋战争，但部下余汉谋被蒋介石收买而倒戈，陈济棠失败出走，学海书院被余汉谋封闭。谭其骧闻讯，只得托同事王某将留在广州的行李物品交旅行社运回北平，同时在北平谋事。经顾颉刚推荐，由燕京大学聘为兼任讲师。8月22日，禹贡学会首届理事、监事会在燕京大学举行，会议推举顾颉刚为理事长，于省吾为监事长。谭其骧虽为学会理事，但除为《禹贡》写稿外，没有再参与其他活动。

9月份从岳父家迁出，在辟才胡同租房居住。李永藩从娘家带来了小丫头、老妈子、厨师和管家（就是那位发喜帖不贴邮票者）。为了与这样的排场适应，房屋租了十几间，开销一下子大了许多，谭其骧叫苦不迭。因为房屋有余，姚家积、姚曾廙合住在谭家。不过当时谁也没有想到，这番好意却导致他与姚家积之间不愉快的结果。11月，长子德睿出生。

潘光旦在清华大学任社会学系教授兼教务长。他一向赏识谭其骧的才干，为了在经济上给予帮助，就将谭其骧聘为社会学系助理研究员，作开课准备，到1937年3月在系内开了“近代中国社会研究”一课。在此前谭其骧从未作过近代社会史研究，又没有合适的参考书，但仗着在北平图书馆期间的广泛涉猎，又从方志中找了一些各地风俗方面的资料，他编出了一本讲义，作为上课的教材。80年代初，有人向他要求出版这本讲义，他坚持不同意，说：“这是当时应付上课的，实在很不全面。”因此，直到谭其骧去世20年后的今天，这份讲义还未出版。人民出版社要我编辑《谭其骧全集》，我尊重他的遗愿，不收入这类他本人不愿出版的讲义、摘记、未完成的文稿。对这一学期听课的学生，他没有留下什么印象，但清楚地记得点名册上有蒋南翔的名字。不过蒋当时是职业革命家，从来没有上过课。1982年7月，我陪他在京西宾馆出席国务院学位委员会学科评议组会议，一次在电梯上遇见蒋南翔后，他告诉了我这件事。

燕京、清华都在北平西郊，每次上课从城里往返很费时间，加上住在辟才胡同的开销实在太大，春季开学不久，谭其骧迁居清华园的教员宿舍，所以虽还兼着燕京的课，平时倒是在清华的时间为多。他在清华交往较多的人有潘光旦、郑之藩（桐荪）、浦江清、俞平伯。郑之藩是数学系教授，也是他的姨表兄。俞平伯是唱昆曲的朋友，而俞夫人许宝驯又是李永藩的远亲。他与社会学系主任陈达、历史系主任刘崇宏并没有什么来往，只是认识而已。

当时，吴晗在历史系任教。还在上海暨南大学读书时，谭其骧就得知吴淞中国大学学生中有吴（春）晗其人，天分高而用力勤，深受校长胡适器重。1931年在北平的一次会议上他与吴晗相识，并了解吴晗与夏鼐是清华历史系学生中最出色者，但来往很少。迁入清华园后，与吴晗见面的机会多了，加上吴晗未婚，住单身宿舍，谭其骧常去他宿舍，两人谈得投机，渐成好友。

这一年间，谭其骧三次迁居，又得备新开的社会史课，投入学术研究的时间明显减少，见于发表的仅一篇《〈宋州郡志校勘记〉校补》（载《禹贡》第六卷第七期）。这是对杨守敬《宋州郡志校勘记》稿本所做的校正和补充。

“七七事变”爆发前几天，北平的形势已非常紧张，谭其骧让李永藩带着儿子先去了天津，在李家亲戚家暂住。北平沦陷后，他由北平乘火车去天津，车抵站时已近半夜，日本宪兵将旅客全部扣留，以后陆续释放，最后扣押旅客的屋内仅剩下数人，大家越来越紧张，他至次日早晨才获释。那天的经历算是有惊无险，谭其骧始终猜不出，日本宪兵究竟目的何在。

本来他准备携眷南下，但到天津没有几天，“八一三”战事又起，上海成为战区，他们只得暂留天津。9月间燕京大学照常开学，来信邀他回校任教。当时李永藩已经怀孕，谭其骧担心南方也不安全，又未必找得到工作，当即应邀回北平，仍在燕京教中国沿革地理。由于清华教中国地理的教师离开北平，无人开课，他又兼了清华的中国地理课。教沿革地理是驾轻就熟，教中国地理却是另起炉灶，备课颇费时间。地理中的人文部分谭其骧一向熟悉，自然地理中的地貌、水系等在沿革地理中有同样内容，也不难入门，最令他头痛的是植被、土壤。好在这一部分所占课时很少，又安排在学期最后，还对付得过去。开学前清华大学历史系、社会系也送来过一张自1937年9月1日至1938年6月30日的讲师聘书，每周五小时课，月薪135元，谭其骧因无法安排而未应聘。

回北平后在岳父家暂住，以后又寄居在族伯谭新嘉家，1938年1月，长女德玮诞生在谭新嘉家。数月后，谭其骧迁居燕京大学东门外北河沿，这所房子新中国成立后成为张东荪的住宅，似乎是他们学海书院一段因缘的延续。

当时在燕京历史系的有他的老师邓之诚，顾颉刚已于1937年7月离开北平，系主任由洪业担任，教员中有谭其骧的同学韩儒林、聂崇岐、齐思和，侯仁之也已毕业留校。外系比较熟悉的有中文系教授郭绍虞和经济系教授郑林庄。

燕京的学生中，与谭其骧最亲近的是王锺翰和陈絜。王锺翰是湖南东安人，于1934年考入燕京大学历史系，当时已是四年级学生，次年升入研究院。王锺翰不仅才华出众，而且极重情义，谭其骧相识后结为知己，以后离开燕京单身去大后方时即以家事相托。王锺翰毕业后留在燕京任教，太平洋战争爆发后转往成都燕京，以后去美国哈佛大学深造，1948年归国后仍在燕京大学讲授明清史，1952年院系调整时转入中央民族学院历史系，是著名的清史专家。陈絜是福州人，当时已是中共地下党负责人，以后去延安，在高层机关工作，但新中国成立后蒙受不白之冤，直到“文化大革命”结束才获得昭雪，落实政策，任职于福建省政协。1986年6月谭其骧去福州参加学术讨论会，与陈絜重新会面。40多年沧桑，令两位七旬老人不胜感慨。但这也是他们的永诀，几年后陈絜病逝于福州。

当时国难当头，旧友星散，或者咫尺天涯，相见不易。邓嗣禹（持宇）于1937年去美国；俞大纲原在南京中央研究院历史语言研究所，已内迁四川；周一良也已在史语所工作，1937年夏返天津探亲而滞留。据其自传，1938年暑假曾在英租界女青年会为中学生办过一期暑期补习班。他信中打算冬末春初南行，实际迟至1939年秋才从天津转上海赴美国哈佛大学。

在初编《禹贡》时，为了应付版面，谭其骧曾将平时读《清史稿·地理志》时作的札记整理为《〈清史稿·地理志〉校正》，分两次发表在刊物上。在滞留燕京的两年间，谭其骧决意对清代的沿革地理作一番清理，首先决定写的就是《清代东三省疆理志》，即将清代在东北设置正式行政区域的过程考订清楚。当时东三省早已沦于日寇之手，并且建立了伪满洲国，谭其骧选择这个题目的用意是显而易见的，正如他在前言中所说：

有清疆理封略，内地率因明旧，更易者鲜；惟边陲为前代版图所不及，经营恢拓，自列置军府以迄创建郡县，其设治之沿革，境域之损益，多有足述者。白山黑水间为国族发祥之地，初年厉行封禁，自柳边以外，但列旗屯，渺无民居。中叶以后，法令渐弛。长春、昌图，创建于嘉庆；呼兰、绥化，滥觞于咸同。光绪初叶，始以开拓为务。于是鸭绿以西，接轸开原、伊通之东，至于五常、敦化，设官置吏，胥为州县。其后迭遭甲午、庚子、甲辰之难，益锐意于移民实边，下迨丁未建省，宣统改元，而哲盟十旗，多成井邑，长白千里，遍置守令，北极呼伦、瑷珲，东尽挠力、穆棱，举历古屯戍莫及之地而悉郡县之；诚国家之弘猷，民族之伟业也。辨厥疆理，尤治史者当务之急。

但到1940年下半年，还只完成了吉林、黑龙江两省的沿革和疆域部分，当时他已决定去大后方，遂将这些内容先在《史学年报》第三卷第一期上发表。

尽管由于燕京大学为美国教会所办，在日本占领下的华北俨然如世外桃源，但敌伪活动日益猖獗，渐渐难得安宁。如敌伪所办“新民学院”就曾多次派人来拉谭其骧去该院任教，并开出每节课100元的高价。眼看战事不是一两年可以结束，北平非久留之地，谭其骧萌发了投奔大后方的念头。另一方面，他在燕京大学始终是兼任讲师，既未转为专任，更难提升为副教授。邓之诚为此深为不平，让王锺翰向洪业说项。洪业直截了当告诉王锺翰，像谭其骧这样没有哈佛或美国大学背景的人在燕京没有什么前途，不如到其他学校发展。到1939年夏，谭其骧去意已决。8月10日，已在成都齐鲁大学任教的顾颉刚致函谭其骧：

闻兄有意南下，或至大理，诚一绝佳机会，将来南诏大理国志，望可成于兄手矣。刚不幸，来滇之后，先得舍弟讣音，继得家父噩耗，而困于时局，未得奔丧。身又屡病，先伤其足，近又犯虐，因虐失眠，困顿万状。云南材料未著录者甚多，可谓满地黄金。然既已任课，即不便出外调查。暑假虽有两月，而适逢雨季，道途难行。索居省垣，便与他处无异，看不到什么。去年过蜀，觉其地文化水准略高，书籍亦较易罗致。成都平原海拔四百米，而昆明则千九百余尺，多病或以此故。因应齐鲁大学之招，将于九月初赴蓉，藉作易地疗养。兄如来滇，已不及相见。惟滇蜀交通，皆必有大发展，彼时刚必到滇一行，藉识各族实状。而兄亦可到蜀中一游，赏三峡离碓之胜也。

谭其骧获悉王庸刚自浙江大学回到上海，即去信请他设法。王庸（以中）与浙大史地系主任张其昀（晓峰）是东南高师的同学，即向张介绍，张决定以副教授相聘，致电邀请。不久就寄来了1939年12月至1940年7月的聘书，月薪240元。11月9日，已在宜山浙大任教的燕京同学刘节来信，促谭其骧南行：

闻以中兄言，吾兄有图南之意，欣喜无似。晓峰兄闻此消息，已有电礼聘，谅蒙□及。若能早日南来，与费香曾兄同行到宜，至为企盼。在此一切均佳，缪彦威亦兄旧好，其他诸公皆诚笃可敬，晓峰兄属望尤殷，谅能令兄满意。

谭其骧接信后，即写信给在上海的费巩（香曾），询问浙大能否预支数月薪水，作为安家费和路费，费巩在23日回信：

续奉琅函，已电校询问，可否预支数月薪，得覆即当电告。顷由晓峰先生附来缪、刘二公函，亟为转寄，同侪抑望皆殷，固切盼文旌能惠然肯来也。前上一快信，详告种切，想已收到。弟早则三十，迟则下月四五日启程。

费巩是浙江大学政治经济学和西洋史教授，兼注册课课长，与谭其骧并不认识。当时他正在上海租界家中休假，估计因北平与大后方的通讯不便，在王庸向张其昀推荐后，张即委托费巩与谭其骧联系，连刘节和缪钺的信也是通过他转发的。十二月间刘节再次致函：

十一月二十九日手书藉悉兄台盼望之事。因此间校长是科学家，办事刻板，一般甚难商量，惟浙大前途颇有希望，兄又浙人，于患难中为校方帮忙，将来自有得益处也。南宁陷落之后，吾辈皆已北行，现留滞都匀，一时尚不能开学。兄如有意于此，请先来一电，由都匀浙大办事处转张晓峰兄。校址尚未定，大约在黔北诸县中。兄南来之路以经海防、昆明至贵阳最好，勿带家眷。日用品甚贵，可多带。天气温暖，不必重裘。

谭其骧致函费巩，决意应浙大之聘，浙大竺可桢校长也同意在上海预发400元旅费。费巩得讯后，于12月27日再发一信：

文旌仍作南下准备，尤足慰同侪之望。抵沪后可至中国科学社访杨允中先生，向支四百元作为预支之薪，以供旅费。杨处晓峰已有函接洽，可无问题。一年级在黔中都匀、独山间开课，二三四年级确址犹未定，大约二月间始可复课。（此系弟之推测，亦许可以早些亦未可知。）晓峰盼兄于成约即为定局，稍迟到校则固无妨。弟定元月六七日启程，从越滇去筑。将来台驾亦必取道此途，盼早抵申，俾能从容办理护照等事。中国旅行社查代，甚迅速，并可在港领取，故交办后一星期即可离沪。希望兄台能于二月间到黔，余俟抵筑再函告。

1940年初，谭其骧离北平去浙大就职。

第八章

遵义六年

1940年初，谭其骧已经做好了去大后方的准备。由于浙大友人的意见希望他不要带家眷，而当时他的儿子德睿四岁，女儿德玮刚满两岁，要携眷同行也不可能，所以决定留在北平，并迁居城内。谭其骧将书籍寄存在许宝骙家中。许与重庆国民政府和中共都有秘密联系，负有特殊使命，他在北平的公开身份是大汉奸王克敏的秘书，他的太太常陪着王克敏的姨太太打牌，他家中自然是相当安全的。

奔向大后方

为了尽可能赶上寒假后开学，农历正月十二（2月19日）谭其骧由王锺翰护送，由北平乘火车到天津塘沽，然后他登上了去上海的轮船。2月24日船抵上海，他立即到旅行社办理越南的过境手续，果然十分方便。27日晚重新上船，次早起航，3月1日到达香港，谭其骧仅下船取了护照，没有观光就又回到船上，直至3月8日轮船最后停靠越南海防港。当时越南到处是中文标志，会说中文的人也很多，所以并没有什么出国的感觉。下船后，雇了一名挑夫挑行李，挑夫走得慢，他就先到旅馆投宿。在旅馆等了大半天，还不见挑夫的踪影，他身边除了所带川资以外一无所有，好不焦急。谁知挑夫是记错了旅馆，发现物主不在后又一家家地寻找，最后才找到了这家旅馆，倒使他虚惊一场。

谭其骧从海防乘火车到河内，又转滇越铁路至云南，在3月12日到达昆明。他在昆明停留了一周，一方面是为了等滇黔公路的车票，另一方面是为了与吴晗、向达等友人会面。原来就在“七七事变”前不久，吴晗应云南大学校长熊庆来之聘，去云南大学当了教授。熊庆来本是清华大学数学系主任，深知吴晗的学识与才华，也知道凭他大学毕业才三年的资历，在清华只能长期当月薪百元的“教员”，不会有提升的希望，因此在出掌云大后就采取了这一有胆有识的举措。向达随北京大学内迁，当时正任教于西南联大。

他先找到吴晗，又由吴晗陪同，步行了20多里到黑龙潭向达的住处。当晚他们留宿在向达处，谈了一个通宵。分别虽只有两年多，却有说不完的话。他们谈得很多，但给谭其骧印象最深的还是大后方惊人的通货膨胀：吴晗刚到云大时月薪增加到300大洋，可以换成3 000元滇币，而物价都是以滇币计的，非常便宜，所以老是觉得有花不完的钱，俨然是一位令人羡慕的年轻阔教授。曾几何时，飞涨的物价已使他捉襟见肘，成了被人瞧不起的穷教书匠，尽管由于在西南联大兼了职，他的工资已经不止300元了。

谭其骧在3月20日离开昆明，一周后的27日才赶到贵阳以南的青岩，向浙江大学一年级分校报到，一个多月的旅程至此结束。

流亡大学中乐育英才

青岩地处红水河的上游涟江之源，已是珠江流域，是一个由寨墙围绕的宁静小镇。浙江大学经过长途迁移流亡后，又从广西宜山迁到了贫瘠的贵州，一切只能因陋就简，青岩分校条件更差，但学生们的求知热情和学校的良好学风仍使谭其骧感到耳目一新，他在那里教一年级的公共课中国通史。

45年后的1985年4月，在浙大毕业生、贵州民族学院安毅夫院长的安排下，谭其骧重访青岩，我陪同前往。汽车由花溪驶出后，他就如数家珍地告诉我有关青岩的情况。青岩寨墙完好，风景宛然。步入镇内后，只见陈旧的房屋和寥寥的行人，似乎与40年代无异。或许是他对物的记忆力不强，或者是这些建筑物过于缺乏个性，谭其骧没有找到当年工作和生活过的旧房，却沉浸在对故人和往事的回忆之中。

同年10月，青岩分校结束，一年级迁至湄潭县永兴场。谭其骧于10月5日离开青岩，8日到遵义。因等待家眷的到来，在遵义校本部停留了两个月。

谭其骧离开北平后，王锺翰等不时来照料他太太李永藩的生活，邓之诚先生也很关心。他们觉得李永藩带两个孩子住在城里花费大，离燕京大学远，有什么事情照应不了，就建议她搬到燕京附近来住，于是李永藩迁入由他们找到的槐树街一所房屋。不久，邓之诚和王锺翰考虑到李永藩一个单身女子带着两个幼儿住着不够安全，而一间外屋又空着，就介绍了一位张姓的退役老军人住在外屋。为了便于李永藩接受，他们将张某的租金多报了10元，使张觉得便宜，而李又感到合算，实际上这10元钱是每月由王锺翰支出的，这个秘密直到1980年的一次闲谈中才由王锺翰泄露出来。

战时公教人员薪水不高，而且经常欠薪，要维持分居的家庭更加困难，到了当年10月，谭其骧决定让李永藩带子女来大后方。王锺翰等帮助李永藩作了行前的准备，到车站送行的还是谭其骧的友人谢兴尧等。这是一次艰难的旅程，李永藩带着五岁的儿子和三岁的女儿，从北平乘火车到塘沽，又乘轮船到上海，11月7日离上海去香港。但此时滇越铁路已经不通，在香港只能由东江的地下交通线偷渡，在当地专门从事接运的"黄牛"的带领下，几经周折才到达广东韶关。途中经常是夜行昼宿，或步行，或舟行。李永藩说："有时夜里走在乡间小路上，挑夫用一副担子挑着两个孩子，两边都是水面，担子一摇一晃，我真担心会把孩子掉到水里去。"到韶关后又转汽车，经衡阳、桂林，到12月14日抵遵义。谭其骧将家眷暂时安顿在遵义，1941年1月9日单身去永兴场上课，仍教中国通史。不久租到了房子，到次年旧历元宵节后就把家眷接到了永兴场。

永兴场位于湄潭县东北，与凤冈县毗邻，镇虽不大，却因地处交通要道，是个重要集市。1985年4月我随谭其骧重访永兴场时，早上由遵义地委统战部派小车送去，因路上车辆挤，中午才到达。当年来往于遵义和永兴之间，一天是无法赶到的，有时汽车不通，路上得花几天时间。我们到的那天，正逢集市，虽已中午，街上还是挤得水泄不通，汽车只能停在场口。我扶着他，好不容易才穿过人群，折入现在称为龚家弄的小巷。他的旧居为32号，是一间木板屋，左右两间原为高尚志和储润科两家所居，本来也是板房，现在临街一面已改为砖墙，面目全非。这排房子对面本是一个场坝，现已盖房，形成了这条龚家弄。他又来到当时的浙大校舍——江西会馆（万寿宫）的旧址，这里的旧建筑已经拆除，新建了区政府办公楼。

当年的永兴场虽是穷乡僻壤，集市却很兴旺，任何东西只要挂上草标就有人来问价钱。国难当头，公教人员早已贬值了的薪水也未必能保证，教授们已顾不得衣衫褴褛，只图全家能维持温饱。教师中不乏业余经商的，甚至有教授贩卖骡马，但多数人只是出卖衣物，补贴家用。当地土财主还很少见到"洋货"，由大城市带来的生活用品都能卖个好价钱。所幸食品蔬菜价格不贵，卖掉一双丝袜就能换得全家一周的伙食费，或者能上一下小馆子，吃几顿当地的小吃羊肉粉。这时谭其骧才真正理解友人们信中要他多带日用品的意义，要不日子会更难过。

1942年秋，谭其骧被提升为教授，月薪由300元加至380元，调回遵义，改教本系断代史和中国历史（沿革）地理。当时他是史地系最年轻的教授。此后因患眼疾，经治疗后效果不大，需要减轻工作，于1944年春季到湄潭分校教了一学期理科的中国通史课。秋季开学又回遵义，至1946年9月复员回杭州。1942年8月11日谭家迁离永兴场，13日到遵义后暂住大悲阁。至1943年10月10日，租用了凤朝门王梦九的房屋，直至复员。这是一座两层住宅，门牌是中山北路359号，当时谭其骧住在楼上，隔壁住着同系教授陈乐素一家。陈乐素是陈垣（援庵）之子，新中国成立后院系调整时转入杭州大学历史系，晚年调至暨南大学历史系，1990年7月病逝于广州。院中本有一棵大石榴树，枝繁花茂，正临窗下，谭其骧戏称所居为榴花书屋。1985年4月重游时，此屋已破损不堪，楼上空关，大概已无法住人，而石榴树影踪全无。谭其骧得知王梦九已死，其女在工商联工作，但时间匆促没有见到。

在青岩和湄潭分校时，教职员一共才数十人，所以不分系科，彼此都比较熟悉，与谭其骧交往较多的有一年级主任储润科、钱宝琮、余坤珊、夏定棫等。其中钱宝琮，字琢如，与谭其骧同乡（浙江嘉兴），是著名的数学家和数学史家，且长于文史，虽年长于谭其骧近20岁，却与他结下了亲密的忘年之交。新中国成立后钱宝琮调至中国科学院，1955年起谭其骧因编绘《中国历史地图集》而常去北京，是他家的常客。1970年钱宝琮回苏州养病，次年卧床不起，谭其骧得讯后于1972年8月去苏州探望，与他见了最后一面，以后又在北京参加了他的追悼会。夏定棫后改名定域，是浙江富阳人，擅长版本、目录学，当时任文学院讲师，后升为教授，新中国成立后历任浙江省图书馆研究员、推广部主任、古籍部主任，1979年逝世。在湄潭认识的有苏步青、谈家桢、张孟闻、索天章等，其中与索天章最熟。1952年后他们都成了复旦大学的同人，数学家苏步青先后担任了副校长、校长，遗传学家谈家桢一度出任副校长；生物学家张孟闻“反右”后成为“右派”，调往东北，“文革”后才调至华东师范大学；索天章1945年就转入复旦大学，1953年至1981年调解放军外语学院，因谭其骧常去北京工作而有较多交往。

浙江大学将历史和地理合为一系，称史地系，这或许是继承了中国史地合一的传统，或许也与校长竺可桢（藕舫）和系主任张其昀的见解有关。竺虽是留学美国的地理学家和气象学家，但对中国历史非常重视，一直注意发掘古代史料中的地理和气象资料，用以研究气候变迁。当时浙大还规定所有学生，无论文科理科，都要学习中国通史。张其昀是地理学教授，但也强调地理与历史结合，并常写些史地合一的文章。这样的环境，对从事中国历史地理研究并有志于创建这门学科的谭其骧来说实在是如鱼得水，他不仅结识了大多数中国最著名的地理学家，与他们建立了深厚的友谊和良好的交流关系，而且弥补了自己地理学的不足。所以尽管谭其骧没有得到侯仁之这样的机会（毕业于燕京大学历史系和研究院，区获硕士学位；再赴英国攻读地理学，获博士学位），却能将历史学和地理学完满地结合起来，他在1980年成为中国历史学界唯一的从属于自然科学的中国科学院地学部委员，绝不是偶然的。也正因为如此，他扎实的治学精神和独特的见解已引起竺可桢的注意，在已经出版的《竺可桢日记》中就有多次记载。竺可桢对谭其骧的意见和评价尤其重视，1972年他的《中国近五千年来气候变迁的初步研究》发表后，收到了谭其骧表示赞扬的信，他非常高兴，在当天日记中作了记录，认为能得到谭其骧这样的评价非同寻常。

史地系主任一直是张其昀，先后任职的教师有陈乐素（国史教授）、顾穀宜（俶南，西洋史教授）、张荫麟（国史教授）、李源澄（浚清，国史副教授）、方豪（杰人，文科研究所研究员兼任副教授）、黎子耀（国史副教授）、陶元珍（云深，国史教授）、陈训慈（叔谅，国史教授）、李絜非（史学副教授、代理系主任）、胡玉堂（西洋史教员）、李埏（史学教员）、叶良辅（左之，地质学教授）、涂长望（气象学教授）、沙学浚（地理学教授）、任美锷（地理学教授）、黄秉维（地理学副教授）、严德一（伯诚，地理学副教授）、王维屏（地理学副教授）、卢鋈（气象学副教授）、杨怀仁（地理学助教）、赵松乔（研究生兼助教）、谢文治（地理学助教）等。先后调离或曾短期任教的还有贺昌群（藏云，国史教授）、向达（觉明，国史教授）、钱穆（宾四，国史教授）、王庸（以中，国史教授）、刘节（子植，国史教授）等，其中不少人当时已是知名学者，包括好几位以后的中国科学院学部委员（院士）如黄秉维、涂长望、任美锷、向达等，可谓极一时之盛。教师中个别最年长的50出头（如叶良辅），一般都是三四十岁，助教都不满30。

史地系的研究生和本科生中也英才辈出，如有以后成为中国科学院院士的陈述彭、叶笃正、谢义炳、施雅风、毛汉礼等，还有赵松乔（中科院地理研究所研究员，已故）、陈吉余（华东师大教授、前海岸河口研究所所所长、中国工程院院士）、束家鑫（上海气象台研究员、前台长）、文焕然（中科院地理研究所研究员，已故）、严钦尚（华东师大教授）、杨怀仁（南京大学教授）、刘宗弼（中国社科院历史研究所研究员，已故）、徐规（杭州大学教授）、陈光崇（辽宁大学教授）、宋晞（台湾中国文化大学教授，曾任文学院院长，已故）、程光裕（台湾中国

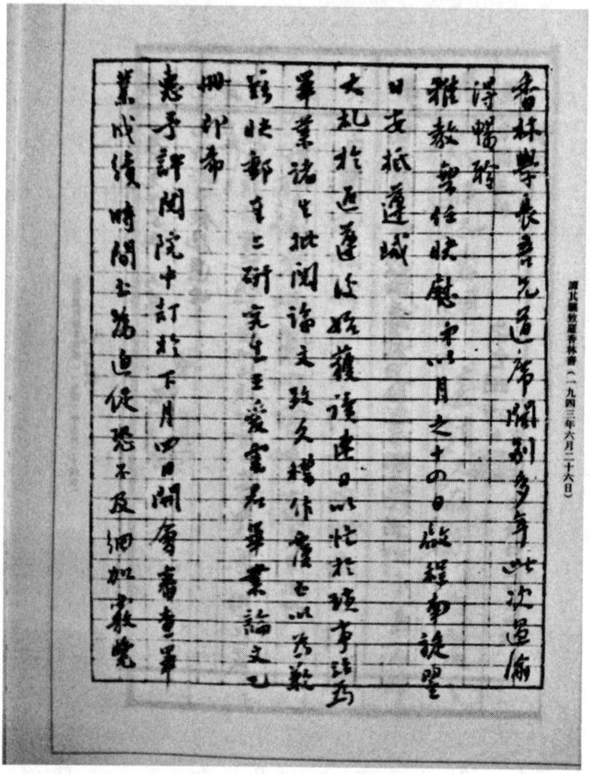

譚其驤致羅香林書（一九四三年六月二十六日）

香林學長吾兄道席：闊別多年，此次過衡
詩暢聆
雅教，無任欣慰。弟以月之十四日啟程南旋，望
日安抵遵城。
大札於返遵後始獲讀，連日以忙於瑣事諸務，
畢業諸生批閱論文，致久擱作覆，至以為歉。
囑於鄙系之研究生王愛雲君畢業論文已
冊郵寄
惠予評閱。院中訂於下月四日開會審查畢
業成績，時間至為迫促，恐不及細加審覽

致罗香林1

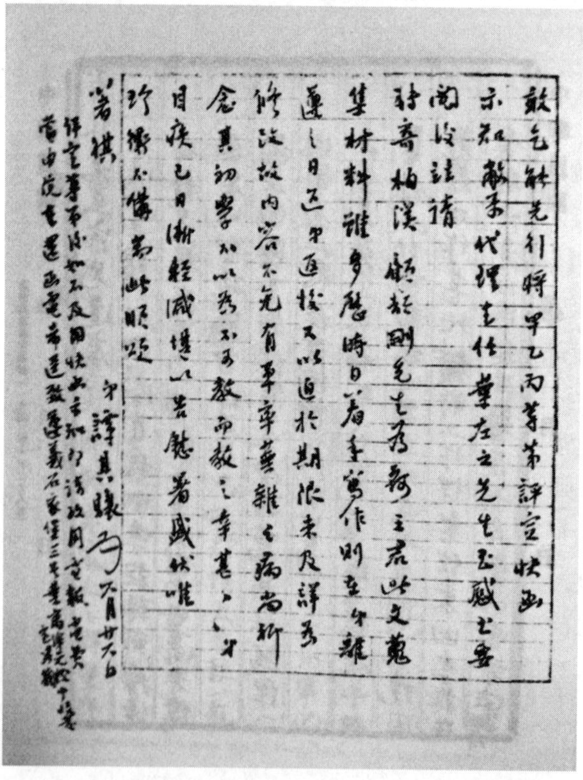

敢乞解先引將甲乙丙等第評定快函
示知，敝系代理主任葉左之先生亦感甚要
閱後請
特寄柏溪顧頡剛先生為歉，王君此文蒐
集材料雖多，然時日太促，寫作則至爲雜
遝，上日返，弟適接又以迫於期限，未及詳爲
修改，故內容不免有草率蕪雜之病，尚祈
念其初學，加以為不可教而教之，幸甚幸甚。弟
目疾已日漸輕減，堪以告慰，著感，然唯
珍攝不備，爲此順頌
著祺
弟譚其驤頓首 六月廿六日
評定等第後如不及用快函示知，則請改用電報，電費
當由院中退還。函電希逕致遵義[illegible]

致罗香林2

文化大学教授)、徐圣谟(台湾中国文化大学教授)、贺忠儒(台湾中国文化大学教授)、张镜湖(张其昀之子、台湾中国文化大学董事长)、王省吾(澳大利亚国立图书馆东方部前主任)等知名科学家和学者。史地系历史和地理的结合也使学生受益匪浅,复合、创新型的人才在这种环境中脱颖而出。例如中国科学院院士、以遥感运用的杰出成就蜚声国际的陈述彭毕业于地理本科,研究生的方向却是历史,并且还作过中国地图学史的研究。

谭其骧指导的第一位研究生是王爱云(女)。她是安徽桐城人,是浙大内迁后的第一届毕业生(1939年),同年考入文科研究所史地学部当研究生,由谭其骧指导作毕业论文,于1941年毕业。黄爱云论文的评阅人是罗香林与顾颉刚。王爱云与黄秉维结婚,1943年后随黄去重庆资源委员会。黄秉维小谭其骧两岁,1934年毕业于中山大学,1938年起在浙大任教。谭其骧与他相识于遵义,一见如故,同事虽仅两年,但此后交往不断,情谊历久弥笃。1953年后黄秉维任中国科学院地理研究所研究员、副所长、所长,黄家是谭其骧在北京时最常去的地方之一,并且经常能享受他家精美可口的饭菜。1980年后我每次随谭其骧去北京,他几乎都与黄秉维约会,实在忙时也要通电话长谈。

谭其骧的第二位研究生是文焕然。文是湖南益阳人,1943年毕业于地理学本科,同年被录取为文科研究所史地学部史学研究生。文焕然为人笃实诚恳,学习异常刻苦,在谭其骧的指导下,他选择了与气候变迁关系密切的动植物分布的变迁为研究方向。这是一项大海捞针式的工作,必须将浩如烟海的各类史料毫无目标地翻阅,才能发现为数有限的直接或间接的记载。但他的研究还是引起了竺可桢的关注,在竺可桢担任了中国科学院副院长后不久,就将文焕然从福建调至地理研究所,在他的指导和支持下从事历史动植物变迁的研究。40多年间,文焕然发表了数十篇重要论文,成为这一学科公认的带头人。1982年,《中华人民共和国国家历史地图集》开编,文焕然抱病请缨,担任动物图组组长。尽管他的病情日益严重,发展至行走困难,双目几近失明,但每次在北京开会或谭其骧去北京,他仍坚持参加。有一次他来看谭其骧时,在别人搀扶下还随带一只小凳,走一段歇一阵。告别时,谭其骧要我替他找车,但他婉言谢绝,还说:“要是不锻炼,以后怎么继续工作?”闻者无不动容。1986年12月13日,谭其骧得知文焕然病逝,“为之感伤无限”(当日日记)。

台湾中国文化大学史学系程光裕教授在《永怀谭其骧师》一文(载《浙大校友通讯》114期)中回忆往事:

忆一九四二年夏，日军向浙东进攻，浙江大学龙泉分校一部分师生向后方疏散，我和几位同学，背著包袱，芒鞋竹杖，餐风露宿，于十月中旬到达遵义本校，就读三年级，修习谭师讲授的“历史地理”，标准国语，娓娓动听。一日召我垂询自龙泉至遵义途中经过，当我述及困厄于金城江，六日未进食，眼前星光闪烁，双脚浮动时，叹息不已！抗战时物质生活艰困，师积劳患目疾，对学生作业督促甚严，在桐油灯下为我批改《淮泗考》，令人难忘。

一九六五年回台北，任中国文化大学教授并兼史学系、史学研究所硕士班系所职务。一日，张其昀（晓峰）师召我说：“抗战时在遵义，谭其骧先生讲授历史地理，兼史地教育研究室中国历史地图编纂工作，惜当时物质条件太差！”

史地系学生杨予六在遵义听过谭其骧的中国沿革地理课，1947年去台湾任职，1957年出版了一本《中国历代地方行政区划》。在这本书的前言中，他提到“抗战期间，负笈浙江大学，从谭季龙师讲受‘中国历史地理’，对顾宛溪（顾祖禹）氏之治学为人，备极仰慕”。由于两岸长期阻隔，谭其骧没有看到过这本书。1985年我在美国哈佛燕京图书馆读到这段文字，就写信告诉了谭其骧。不久他在回信上说：“杨予六有点记得，但印象已不深。浙大学生有成就者，在台湾者当不少。”1989年，谭其骧将自己的论文集《长水集》寄赠台湾的学生，其中就有杨予六。1990年，杨予六来上海探亲，找到了当年贵州铜仁三中和浙大的同学吴应寿，但吴应寿临别时才告诉他谭其骧的地址，使这次见面的机会失之交臂。1991年4月17日，杨予六给老师写信：

犹忆1947年买棹东来，行囊内藏有当年吾师所授中国历史地理一课笔记，生对此一课程亦特感兴趣。53年进教部工作，为著作送审需要，乃利用公余时间，撰写《中国历代地方行政区划》一书，其中主要章节皆撷取吾师之精义。纵有少数发明之处，亦不敢据以自专。此书于57年出版问世后，外间反应尚称不恶……

多年以还，生虽有心将此25万字之行政区划扩增为5、60万言之“历史地理概论”书稿，亦以此间刊布之文字有限，不敢贸然行事。去暑访晤吴应寿兄，始知复旦与他校已出之资料繁富，可谓取之不尽；又恐个人致力此一题目，时间精力不无问题，因之惶惑无已。兹有两点请教老师：1. 就吾师看来，此一相对论除州郡沿革、疆域变迁、形势扼要、经济物产、重要都会之外，究应兼涵其他项目？吾师主持此一课程多年，能否提示一周全之纲目？或以腹稿示之。2. 在吾师心目中，可有忠厚可靠之弟子，现年在六十以下，能与生坦诚相见合作编写此一书稿？以期提早达成此一心愿之目标。

为此，谭其骧还与我商量过，请谁为宜。可惜当年10月谭其骧就一病不起，杨予六再也没有见到他的老师。

1960年8月，谭其骧收到了江西萍乡高级中学历史教师甘华舜的来信。甘是浙大史地系1947年的毕业生，在当年7月的《历史教学》杂志上看到谭其骧出席全国文教群英会的报道后写信的。信中说：

42年我入浙大读书，初在永兴场作新生，第二年到了遵义。由遵义到杭州的三年中，我听了您的魏晋南北朝史、中国历史地理。第四年我跟着您读刘知几的《史通》。不管怎样，在历史基本知识上，在治史方法上是受到了教益，这一点却也不能忘记。您的声音笑貌，我记忆尤多了……我知道您在遵义几年的生活很苦，您的楼居我去过，您布衣蔬食，安之若素，认真教学工作，十多年前的这些印象我却还不会忘记。到杭州……有一次我们在浙大校车上一起，我对您说："您的讲稿可以写出出版了。"内心里就是望您出这本书。您答复说："我们拿东西出去，总得象个样儿。"老师，这是您的谦虚，同时环境也累倒了您。这一简短对话也许您已忘记了，但我记得很清楚。

谭其骧还给不少理科学生上过中国通史课，给他们留下深刻的印象。1981年起，我多次随他参加中国科学院学部委员（院士）会议，见到好几位非地学部的委员称他为"老师"，其中一位还饶有兴趣地告诉我当年听谭其骧上历史课的情景。1985年11月，谭其骧回浙大参加纪念竺可桢讨论会，意外地遇见了美国西屋公司的马国钧。此前他曾在《浙大通讯》上看到过马回忆竺可桢的文章，写得相当感人，在这次会上又听了马颇生动的发言，但他没有想到，马国钧竟是在青岩听过他中国通史课的学生，当场与马合影留念。12月底，他收到了马国钧发自美国的来信：

青岩受业，已四十余年。前年曾得缪彦威师地址，故曾修书致敬，缪师于回信中曾附其诗数首，其中有赠吾师者二章。故年来常遥慕不已。不料此次在杭州居然有缘重亲謦欬，实人生最难得之缘份也。……生以科技终身，质胜于文……行年已长，去国半生，对故国文化渐多怀念。年来公余之暇，阅览史书，现已看完《史记》、前后《汉书》《三国志》及《战国策》晋魏一段。所知无几，亦无书可购，故拟向国内购新旧《唐书》，便于消倦时阅读，以慰故国之思而已。便中若蒙指点读史之方，则恩蒙不已。

大学一年级的中国通史教师，对一位理科专业毕业的科技人员能有这样的影响，自然不仅在于个人的魅力，而是中国悠久的历史和灿烂的文明的潜移默化。但对献身于祖国历史和历史地理事业的谭其骧来说，这不正是莫大的欣慰吗？

在遵义期间，谭其骧还有过一批特殊的“学生”。遵义有一所陆军步兵学校，因缺少文化教官，一直从浙大找教师兼职。1944年办了“将官班”，再找一般教师去上课怕压不住。该校的政治部主任伍某与浙大秘书长诸葛麒相熟，就要他推荐合适的教授，选中了谭其骧。当时的教授生活都相当贫困，谭其骧要供养一家四口，太太又已怀孕，有一份兼职工资自然求之不得，何况要开的课又是驾轻就熟的中国地理。伍某提出到军校兼职要加入国民党，并要穿军装，却被谭其骧严词拒绝。浙大能开中国地理课的教授除了谭其骧外仅系主任张其昀，伍某无奈，只能让步，取消了加入国民党的先决条件，但又提出穿着长衫大褂出入军校太不像样，登上将官班的讲台更不成体统，谭其骧建议改穿西装，才与伍某达成协议。不过谭其骧自己并无西装，每次上课时都是向一位校医借的。尽管如此，军校还是送来了中校教官的聘书和一套军装。这套军装倒没有浪费，因为尺寸颇大，而太太李永藩怀孕后没有合适的衣服，正好派了用场。这个中校教官的名义却使谭其骧背上了历史的包袱。新中国成立后不仅成了历次运动中的交代内容，而且成了“文革”中的反动罪状和重点审查问题。直到他被作为“一批二用”的典型获得“解放”并参加《中国历史地图集》的编绘以后，研究室中还有人以此为借口四出外调，并一度重新剥夺了他的工作权利。

谭其骧在军校教了一个学期，伍某离职，新任政治部主任坚持兼职教官必须参加国民党并穿军装，他就辞去了这份兼职。为了配合抗战，他在课上着重讲的是近代帝国主义对中国领土的侵略，但将官们大多将军校的学习作为例行公事和升迁的手续，自然不会有太大的兴趣。1948年，谭其骧同时在浙大和暨南大学任教，每周都要奔波于沪杭线上，有一次曾在火车上遇见一位将官学员，但此时他已不穿军装，并似有难言之隐，示意谭其骧不要提及他的将官身份。这是谭其骧在离开军校后再见过的唯一一名学员。

张其昀是浙江鄞县（今为浙江鄞州区）人，政治上一直拥护蒋介石。他与蒋介石的文胆陈布雷本来就熟悉，而陈的弟弟陈训慈本是史地系的国史教授，以后也到重庆军事委员会侍从室当了秘书，有了这些关系，张其昀与蒋介石的关系也更密切。在与张其昀相识不久，有一次谭其骧在谈话中指斥特务横行，张其昀立即为此辩护，认为这是不得已的必要措施，并不违反民主宪政。谭其骧感到与张没有共同语言，以后见面再也不谈时事政治了。张其昀涉猎甚广，所写文章包罗万象，但他并不花时间钻研第一手资料，而是主要依靠各类剪报，这与谭其骧严谨的考据学风大相异趣。不过张其昀在任用人才时独具慧眼，并且用人不疑，对教学、学术从不干预，谭其骧来校一年多就被提为教授，这位主任当然是决定因素。他平时对谭其骧礼遇有加，生活上也多予照顾，使谭其骧颇为感激。当时谭其骧的不少旧友在昆明的西南联大，他也一直向往昆明、成都、重庆等学术机构集中、学人荟萃的地方，感到遵义过于偏僻，住久了会寡闻陋见。西南联大、复旦大学、国立编译馆等单位都曾以更高的薪金相聘，但谭其骧终于没有离开浙大，原因之一就是碍于张其昀和校长竺可桢的面子。另一方面，战时搬一次家并非容易，一家人好不容易从北平迁来，再调动一次免不了又有一段时间不得安宁。

1985年我在美国时，收到了谭其骧9月27日写来的信，其中提到：

旬前晤由香港来之谢正光君（牟润孙弟子），知张其昀已于最近病逝台湾。张在政治上虽执迷于拥蒋，然在浙大十年，待余不薄，遽尔永隔，难免令人伤感。想美国华文报纸上当已载及。

我明白他希望了解有关张其昀逝世和晚年的详情，在下一次信中就所见作了较详细的禀告。

方豪是天主教的一名神父，教中西交通史。他单身一人，天天上同事家串门，也常到谭其骧家聊天。中西交通史本来是谭其骧极感兴趣的问题，所以他们在这方面谈得很投机。方神父主编重庆《益世报》的文史副刊，经常向谭其骧约稿，所以他这一阶段的论文，除了发表在学校的刊物上以外，大多是在《益世报》上刊登的。因内迁后家中书籍缺乏，平时又忙于课务，很难作系统研究，谭其骧主要是利用假期研读《辽史》，撰成《〈辽史〉札记》与《〈辽史〉订补三种》（即订正《皇子表》、补《皇子传》、订正《皇族表》）等，前者即发表于《益世报》。几篇研究十六国和南北朝时间民族源流和迁徙的论文，如《羯考》《记五胡元魏时之丁零》《记翟魏始末》，以及整理出的旧稿如《西汉地理杂考》等也都发表在《益世报》上。《秦郡界址考》是谭其骧在遵义期间撰写的一篇重要论文，也因方豪的关系发表在一个教会主办的刊物《真理杂志》上的。这是有鉴于对秦朝所设郡的范围及其界线历来不为人们所重视，连清末沿革地理大家杨守敬编绘《历代舆地图》时也只是根据杜佑《通典》中的说法，沿袭了不少错误。此文对秦朝各郡的范围勾画出了正确的轮廓，为复原秦郡确立了基础。只是由于《真理杂志》发行量既少，又不在学术界、流通，读到此文的人很少，所以直到以此文为绘图依据的《中国历史地图集》第二册出版，这一成果才为学术界所知。

在遵义，谭其骧交往较多的外系同事有缪钺（彦威）、萧璋（仲圭）、王焕镳、郦承铨和费巩（香曾）等人。

缪钺曾与谭其骧在学海书院同事，他文史兼治，善于以文证史，以史解文，常与谭其骧切磋学问，特别是历史地理方面的问题。1942年，他致函谭其骧，询问楚辞《招魂》中“庐江”所指。谭其骧细读原文，对照《汉书·地理志》和郦道元的《水经注》，终于得出结论：《招魂》“乱”文中的庐江并不是汉以后著称的今安徽境内诸水，而应在今湖北宜城县北，是汉水的支流。因此，“乱”的描述完全符合庐江的地望，这也证明《招魂》作于楚国未迁离郢都之时，作者应为屈原，而不是宋玉。缪钺完全赞同谭其骧的结论，将这篇题为《与缪彦威论〈招魂〉庐江地望书》的信件作为浙江大学中国文学史讲义的附录，以后又在重庆某刊发表。郭沫若注意到了这一结论，立即用为他讨论楚辞作者的论据。不过当时郭沫若肯定不会想到，十几年后谭其骧又同样以地理考证的方法推翻了他有关蔡文姬与《胡笳十八拍》的论点。

萧璋是谭其骧在北平的旧友，其余则是新交。与中文系教授郦承铨的相识还引出一段佳话：1957年，中国科学院历史研究所急需引进人才，谭其骧向所长尹达推荐了上海的一位中学教师，他就是郦承铨的公子郦家驹，调入历史所后成就卓著，以后被提升为研究员、副所长，曾任中国地方志指导小组秘书长。

替“杨保”立传　为霞客正名

谭其骧到遵义不久，发现从唐末至明代聚居于这一带达800多年的杨保族已经湮没无闻，连当地耆宿也已不知杨保为何物了。于是从地方史志中钩稽资料，证以当地见闻及地理沿革，历时三月，于1941年1月写成三万余言的《播州杨保考》，对杨保的族源、迁徙及占据播州的经过、与其他民族的关系、消亡过程、后裔分布等都做了考证。

唐贞观九年(635年)在今贵州绥阳、遵义设置郎州，贞观十三年(639年)改名播州，至唐末就被杨保占据。直到明万历二十八年(1600年)平杨应龙后，改土归流，将播州宣慰司改置为遵义、平越二府，播州的名称存在了960年，而杨保占有时间长达839年。由于明初大学者宋濂曾为宣慰杨氏作过《家传》，称其先世是太原人，唐末有杨端迁入播州，五传至杨昭，因无子，与同族杨业之孙延朗之子充广通谱，以杨充广之子贵迁为嗣，此后播州杨氏都是杨业之后。

但与可信的史料一对照，《家传》的记载就漏洞百出。如杨延朗是杨业之子，而不是孙；延朗之子是文广，而不是充广；等杨文广“持节”广西时，杨贵迁早已死亡。从《家传》衍生出来的各种传记更是荒诞不经，绝不可信。根据唐宋以来史料考证，杨保先世实为唐末泸州(治今四川泸州市)、叙州(治今四川宜宾市)边徼地区“泸夷”的首领。

唐大历(766—779年)初，杨保人罗荣任播州宣慰司同知，开始据有播州。但乾符初被“闽蛮”击败退回泸南，乞援于杨氏。乾符三年(876年)，杨端偕舅氏谢某率七姓八姓之众，自泸州合江进至白绵(今遵义南半边街)，与当地土豪结盟，战胜闽蛮，取代罗氏据有播州。以后历唐、宋、元、明，尽管名义上归顺朝廷，实际并不接受管辖。在这800多年间，原居住于播州一带的罗、僚、猺三族和小伙杨、新添族二部等都先后被杨保所同化。南宋以后，汉人也逐渐迁入这一地区。与此同时，杨保族人也不断移居于播州之外。

万历二十八年平定播州时，当地居民除死亡及外逃外，登记户口还有126 000余口。经历明末清初的战乱，随着汉人的大量迁入，杨保族人的民族特征已不复存在。道光二十一年(1841年)的《遵义府志·风俗》称所属各县极偏僻的地方还有杨保人数家，但到谭其骧向当地父老调查时，都说已无踪迹可寻了。但从地方志的记载看，杨保的后裔在当地还大量存在，如有杨、罗、郑、安、令狐、成、赵、犹、娄、梁、韦、谢、王、何、朱、骆、冉、田、张、卢、谭、吴、任、穆等，只是他们都已自认为汉人了。

此文于同年10月印成，后又发表于浙大《史地杂志》第一卷第四期，合计仅以土纸油印数百册。此事引起当地有关人士特别是杨姓的不满，认为将他们说成是“夷人”之后是一种耻辱，扬言要打他，这在大汉族观念根深蒂固，少数民族备受歧视的年代本不足为奇。但因此文流传甚少，这一研究成果长期鲜为人知，以至直到70年代，有限的几篇涉及杨保的论文对该族源出太原杨氏还是深信不疑。1981年5月，谭其骧在北京香山别墅出席中国民族关系史讨论会时正好带有一本油印的《播州杨保考》。贵州民族研究所负责人侯哲安偶然看到后感到十分惊奇，他从事贵州民族研究多年，还从未听说过有这样一篇专门研究贵州古代民族杨保的论文，因而称之为“海内珍本”，就要求谭其骧校勘后重新发表。1982年初，《贵州民族学院学报》第1期全文发表了《播州杨保考》和谭其骧为此撰写的《后记》。

在《后记》中，谭其骧又根据《文物》1974年第1期所载贵州博物馆所撰《遵义高坪播州土司杨文等四座墓葬发掘记》附录的《杨文神道碑》，找到了支持此文观点的两个新证据：

碑文称杨氏先世“汉以来，聚族会稽，至鼻祖端，始入□□□□”。杨文为杨端十五世孙，卒于南宋末咸淳元年（1265年），约早于撰成于洪武初年的宋濂《杨氏家传》百余年。可见当时杨氏家族还只说先世出自会稽，还没有此前是太原人的说法，《家传》中“其先太原人”以及杨贵迁系杨业之后的说法，显然是宋末明初之间编造出来的。

碑文云：“其奉朝贡为刺史，则先在武德也；其特命袭爵，其（当为‘在’之误）开元也。”杨氏之先人在武德时只为刺史，开元时所袭何爵也不清楚，足见《家传》中杨端寓家京兆，以应募将兵逐南诏入播州之说也是出于捏造。为刺史而又袭爵，可见杨端以前是某一羁縻州的世袭刺史，这个羁縻州应在泸叙州的边徼。

他又举《民族研究》1981年第4期所载《莫友芝的族属初探》一文为例。该文以充分证据证明清代著名学者独山莫与俦、莫友芝父子一族明明是宋元以来当地的土著布依族，而莫氏族谱却说原籍是江南江宁府上元县，曾国藩又据以写成《莫犹人（与俦）先生墓表》。他指出：“元明以来西南各省土司的族谱，说他们的祖先出于中原，以从军征伐至西南某地而成为当地的土司的很多，这种记载虽不能说百分之百，至少可以说大多数是靠不住的。”“可见研究西南民族史的同志们，对那些族谱和以族谱为本的家传墓表等文字中有关先世的记载，千万不能轻易置信。”

谭其骧也承认这篇旧作中有论断不一定可信的地方，即以杨保所出的“泸夷”断为罗族，仅仅根据唐宋泸叙羁縻州很多属县都以罗、逻、卢等字为名，证据是不够的。他曾经产生过杨保是古代僰人后裔一支的想法，并找到过几条有关资料，但没有保存下来，所以还只能存疑。

《播州杨保考》及《后记》发表后，立即得到了四川大学蒙默教授的反应。蒙默是蒙文通之子，长期从事西南民族史研究，并曾去民族地区调查，他致函谭其骧提出“窃以唐宋时叙泸民族不外彝、僚二种，苗之西来川南，盖在唐宋后。叙泸杨氏若不为彝，则为为僚。近日颇觉僚人之可能性尤大”。他列举了《太平寰宇记》《舆地纪胜》《蜀中广记》等书中史料，结合当地近年发现的不少唐宋崖墓中的雕刻图像，认为“宋明叙泸僚人大姓必有姓杨、罗者，而此二姓又适与迁播者符同若兹，当非偶然”。“大作谓川南罗字地名为少数民族语言，所示极确”；但带罗的地名并不是彝语地名。遵义地区和杨土司墓中出土的“遵义型鼓”，与川南各县出土者同型而时代较晚，古籍中说这些鼓是“俚僚”所铸，这证明杨氏出于叙泸一带，又是僚人。蒙默还提供了一个强有力的例证：当年暑假他在贵阳参加仡僚简史时，普定县一位同志告诉他该县有一龙姓寨子，有数十家，自称先人本姓杨，因犯法被杀，子孙避难，由遵义逃来普定，不敢再用杨姓，以先人的名为姓，现要求恢复仡僚族。这些人很可能就是杨应龙的后裔，这更证明了杨氏是僚人。

1941年12月，浙江大学在遵义召开纪念徐霞客逝世三百周年学术会议，谭其骧作了《论丁文江所谓徐霞客在地理上之新发现》的报告。丁文江曾撰《徐霞客年谱》充分肯定徐霞客及其《游记》的地理学价值，对徐霞客研究作了重要贡献。可以这样说，要是没有丁文江的评价和介绍，徐霞客其人其书不可能有当时这样大的影响。但丁氏的某些说法缺乏应有的根据，如《年谱》中论及徐霞客对西南地理的五项重大发现，即南北盘江的源流，澜沧江、潞江的出路，枯柯河的出路及碧溪江的上游，大盈、龙川、大金沙三江的分合经流，江源；而最主要的一项便是发现了长江的正源是金沙江，而不是传统所指的岷江。丁氏是著名学者，此论一出，影响甚大，一时视为定论。

谭其骧在详细对照《徐霞客游记》与自汉代至明代的有关地理著作后指出，这五项“发现”中，只有最不重要的第三项足以纠正前人的错误外，其余四项都并非事实。

谭其骧的结论是：“霞客所知前人无不知之，然而前人终无以金沙江为江源者，以岷山导江为圣经之文，不敢轻言改易耳。霞客以真理驳圣经，敢言前人所不敢言，其正名之功，诚有足多，若云发见，则不知其可。”

他的报告看来与其他充分肯定徐霞客成就并给予高度评价的报告不同，实际上却是对徐霞客地理成就更科学、更实事求是的肯定，因而得到与会者的赞同，这篇论文被编入浙江大学出版的《纪念徐霞客逝世三百年纪念刊》，新中国成立以后，此书曾由商务印书馆重版。但直到80年代举行纪念徐霞客的学术活动时，还有人在《人民日报》等重要报刊发表文章或报道，继续宣扬徐霞客发现长江正源的“伟大贡献”。如果他们不赞成谭其骧的结论，就应列出理由加以批驳；如果根本没有看过这篇重要论文，还有什么资格评论徐霞客呢？如果明明知道谭其骧的结论是驳不倒的，却还要坚持错误的旧说，显然是出于学术以外的原因，这种态度实在是可笑、可悲的。

30多年后，谭其骧又为徐霞客研究和《徐霞客游记》的普及作了重要贡献。原来早在30年代，他的老师邓之诚获得了徐霞客的孙子徐建极的六册钞本，并且得知其余几册曾藏于吴兴刘氏嘉业堂，所以在封面上题识：“《徐霞客游记》季会明原本。此本存六、八、九、十凡六册（九、十分上下），其七原阙。一至五册昔在刘翰怡家，若得合并，信天壤间第一珍本也。”以后，邓之诚将这部钞本赠给谭其骧。当谭其骧得知上海古籍出版社组织整理《徐霞客游记》时，就提供了这一珍本。根据邓之诚的题识，几经周折，整理者在北京图书馆找到了曾为嘉业堂收藏的五册季会明钞本，使这部湮没了300多年的原始钞本终于重见天日，形成了一个自《徐霞客游记》写成以后最完整的本子。与长期流传的乾隆、嘉庆年间的刊本相比，1980年上海古籍出版社整理出版的《徐霞客游记》字数增加了三分之二以上，游记多了156天（原来为351天）。

谭其骧没有向出版社索取任何报酬，并在1981年5月19日将这六册钞本送还给邓之诚之子邓珂，建议他出让给北京图书馆，使两部残本合璧。王锺翰得知此事，颇不以为然，问谭其骧：“这是邓先生送给你的，为什么要还给他儿子？”他答道：“邓先生送给我，是供我使用的。现在新版已出，我不必再用这套钞本了，应该物归原主。如果真能由北京图书馆配全，不是更好吗？”

谭其骧是与黄秉维一起从永兴场去遵义赴会的，由方豪安排住在当地天主堂的客房中。由于彻夜长谈，次日很晚尚未起身，方神父迟迟不见动静，以为出了什么事，连连敲门才将他们叫醒。1985年4月谭其骧重访遵义时，曾去天主堂参观，天主堂因与遵义会议有关已修缮一新。谭其骧虽已分不清当时住在哪一房间，却饶有兴趣地告诉了我这一趣事。

1943年，教育部在重庆召开中国史学会，邀请谭其骧参加。当时他正患眼疾，想到重庆就医，正好利用这次机会，因而欣然应邀赴会，于3月20日动身，两天后到重庆。23日举行筹备会，24日召开了中国史学会成立大会，顾颉刚任大会主席。在26日的理事会上，顾颉刚、傅斯年、黎东方、朱希祖、陈训慈、卫聚贤、缪凤林、金毓黻、沈刚伯当选为常务理事，黎东方兼任秘书。由于黎东方与教育部长陈立夫关系密切，是会议的实际主持人。关于这次会议的背景，顾颉刚在其日记中曾作记载："此次中国史学会之召集出于教育部，电滇、黔、粤各校教授前来，花费殆十余万。说教部提倡学术，殆无此事。有谓延安正鼓吹史学，故办此以作抵制，不知可信否。"（见顾潮《顾颉刚年谱》，第313页）

黎东方早已知道谭其骧的名声，通过会期的接触更佩服他的见识，会后邀他到北碚游览，到黎兼职的复旦大学做学术报告，还在家中设宴款待。最后黎东方正式邀请他到国立编译馆工作，考虑到种种原因，谭其骧婉言谢绝，仅接受了该馆"特约编审"的名义。

史学会结束时，国民党宣传部长潘公展在家中招待全体代表。宴会散时，正天下大雨，谭其骧穿着布鞋，又未带雨具，被安排在潘宅住了一夜，次日早上才离开。这可能也是出于黎东方的照顾，但具体情节谭其骧本人也记不清了。

谭其骧在重庆拜访了六年未见的顾颉刚老师，访问了其他友人。5月30日顾颉刚夫人殷履安病逝后，谭其骧曾去吊唁，顾颉刚心情悲痛，曾感叹自己的命太硬，"克妻"，因他的第一位夫人吴徵兰也是病逝的。在此期间，谭其骧在重庆医治眼疾，但效果不佳，至6月14日返回遵义。

正义结成师生情

抗战期间，教授的优裕生活早已成为历史，家庭负担重的连求温饱都已困难。当时流传着这样一则笑话：一位教授去理发，与理发师发生争执，理发师说："你这人这么坏，下一辈子还得当教授。"事情虽未必确实，教授的穷酸和不受人尊重却可见一斑。一位学生在日记中将谭其骧称为"未老先衰"，他经济上的窘迫可以想象。但真正使教授们愤慨的还不是贫穷的生活，而是国民党的专制和腐败。虽然谭其骧早已不问政治，但对贪官污吏大发国难财、特务横行、青年学生受到摧残的现象却难以保持沉默。在追悼一位早逝的学生时，谭其骧仗义执言，痛斥国民党的倒行逆施，"为什么该死的人不死，却让不该死的学生死呢？"在场的学生、中共地下党员陈耀寰（新中国成立后任职于民航总局）在日记上记下了他的话，保留至今。

1941年11月，涂长望教授将一位19岁的青年吕东明介绍给谭其骧，作他的研究助理员。吕东明是江苏无锡人，早已加入中共，原在平江、桂林等地活动，当年10月奉命转入学生工作，他在协助谭其骧做研究工作的同时，也在准备考入浙江大学的课程，并熟悉情况，广交朋友。1942年上半年，吕东明已在遵义、湄潭、永兴三地结识了一些师生，基本掌握了校内的情况。同年7月考入浙大史地系，入学时用名吕欣良。暑假期间，中共南方局组织部代表与吕接上关系，与他研究了如何在浙大开展工作。9月，吕离开永兴场去桂林工作了20多天，返校后就引起了系主任张其昀和校内国民党负责人的注意。在了解吕的地下党身份以后，谭其骧多方设法掩护，消除了他们的怀疑。此后吕东明更加注意隐蔽，为了革命的需要，吕东明依然以勤工俭学的方式，边工作，边读书。谭其骧正在编绘一些历史地图，吕东明曾根据他考定点线绘上地图。在完成助理工作的同时，他还尽力照料谭其骧一家的生活，特别是在谭其骧不在家时，以至连十分挑剔的李永藩也赞不绝口，直到晚年还经常对我说起这位助手的好处。

谭其骧与吕东明之间的情谊一直保持着。新中国成立初，空军急需气象干部，吕东明调往华东军区航空处气象处，任军事气象组组长，以后一直在空军气象部门任职。"文革"期间吕东明备受迫害，所在单位曾不止一次找谭其骧外调，尽管谭其骧正被作为"反动学术权威"而打倒，但他总是实事求是地说明当时的情况。"文革"结束后，吕东明调任中国大百科全书出版社领导，谭其骧参加了历史、地理等卷的编写，他们之间又有了工作上的联系。吕东明患有严重的气喘病，冬春时节连走路、说话都十分困难，但每次谭其骧去北京，他总要前往看望。1990年4月7日晚上，北京狂风大作，沙尘漫天，吕东明与夫人匡介人带着孙子从团结湖乘公交车，到东厂胡同近代史所招待所见谭其骧。像往常一样，他们谈得十分投机。谈及党内出现的腐败现象时，吕东明非常气愤，他说："我作为一个有50多年党龄的党员，绝不能容许我们党败在这些人手里。" 谭其骧听后异常激动，突然猛拍桌子，大声骂道："真是混账！难道能让他们把共产党变成国民党？" 我们见他如此激动，怕影响他的健康，赶忙劝解，并将话题引开。当我送吕东明出门时，看着他在夫人的搀扶下气喘吁吁地慢慢走远时，我深为这种师生和同志间真挚的友爱所感动。1991年6月25日，他们在北京京西宾馆见了最后一面。

谭其骧逝世后，我曾在电话中询问过吕东明一些谭其骧的情况，并希望在他身体状况允许时作一次详细采访。1992年冬到北京后，就拨通了他家的电话，听到的竟是他病危住院的消息，一周后就传来了噩耗。

1943年，李永藩生下一子，因生在遵义，而遵义古称播州，故取小名为播儿。6月初播儿患病，谭其骧急忙从永兴赶回遵义，但播儿到7日就夭折了，尸体由吕东明抱至荒郊掩埋。1945年1月，次子德垂生。

抗战胜利后，浙大于1946年9月迁回杭州。在离遵义前，房东王梦九拿出陈年茅台，为谭其骧、陈乐素和浙大校医李天助饯行。他们异常兴奋，四人竟喝尽了四瓶茅台。谭其骧至少喝了一瓶，创下他一生的最高纪录。

第九章

复员杭州

浙大的复员相当彻底,就像当时一度内迁的其他单位一样,绝大多数师生员工都迁回杭州。1985年谭其骧重返遵义时,地委统战部和市方志办曾安排当地与浙大有关的人士与他见面,但只有一位陈先生是原浙大注册课的职员,是因与当地妇女结婚而留下的。谭其骧还见到了中文系毕业的王树仁,是河南人,现在遵义市图书馆工作;农学系1946年毕业生幸必达是本地人,时任当地一农校校长;幸必达的弟弟必泽时任地委统战部长,则是浙大附中学生。

另有一位本来在杭州浙大门口摆饮食摊的小贩,浙大内迁时他也挑了担子跟随,学校迁到哪里他就在哪里营业,最后迁到了遵义。由于浙大师生对家乡的小吃情有独钟,他的小摊生意兴隆,逐渐扩大为一家不小的饮食店,到浙大复员时就舍不得搬迁了。可惜他已去世,要不,谭其骧一定会见见他的。

浙大虽然没有留下多少人员,但对遵义地区的影响特别是文化教育方面的影响是巨大的。无论是在遵义,还是湄谭,当地的领导和文教界人士都认为,本地的文教事业是从浙大内迁才开始的。由浙大培养的当地人士都说,要是没有浙大的内迁,他们绝不会有上大学的机会。所以当地正致力于收集整理浙大内迁期间的资料,编写这方面的书籍,新修地方志也将这方面列为重点内容。

东归途中

1946年9月2日上午8时,浙江大学复员的车队浩浩荡荡驶离遵义老城子弹库校本部,开始了东归的长途行程。为了便于相互照顾,教师、家属和学生混合编组,与谭其骧家同车的是钱宝琮、薛效宽、黎子耀、蒋炳贤,陈乐素、顾毅宜、李天助等在另一辆车上,他们乘坐的都是烧木炭的客车。学生们推派出能干的同学,负责筹办伙食,联系住宿,尽可能安排妥帖。当时大家沉浸在胜利和返乡的兴奋中,对旅途的艰辛毫不在意。

当天上午,车队渡过乌江,在养龙场(养龙司)午饭、休息,下午到达省城贵阳,谭其骧家宿于黔中旅馆。第二天休息,他与黎子耀、马光煌兄弟等游览了河滨公园,晚上马氏兄弟与殷汝庄又约他们在岭南酒家聚餐。

9月4日从贵阳出发，中午经贵定县，晚上到达黄平县，住在招待所。5日上午因汽车需要修理，在黄平休息。当天正逢苗民进城赶场，相当热闹，给他们提供了一次观光的机会。下午继续行程，三四点钟抵镇远。镇远地处潕水上游潕阳河畔，河上建有公路大桥，与山水相映，颇为壮观。晚饭后，谭其骧等来到桥畔散步，观赏江景。

6日中午在玉屏休息。玉屏的箫、笛闻名遐迩，价格也不贵，大家争相入市购买，谭其骧买了箫笛各一对。下午进入湖南省境，傍晚抵晃县。天气炎热，旅馆却没有洗澡的条件，众人纷纷跳入潕水中洗澡。

7日的行程很长，而且大多是山路，所以他们天不亮就上车出发，中午在安江稍事休息后立即上路，下午翻越雪峰山，傍晚抵达洞口。

8日，经桃花坪至邵阳。邵阳盛产皮革制品，午餐后谭其骧入城买了几个皮包。下午2点起程，不久就进入平原，当晚到达湘乡。次日车抵湘潭，等候渡湘江费时约一小时，正午至省城长沙，住入迎光商号。

9月10日是中秋节，长沙依然赤日炎炎如火烧，酷暑难当。谭其骧整天汗流浃背，热得连眼镜片上都一片模糊。当天下午，他们就登上新鸿泰轮，但要到次日早上才开船。谭其骧雅兴不减，晚上与家眷一起去八角亭赏月。

11日开船，晚上在洞庭湖抛锚，天气也奇热，船上如蒸笼一般，直到半夜都无法安眠。12日过城陵矶，13日上午10点许抵达这一段的终点汉口，住在复兴招待所。当天晚上，谭其骧就去江岸车站三哥谭其来家，见到了离别已久的兄嫂。因谈得很晚，就留宿在他们家。

当时由武汉顺流而下是复员的主要路线，主要的交通工具是美国登陆艇，所以有大批复员人员聚集在武汉候船，浙大师生在武汉等了十多天。在此期间，谭其骧游览了黄鹤楼，去武汉大学访问了吴宓、田德望，还见到了燕京同学邓嗣禹。9月19日，他们迁至武昌难民招待所，候至24日早晨才上了美国登陆艇。

9月26日船抵南京，但因风浪太大不能靠岸。复员的集体行动到南京结束，因此师生们当晚在船上开了一个同乐会。次日登岸，大家分别搭车去杭州报到，谭其骧和李永藩都有亲戚在南京，所以停留了一周后才去上海。谭其骧虽在浙大任职多年，却从未在杭州安过家，于是先将家属留在上海澳门路大哥家中，长子德睿也留在上海上小学。10月中旬单身去杭州报到，不久将家眷接去，暂住学校宿舍，11月底迁至长寿路1号。

两校教授：谭其骧和谭季龙

从1940年2月谭其骧离开北平，经过六年多的颠沛流离，一家人终于又在他的故乡浙江安顿下来了。12月，次女德慧生。但李永藩却不习惯杭州的生活，甚至认为还不如遵义，所以在1947年去上海住了三四个月，1948年又去了上海和南京。

谭其骧、李永藩夫妇与子女，1946年于杭州

李永藩是北方人，耐不得杭州夏天的酷暑和冬天的寒冷，也不习惯南方的饮食，而更使她不满的是日子越来越难过了。在遵义时总还认为是战时，是临时的，所以即使困难一些也还能忍受。现在胜利了，住到了省城，还是位教授太太，非但生活远不如在北平时那样舒适，连要安排一家的衣食都不容易，她这个主妇怎能不抱怨？但她不时向谭其骧发脾气却实在没有道理，也于事无

补，因为谭其骧本领再大，也无法将当时的杭州变为30年代的北平。

从谭其骧自己记下的教授聘书上的月薪看，从抗战期间到1948年都是在不断增加的：1941.8—1942.7　300元；

1942.8—1943.7　380元；

1943.8—1944.7（遗失）；

1944.8—1945.7　430元；

1945.8—1946.7　450元；

1946.8—1947.7　470元；

1947.8—1948.7　490元；

1948.8—1949.7　530元；但薪水的增加无论如何赶不上物价的上涨。

1947年，法币大幅度贬值，物价飞涨。为了使有限的工资尽可能减少贬值的损失，大学教师已经顾不得斯文，纷纷使出浑身解数。稍有积蓄又有经济头脑的人千方百计将现钞换成黄金、银圆、美钞，以便保值；但多数人只有一个办法，钱一到手就抢购柴米油盐。每逢发薪日，员工和家属就进入临战状态，一拿到工资就往米店跑，或骑自行车，或接力奔跑，轮到迟来者购买时往往米价已涨。谭其骧不会骑自行车，速度不如他人，每次买米都颇有损失。靠一份教授的工资已难以维持一家六口的开销了。

作为一所国立大学，浙江大学当局也在为维持学校和教师的生存想方设法，在校长竺可桢的日记中，我们可以看到他奔走于南京、上海，为学校争取经费和教职工薪水的记载。学校开始向教职工发放一些实物，有时是一袋米，有时是一包煤。由于是维持最低限度生活所需，教授与工友已没有差别，大家都领一份。到了1949年春，国民党决定放弃杭州，浙大绝大多数教职工坚持不离开学校，校方罄其所有，发放了最后一次实物——每人一两黄金的"应变费"。

或许是天无绝人之路，1947年秋的一次机会，使谭其骧在生活的重负下喘了一口气。孙人和（蜀丞）出任上海暨南大学文学院院长，兼任历史系主任。历史系教师缺人，上海一时找不到合适人选。孙的妻兄牟润孙是谭其骧在北平时的旧友，向孙推荐了他，孙即让牟去杭州找谭其骧，请他兼任暨南大学的"专任教授"，月薪500元，谭其骧自然欣然允诺。

既是兼任，却又称"专任"，看似矛盾，却是当时的习惯做法。因为根据制度，兼任教授的工资很低，解决不了什么困难，只有担任专任才能拿到一份教授的工资。但聘专任教授得报南京教育部备案，为了怕被发现在两所大学同时任专任，谭其骧与校方商定，不用名而用字，以“谭季龙”上报，暨南的师生也都称他为谭季龙。其实，当时在两校甚至在三校作“专任”的大有人在，对教育部也是公开的秘密，谭其骧即使以真名实姓上报，大概也不会有人来管。

当时教育部规定专任教授每周必须上三门课共九小时，但实际上各校都不完全执行，尤其是对资深教授，如谭其骧在浙大即只上两门六小时。不过他在暨南大学是新聘教授，自然享受不到这样的优待，校方只同意每周减少一小时，上三门课八小时，集中排在星期四、星期五两天。三门课中的中国沿革地理、魏晋南北朝史就是在浙大开的课，只要按讲稿再讲一遍；另一门课第一学期是中国文化史，第二学期是中国史学史，是现编的教材。

从1947年10月开始，谭其骧每星期四早上从杭州坐火车出发，中午12点半到上海北站，就在附近小饭馆吃午饭，然后到西宝兴路青云路口暨南大学文学院，从一点半到五点半连着上四节课，第二天再上四节。1948年秋季开学，校方同意将两个星期的课集中在一起上，星期四下午仍上四节，星期五、星期六各上六节课，在两天半时间内上完两个星期的16节课，星期六晚上乘特快车回杭州，大约11点半可以到家。他就这样风尘仆仆地奔波于沪杭之间，才勉强维持了一家的生活。

尽管到暨南兼课是为生计所迫，谭其骧对教学还是一丝不苟。中国沿革地理课是他的专长，历史系定为必修课，两学期共六个学分。

暨南校长李寿雍是国民党顽固分子，纵容三青团在校内横行。谭其骧来自民主气氛甚浓的浙江大学，对这一切很看不惯。正好有一名三青团头目在他上课的班上，此人上课从来不到，考试时一窍不通，谭其骧毫不留情，评为零分。岂料注册课派人通知他，说此学生负有特殊任务，虽成绩不好也不能打零分，得改为及格，并说否则今后会有麻烦，被他断然拒绝。但注册课还是擅自修改了此人的成绩，麻烦倒也没有发生，可能是由于不久就解放了的缘故。

谭其骧在暨南大学的另一位学生章群，是1947年才入学的新生，他回忆道：

时谭师自浙大来兼课，开“中国沿革地理”一科，本为四年级课程，我由谭师特准选修。明年，再选其“中国民族史”。学年尚未结束，时局已大变，暨大解体，我也离沪他走了。

谭师上课时，身著蓝布长袍，手执粉笔一枝，虽有讲稿，似乎从未翻阅。讲解时，或说是熟极而流。（《在历史的时间与空间里——记谭其骧先生》，《联合

报》1990年6月19日）

章群后去香港，任香港大学高级讲师。三十多年后，章群为购买谭其骧主编的《中国历史地图集》而去信，此后师生间恢复联系。1990年，章群来复旦大学参加了庆祝谭其骧80寿辰暨从事学术活动60周年的国际学术讨论会。谭其骧逝世后，他在香港《明报月刊》发表了题为《刚正不阿，风骨凛然》的悼念文章。

作为暨南的专任教授，学校在青云路宿舍给谭其骧配备了一套房子。但他只是单身一人每星期或每两星期去住两三天，所以又安排中文系的单身副教授郑骞与他合住。郑是常住，谭其骧让他住了前面的大间，自己住了后面的小间。郑骞只住了一年，1948年台湾大学以教授相聘，他就去了台湾。

章生道也是历史系学生，暨大毕业后留学美国，获华盛顿大学地理学博士，1971年后任夏威夷大学地理系教授。1973年底他给谭其骧写信，当时“文革”尚未结束，谭其骧写完复信后送党委审查，经同意后才寄出。

在暨大宿舍，谭其骧先后结识了束世澂、沈錬之、黄缘芳等人。束世澂新中国成立后任华东师范大学历史系教授，与谭其骧过从甚密，60年代还一起带学生去南京、扬州实习考察。束世澂还精通中医，是谭其骧和李永藩信赖的医学顾问，多次为他们作过咨询和诊治。沈錬之1949年后在杭州大学历史系任教，黄缘芳后转入复旦大学。谭其骧在教员休息室中认识的有郝炳衡、刘大杰、吴文祺、施蛰存、刘佛年等。但因为他每次都是上完课就回杭州，彼此接触的时间有限。新中国成立后，刘大杰、吴文祺都是复旦大学中文系教授，成了谭其骧的同事；施蜇存、刘佛年转入华东师范大学。他与胡厚宣是在孙人和那里认识的，新中国成立后胡厚宣转入复旦大学，1950年至1956年与他同事，并成为终生好友。

艰难岁月　锲而不舍

尽管不得不随时为生计操劳，谭其骧仍治学不辍，《秦郡新考》等重要论文即完成于这一阶段。

《史记》中秦始皇分天下为三十六郡的说法和《汉书·地理志》中所载的三十六郡名称，使后世的学者产生了秦朝只有三十六郡的误解。但《史记》和《汉书》中又明明记录着这三十六郡以外的郡名，因而早在裴骃为《史记》作《集解》时就已指出，这三十六郡并没有包括秦始皇二十六年以后设置的郡；其后问世的《晋书·地理志》也持同样说法。300多年来，研究秦郡的论著不下数十种，但包括全祖望、陈芳绩、洪亮吉、姚鼐、王鸣盛、钱大昕、梁玉绳、王国维、刘师培等著名学者在内，都没有取得令人信服的结论。甚至像钱大昕这样卓越的史学家也拘泥于《汉书·地理志》的记载，竭力维护三十六郡说，以至无法自圆其说。姚鼐、全祖望、王国维等已经认识到，所谓"三十六郡"只是秦始皇二十六年时的制度，并不包括秦朝此后增置的郡，但秦郡究竟有多少，具体是哪些，却莫衷一是。谭其骧对前人成果择善而从，又从《史记》《汉书》《华阳国志》《水经注》《晋书·地理志》等可信的史料中发掘论据，考定秦期后期肯定存在的四十六郡（不包括内史），但另有二郡也可能存在，因而总数可能有四十八个。对此，他认为应采取科学态度，"多闻阙疑，庶几其可，若必欲断言为三十六或四十八，徒见其抵牾凿枘，是亦不可以已乎？"

这篇论文1947年12月发表于《浙江学报》第二卷第一期，实在是生不逢辰，能够看到的学者有限。新中国成立以后，《浙江学报》又成了不易找到的杂志，所以专业以外的学者并没有注意这一成果，连一些历史课本上也只说秦朝有三十六郡，使学生形成错误的概念。但历史地理学者和相关学科的专家充分肯定了这一结论，马非百（元材）集数十年心力作《秦集史》（中华书局，1982年版），其中的《郡县志》就是"以谭说为蓝本，并参照各家意见"而成的。《中国历史地图集》第二册中秦郡的画法以《秦郡新考》和《秦郡界址考》二文为依据，使这一结论随着《图集》的广泛发行而推广。1982年，谭其骧应《中国大百科全书·中国历史》之约，撰写《秦郡》条目，以简约的文字概述了问题的由来和自己的结论，也客观地介绍了王国维的说法。从近年来学术界的反应看，谭说的主体已得到普遍接受。

迁居杭州后，谭其骧还对杭州和浙江省历史地理做了研究，这一方面是出于他的兴趣，另一方面也是为了满足本地人士和团体的要求。1947年11月30日，他应浙江省教育会等单位之邀，在浙江民众教育馆作讲演，以后整理为《杭州都市发展之经过》一文，1948年3月5日发表于杭州《东南日报》。他将杭州的发展过程分为六个时期，即：秦汉六朝800年，山中小县时代；隋唐300年，江干大郡时代；五代北宋240年，吴越国都及两浙路路治时代；南宋140年，首都时代；元代80年，江浙行省省会时代；自明至今590年，浙江省省会时代。在分阶段的论述中，他具体说明了杭州城址的迁移和城市的变化，论证了这些变化的原因和规律。他认为，杭州城市发展史上的转折点是隋开皇十一年由山中迁治江干，以及20年后大运河的开凿。正是运河，从根本上改变了杭州的地位和性质，使杭州具备了成为大都会的基础。这篇论文奠定了杭州城市史研究的基础，直到80年代杭州市政协编辑《杭州历史丛编》时，还是以这篇论文为全书序言的。

《浙江省历代行政区域——兼论浙江各地区的开发过程》发表在1947年10月4日的《东南日报》。该文将浙江全省行政区域的发展分为秦与两汉、汉末孙吴至隋、唐至吴越、吴越中叶至两宋、元至清这五个阶段，逐一考证了每阶段中的政区沿革。如果文章只写到这里，那充其量只是一篇与乾嘉学者比肩的考据佳作，但可贵的是，谭其骧进而发现了一条重要规律，从而为历史地理研究开创一新的途径。

他指出："县乃历代地方行政区划之基本单位。州郡罢置、分并无常，境界盈缩不恒，县则大致与时俱增，置后少有罢并，比较稳定。……后世的道、路、行省，初创时皆辖境较广，历久逐渐缩小，略如州郡之比。县则历代标准大致相似，虚置滥设者较少。一地方至于创建县治，大致即可以表示该地开发已臻成熟，而其设县以前所隶属之县，又大致即为开发此县动力所自来。故研求各县之设治时代及其析置所自，骤视之似为一琐碎乏味的工作，但就全国或某一区域内各县作一综合的观察，则不啻为一部简要的地方开发史。"他抓住了县的设置这一关键，通过浙江各县始置年代和析置所自的考察，全省各个地区或流域的开发过程得到了科学的复原，并归纳出了几种不同的开发类型。这种研究方法扩展了政区地理的研究成果和运用范围，对东南地区其他省份同样能适用。1983年5月24日，他在杭州大学历史系做学术报告，仍以"浙江各地区的开发过程与省界、地区界的形成"为题，虽是在旧说基础上的发挥，但听众依然感到新鲜。我与同人进行中国移民史研究时，发现通过县治的设置过程和析置所自，无疑也是研究移民及其定居过程的重要途径，所以已将这一方法写进了《中国移民史》(6卷本，福建人民出版社，1997年版）的导论。

1960年，美国学者毕汉斯（ Hans Bealunstine ）在《高本汉寿辰纪念文集》

(哥本哈根，1960年)中发表《唐末以前福建的开发》一文(中文译文见《历史地理》第五辑，上海人民出版社，1987年版)，就是从这一思路入手的。毕氏自称："那就是考察福建各县的设置年代，这些年代提供了该县附近地区开发的标志时间。如果把每个新县城的位置标在连贯的、按年代分档的地图上，将出现一幅表明福建开发过程的连续画面。"他的根据是："只有当中原移民在某地已经聚居了相当数量的人口，并且土地已经垦殖以后，当局才会以建立一个新县的方式认可这一地区的开发，并选择某一村庄作为县治，以之表示该行政区的地理位置。"我们无法肯定毕氏事先是否看到了谭其骧这篇论文，但无论如何，这位在中国学者面前表现得十分狂妄的学者的"发现"比谭其骧要晚了十几年。

1947年初，为纪念求是书院50周年和浙大20周年校庆，谭其骧撰写了《近代杭州的学风》。此文分两次在《浙大校刊》上刊出，又发表于4月6日的《东南日报》。在编辑《长水集》时，我曾列入了目录，但谭其骧考虑到它并非历史地理或古代史专题论文而删去。但从他事后闲谈中，我了解到还有其他原因。他说："我写这篇文章，浙大有些人是不高兴的，说我实际上在骂他们。"这倒引起了我的兴趣，将这篇文章反复看了几遍，觉得既是一篇思想文化史和文化地理的重要论文，也充分反映了谭其骧本人的学术取向。

谭其骧认为："杭州于浙西已属边缘地带，隔钱塘江与浙东学术中心的宁绍相接，故其学风虽以浙西为素地，同时又深受浙东的影响，实际上可说是两浙学术的一个混合体。由混合而融化，迨其融化而后，遂自成一型，既非浙东，亦非浙西。作者纵观三百年来学术史，深觉杭州学风实有其特殊色彩。"因此，在考察杭州学风的演变过程中，他特别注意其地方特色。例如他指出，作为汉学全盛的乾嘉时代，"杭州的学风却始终在时代潮流的半化外状态之下，由此可见浙东学术对于杭州影响之大，由此亦可见杭州学风之不尽与浙西其他部分相同。"不过自明末至乾嘉，杭州只是二浙不同学风的接触融合点，并不能领导全国。但道(光)咸(丰)以后的杭州却有了长足的进步，"一方面是发扬新风气的神经中枢，一方面又有保守的学术的坚强堡垒"，"又不仅为经史之学的中心，同时又是科学的中心，即历算学的中心"。光绪甲午后是杭州以新风气领导全国的第二期，"最先创立兼课中西学术之新式学府"的正是求是书院。50年来出身求是的学者甚多，"他们的成就方面虽各有不同，但其革不忘因，新不蔑故，不偏不倚，择善而从，并具中西新旧之长则同。作者以为这就是求是精神的表现，也就是五十年来的杭州学风。"

谭其骧的结论是:“求是师求真,要求是求真,必先明辨是非真假,要明辨是非真假,关键首在能虚衷体察,弃绝成见,才能舍各宗各派之非之假,集各宗各派之是之真。……杭州学风在清初能调停程朱与陆王,在乾嘉能持汉宋之平,在道咸能吸收浙东西学派之精义而别有所创,在甲午以后能融合中西新旧而无过激流俗之弊,此非求是精神而何?”

杭州《东南日报》创刊于1947年1月9日,报社聘谭其骧主编《历史与传说》副刊,每星期四在第八版占用三分之二版面。但编辑实在并非谭其骧所长,报社嫌他编得过于专门,太沉闷,出了五期就停办了。从我收集到的三期(第二、四、五期)中所刊文章而言,学术水平自然不成问题,但对于一张面向大众的日报来说,的确太专门了。其中连载的三篇《行省称名建置疆域溯源》是谭其骧自己的作品,署名禾子、季(取其字季龙),其余则有缪钺的《读曹植〈洛神赋〉》《〈晋书·潘岳传〉疏证》和《正始清谈家对于政治之态度》,洪焕椿的《清代浙江学者事辑》两篇(乐清陈蛰庐、定海黄儆季),钱宝琮的《〈明史·历志〉纂修纪略》,都非一般公众所易接受。比较轻松的只有两篇,一篇是以中(王庸)的《俗斋笔记》,另一篇是五知(谢兴尧)的《太平军在杭杂记》,但也不会像读故事那样有趣。所以上面提到的谭其骧三篇重要文章虽也发表在《东南日报》,但那时副刊已易名《云涛》,改由张其昀主编,版面也扩大到了一整版。

谭其骧在浙大继续开中国历史地理和魏晋南北朝史,在他的遗物中还保留着两张当时学生的选课名单。一张是用毛笔写的:

导师谭其骧先生

导生　施太榜　史一,张兰生　史一,叶士芬　史二,良祚　史二,朱学西　史三,何朱铨　史三,龚言纶　史三,曹毓麟　史四,张永世　史四,梁赞英　史四,何容　史四,曹颂淑　(史)三

另一张是用钢笔写的:

王仲殊　三五〇七〇,朱学西　三五〇七九,吴应寿　三三〇〇三(旁听),金钦贵(旁),祝丰年　三五〇七二,何朱铨　三五〇六三,王镇坤　三二八三一(旁),郑人慈　三四八四三,邵宗和　三五八二八(旁),胡宜柔　三五〇六九,吴汝祚(旁),周品英　三三七九三,张永世　三四〇三五,张治俊

（旁），鞠逢九　三三〇六七，秦万春　32717

这应该是1947年的名单，只是哪一张是哪一门课，就不敢妄断了。这些学生中，王仲殊新中国成立后任职于中国科学院考古研究所，曾任研究员、所长；胡宜柔在中华书局，而关系最密切的应数成为谭其骧研究生的吴应寿。

1962年11月，谭其骧收到河北大学地质系教师傅君亮来信，说："生系前浙大史地系学生，曾选修吾师历史地理一课，后于首届地理系毕业，迄今从事地质学（历史地质学和第四纪地质学）。"浙大史地系分为地理、历史二系应在1949年历史系停办后，那么他听谭其骧的课大概也是在1947年或1948年。

1948年秋季开学，谭其骧招收了他的第三位研究生吴应寿。吴是贵州铜仁人，因浙大内迁，才有机会就近考入大学，同年毕业于浙大史地系史学专业。浙大历史系停办后，谭其骧将他介绍给好友周一良，1949年秋转入北京大学历史研究所，由周一良指导。吴应寿研究生毕业后进入新华地图社任编辑，1953年初调入复旦大学历史系，1957年调入新成立的中国历史地理研究室，并参加编绘《中国历史地图集》。吴应寿于1986年升为教授，1993年退休，1996年病逝。

吴应寿在1983年1月5日给谭其骧的信中写道：

严师如父，生能为社会出一点力，也是老师栽培的。知识上的教诲固不必说，在生活上，老师、师母对生也是曾经无微不至地关心过的。记得解放之初到北京没有路费，老师、师母津贴车资，在北京严冬无冬衣，师母到北京后送生一件丝绒长袍。对这些事，生都全部记在心，不敢忘记。

足见当时谭其骧和李永藩对他的关怀。但他晚年与谭其骧的关系并不融洽，这些话似乎已成为过去，使谭其骧深为遗憾。

迎接新中国

这两年多的时间里，尽管谭其骧依然不问政治，但严酷的事实使他一次次受到震动，特别是轰动一时的浙大教授费巩被国民党特务秘密绑架后杀害和学生于子三被杀的事件被揭露以后。费巩是1945年3月5日凌晨在重庆被国民党特务秘密绑架的，但当时只知道是失踪，1946年后传出消息他已遇害，到复员后才被肯定为事实，至于他被杀的真相直到新中国成立后才大白于天下。但在浙大学校内，谁都明白费巩是死于国民党特务之手。费巩为人刚正耿介，在浙大享有很高威望，他还是谭其骧来浙大的联系人。和其他正直的知识分子一样，谭其骧同情“左倾”学生和民主运动，反对国民党的镇压。面对国民党政权的日益腐败，他们都知道它已难逃覆灭的命运，共产党的胜利已是大势所趋。也有一些人对共产党不无疑虑，但国民党已丧尽人心，所以大家都认为，不管什么党掌权，总比国民党要好得多。

1949年5月3日杭州解放，而上海仍在国民党政权手中，沪杭铁路交通断绝，原定5月上旬的一次课无法再上。上海解放后，沪杭线客车于6月间恢复，6月底谭其骧去上海探亲，得知暨南大学已停办，学生并入其他大学，教师也另行安排了。他本是浙大教授，实际并非专任，自然不存在安排问题。他偶然遇见牟润孙，知道牟正准备去同济大学做宣传历史唯物主义的报告，以为牟进步甚快。但不久就听说牟已失踪，以后得知他从浙江沿海潜逃香港，如不走必遭镇压。31年后，谭其骧才收到牟润孙的来信，知道他将从香港赴京出席中国史学会代表大会。1980年4月9日，谭其骧与牟润孙在京西宾馆重逢，此时的牟已作为首批访问大陆的港台史学家代表而备受礼遇。会议期间，牟在大会报告，集体摄影时被安排在前排胡乔木旁就座，会后不久又当选为全国政协委员。

新中国成立后，上海对大学进行调整，暨南大学停办，文学院并入复旦大学。复旦大学学生代表金冲及（前中共中央文献研究室副主任、中国史学会会长）等去暨大开学生座谈会，表示欢迎并征求意见，谈到大家最喜欢谁的课时，历史系学生陈清泉（光明日报出版社原负责人）、刘伯涵（上海人民出版社编审，已故）、刘保全等都说谭季龙教授的课讲得最好，一致要求复旦聘他。复旦大学历史系主任周予同虽不认识谭其骧，但听了金冲及等转达的意见后，立即发出了自1949年8月至1950年7月的教授聘书，月薪540元。

1949年初，浙江大学史地系已有了分为历史和地理二系的计划，但未及实行。杭州解放后不久，中共接管浙江大学的领导决定历史系停办一年，教员部分遣散，留下12人组成一个学习班，学习马列主义经典著作和毛泽东著作，谭其骧也在其中。谭其骧希望完成学习后继续留在浙大，没有接受复旦的聘任。当时留校人员对共产党和新政权虽然还不大了解，对马列主义和毛泽东著作也相当生疏，但出于对国民党政权腐败的痛恨和对新社会的期望，都希望能尽快熟悉新的理论，以便顺利地重返讲坛，所以学得相当认真。除了学习苏联版本的马克思、恩格斯、列宁、斯大林著作外，还学了毛泽东的《新民主主义论》《中国革命和中国共产党》等文章。出于知识分子求知求真的本能，他们还常常发生争论，甚至对这些著作中一些观点发表不同意见，或提出批评。如11月8日，谭其骧曾向夏鼐表示："马列主义及新民主主义之书，初看几本颇觉新鲜，阅了几本便觉千篇一律，有些党八股味儿了。"（见夏鼐当天日记）包括谭其骧在内，他们的很多想法在以后看来无疑是天真的，甚至是错误的，因为他们还没有把这些著作当成绝对正确的圣经，也没有学会适应"政治学习"的本领，不过这并没有影响他们虔诚地投入学习，有人甚至表示这是拥护"新朝"的具体行动。这一年的收获的确不小，谭其骧告诉我，他真正认真地读马列主义著作就是在这一年，而以后的学习差不多都离不开政治运动，少不了接受批判或自我批判，结果是越学越糊涂，越学越不敢有自己的想法了。

可是，就在一年将满，这12位教师以为浙江大学历史系能正式建立时，校方宣布历史系不再恢复，留校教师改教文科的公共理论课和中国近代史。新中国成立初，各所大学对文科一些系科和某些专业的教师都有过不同形式的调整或安排，历史系一般都先后恢复，而在浙江大学这样一所有影响的学校却采取了停办的措施，谭其骧和同人并没有听到什么解释，他们一直不明白为什么校方会做出这样的决定，或许这只是偶然的因素起了作用。近来得知以理工科为主的浙江大学在重办文科多年后，终于决定恢复历史系，谭其骧地下有知，必定会感到欣慰。至于当年停办的原因，就让它留给历史吧！

谭其骧不愿改教理论课或近代史，决定离开浙大。好在当时还没有形成一切由组织调配的习惯，校方也乐意他们自谋出路。南京大学历史系主任韩儒林，齐鲁大学历史系主任张维华，都是谭其骧30年代在北平的旧友，得知消息后都来函相邀。南大的聘书早在1949年10月就已寄来，复旦大学的周予同又发来了聘书。谭其骧一直怀念着抗战前的北平，认为研究历史，北京的条件远比别处强，现在国家安定了，应该回北京。那时吴晗已出任北京市副市长，分管文教，谭其骧去信要他设法帮助调至北京。吴晗回信说，现在到处都是一样为革命工作，北京的大学暂时不便从南方调人，还是安心在南方教书。既然去不了北京，上海又是旧游之地，从杭州搬迁方便，因此他接受了复旦大学的聘书，任历史系教授，迁居上海复旦大学宿舍筑庄（今第五宿舍）。但等他到学校报到时，由暨南转入复旦的同学已经毕业，大部分去安徽农村参加土地改革了。

1950年5月13日，谭其骧的好友、原浙大史地系同事缪钺从成都给他写了一封信：

今华大（华西联合大学）将由政府接受，哲史系主任蒙思明兄（文通之弟，亦燕大研究院卒业，在美治史六七年，去年归国）拟聘中国史教授，向弟征询人选，弟又推荐兄。思明亦久慕兄名，极愿延聘，托弟致函道□。成都各大学（华大与川大相同）教授待遇，每人人民币八十余万至九十余万可购米九市石左右。思明兄为人诚恳负责，极想将系办好，并以中国史为发展重点。除教学以外，再做以新观点研究中国史之工作。弟亦将任中国史课程。吾兄如肯来蓉任教，非但学校庆得良师，弟等亦获切磋之益。以新观点治中国史，可做之工作甚多，惟不知浙大近来情形如何？暑后史系是否恢复？兄是否愿来成都？浙大是否肯放兄离开？兄如愿来蓉，而浙大又肯放行时，则移家西上有何困难？需用路费若干？均乞详示，至所感盼。

但这封信在5月25日寄到时，谭其骧已离开浙大，信转到复旦后他才收到。不过从当时情况看，即使收到在前，他大概也不会远行入川的。1950年7月1日，齐鲁大学又发来了聘书，月薪600元。谭其骧虽未应聘，却保留了这张聘书，直到“文化大革命”中“破四旧”时才与其他东西一起处理掉了。

第十章

从土改、思想改造到肃反

于1950年代

1951年秋季开学，谭其骧到复旦大学历史系任教。对于已有近20年教龄的他，上课早已驾轻就熟。加上有了一年马列主义理论学习的基础，对学科的政治要求也完全能够适应。但谭其骧遇到的第一项考验却不是教学或科研，而是参加土地改革运动。

还在1951年4月，华东教育部就指示复旦大学，文、法学院全体教师和学生下乡参加土改，并立即组织了部分教授参加上海市郊区的土改，为时半月。到上学期快结束时，又决定文、法学院各系科的应届毕业生，除有少数选送留学苏联或分配重要单位外，其余一律停止分配，留校参加土改。秋季开学，文、法学院基本没有上课，到9月25日，由二院教师和二、三、四年级学生共656人组成的土改工作大队正式成立，由历史系主任周予同教授任队长，经济系教授朱伯康和经济系教师余开祥为副队长。和大多数教师一样，谭其骧将参加土改看成是拥护共产党、拥护新中国的具体行动，也当作使自己适应新社会的机会。

经过短期的学习和动员，复旦大学土改工作队作为华东土改工作团的一部分，去安徽五河、灵璧二县，大部分人员于10月7日出发，其余人员分批陆续动身。10月下旬，谭其骧和历史等系部分师生从上海乘火车到达津浦线上的临淮关，又连夜乘船沿淮河而下，来到五河县城。10月27日天色未明，谭其骧所在的一队全体人员已早早起身，整理好简单的行李，备好充当途中午餐的干粮，准备出发了。本来安排用牛车将行李送到三里外的窑湾，因为这一段河水太浅，船舶不能负重，但等了好久，不见车子的影踪。队部临时决定，各人回宿舍取行李装船，每组一船，队部和11个组共用了12艘船。每艘船上留下一两个人，其他人员在队部集合后，步行至窑湾候船。

五河口是新旧浍河的交汇处，旧浍河宽仅丈许，深不及一尺，船队溯旧浍而上，如蜗牛爬行，到下午还未至窑湾。队员们远远见到船队，却就是不见前进，干脆迎上前去，有的在岸上拉，有的下水推，七手八脚，忙到四五点钟，总算将大部分船只弄到了湾口，还在岸上的人则用小船驳上船去，乱成一团。傍晚各船起程而西，但第十组队员还在岸上等待，事后知道，他们的船直到晚上9点才到达。

开船后，河面豁然开阔，一望无际似大湖，又遇顺风，船行迅速。但到8点左右，谭其骧一组所乘的船与其他船拉开了距离，迷失了方向，而船家从未走过这条路线，一时慌了手脚，应该向北靠，却靠到了南岸。上岸后才知到了杨集乡，只得重新驶向北岸。原来估计下午就可到达，队员们只带了午饭，晚饭自然没有吃上，到了半夜早已饥肠辘辘。淮北深秋的夜风寒气袭人，而队员们只穿了单薄的夹衣。船舱只能挤下五个人，其余20人只能坐在舱面上，在饥寒交迫等待目的地的到达。午夜1点，船在欧渡靠岸，行李装上牛车，人员步行，在黎明前抵达乔集。

五河县乔集村土改

乔集是一个只有140户的小集镇，沿南北向一条街分布，除了集北一座已改为小学的小庙是砖房外，无论贫富都是泥墙草顶房。工作队员在乡公所稍事休息后，谭其骧等被安排到张荣贵家住宿，15人住两间小屋，乡公所已在地上铺了稻草，大家都已筋疲力尽，打开行李就席地而睡。到次日7点起身，才见队部人员到达，而第十组到9点才到，队部驻在离乔集11里的车集。当天下午，他们了解到张荣贵的儿子当过甲长，觉得住在他家不合适，晚饭后就迁到了张文武家。他们看到，这里由于缺少木材，一切用具都用土制，或用芦苇，家中只有土桌、土床，讲究一点的床也只是在木架上缠上草绳而已。做饭的灶头就设在屋内，又不设烟囱，所以满屋烟尘，土墙和屋顶都被熏得乌黑。

当天上午，队员们列席了乡党委会议，听取情况介绍，会后各组就分到各村开始工作。第二天开始，谭其骧就参加了调查座谈，访贫问苦。他们得知，乔集村在全乡为最贫瘠，一遇水灾，居民大多外出逃荒要饭，所以全村没有到过南方的人极少。往年到这时都已外出，今年夏收不错，秋收却减产一半，估计全村的粮食只能维持到明年春天。目前冬麦播了不到一半，因为天旱下不了种，还有一些人家缺少种子。群众困难很大，形势严峻。

为了抓紧进行宣传教育，30日下午，工作队在学校召开全乡村组干部会议，由谭其骧做报告，说明工作队的来意，表明队员的态度，说明土改运动的正义性和必要性，宣传土改的总路线、总政策，并就土改与治淮、贷粮、种麦菜结合的安排作了布置。当天晚上，又召开了村民大会，打通群众思想，解除他们的顾虑。

接着就发动群众诉苦，启发群众对地主阶级的仇恨，在此基础上整顿建立农会。但当地地瘠民贫，实在找不出什么像样的地主，即使有基本符合地主条件的人，生活也不比旁人好多少，群众自然恨不起来。而群众最痛恨的却是二流子和"顽干"（国民党基层政权人员），一诉苦就集中在他们身上，并且揪住不放；贫雇中农间的矛盾纠纷也不少。尽管谭其骧他们夜以继日地接待苦主，启发诉苦，斗争的矛头还是集中不到地主身上。在初步审查农会会员资格时，被群众指为富农、二流子、狗腿子、顽干的人数也很多。11月3日开村农会扩大整顿会，原有130余名会员中就有31人被提意见，一些人作检讨表示悔过，但仍有人没有被群众通过。其中有一位周佩经，虽属贫农却是二流子，谭其骧事先找他谈过，让他主动悔过，但群众又提出了他曾经勾结土匪抢街的牲口，所以还是通不过。按上级规定，农会人数应达到总人口的45%，按乔集650余人计算，至少应有292人，但加上新加入的50余人，也不过100多人，相差很大。第二天下午又开了党团员干部会，晚上又开分组会，才使农会人数增加到二百二三十人。与此同时，各组产生出22名农会代表。

11月5日下午，村里召开农会会员大会，因为群众的积极性不高，加上一部分已经下湖（当地称下地为下湖），到者仅百余人。先唱名通过新会员，由于很多妇女本来没有大名，为了入会才新取的名字，唱名时群众不知道是谁，反而一律通过。最后唱到周佩经等"二流子"时又引起了纠纷，但在工作组长陶某的示意下，几位事先安排好的干部举手同意，陶某立即宣布通过。"场上秩序极乱，或笑或谈，小儿掺杂其间，鸡鸭游行会场，当主席对一意见提付表决时，请同意者举手，寥寥一二人；请不同意者举手，仍止一二人；非重复举行表决数次无法得结果，而群众举手与否又以陶之意见为转移"（当天日记。以下不注出处者均同），使谭其骧感到惊奇和不满。

7日下午，乡农会代表会如期召开，上午由陶组长报告，宣传光荣伟大的土改任务。下午继续开会，先由工作组同志报告，接着由贫雇农诉苦，武圩、阚湾二村代表诉苦时呜咽落泪，使全场肃然，一片哭声。晚上代表分村开会，讨论苦根所在，进一步激发对地主阶级的仇恨，并讨论对总政策、总路线的认识。当天上午，谭其骧没有参加大会，在住所写第一阶段的工作总结。但在前一天的工作组会上，组长决定对已发现的乡村干部贪污的问题暂且不报，所以他感到这个总结写得“未尽当言”。第二天代表大会继续举行，上午由王□□报告土改政策，谭其骧报告八大纪律，然后分村讨论。下午由余□□作总结，王□□布置下一阶段工作后散会。当天晚上和第二天，工作组总结了代表大会的优缺点，对下阶段的人员安排作了调整。

从9日开始，运动转入下一阶段，即调查地主、反革命罪行和破坏土改的活动，发动群众写控告书，上报地主、反革命材料和有关表格，调查富裕中农以上的情况，选举村农代会正副主任等。这时又碰到了新的问题，上级对地主、反革命、富农等阶级成分和政治成分的都要求有一定的比例，但实际情况却并非如此。农民既了解实际，又不愿得罪本村乡亲，或采取“包庇”态度，讨论结果与上级的安排往往大相径庭。谭其骧整天忙于调查，代农民写控告书，整理材料，但得到的结果离上级要求还是有很大差距。特别是有关确定地主成分的材料，农民往往不愿提供，谈了后又改变，“反反覆覆，包庇显然”，以至到17日上午整理地富材料时，“尚差得远”。但运动的进展有严格的期限，这使谭其骧深感苦恼，“身体疲乏，而工作头绪纷繁，上级催索表格报告等不胜枚举，工作信心为之动摇”。

15日，乔集乡召开第二次农会代表扩大会，王□□致开幕词后，即由余□□作划分阶级成分的报告。下午分村讨论，提出本村地主名单，但乔集提出的与原来拟定的又有不同，谭其骧认为“当系一部分人存心包庇”。接着乡农会代表选举乡农民协会筹委会，“会场秩序甚坏，非代表亦参加。樊松指使张秀华提出丁明英为主委，秀华非代表，明英非筹委，竟通过”。会议的最后一项议程是各村提出全乡斗争会的对象，乔集村提出王兴国和张学周两名，但没有像其他村一样要求加以枪毙。散会后，工作队指导员樊松和乡干部张秀华批评乔集村工作组对干部和代表教育不够，而实际王、张二人并没有什么够得上死刑的罪行。

17日下午，全乡召开斗争大会，对象是丁湖的田俊章，因有六条人命，罪行重大，一直斗到天黑才散会。第二天开始，村里先后斗争了胡学恕、张华宗、贾贯芝、张允久、张华新、王振国、王安国、张学申、罗太来、张学连及王兴国的妻子。其中张华宗斗了两次，第一次不肯交出地契，第二次才斗倒，将地契交出。张学申的情况相当特殊，他的父亲是恶霸，管公堂，但上一年已死，张本人老实本分，当时家中只有薄田14亩，其中水浇田只有四亩，生活还不及贫雇农。斗争他时，群众都发笑，连作为主持人的谭其骧也忍不住好笑。

到21日，村内富裕中农以上成分表基本整理出来，谭其骧与其两位组员去刘集，参加次日召开的乔集、茂国二乡工作队代表会，会上批准了二乡划定的成分。24日，工作队转入第三阶段工作，开始研究调剂分配土地的方案。原来当地的土地有两种不同的丈量方法，一种为灵璧弓，每弓五尺二寸；一种为五河弓，每弓四尺八寸；灵璧弓1亩合五河弓1.2亩。乔集是缺地村，会议决定按每人3.5亩计，所缺部分由胡台调剂。但各村没收、征收的土地大多以五河亩计算，乔集与别村相比无疑吃了亏，谭其骧提出抗议，会议主席王□□却不予置理。第二天才最后决定由胡台调剂乔集100亩，但村代表仍一致表示不满。

25日上午召开了第三次农会代表大会，打通思想，布置分配土地和四大财产（房屋、牲口、农具、粮食）的工作。先分村讨论分配土地方案，然后再开大会，确定没收、征收和分配财产的步骤、办法。至此，土改进入最关键阶段，工作队也忙得不可开交。会后，谭其骧等马不停蹄，当晚就参加了调剂会议，接着又召开贫雇农中农会，传达了讨论会的精神。第二天在村干代会上通过了没收、征收方案，选出管制委员会，下午就在村民大会上宣布了没收对象和数字。当晚再开干部代表和得田户会议，搞清每户有灵璧弓多少亩、五河弓多少亩，结算出每人可得4.5五河亩。回到住所，谭其骧逐户计算应得田亩数，一直忙到半夜一点钟。

27日上午，谭其骧就与村代表到各处查勘土地。但由于土地相当分散，往往一个人的土地就散在各处，加上即将分配的，简直无法一一查勘。回村后召开干代会，决定不再查勘，就以各人自己申报为准，但今后如发现情况不实，立即照数抽回，又确定了各户应补配的田亩数和地段。下午开干代和得田户会议，通过了地主户的保留地段。晚上继续开干代和得田户会议，具体分配。由于土地必须好坏搭配，一户得地必定会分在好几处，会场上争得不可开交，到一点多才结束。28日，工作组率群众敲锣打鼓，举着标语和界标到胡台接收土地，下午竖立交界地标。晚上开干代和贫雇农会议，分配四大财产，因项目类别更多、更烦琐，争吵也更剧烈，到半夜才分完了牲口、农具和一部分房屋。29日又开会至半夜一点半，才将四大财产分配完毕，30日上午出榜公布，群众领带胜利果实。

12月1日，酝酿新的村干部。晚上召开农会会员大会，解决土地分配遗留问题，发展新会员，通过新的村干部，一向淳朴忠厚的余从富当选为村长，最后又分配粮食，也到一点多才散会。第二天开始，工作组忙于填写九大表格，逐户登记核对财产、土地分配表，并向村干部办理移交。

12月3日下午，全乡召开庆功会。因当天下了下雨，各村群众大多迟到，到会人数不多，直到下午4点大会才开始。会上焚烧了地契，庆祝土改胜利。但在当天晚上召开的全乡干部和工作队的联席会议上，意见却集中到乡干部几松身上，气氛比斗地主还激烈。几松贪污腐化，包庇地富，威迫群众，完全够得上一个新恶霸。前一天就有贾湖群众百余人、罗庄群众十余人来乔集找工作组陶组长，揭发几松的问题，会上贾湖、罗庄、武圩三村干部及工作队也群起揭发他的劣迹。原来由于几松是区委蔡政委的亲信，以往群众屡次告发都无下文，而参加会议的区委某干部又作袒护几的发言，使他有恃无恐，对大家的揭发一一狡辩。会议虽开到了快一点，却只得不了了之，这无疑给谭其骧和队员们对土改后新农村的期望蒙上了一层阴影。

第一期土改任务至此结束，12月5日下午3时，工作组离开乔集，村里用一辆牛车给他们送行李，但途中押车的戴□□与牛车失散，众人又折回找车，天黑才赶到40里外的濠集。第二天在濠集休整开会，决定本组留下两人办结束工作，其余都去灵璧县参加新的一期土改。濠城位于固镇县的沱河南岸，北岸就属灵璧县。当天上午，先期到达的胡厚宣带谭其骧到近郊去看古墓，只见遍地古砖古瓦，一些孤堆显然都是汉以前古墓。他们又来到沱河边上，只见河北岸有一个大土丘，底部可以看到夯土的痕迹，看来也是一座古墓。从它的规模推测，非王侯莫属。南岸河曲处有一座"霸王城"，遗址四面隆起，中间平坦，面积约有一顷，倒像是一座高台，上面有民居和菜地，但土中还杂有瓦砾。要不是运动的紧张，他们或许会仔细作上一番考察。但他还是以历史地理学家的目光注视着沿途所见古迹，以后在进入灵璧县城前又见到了汴渠的一段遗迹，宽约二丈，高出平地数尺。

灵璧县西叶村土改

从12月7日至11日，工作队都在灵璧县韦集区总结、学习，为新的一期土改作准备，听了韦集区王政委关于本县情况介绍和上一期土改总结的报告。

在此期间，工作队党委对在阚湾发生的农会代表自杀事件作了处理，负有责任的王□□被开除党籍，陆□□停止党籍六个月[①]。同时也对有严重错误的党员作了批评教育，如一位有七年党龄的王□□已参加过五次土改，但每次都犯贪污腐化的错误，王□□公开作了检讨，但群众都认为不深刻。队部决定原一、二、三队各调出48人成立新六队，由经济系教授李铁民任队长、余开祥任指导员，谭其骧所在的一队九组调出七人，他也在其中。

12日中午新六队出发，下午到达灵璧县城，队部就设在南门内大街，大队部则在城北，在这里谭其骧见到了在队部的周予同、陈子展、蒋天枢、朱伯康等人。当晚谭其骧得知，他被编入第三组，队长孙桂梧，组员主要是社会系同学；历史系同学编为第四组，由胡绳武任组长。新六队负责城关区，有一镇十乡。在午夜结束的组长会议上，谭其骧被任命为副组长。13日至18日都是学习准备。在14日听报告时，谭其骧和刘大杰溜出去洗了一次澡。不过要是在16日以后，他们大概绝对不敢这样做了，因为当天上午大组讨论时发现有人捣乱，不久就揭发出三组的谭兴粤是反革命分子，决定交第一组管制，队中空气一下子紧张起来。复旦大学参加第二期土改的教师陈守实、全增嘏、胡文淑等也在当天到达，陈被编在第一组。17日上午由颜团长总结，下午李政委布置工作，晚上分工，谭其骧分在西叶村，任四联防村负责人。

19日下午，工作组出发下乡，200多乡民和两辆牛车来接，西叶村来了三名妇女，将谭其骧接到村西头雇农杜春仁家中住宿，在隔壁叶凤鸣家搭伙。当晚，谭其骧召开村组干部会，说明来意，登记干部，初步了解各阶层的思想和村内情况。有了第一次的经验，工作基本按部就班地进行着，宣传土改的正义性、必要性、总政策、总路线，交代政策，打消顾虑，组织贫雇中农会，进行阶级教育，诉苦，宣传农会作用，发展会员，还增加了组织民兵，召开妇女会，清查枪支等措施。但工作中的困难依然不少，如20日开座谈会，只有一人发言；30日晚召开干代会搜集地富材料时，干部代表“仍多顾虑，收获不多”；又如讨论叶振龙、叶凤楼两户是否雇佣劳力时，村东头人都肯定，说有问题，西头人却都不发言。

随着调查的深入，谭其骧发现一个在县城任公安干事的叶振华，不仅自己

---

① 此处据谭其骧日记。2000年10月3日陆□□来信说明：“当时我是历史系学生，预备党员。在安徽省五河县参加土改工作队，我所在的这个村确实有一位富裕中农代表因不理解党的政策而自杀。当时土改工作队曾传说要处分我们（王□□与我），但后来上级组织经过调查研究，认为此事发生主要由其本人负责。因此我并未受到处分，也未停止过党籍。土改结束回校后，我是按时转正的。（有档案可查。）在我的记忆中，农村工作队的王□□也未开除党籍。”

包庇恶霸地主叶兴邦，他的哥哥叶振中也在家纠集庄东的18户隐瞒事实，压制苦主，叶振华还威吓叶凤岭、叶凤兴等人，叶凤兴、叶玉亮等不敢再诉苦。谭其骧在会上再三警告，宣布要严惩包庇地主者。叶振华得到风声，于27日来找谭其骧，报告了叶兴邦几条无关紧要的材料，又说可以向叶凤兴、叶玉亮了解。谭其骧十分气愤，在去县城参加队部会议期间将叶振华的罪状写成书面材料，亲自交给指导员余开祥。或许因为叶振华是干部，以后虽经几次调查，但直到工作队撤离还未作处理。

12月30日召开农会代表大会，早晨下起了大雨，西叶的代表都没有雨具，每人都只有一件棉袄，如淋湿后没有衣服可换，所以都面有难色，谭其骧感到不能勉强。到了中午，乡里派人来催，说各村代表都已到齐，他只得找了四位代表一起去开会。当他们顶风冒雨赶到会场，大会已近尾声。次日开村农会会员大会，选举书记，冉昭英当选，但再三推辞，结果只能让叶凤领当。叶工作积极，能代表西头，但有二流子习气，不正派，因一时找不到合适的人选，只能如此。

1952年的元旦是在紧张的工作中度过的，当天区人民法庭调查员高超来核对叶兴邦的材料，干代会上多数人已肯发言，18项罪状中肯定了16项。下午又核对了叶凤朝的材料。谭其骧情绪很高，特意花了5 000元（旧币，相当新币5角），托人进城买肉吃。

接着几天是诉苦和斗争大会，3日全村有86人去张巷参加1 000多人的斗争会，有30多人诉苦；4日又召开了全乡斗争会；5日开联防村斗争会。当天下午开始划分阶级，在7日召开的大队审批阶级会上，西叶村上报的三户地主获得通过，8日继续审批，疑难问题也得到解决。

在7日的大队审批会上，谭其骧曾向工作团颜团长反映了本村地主叶亚邦的继母弟兴亚的成分问题，会后又与组长孙桂梧商定，由孙专门写了一份报告。可能由于偶然的原因，这份报告至今还夹在谭其骧当时的日记中：

本乡地主叶兴邦之继母弟兴亚，解放前在家庭中居被支配地位，未享受地主生活，有附带劳动，解放后与兴邦分家，即从事主要劳动，群众对兴亚有好感。七日，本组谭其骧同志在队部曾与颜团长谈及此事，颜团长表示，可考虑作为劳动人民待遇（五大财产仍依法没收）。兹特寄函申请，是否可行？即希批示。

此上

队长李

指导员余

第三组组长　孙桂梧上　一月十日

该叶兴亚可作为劳动人民待遇。苏绍智　一月十日

1月9日，运动进入最后阶段，在宣布成分，选举出没收、保管、丈量、分配小组后，开始了分配土地和四大财产的工作。经过统计计算，全乡确定了分配标准：人均多于3.5亩者分出，少于3亩者分得，3至3.5亩者不动。按此标准，西叶村有40亩地划归前何村。

1月14日发生了一件意想不到的事情：干代王荣英揭发叶凤领、叶玉品贪污斗争果实。调查发现他们经管的粮食账不清，没收的板片数量也不符，账目当即由有关人员对质改正，缺少的板片却由王荣英在叶玉品家中查出。在当晚召开的大会上，两人做了检讨，在群众愤怒地斥责下吓得躲在桌子下不敢抬头。这一天是谭其骧"下乡后最恼怒之日"。但此后的工作比较顺利，在干代会上，王荣英和叶凤领都作了自我检讨，表示今后要搞好团结。16日，农会委员、民主妇联代表、管制小组、治安委员会等都顺利选出。

这时又出现谭其骧从未料到的情况。在得悉工作队将在21日撤回县城后，西叶村的干代和群众竟坚持挽留。16日上午，全体干代签名盖章，去函乡公所，要求将谭其骧留下。被驳回后，中午又去一函。下午被拒后，晚上又去一函。17日，工作队派人来向群众解释他不能留下的理由，群众不接受，毫无结果而回。19日在乡里开庆功会，会后西叶群众包围组长孙桂梧，一致挽留。经过数小时的辩论，尽管他们都没有理由可说，但还是不肯散去，直到孙答应向区里要求，才陆续离去。傍晚，村长王维兰与王荣英将他的背包送到乡公所，没有遇见他，回去时王维兰急得沿途大叫。第二天，谭其骧只得回村，再三向群众解释。至此，群众知道已无法挽留。下午王维兰从县城赶集回来，告诉大家他遇见了孙组长，孙说区里不批准谭其骧留下，但同意谭其骧在西叶再住一夜，与群众告别。谭其骧只得接受大家的请求，改为第二天进城。当晚，叶凤鸣家拿出准备过年的咸鸡招待，盛情难却，谭其骧只能吃了一些，他们一直谈到深夜。21日清晨，全村人聚集欢送，用牛车送谭其骧进城，王村长与叶凤鸣一家都哭了，谭其骧也深受感动，泫然泪下。叶凤鸣一直送至大队部。

1月22日上午，全队在区公所集中等待撤离。同学大多乘马车，每车12人，在9点左右出发。教师大多坐汽车，候至11点出发。谭其骧坐在第一辆，谁知在离固镇约八里处抛了锚，只能下车步行，到镇时马车和后面几辆车早已到达。当晚的住宿处是一个仓库，200多人席地而睡。23日上午在固镇人民大舞台开大会，颜团长、周大队长做报告。中午乘上火车，24日早上到达上海。下车后，一部分乘宝山路至吴淞的小火车，谭其骧等一部分人乘汽车，到大八字（今名大柏树）汇合，整队步行回学校。下火车时天已下雨，这时路上已湿，到校时他们的鞋袜都已湿透。留校人员冒雨列队欢迎，全队进校后绕场一周，才各自回家。

25日的上、下午和晚上，分别是校委会欢迎参加土改教师会、土改干部会和全校欢迎师生土改队大会。26日是旧历除夕，谭其骧继续参加了上、下午的土改干部会。从28日（年初二）开始进入总结，连续几天都是“一天三会”。31日历史系进行总结典型提纲讨论，他也是其中之一。至2月5日，土改第一队的教师在谭其骧家开会，写出总结，运动结束。

第一次政治运动

土改是谭其骧在新中国成立后所参加的第一次政治运动，也是他生平第一次深入农村，了解农民，所以给他留下了深刻的印象，也使他的思想受到了巨大的震撼。

在以往的40年间，他从来没有在农村生活过，也没有与农民共同生活过，尽管他从书本上了解过中国历史上和现实中的农村和农民的状况，尽管他在抗战期间和国民党政权的末期听到过各种有关的消息和报道，但淮北农村和农民极端的贫穷落后还是超出了他的想象。多年后，每当谈及淮北农村的情况，他都会说：“淮北农民生活之苦，世界上恐怕少有。”所以他衷心拥护土地改革，希望土改给农民带来新生活。他说当时在宣传土改运动的正义性、必要性时是真心诚意的，也是理直气壮的，不像以后参加的政治运动那样，明知大家说的都是假话，却唯恐说得不多不响。

也正因为看到了农民的极度贫困，他完全相信共产党的教导，这一切应该归咎于地主阶级的剥削压迫和落后的生产关系。他对党的阶级路线和土改政策深信不疑，痛恨地主阶级，在两期土改中坚决按上级的部署斗地主，划成分，分土地。他认为农民觉悟太低，对地主的罪行认识不够；将农民不愿揭发地主的问题或揭发内容太少视为“包庇”，对包庇行为深恶痛绝，主张给予打击。所以尽管他对上级的指示并不完全理解，执行起来却是毫不含糊的。非党非团的他，在第二期土改中被提升为副组长，单独负责一个联防村的工作，说明领导上对他第一期的表现是满意的。回到学校后，他的总结被推为历史系的典型提纲，证明他在土改中的表现得到了肯定，是一位要求进步的教授。

在这样的环境里，谭其骧也经历了从未经受过的艰苦的生活和工作条件，这在他当时的日记中能找到不少例子：

二十一日　……抵刘集，天已傍晚，即去大车晚餐。天已黑，在队部前有粥一缸，无碗筷，用漱口杯盛粥，昏黑中立饮，衣襟尽粥。后借得一副筷，领得罗卜少许。饭后归刘集，半途而雨。本乡工作队代表共四十余人，寓所不及三方丈，无法展卧。出找卧处，地已湿，脚穿布鞋，狼狈甚。旋觅得一屋，颇宽，本组五人与茂国乡五六人寓焉，用高粱秆席地，上铺被单而睡。夜雪，冷极，以带来仅薄被一条也。

二十二日　晨起满天大雪，满路泥泞，无法出门，幸开会即择定此地。无水洗脸，亦无法去车家早餐。……约十时休会，至对门茶食铺，进茶食二千元（旧币）作早餐，无开水。仅穿行一路，而脚已尽湿。旋又开会，余冷极，心不在焉。下午二时又休会，进午餐，在对门买得饼一张，芋头一碗，又本村代表所煮面条一碗。继续开会，至晚七时闭会。下午段遂鑫差人自村送来胶鞋雨衣，如得至宝。闭会后出门，至近处百姓家觅得面饼一块，水一碗作晚餐。夜睡原处，找得绳床一，睡得较上夜为暖。

廿三日　晨起打被包，至对门索等头粥两碗，即与钱让偕同踏雪回村。雪已止，路上冻结，尚好走。至乔集附近已融化，入村则泥泞不能举足矣。两日未洗脸，未正式吃饭，又睡得冷，参加工作以来第一苦事也。

当然与以后的运动相比，这只是物质上的困乏和磨炼，但对于一位当了20年大学教师、生活大体优裕的中年知识分子来说，的确是一次严峻的考验，但他经受住了。以后在“文化大革命”中，谭其骧以“反动学术权威”的身份下乡接受劳动改造，年近花甲的他能够适应农村的物质条件和体力劳动，不能不说是得益于这次土改。

不过，这毕竟是谭其骧第一次参加政治运动，也是他在离开共青团24年后第一次参加由中国共产党领导的革命实践，加上他经过了一年的理论学习，对新中国、对革命运动、对党的领导的期望值无疑是相当高的。所以当他发现运动并非完美无缺，上级的指示与基层的现实颇多距离，党的领导和干部队伍也不是纯洁无瑕时，就感到难以理解，无所适从。

例如，上级要求工作组要走群众路线，但在具体工作中往往是党员负责人说了算，乔集村推选农会代表时，群众提出了一位陈大才，抗战时当过我方村长，国民党军队来后曾被捕，受到毒打，本人有活动能力，能诉苦，群众提为候选人，但在会后组长陶某坚决反对，说有人揭发他曾办理自首手续。实际上陈大才究竟是否办过自首手续，说法不一，并没有肯定，群众认为即使办过，也只是为了保全性命不得已的做法，可以原谅。谭其骧认为，农会代表，不必以共产党员的标准来衡量，陶组长却坚持认为不行。“余意群众提出，岂可由工作队擅行撤销，颇觉为难。”

又如第一次农会代表选举的结果与原来酝酿的有出入，组长采用的办法是再选一次，“先期已布置干部，将原定落选六人提出异议，未付表决径行撤销，又将补提五人提出，无异议通过。”在选举乡农代会时，非代表可以参加表决，甚至可以在工作队指导员的指使下提名主任委员，而并非筹备委员可以接受提名并当选为主任委员。对这种做法，谭其骧很不以为然，“如何使民主能集中，思过半矣。”

至于农村干部中出现几松这样的新恶霸，却因受到区政委的信任而逍遥法外；包庇恶霸地主的叶振华，尽管已由谭其骧亲自整理了材料送交工作队负责人，却因有公安干事的身份而未作处理；四大财产还没有分完，村干部已经有了贪污行为；群众对新恶霸的愤恨程度有甚于地主；具有多年党龄的干部，接连参加五期土改都有贪污腐化；知识分子出身的党员干部同样不顾党的民主集中制原则，刚愎自用，独断专行……根据谭其骧当时的理论水平和社会经验，他都还找不到正确的答案。

最使他困惑的，还是运动本身。为什么贫雇农对地主并不那么痛恨，而对那些同样是贫雇农的二流子、“顽干”却咬牙切齿？为什么生活比贫雇农还苦的人，却要被评为地主？地主的罪行明明不够死罪，为什么非让群众要求加以

"镇压"？所以当他与西叶村的干部群众挥泪告别时，对这片苦难的土地和这些贫穷的乡亲充满了感情，寄托着希望，也带着忧虑。

两个多月后，在复旦大学历史系的思想改造运动大会上，谭其骧对他参加土改的动机、收获和存在问题作了检查，大意是这样的：

我虽然积极报名参加土改，但当时的动机并不完全正确。一方面具有小资产阶级的进步性，反映在：1. 单纯改造思想，觉得自己是从旧社会过来的小资产阶级知识分子，需要通过下乡参加政治运动来改造自己；2. 光荣感，认为这样一场重大的政治运动，自己能够作为一名工作队员，是非常光荣的；3. 立功思想，自己没有什么光荣的历史，企图通过参加土改为党、为新社会做一点事，多少立一点功；4. 搜集资料，体验生活，以往从来没有在农村生活过，也不了解农民，可以通过土改增加这方面的认识，了解这方面的情况。同时具有小资产阶级的落后性，反映在：1. 奉命参加，认为党和学校领导要求我们去，就应该服从；2. 面子问题，觉得这样重大的政治运动，如果不能参加就会被人瞧不起。3. 过关思想，小资产阶级要接受改造，总要过参加政治运动和下乡的关；4. 无可奈何，错误地认为这是对知识分子的强迫改造，下乡条件艰苦，是一种惩罚；5. 镀金思想，参加过土改就有了政治资本；6. 游山玩水，风花雪月，一直在城里教书生活枯燥，能到农村去走走，过过田园生活也别有情趣；7. 跑码头，趁机去去以前没有到过的地方。

下乡时，还抱着看看实际情况究竟怎么样的想法，这代表了地主阶级的思想，正确的看法应该是反封建斗争人人应当参加，不能当旁观者。下乡前，对地主阶级的罪行缺乏认识，甚至还同情地主，敌我不分；对轰轰烈烈的土改运动采取旁观态度，漠不关心；希望能采取和平分田的方法，不要搞得太激烈；在理论上虽然能认识到地主阶级是反动的、没落的，但在感情上不能仇视地主；还怕自己下乡后站不稳立场。下乡后，通过土改运动的实践，对阶级斗争有了新的认识，立场也有了转变：认识了地主阶级的罪恶，认识了土改的正义性和必要性，也认识了阶级斗争的尖锐性和复杂性。存在的缺点：对阶级立场的认识还很不够，对农民的力量估计不足。

这是谭其骧自己的发言，似乎最能够代表他的思想。但我们必须注意到，这已是在思想改造运动的后期，到了相当"自觉"的阶段，并且是根据领导问卷式的检查提纲而作的。

就在土改的总结刚刚结束时，一场新的运动——知识分子思想改造又开始了。所不同的是，参加土改，是以干部的身份，作为共产党和人民政府的代表去斗地主，分土地，是革人家的命；思想改造则要将自己作为改造的对象——至少是小资产阶级知识分子，是革自己的命。参加土改还需要自己报名，从理论上说还是有拒绝参加的权利和可能；思想改造则是无一例外都得参加，躲不了，避不掉的。一开始，天真的知识分子还以为“思想改造”的对象就是思想，只要海阔天空谈谈自己的思想，然后学习一些革命理论，对自己来一番自我批评就行了，但很快就发现“思想”的范围无所不包，无所不在，不仅自己的经历事无巨细休想轻易过关，就连祖宗三代、亲朋好友也得一一交代，接受群众审查。这时他们才体会到，土改时在乡下吃糠咽菜，栉风沐雨，对地主富农拍桌吆喝，实在是算不得什么改造了。

反贪污轰轰烈烈

1951年11月30日，中共中央发出《关于在学校中进行思想改造和组织清理工作的指示》，提出必须在一两年内，“在所有大、中、小学校的教职员中和高中以上学校的学生中进行初步的思想改造工作”，在大、中、小学校的教职员中和专科学校以上的学生中组织忠诚老实交清历史的运动，清理其中的反革命分子。1952年初，华东文教委员会学习委员会从华东革命大学抽调了李正文、王零、郑子文等一批干部，到复旦大学来加强对思想改造运动的领导。1月26日，复旦大学“精简节约及思想改造学习委员会”（简称“学委会”）成立，陈望道任主任，李正文任副主任，王零任办公室主任。并按系科成立学习小组，组长由系、科主任担任，副组长由选举产生。历史系小组由主任周予同教授任组长，胡厚宣教授任副组长，组员就是十几位教师。各系科还选派三至六名学生代表，参加教师学习小组，他们的主要任务当然是革别人的命——改造教师这些资产阶级或小资产阶级知识分子。

复旦大学是上海市首批开展思想改造运动的单位之一。2月22日，李正文代表学委会作动员报告，在教师思想改造之前先进行“三反”（反贪污，反浪费，反官僚主义）运动。在此前的2月15日，中共复旦大学党委建立，李正文任书记，他当然是学校运动的最高领导。

第一阶段是学习文件，明确意义，消除顾虑，自觉交代，交代的重点是个人贪污方面的问题，如贪污，受贿，拿回扣，拿兼薪，逃税，私取公物，公物私用等，还不可避免地包括资产阶级名利思想的各种表现。尽管大学教师一般都不经管财物，学校教学部门也没有什么财物可贪，但作为一场全国性的政治运动，大学岂能例外？特别在3月初华东局宣传部领导批评了"高校是清水衙门，无贪污可反"的错误观点后，运动急骤升温。在领导的启发和同学的帮助下，教师们果然发现了不少贪污罪行：新中国成立前在通货膨胀严重时买黄金、白银或美元，放高利贷（但究竟多少利息算高，似乎并未明确）；在其他单位兼职，拿本身薪水以外的收入；稿费或其他酬金未纳税或缴工会费；报销时多报；将公家的信纸信封、废纸、报刊作为私用；遗失图书未及时赔偿，或新中国成立前借的书新中国成立后未归还；借用公家用具未登记，用捡到的废料做家具；虽然有时数额微乎其微，但贪污的帽子却逃不了。甚至私人间的借贷没有及时结清，幼年时赌博，私用了家里的钱等等也是清算的内容。贪污的根源自然是反动的或剥削阶级的家庭出身和旧社会的经历，所以各人首先交代的是家庭出身和旧社会的经历。

经过大会报告，小会动员，运动很快进入实质性阶段，由各人自我交代问题。

刘大杰事件　运动降温

就在运动进行之中，包括谭其骧在内的几个人还没有来得及作自我交代，复旦大学发生了中文系教授刘大杰跳黄浦江自杀未遂的事。这件事在上海知识界轰动一时，也惊动了陈毅市长。3月20日，华东行政区教育部副部长陈其五就刘大杰事件谈了三点意见，并明确了学校"三反"运动的四条方针：

(1) 刘大杰一贯夸大事实，现在要他推翻历史，面子上转不过来。他的贪污问题小，而且都是过去的事。(2) 他的政治问题也是过去的，并不严重，小组对他的批评也不重，他要自杀是采取了错误的态度，只要有勇气谈清楚就可以了，他对政策的认识有偏差。(3) 领导上工作有缺点，也有责任。

1. 三反学习的方针、目的、性质。三反是为了肃清这些现象，但在学校中与机关团体中重点是有区别的，学校里主要是要彻底批判资产阶级思想，主要对象是教师。阻碍教育改革的，主要不是贪污、浪费和官僚主义，而是资产阶级思想。资产阶级思想至今还在高校中占了支配地位，贪污毕竟是少数。但三反与思想改造分不开，所以必须从三反入手，对资产阶级思想的批判才能开展。对路费报了双份，或多报了，书、纸张、木器等公私不分这类问题，要注重思想认识，不必斤斤计较和追查。

2. 坦白和检查资产阶级思想大会不是一般的思想改造办法，内部问题、思想战线上阶级斗争问题与三反五反不能混淆，对付少数与对付多数不能混淆，不可以用对付大贪污犯的办法对待大多数犯了思想错误的同志。

3. 学校的三反运动是严肃的、自觉的批评与自我批评，是群众性的思想改造运动。说它是严肃的，因为今天主要是资产阶级思想与无产阶级思想的斗争，没有独立的小资产阶级思想，资产阶级思想是掌握马列主义、毛泽东思想的主要障碍，非彻底批判不可。说它是自觉的，因为群众的帮助虽然不可没有，但主要靠自己。要发挥积极的、进步的因素，克服落后因素，不可以把自己说得一无是处，认识到自己是可以改造、必须改造的。改造的过程是从痛苦到痛快，不痛苦就不会深刻，只是抓痒而已。

4. 批评与自我批评。思想改造要在大会上讲的，(1) 领导带头；(2) 典型示范，反省最深刻的；(3) 错误严重而拒绝改造的。目的都是为了教育群众，而不是打击他。不能一团和气，但应采取适当的态度和方式。不能拒绝批评，这是开展自我批评的首要条件。不希望多数人戴上贪污分子的帽子。列宁说过，改正错误的起点是揭发错误，然后批判错误的根源。一时转不过来的，应当适当照顾，可以慢点来。划清是非，是群众性的，人人有份，人人参加，主要是教师。必须把群众发动起来，坚决依靠群众，师生互助。学生有些毛手毛脚，没有必要太紧张，但领导应该严格注意控制。对群众必须信任，意见不可能百分之百正确，态度也不一定都好。

以后几天，学习这个报告成了运动的重要内容。在这个报告的指导下，复旦大学的做法变得比较温和了，特别是有关贪污方面的交代和揭发，不再像以前那样“斤斤计较”(实际已到了“两两计较”或“张张计较”【指稿纸一类】的程度)了。3月28日上午,学校召开大会,新闻系代主任王中教授代表领导小组宣布:“反贪污学习结束,检查资产阶级思想开始。”他指出:反贪污为思想改造打下了基础,破了面子、架子,下面的斗争更深入,更剧烈,要求也更细致,重点要彻底清算教育工作者中的资产阶级思想。他讲了三点:(1)资产阶级思想占教育工作者思想中的重要地位;(2)认清资产阶级思想的本质要联系实际;(3)三反在学校中的表现:国际水平,纯技术观念,改良主义,武训思想等。最后他布置每人写一篇文章,各组要出墙报,学习的报纸是《解放日报》和《人民日报》,下星期一交卷。文章的内容是检查和批判贪污、浪费、官僚主义、自高自大、自私自利、崇美思想、自由主义、本位主义、宗派主义等。

第二阶段运动:思想改造

3月31日,华东区25所高校在复旦大学联合召开了第二次思想改造动员大会,陈毅同志主持,华东局宣传部长兼文教办主任舒同做了报告:

1. 目前三反运动的情况。

2. 复旦大学三反运动的初步收获:(1)提高了一致的认识,了解了三反运动的重要性和必要性、三反与思想改造的关系。(2)普遍发动了群众,提高的觉悟。(3)普遍开展了坦白和检举。(4)揭发了大量贪污事实,参加学习的295人中,169人有贪污,占总人数的57%。教师165人中,已坦白了61人;职员139人中,坦白贪污的有70人。缺点是还不够彻底。

3. 三反运动转入新阶段的任务。要彻底打虎。思想上的虎,就是过关思想。思想改造是三反的发展,不能曲解保护政策。有的人背进步包袱,自命清高,爱面子,应该打破顾虑,看清前途,打倒思想老虎,铺平前进道路,要划清界限,清毒,将三反与思想改造密切结合。

陈毅在讲话中指出,文教界与工商界、机关、部队的三反运动要用不同方式方法,但贯彻的目标是一样的。为了新中国的建设,知识分子必须进行思想改造。批评与自我批评是毫无例外的，思想改造是完全必要的，包袱必须放掉，要激发起对资产阶级思想的仇恨。现在不是要结束三反运动，而是要把三反贯彻到底，复旦大学并没有结束三反。要贯彻坚持党内严、党外宽，揭发从严、处理从宽的方针，要划分资产阶级思想与无产阶级思想的界限，在学校内与在党内要同样严格，反对为批判而批判，防止偷关混关的现象。

4月3日，李正文作了第二阶段运动的部署：

从前阶段运动的情况看，我们的精力、方法和政治思想水平都不够，积极性不够，对运动的重视也不够，有些人有个人英雄主义，团结和威信都不够。人事摩擦是个负担。首先要带头检讨，思想改造是一堂必修课。不能一团和气，自己要照一照镜子，要加强锻炼。在进一步交代检讨的基础上改选组长，当选了不骄，落选了不馁，争取当选。组长的条件是：(1) 思想进步；(2) 作风正派；(3) 学习积极。(1) 是政治态度，是真进步还是假进步，还是把进步当包袱？要不考虑自己的个人利益，表里一致，不能口是心非，人前人后、会前会后不同，打击进步分子。(2) 要团结，注意人缘，严肃，认真，不能搞小圈子，背后讲人坏话，小广播，自由主义，敷衍。(3) 重视政治学习，大胆开展批评与自我批评，敢于暴露，深刻分析批判，坚持真理，修正错误，向错误作斗争，不向困难投降。要重实际，不要重表面，从大处着眼。不能怕麻烦，怕得罪人，消极怠工，做好好先生，没有仇恨，无原则。

有的人怕当不上，背了光荣包袱，抬高自己，打击别人。有的人怕当组长，但又不愿意人家不选自己。有的人不屑当组长，怕做琐碎的事务。应该端正态度，投入这场严肃的革命运动，认真负责，防止有人有意打击别人。

这次报告后，组内转入以检查资产阶级思想为主的检讨，然后进行民主评选，结合选举组长。谭其骧着重就思想、作风和学习三方面作了检讨：

思想方面：以前一般政治水平不高，自由散漫，态度不严肃，过于轻松，开会时有时笑，或打瞌睡。发言时往往不考虑政治影响，自以为超政治，而没有认识到个人与集体的关系，自己是人民的一分子，一言一行应该对人民负责，对人民有利的话要说，对人民不利的话就不应该说，最近稍有改进。但前几天听陈毅市长和舒同主任报告的大会上打瞌睡，主要原因是上一天晚上为了赶文章睡得太迟，人太疲倦，会场上又禁止吸烟，所以精神不支，但归根结底还是重视不够。对思想改造本身，虽然认识到应该改，但信心不高，没有按最高标准，表示决心也不够，应该具有克服任何困难的决心，相信自己能够达到运动要求的水平。认为自己是普通群众，不要求起带头作用，这是由于没有认清知识分子思想改造是当前祖国迫切的需要，是爱国主义的行动，这是对人民不够负责的表现。

作风方面：自己并不存心要讽刺人，但无意识之中往往还这样做，如昨天周谷城说他"什么事都做得"，我就插嘴说："我没有这样的气魄。"这就有不良影响。平时没有讲无原则的团结的现象。

学习方面：总的说来还不够积极。批评大致已做到知无不言，但至今还有一点保留，这一点郭煜中知道。在自我批评方面，敢于暴露，老实，但在分析批判方面做得不够。由于政治水平低，自己能够承认错误，接受意见，但如何克服错误就努力不够。负责办小组黑板报，天天晚上要花一两个小时，有点怕麻烦，有时想"顶好让人家来干"，说明不能做到任劳任怨，没有体会到黑板报所能够起的作用，对思想改造所起的推动作用，认为黑板报一无是处是危险的想法。以后要克服错误，严肃，积极，认真，负责，好好办黑板报。如果当选为小组长，就要认真负责地做好；如果不当选，也要比前干得好，不应该保留一部分力气，要全部拿出来。以前有错误，在熟人面前太积极就不好意思，参加土改身边没有熟人，所以能够积极，这是由于经常考虑个人的进退，认为积极得超过一般人了就会太突出。其实是人民要求我们积极，越积极越好。

从谭其骧最后一段发言看，估计他已经得到了领导上的某种暗示，甚至是直接的布置，因为他当时只是负责出小组黑板报的普通群众，一般没有必要对选举小组长的事情表态。从接着的选举结果看，这种可能性几乎是百分之百的。

在他检查后，组员从各方面提出了意见。

朱滶：应该起带头作用，不能随便，不看重是清高的表现。

毛起：黑板报上说"太动感情"，是指什么，没有坦白。

胡厚宣：进步不大，不够重视，黑板报老推给人家，表现不主动，有信心就应该稳步前进，尚有面子观念。

叶粟如：受封建文化影响，不关心政治，不以政治角度看问题，理论不高，有小资产阶级气息，组织性纪律性不强仍未克服，因为当了马列主义学习小组长而看书，主动性不够，不帮助人（如对潘□□，应该安慰他，指出错误），批评时考虑不周，不注意效果和影响。

胡绳武：对政治认识不深刻，十分不肯定，不加深思，对阶级斗争和无产阶级领导认识深度不够。"看得开"过得去就可以，对范文澜编的《通史》并不同意，拿来做教本，人家如此我也如此，对一件事的意义考虑少。不帮助人。知道要改变政治立场、阶级立场但不各级去做，感情上仍不如此出发。

陈守实：生活上欠认真，学习应该积极，要在岗位上转移方向，按新方向扭转。业务上要努力下去，今天需要，不要为了一般空气而丢了自己的一套。

胡绳武：政治性、思想性应该提高，并贯彻到业务中去，注意近代史挂图，要更加努力地继续下去。

陶松云：改得不够，说"黑板报改一句，费时一小时"。

史悠中：教书时史料满意，但马列理论要多看，理论史料要多结合，对地图要关心。

郭煜中：自由散漫，政治性不强。

周予同：改造要更进一步。土改时看成事务，而不是看成革命。前途很大，不要无可奈何"看得开"。只要不是在阶级上、政治上的觉悟，不必在小节上注意。要加强阶级性、政治性。有小孩子脾气，"起初有戒心，现在完全了解了"。

也有人追问谭其骧在上一年镇反运动时说过的两句话，"麻健（本校被逮捕的反革命分子）的罪状为什么不公布？""像黄金荣这样罪大恶极的不知道屠杀了多少革命分子的流氓头子为什么不镇压？"谭其骧自然要检查，这是自己没有认真学习党的政策和策略，随便发表议论，是严重的自由主义，也是资产阶级思想的表现。不过谁都知道这两句话绝不是什么大问题，提过、检查过也就算了。

4月7日民主评选结束时，历史系小组重新选举组长，原副组长胡厚宣落选，谭其骧被选为副组长。胡厚宣新中国成立前就参加了进步组织"大教联"（大专院校教授联合会），新中国成立后转入复旦不久，就是文科政治学习的大组长，这次担任副组长顺理成章，为什么在运动中途要换为谭其骧呢？年代久远，当事人大概都已遗忘了。1993年11月9日，我最后一次访问胡厚宣时，曾谈及此事，他的印象也已淡漠。现在分析，很可能是因为胡厚宣的交代中的“买卖甲骨”数额不小，在反贪污的过程中一下子不容易说清；加上他来复旦时间较长，原来同事和相识的调入复旦的也不少，人事关系免不了会有纠葛；而谭其骧来复旦仅半年有余，土改表现积极，平时人缘也不错。还有一点可能也起了作用。据当时的学生代表、现上海市委党校一位教授告诉我，谭其骧对学生的态度相当真诚，每次谈话无论于公事私事，都毫无保留地交代，接受学生的帮助，这无疑会引起领导的好感。

4月8日李正文对民主评议作了总结：

收获：(1) 基本上使用了自我批评的武器，不绕圈子。对不提出批评的人认为是对别人关心不够。自我批评更加深刻，抗拒批评和对别人的批评作解释的现象已不再存在，但也有接受时不够冷静的。还检讨了假进步，暴露了应付态度、怀疑组织等错误思想。还敢于向组长和系主任提出批评。(2) 思想见面，团结改善，办好学习有了保证，系主任也好当了。这说明越批评越团结，越亲切。(3) 懂得了新旧、真假的区别，无产阶级民主与资产阶级民主的区别，揭穿了假民主分子，变成了真民主。(4) 提高了学习积极性。(5) 组长与组员对立现象消除了，组长的威信提高了，群众的觉悟提高了。

缺点是次要的，很小的：(1) 时间太短，有草率的感觉。(2) 评多于比，比起来感到不好意思。(3) 有些人作自我批评一味痛骂自己，没有具体内容。(4) 有两人吵架。(5) 有人在选举投票时开玩笑，有一个人投了落后分子的票。

这次学习已经照了镜子，就要努力改正，不可自暴自弃。对今后学习的意见：实行小组长包干制，各院召开小组长联席会议，学习要做到群众性的，自觉自愿的。

选举后全校教员分为25组，成立主席团，补充了周予同、张孟闻、胡曲园、薛仲三、毛宗良等担任。新当选的组长除谭其骧外，还有：全增嘏（文学院）、陈传璋（理学院）、吴岐（法学院）、李铁民（财经系）、陈恩凤（农学院）。落选的组长有：胡厚宣（文学院）、王泽农（农学院）。教授代表：卢于道（理学院）、严北溟（法学院）。学生代表：陈宗英（财经系）、陈雨章（农学院）。

当天下午，李正文就下一阶段如何检查资产阶级思想作了长篇报告：

（略）

2. 检查资产阶级思想的内容：要提高觉悟，必须要划清资产阶级和无产阶级的界线，认识资产阶级思想与无产阶级思想的本质。资产阶级思想的本质是：(1) 资产阶级通过生产手段的占有来剥削劳动人民，追求利润，高了还要高，因而唯利是图。在学校，如冒领别人薪金，存款不交钱，文章在外国发表，定了退赃计划又反悔，分散赃物或者转移赃物，纯技术观点，认为思想改造是一时的，业务是永久的。(2) 资产阶级是剥削阶级、寄生阶级，是靠掠夺，羊吃人，贩卖黑奴起家的，所以必然有不劳而获的思想，剥削思想。在学校内，有的人以他人稿子发表却用自己的名字，有的人贪污，损人利己，将自己的幸福建立在别人痛苦的基础上。反映到校内还有打击别人，抬高自己。搞宗派主义，什么公馆派、安福派、老复旦、新复旦，什么留学、留英、留美、留德，中大、金陵。如体育部有小圈子，打击积极进步分子。搞本位主义，争经费，还说"为的是争一口气"，仪器设备不互助。崇美思想，实际上是为了抬高自己，因为出过洋的毕竟是少数。(3) 只要有利可图，就不择手段，因而投机取巧，教学上不老实，不好好准备。有的人用英文讲课，用古文讲，为了唬人，多开参考书，摆架子，危害祖国建设的发展。无产阶级思想的本质是：工人阶级一无所有，依靠劳动集体生产取得报酬。(1) 集体主义，反对自私自利的个人主义，共同生产，共同消费。(2) 创造世界，有劳动观点。劳动人民养活了知识分子，所以应该全心全意为人民服务。"爱劳动，爱众人"，救济穷人，这是资产阶级思想，目的是为了维护旧统治。"不怕脏，不怕吃苦"，这是将劳动观点庸俗化。(3) 大公无私，国际主义，反对剥削，反对压迫。(4) 高度的组织观点、纪律观点，表里如一，全心全意为人民服务，是真正的爱国主义思想和国际主义思想。

复旦非但有资产阶级思想，而且很严重。如有的人亦教亦商，或当经理，或当董事，有全心全意为资产阶级服务的律师、会计师、顾问。教书不负责任，对拆放高利贷有兴趣。推销自己的书，收了试卷也不看，关心做生意。教职员的出身百分之九十以上是地主、资产阶级，没有树立工人阶级的领导权。教授中贪污的比例有63.7%，讲师有49.3%。"为人民币而教书"。"只要发明一点东西，一辈子不愁穷"，"亭子间里开工厂，本钱低，利润高"，"低价收进，高价售出"，"以最小的劳力收获最大的报酬"，"因为财政困难而搞三反"，"学苏俄文学、苏联生活是为了布尔什维克化"，用当厂长、科长、局长、经理来勉励学生，"文章是自己的好，老婆是人家的好"，"城里姑娘腰细皮嫩，乡下姑娘腰粗皮老"(这是典型的阶级性)，包歌女舞女，唱"妹妹我爱你"；"助教当了教授，我们怎么办？要留一手。”

李正文最后又谈到要注意谨慎，扶植正气，推动运动。要求出好黑板报、快报，准备好资料，内容应过去、现在、未来兼顾，有短论、短栏、专文。请工作组同志随时指示应该报道什么内容，下星期内出一次墙报，每系刊登两三篇检讨比较深刻的文章。资料室准备好有关的资料和报刊目录。研究一类怎样准备，怎样互助。指定要上墙报的有：胡（曲园）、蒋（天枢）、索（天章）、曹（亨闻）、王（？）、吴（？）、谭（其骧）、胡裕（树），14、18、23、27小组。资料：蒋（天枢）、吴（？）。墙报：二胡（胡曲园、胡裕树）。

在接下去的一个星期里，各人根据李正文报告中提出的要求，又着重在思想方面进行了检查批判，有的还具体联系自己的经历，提到高度进行认识批判，争取通过。

运动转入通过检查阶段，4月15日，李正文就此做了报告：

一般由小组通过。思想改造主要为了今后更好进行教育工作，参加的学生代表不要超过半数。检讨深刻有典型示范性的可以在全校讲，院、系、小组三次不通过的要提到师生大会讨论，外系学生、职员、工友中有关的人也可以参加。不要松一口气，不要轻敌，要对祖国负责。

收获与缺点：1. 积极准备，严肃认真。2. 帮助人也积极关心。3. 觉悟提高，暴露了许多问题。也有人有宗派，硬是不承认。4. 小组长都能胜任，工作积极。5. 也有人听了上次的报告，没有反应。有的人认识不高，方法不好，谈过去错误只罗列现象，不触及思想；情况不作分析批判，提高到原则态度来看，不谈真实，似是而非；或者编造、搬出革命关系作挡箭牌，摆上四大题目往里凑填。积极分子、个别党团员骄傲自满，专批评别人，不联系自己，把革大总结思想搬出来，强调客观，不触及思想；暴露大胆，但推以客观原因；提出不符合事实的意见不必接受，德才兼备而德居首位，德就是政治；言行不一致，谈远不谈近。消极被动思想，多做多错，少做少错，不做不错，多说多错，少说少错，不说不错。提一点接受一点，过关思想。为了过关而过关，不想如何深刻分析批判。过关是思想提高的必然结果，骗过关去，认错不等于改造，偷过关，闯过关，告饶办法骗过关。担心自己过不了关，希望别人帮自己，对帮助关心别人就不够，独善其身而不与人为善。对书面检讨太注重词句，而忽略了内容。保证不犯错误，不等于检查思想，未解决问题。重大问题的暴露要分析动机，指出危害。态度要严肃、认真负责，自觉自愿，老实。

4月18日全校举行大会，由四位教师作思想检查的示范报告，每人都是着重讲一部分，以便听众能联系自己，对检查作修正补充。人类学教授刘咸检查名利思想和经济问题，周远云检查崇美奴化思想，陈恩凤检查名利思想。最引人注目的，无疑是跳黄浦江自杀未遂的刘大杰的检查，他的题目是《清算我的投机思想》。

1. 三反开始认识不明确，不严肃，敷衍，自欺欺人，不肯丢掉假面子，摊开历史，极端个人主义，不相信群众，不深入理解政策，畏惧群众，三日三夜不睡，不能克服，摆不开来，以旧社会立场观点来看新社会，以过去眼光看过去，原谅自己，没有把旧思想当成敌人。

2. 政治上、经济上投机：1926—34年。加入青年党，又退出，田汉介绍，认识左舜生，在日本加入，认为"内除国贼，外抗强敌"的口号是对的，一方面想为自己找出路，背叛了我自己农民阶级的利益。回上海后找曾琦、左舜生，设法找事，没有成功，当时27岁。又找胡适，胡为我找事，在大东当编辑，教书。第二年进安大，第三年暨大已聘潘公展，因青年党不同意找潘聘定，(我认为)妨碍职业而退出。1940—44年。八一三后在光华、大夏教书。汪精卫约青年党参加政府，支持赵友相、曾琦等，在南京走周佛海的线，搞钱，送给我1 500万。对学生讲正义，暗中拿钱，丧失民族立场。1942年代某公司自3 000度加电到一万度，得1 000□，一次得400万。股票、金钞、买空卖空，赚不少钱。晚上进赌场，回力球，轮盘，统计研究必胜的办法，结果还是输了两年，大病一场，才断了。两年中上午投机，下午教书，晚上赌博。因为好面子，讲出后一无所有，所以抗拒，陷入错误。

3. 1945—46年，急于找出路，掩饰，办《平论》半月刊，标榜不左不右，不接受津贴，要求民主，实际是投机取巧，博取读者，今天骂国民党，明天骂共产党。出了12期，被禁止出版。教育救国，唯心哲学，认为苏联是社会主义经济制度，英美是民主政治制度，反革命改良主义，费边主义，反对苏联租借旅大。

4. 与李寿雍关系：李是临大文科主任，想托李搞无党无派国大代表。

1946年暨大成立，做文学院院长，把《平论》人员也搬进学校。学生运动中站在进步学生一边，1947年春发生风潮，李辞职而去，我代理校务会主任，找左舜生、张君劢，想做校长而未成。李复职后与我对立，当年夏天，我找马寅初、马叙伦、郭沫若。罗隆基、章伯钧来讲演，被解除院、系主任。我同情左倾，完全出于个人利益。

5. 1948—49年，找前途。为了保全和提高自己，更左，利用教授会主席与李斗争，写文章，主要是考虑自己利益，投机。解放后，奉承共产党。暨南合并命下，心里上反对，口头上赞成，是投机表现。工作作风上反映在走上层路线，不走群众路线，大学时走老师路线，回国后走胡适、林语堂路线。搞小圈子，1945年组织读书会，把《平论》半月刊拉到暨大，入了暨大喜拿□。自高自大，不愿教大一国文，乱批评他人著作。虚伪夸大，十二万说成二百万。写作、翻译了十几本书，只看销路，赶热门，"苦恋"。

1933—34年，周作人、林语堂提性爱文学，参加运动，投机，唯利是图，腐化的资产阶级文思想，办《论语》《宇宙风》《人间世》，强调个人兴趣、幽默、讽刺，代表腐化，堕落成有闲消遣品，有利于反动统治，逃避现实，妨碍左翼文学的进展。出《袁中郎全集》，得1 000元，危害青年，麻醉青年。《中国文学史》不深厚，观点不够。

思想根源：我11岁看牛，12岁耕田，13岁进平民工厂织毛巾，晚上补习英文。15岁考取中学，擦地板扫地给饭吃。在日本五年半。从农民到大学教授只十二年，一帆风顺，看世事太容易，养成了侥幸投机的基础。中学大学都没有毕业，养成了取巧，终南捷径，爬得快。到上海受社会影响，报纸、朋友太刺激，青年时的投机取巧心更加发展。

危害：个人利益没有一件事不是如此，学问不实，教书不实，对人不诚。今后要一步步走，不自欺欺人，改掉投机取巧。

4月20日，谭其骧作检查报告，第二天群众提意见：

周予同：基本可以通过，要再检查的是：个别地方觉得分析不够。中间路线为半殖民地半封建社会的反映，对今后革命的危害性很大。脱团时有没有怕死观点？怀疑共产党是否按照马克思，理由不明，事实何在？说名利淡薄，从燕京大学去浙江大学，赴广州，对陈济棠有没有别的认识？讨厌"许马"（原文如此，意不详）与解放后看了一年书有进步矛盾。参加土改很愉快，是为自己还是为别人，是否想到广大农民？是非、爱憎不够，是家庭生活影响，还是作风影响？

郭煜中：反蒋、疑共的具体路线是什么？脱离马列不应推在“许马”身上。

胡绳武：怀疑共产党是否按照马克思主义做，有什么事实？中间路线不具体，主导思想应为客观主义。

胡厚宣：在暨南大学兼职两年坐火车要再批判。说名利淡，从北平去遵义是为名利，到学海书院和反蒋如何看？对陈济棠如何看？不趋时搞冷门是专家思想。五一游行？为什么捕人？老潘昨天没有□□听？别人关心政治鄙视。反蒋游行认识模糊，前后判若两人。应对攒旧书批判，纯学术观点再批判，浙大十年再认识。为CC书局写稿是帮闲。说明北京学风的政治意义，CY被捕释放时情况，改良主义不分，多元论不分。“四一二”时为什么回家上坟？是否有地理环境决定论，如讲“中原”。积极落后有什么精神负担？

朱永嘉：应检查上课中有反马列主义。纯学术、名利思想是两种主导思想。

4月25日谭其骧又作了一次检查，组内继续提意见：

有名利思想而只谈其中合法的。兼辅仁、北大，有无名利？回燕京有无名利？当时有无国家民族意识？“东方文化委员会”是特务组织。从燕京到浙江大学，对日本帝国主义是否有反感？暨大兼课有无名利？“合法”的标准未考虑。

投张其昀的（国大代表）票是私人感情吗？无阶级的爱与恨。

五一游行时在路旁睡觉，口号没有好好喊。

麻健被捕后第二天，说“麻健证据不足”，“打草惊蛇”。说“现在就应该法办黄金荣”，“我们小组怎么不好？”

益世报的问题，应提高再认识。名利思想往家里推不对。写稿子也不能往家里推。

名利思想必然以纯学术思想为基本。

“旁人谈政治太多，是否讨厌？”“凭良心”，纯学术到底为什么不对？谈得不够。专家思想是为了钻冷门，不是职业思想。

纯学术要再检查。名利、立场、替反动派捧场。不要解答，更进一步暴露，检查。

5月5日，谭其骧作第三次检查后通过，小组将他的思想定为“个人主义的带有封建性的纯学术思想”。其他教师都先后作了检查报告，有的不止一次。

如叶粟如、胡厚宣、周予同、陈守实、周谷城、潘硌基等都做了很详细的检查，其中叶粟如在4月22日和5月6日作了两次检查，但还没有通过。

到5月上旬，多数教师通过了检查。5月12日，学校部分恢复上课。到6月3日，教师中还有95人没有通过，李正文一方面警告这些人“不要挤牙膏”，一方面也要求大家“不要追比”。

李正文布置，开始写书面总结，同时帮助别人；在书面上补充不必重新通过。如请假，要小组通过后通知办公室，六月份结束后销假的人仍然需要检查。书面总结上全小组都要签名，局部问题可以保留。书面报告每组先选两人。

6月9日，经济系教授夏炎德作为典型在大会作检查，为自己定了“崇美亲美反苏反共反人民投机政客的奴化反动思想”。第二天开大会对他进行批判帮助，发言的有经济系的两位同学和朱伯康教授、哲学系的胡曲园教授，列出的错误有：避重就轻，转弯抹角；一面拉拢，一面打击；趋炎附势，奉迎巴结；攀龙附凤，卖身投靠；看风转舵，从中渔利；心胸狭窄，死要面子；自高自大，目中无人；不负责任，唯利是图；口是心非，两面作风；斤斤计较，刻薄吝啬。

6月4日，叶粟如在小组作第三次检查，仍未通过，17日又作补充才通过。周予同在19日作补充。胡厚宣在11日再作检查，13、14、16日小组会上都向他提了意见，一些发言的火力相当猛烈，例如：“中研院是典型奴才体系，是蒋介石反动政权文教方面点缀品，向帝国主义御用机关看齐。九一八时胡适云五十年后东北中国化。‘汉学’皆有政治目的，有侵略性。你向他们看齐，就是卖身投靠。”“考证考古主要为资本主义服务，在中国变为帝国主义服务，成为买办学。现代化而不为人民，必定为帝国主义，典型文化买办，你做了买办而不自觉。”“学术思想与政治思想之间有联系，希进一步检查。考古学本身为帝国主义服务，不能说为学术而学术。名利是谁给的？外国人搞中国史，写中国通史目的何在？你得奖是由于出卖民族利益有一定成绩。因美国买你书而高兴，表现出奴化思想。”“名利思想比别人重，反革命分子也不过如此。”他不得不在20日作补充检查，至此方获通过。21日，各人填写登记表，历史系的运动结束。

7月25日，李正文作召开全校代表大会的动员报告，王中介绍筹备情况，并布置代表的选举。全校代表165人，教师每7人选一名代表，由系科主任主持选举。谭其骧当选为代表，出席了29日的代表大会。

李正文作运动总结，归纳出全校教师的主要错误思想是：1. 自高自大，好为人师，抗上压下。2. 名利或名位思想，文学院较普遍，同学中占第一位。3. 雇佣观点，唯利是图，亦教亦商，财经学院最普遍，职员、工友中占第一位。4. 超政治、纯技术观点，理学院最普遍。5. 崇美买办。6. 小康思想，田园思想，目光短浅，无进取心，农学院最普遍，同学追求60分。7. 自由主义，不得罪人，当面不讲，背后讲，内幕新闻。8. 宗派本位。9. 反苏疑苏，法学院普遍。10. 享乐至上，腐化堕落，英雄难过美人关，美人难过金钱关。11. 黄昏思想，限于教授；消极悲观。12. 进步包袱，教授占10%，只看别人缺点、自己优点。

运动的收获有：1. 阶级觉悟、政治认识提高了，无产阶级、资产阶级界线分清，敌我界线分清了。2. 635人参加思想改造，其中教员297人，暴露政治问题的有53%，交出武器60余件，反动文件若干件，还在陆续交出，作为对代表会议的献礼。申请入党的人196人，其中教员20余人。分清了老实与虚伪的界线，老实是新中国人民的起码条件。分清了劳动与剥削的界线。暴露贪污2 000多件，新中国成立前占27%，实际退赃3亿多(相当于新币3万多)。3. 初步掌握了批评与自我批评的武器。4. 学校出现一片新气象：在教学内容上，认清了英美毒素，收集苏联教材，订出了整改计划。教员有80%学俄文。课程讲授提高了思想性，认真负责，虚心征求意见。政治态度转变大，不再中立旁观，去年七一是给别人拜寿，今年觉得有自己一份。对党的认识加强。增强了团结。资产阶级思想的支配权已打垮，树立了工人阶级思想的领导权，大公无私的集体主义。

存在的缺点，有人讲批评与自我批评过火。个别现象可能是有的，从个人利益出发，会认为不应该出现；从集体利益看，就不值得计较，群众运动必然是有偏差。

他宣布复旦大学的思想改造运动至此结束。

这场运动的功过是非无须笔者在此评价。但据《复旦大学校志》(复旦大学出版社，1995年版)称：

思想改造以后，由于教师在学生中的威信下降，加上有些学生分配所学的专业不符其本人志愿等原因，学生旷课现象严重，课堂秩序比较混乱。……有的学生背后乱骂教师，许多教师被扣上绰号，文科尤为严重。在上课时，有些学生未经许可自由出入教室，有些在做其他作业或看小说，有些在谈话，个别的甚至在上课时睡觉。晚自修时，有相当数量的学生在宿舍打桥牌，唱京戏，谈天等等，也有少数学生去上海市区跳舞，看电影，赌博。考试时，作弊现象也相当严重。

所幸谭其骧在课堂上没有受到什么影响。据当时的一些学生回忆，他还是学生尊敬的老师，这或许得益于他的学问和讲课经验，或许是因为他在运动中没有暴露多少问题。

反胡风和肃反运动

1955年2月，谭其骧被借调到北京从事重编改绘杨守敬《历代舆地图》的工作，他在北京期间的具体工作是由地图出版社安排的，但关系挂在中国科学院第二历史研究所，所以参加该所的重大政治活动和政治学习。当时正值批判胡适，3月5日下午，谭其骧参加了科学院召开的胡适思想批判会，出席那次会的熟人有郑天挺、夏鼐、陈乐素、邵循正、王锺翰、冯家昇、傅乐焕、柴德赓等。在这次会上，顾颉刚作了一小时发言，声称"我欲为考据学说一公道话，考据学是反封建的"，结果受到抨击。顾颉刚因发言不当，会后写了检讨书。3月26日下午，谭其骧又与顾颉刚、童书业等出席了统战部召开的历史学界胡适批判会，顾颉刚在会上受到尖锐激烈的批判（据《顾颉刚年谱》）。这两次会议对顾颉刚的严厉批判，远远超过谭其骧在复旦大学与上海见到的水准，使他很受震动。但他与胡适本来就没有什么关系，也没有直接参与《古史辨》的讨论，所以不属于批评的对象，只是参加会议，接受教育而已。

5月3日，谭其骧在北京饭店参加九三学社成立九周年纪念会，听周扬传达关于批判资产阶级思想的报告。这次报告，实际上是学习有关"胡风反革命集团"材料的开始，不久《胡风思想批判》等书就成了人手一册的学习资料，九三学社也组织学习。5月19日晚上，谭其骧参加了九三小组的学习，为此，当天下午还先看了《胡风思想批判》。

6月20日下午，二所召开大会，由所长侯外庐作学习胡风事件材料的报告，22日下午起进行学习。这星期的某一天，尹达与谭其骧谈及，顾颉刚参加学习会不发言，为此谭其骧在24日下午去顾颉刚家去，劝他在小组会上要多发言。28日上午，二所又举行大会，侯外庐在会上作了学习报告，指出上一星期学习中存在的缺点和今后开展学习的方针，下午分组讨论，各人谈体会。谭其骧上午去地图社工作，中午回所才知道下午的安排，匆匆准备后马上参加。但当天的讨论会还只是一般的认识和表态，会后就转入了肃反运动的个人检查。第二天下午，谭其骧又去顾先生家中，帮助他准备检查。

二所的学习会虽然安排得很紧，但谭其骧的主要工作是编绘地图，他至少有一半时间要去地图出版社工作。胡风反革命集团的问题虽然严重而又复杂，对他来说却既陌生也遥远，所以并没有在他的思想上留下多少印象。但到了30日，谭其骧收到了胡厚宣25日从上海寄来的一封信，却使他产生了另一种感觉。胡厚宣告诉他：

此间关于胡风反革命集团的学习，仍在深入开展中。工会每星期学习半天，九三除经常组织生活外，在上海几乎每星期都有会，一开就是四五小时。校内除贾植芳、任敏外，还逮捕了吴岐、余上沅和中文系教授王进珊、学生施昌东。杨校长在系主任汇报会上宣布说都是反革命分子。老虎就睡在我们旁边，真是值得警惕！

在这些被捕的“反革命分子”中，余上沅是谭其骧在暨南大学时的英文老师，是著名的翻译家和戏剧理论家，谭其骧到北京后还两次给他写过信。他也是一只睡在身边的反革命老虎，这是谭其骧万万想不到的，也是难以接受的事实。信中提到的这些“反革命分子”，贾植芳本是中文系教授、著名的作家和翻译家，他被捕后被定为胡风反革命集团分子，长期关押和管制，直到80年代才获得彻底平反。任敏是贾植芳的妻子，受株连被捕。吴岐是法律系教授，是贾植芳留学日本时同学。经审理后，余上沅、吴岐、施昌东、任英先后获释，余上沅调上海戏剧学院任教，1970年逝世；吴岐仍回复旦，逝世于1957年；施昌东留校工作，至80年代初在美学研究取得突出成绩，不幸患癌症而亡；任英安排在上海科技出版社工作，不久支援青海，以后又被捕入狱。王进珊也被定为胡风分子，以后才获平反，现为徐州师范学院教授。

就在两天后的7月2日，二所“高研组”组长张德钧来通知谭其骧在下午的会上作检查报告，此前已有王毓铨在小组作过检查。下午万斯年先谈，接着是谭其骧，他检查的主要毛病是名士作风，飘飘然，温情主义，不分敌我，贪图享乐，谈得并不比在复旦思想改造时更深刻。但他在二所的熟人本来就不多，有几位也是30年代的老友，中间不在一起已有十几二十年了，这次到所才几个月，大家都当他客人，所以很容易就获得通过。二所的运动虽然要持续到8月底才结束，谭其骧的任务就只是参加学习了。

二所的运动继续进行。7月4日下午，在复兴门外政治干部学校，听张稼夫关于胡风反革命集团的学习报告。6日上午，尹达在所内做报告，下午的小组会上顾颉刚作检查。那天开始到7月21日，每天下午都开小组会，先后作检查的有喻培原、阴法鲁、张德钧等。19日晚上，谭其骧又参加九三学社的小组学习。

7月24日是星期天，傍晚谭其骧来到山门胡同谭其飞家，才知道谭其飞在运动中被诬告犯有贪污等罪行，已在单位被斗争。谭其飞毕业于交通大学，新中国成立前在行政院资源委员会任职，是孙越崎的下属。解放时随孙越崎起义，投奔北京，被分配在劳动部任科长，负责机关总务。谭其骧深知他这位兄弟少年得意，一直在行政机关供职，解放之际又一帆风顺，如果有言论失检是完全可能的，但要说他会贪污，则绝不是事实，所以感到十分气愤，极力劝谭其飞上告。

但他想得实在太天真了。三天后，谭其骧从地图出版社下班回宿舍，看到谭其飞的留条，立即赶到他的寓所，方才得知上告只是增加了麻烦。当晚他留宿在弟弟家，兄弟俩将有关的学习材料反复研究，也找不出单位这样做的根据，却束手无策，只能相对叹息。

从7月25日开始的两个星期，几乎每天下午都是小组学习。谭其骧一般半天工作，半天参加学习，心里虽挂念着弟弟，却一直没有空去。8月11日晚饭后，他去谭其飞家，发现只有年幼的侄子和侄女在家，原来谭其飞从昨天起就没有再回家，弟媳所在单位北京市党校集中学习，要到星期天才回家，她还没有知道新发生的事情。谭其骧放心不下，14日早上又去弟弟家，见仍然只有两个孩子在家，饭钱已经花完。他只能留下四元钱，怅然而去，感叹这个家已经“不成家庭矣”。等到21日星期天，弟媳总算结束学习回了家，但谭其飞依然杳无音讯，是被逮捕了还是被隔离了，单位一直不给通知。谭其骧与弟媳一筹莫展，不知从何入手。直到8月30日，谭其飞的事还没有眉目，谭其骧约了一位亲戚在谭其飞家见面，自然也毫无头绪，却见到了三哥其翔的来信，说他从8月1日起已经失业在家，让谭其骧为他女儿找一个学画图的机会。此前谭其骧曾收到过他的来信，得知他因曾在顾祝同部下任军医的“政治历史问题”已“背上一包袱”，失业的原因不问可知。对谭其骧来说，这无疑是雪上加霜。

不久谭其飞总算被解除隔离，回到家中，但已被定为贪污分子，科长也给撤了。他这位弟弟从此一蹶不振，到整风“反右”时又被定为右派分子，因属“极右”而送山西劳改。直到全国右派获得改正后，谭其飞才获得彻底平反，以起义人员的身份享受离休干部待遇。经谭其骧向吕东明介绍，谭其飞参加了中文版《简明不列颠百科全书》的翻译，正好谭其骧另一位弟弟、沈阳农学院教授谭其猛也参加了该书的翻译，所以在该书最后一册所附的翻译人员名单中，兄弟俩排在一起。只是此时谭其猛已不在人间，名字上加了黑框。谭其飞历经磨难，却是谭氏兄弟姐妹八人中最享高寿的一位。

可是谭其骧绝对不会想到，他自己在北京轻松过关的同时，上海却祸起萧墙，一封匿名检举信寄到了党委，揭发他与胡厚宣、马长寿三人结成小集团，经常在一起说反动话。原来谭其骧和胡厚宣住在复旦大学教工宿舍的筑庄，马长寿住在相邻的淞庄。胡厚宣是河北人，毕业于北京大学；马长寿是山西人，毕业于中央大学，长期在南京等地工作，1952年才调至复旦；谭其骧在北京工作过多年；三人都对北京的学风学派十分向往，以“京派”自居，谈得很投机。马长寿与谭其骧同在中国古代史教研组，每周一次的教研组会议一度就在谭家开。马长寿教少数民族史，但他对中国古代史和历史地理所知还不是很多，谭其骧虽未开过这类课，平时却比较注意，因此马长寿常与他讨论这方面的问题。他们俩都喜欢买书，经常一起进城逛书铺。胡厚宣与谭其骧住得近，吃完晚饭常来谭家聊天，谈学术界的新闻旧事，谈彼此都认识的朋友的情况。所以他们三人经常在一起闲谈倒是事实，但所谈无非是学术问题和学界琐事，说是“小资产阶级思想”或“旧文人的情趣”或许不错，要说有什么“反动”，实在是冤哉枉也。但当时正值运动开展，此信又事出有因，党委自然不能不重视，根据大胆揭发和批判从严的原则，历史系对所谓“三人小集团”进行了揭发批判。

当时谭其骧远在北京，而且负有重要任务，不可能立即调回上海参加运动，胡厚宣身为政治学习小组长兼文学院大组长，一向被公认是进步教授，揭发和批判的火力自然就集中在马长寿身上。最糟糕是的，马长寿有一个傻儿子，早已是上学的年龄还不会说话，只会讲一句骂人话和“毛主席”。有人将这两句话连在一起，并和马长寿联系起来，尽管当时还没有像“文化大革命”中那样扯上什么“现行反革命”，却也加重了马长寿的心理负担。历史系绝大多数人都知道所谓“小集团”完全是子虚乌有的事，虽然奉命揭批，实际并不当一回事。但秉性耿直的周予同却为此背上了沉重的道义包袱，在批胡厚宣时他一言不发，到批马长寿时他不能再不发言，但内心却只有同情，所以才批了几句自己就掉下了眼泪。

复旦大学组织将有关的揭发材料寄往第二历史研究所，主持工作的副所长尹达看后往抽屉里一放了之，多年后谭其骧才知道有此一事。尹达敢这样做倒不是他对谭其骧特别有好感，更多的是出于他的政治经验，因为从材料上一看就知道问题不可能十分严重，而且事情发生在复旦，完全可以等复旦查清了问题再说。更何况谭其骧在北京是要完成毛主席布置的任务，最重要的是要保证他能顺利工作。所以谭其骧一直一无所知，8月7日他收到徐连达来信，只谈了复旦进行学习的一般情况。8月31日收到章巽来信，告诉他马长寿将调往西北大学，因当时正值支援大西北，他也没有在意。到9月8日，徐连达再次来信，才告诉他中国古代史教研组以他及胡、马三人为小集团，他感到“可笑之至”，却没有体会到“可笑”的分量。

对“小集团”的揭发批判自然不会有什么结果，所以随着运动的结束此事也就不了了之。正好复旦大学有支援西北大学的任务，而马长寿教的是少数民族史，去西北大学最合适不过，于是宣布他调往西北大学历史系。马长寿离开上海时，同事们还心有余悸，无人相送，只有胡厚宣送至车站。事后复旦大学党委负责同志强调，马长寿的调动是正常的支援西北，与所谓“小集团”问题毫无关系。从马长寿到西北大学以后的情况看，他的确如鱼得水，成为国内研究少数民族史的权威学者，接连发表了多种重要论著，并且培养了优秀的研究人才，这样看来，这两件事先后发生只是一种巧合，并不存在因果关系。但在当时的形势下，引出马长寿因此而被贬往大西北的推断并非没有道理。

但到“文化大革命”时，这件事有没有对马长寿造成影响就不得而知了。据胡厚宣说，马长寿在“文革”中的1971年因病重住入南京某医院，托人带信给他，希望临终前能见上一面，但因各种原因，他没有能去南京。如今连胡厚宣也已作古，马长寿弥留之际的心态更是永远无法得知了。在复旦大学的“文化大革命”中，此事又旧话重提，而尹达此时已是“黑帮”，所以谭其骧在获得“解放”前的一次全面认罪中，除了详细说明事件经过外，又作了深刻检查：

现在我认识到，当时我对这件事不满，有情绪，是不对的。既然我和马、胡来往较多是事实，为什么不容许人家怀疑呢？通过运动把事情搞清楚不是很好吗？而尹达不声不响把材料捏住，这是有意包庇我。（1968年2月20日）

不过，谭其骧至死也没有明白，写匿名信揭发"三人小集团"的竟是自己的妻子李永藩。在他晚年与我谈及此事时，曾说过这样的话："不知是谁干出这样的事来，真是笑话。"在他逝世后，我向胡厚宣问起此事，胡说："还有谁？不就是他老婆吗？"他告诉我，主要原因是李永藩说话随便，马长寿有天对谭其骧说："老谭，你要管管你老婆，别让她在外面胡说八道。"恰巧李在隔壁听到，由此怀恨在心，等运动一来就写了一封匿名信。胡厚宣虽说得有根有据，我却还不敢相信，又采访了当时重点联系历史系的党委领导，得到完全证实。这位领导还告诉我，当年李永藩这样的事干了不止一次，并一度以此作为与谭其骧闹离婚的手段。第一次收到这样的匿名信时，因为涉及政治性内容，领导还相当重视。以后查出是李永藩所为，曾专门找她作了严肃批评。

李永藩的行为只能用精神不正常来解释，因为她内心并不是想把谭其骧搞成反革命，只是想作为向谭其骧要挟的手段。她其实也没有真正想与谭其骧离婚，因为一旦谭其骧真的表示同意离婚，她就再也不敢坚持。她或许只是天真地以为，通过这些匿名信能给谭其骧制造足够的麻烦，使他不至于整天忙于工作，更没有资格到北京去工作，就会对她俯首帖耳，老老实实在家里陪着她。就是在这以后，她也曾不断对学校和谭其骧施加压力，还让子女们轮番给谭其骧写信，要他赶快回家。

但是李永藩要采用写匿名信的方法，并且动辄往"反动""反革命"一类政治问题上拉，则不能不说是受到了频繁的政治运动和耸人听闻的"阶级斗争"的影响，至少是这样的环境给了她某种暗示。直到晚年，李永藩在指责别人（包括自己的家人）时，往往还用"资产阶级思想""名利思想""搞阴谋""反动"之类不合时宜的术语，这不能不说是这个时代造成的悲剧。

与同时代、同年龄的其他知识分子相比，谭其骧是比较幸运的，因为从1951年的土改、1952年的三反和思想改造，到1955年的反胡风集团和肃反运动，他都有惊无险地平安度过。尽管与以后的运动相比，这几次运动只是小巫而已，但当时谭其骧和他的同代人在总结一次运动的教训和收获时，只会庆幸自己过了社会主义这一关，却绝对不会想到等待他们的会是更加声势浩大、更加凶猛的运动。

和绝大多数来自旧中国的知识分子一样，谭其骧总是善意地分析这些运动的目的，从严检查自己身上的资产阶级、封建主义的影响，以适应新社会和无产阶级的需要。对运动中出现的过火做法和不实之词，他们也都理解为基层组织或个人在执行政策上的偏差，而绝不怀疑其他。

1955年5月1日，谭其骧去天安门观礼，当天日记记录了他的欢欣：

早六时许即起，早餐后候至七时许，步行至出版局。八时自出版局搭卡车赴天安门观礼……八时半到天安门，登南二台。十时典礼开始，鸣炮，奏国歌，肃立。游行开始，规模雄伟，凡数十万人，至下午一时结束。场中群众拥至门前，向毛主席致敬。主席下至城墙上，挥手答礼。此为余第一次看见毛主席。

但那种让知识分子一味认罪忏悔的做法，那种捕风捉影、无限上纲的要求，使他们的人格受到伤害，心理发生扭曲，对批判和自我批判变得麻木。在谭其骧晚年，他又为一次运动的结束写了一份小结。我见他写得很快，不像写其他文章那样要拖上好多天，不禁感到惊奇，他长叹一声道："咳，解放以来这样的东西不知道写过多少了！无非是骂自己吧。"

另一个副作用是使他们变得谨小慎微，特别是怕涉及政治问题。1956年5月19日，越南陶维英教授（《越南历代疆域》作者）来历史所座谈，谭其骧对他的论文集中有关骆越和交趾的问题提出了不同意见。这本来是正常的学术交流，但会后王毓铨向他提出，他措辞太直率，可能会引起陶维英不快。谭其骧听后，"颇自恨孟浪，今后切戒"！（当天日记）可以想象，王毓铨的意见必定使谭其骧感到问题的严重性，所以才会有这样的自责。唯一的原因只是因为陶维英来自友好国家越南，首先应该考虑"政治"影响。

第十一章

编绘《中国历史地图集》（上）

1954年秋，毛泽东在中南海怀仁堂出席第一届全国人民代表大会，有一天与吴晗坐在一起。他们谈话时说起《资治通鉴》，毛泽东说这部书写得好，尽管立场观点是封建统治阶级的，但叙事有法，历代兴衰治乱本末毕具，我们可以批判地读这部书，借以熟悉历史事件，从中吸取经验教训。但旧本没有标点，不分段落，今人读起来不方便，市上流传亦已不多，应该找些人把它整理出一个用标点、分段落的新本子来，付诸排印，以广流传。又讲到读历史不能没有一部历史地图放在手边，以便随时检查历史地名的方位。新中国成立前一些书局虽然出版过几种历史地图，但都失之过简，一般只画出一代的几个大行政区划，绝大多数历史地名在图上都找不到。这种图只能对付中小学教学之用，满足不了读《资治通鉴》之类详细的史书时的要求。

吴晗想起清末民初的杨守敬编绘过《历代舆地图》，内容相当详细，凡见于正史《地理志》的州县一般全部上图，正符合毛泽东所提出的配合读史的需要。不过杨守敬的地图是以木版将分别代表古、今内容的黑、红两色套印在连史纸上，是有34册之多的线装本。而且是将一朝版图分割成几十块，按自东而西，自北而南的次序排列的，翻检起来极为不便。再者，杨守敬地图上的"今"是清同治初年胡林翼刊行的《大清一统舆图》，许多州县的名称、治所已不同于50年代的"今"了，必定也会给读者带来许多麻烦。因此，他向毛泽东建议，在标点《资治通鉴》的同时，也应该把杨守敬的《历代舆地图》加以改造，改用现时的地图为底图，绘制、印刷和装订都采用现代技术，以适应时代的需要。毛泽东赞成吴晗的建议，就把这两件事都交给他负责办理。

会后吴晗就找了范文澜、尹达等商议，决定请谭其骧来北京主持编绘工作，并初步制订了计划。吴晗写信向毛泽东汇报，毛泽东给吴晗写了回信，表示同意他的计划。毛泽东这封信一直藏在吴晗家中，"文化大革命"初由北京市人委从吴家取走，或许还保存在某一档案馆中。

毛泽东爱好历史，喜欢读中国古代史，这是众所周知的。但为什么他如此重视历史地图，有人或许还不大理解。这还得从中国历史时期地名及其变迁说起。

一个千年的梦想

中国历史悠久，幅员辽阔，从有文字记载以来，使用过的地名数以万计。例如，公元初的西汉末年，全国郡级政区就有一百余个，县级政区有一千多个，如果加上西域都护府和周边的属国、部族的各种地名，山水陂泽等自然地名和县级以下的地名，数量还得成倍增加。历代中原王朝疆域的范围往往超出今国界，朝鲜半岛北部曾经是汉朝的郡县，今越南的北部在10世纪前一直归属中原王朝，唐朝的西界一度到达咸海之滨，元朝的北界直抵北冰洋。直到鸦片战争前的清朝，它的西界和北界还远达巴尔喀什湖、萨彦岭、额尔古纳河、外兴安岭和库页岛。所以，一方面会有很多历史上使用过的地图已经消失所以不可能再在今天中国的地图上找到；另一方面也会有一些地名已不在今天中国的领土之内了。

地名是在不断地改变着的，所以在中国历史上早就出现了在不同的时期同名异地和同地异名的现象。以今天的北京为例，历史上先后使用过燕、蓟、广阳、幽州、涿郡、范阳、南京、析津、燕山、中都、大兴、大都、京师、顺天、北京、京兆、北平等名称，而使用过北京这个名称的其他地方就有十六国时夏的统万城（今陕西靖边县北）、南朝宋的京口（今江苏镇江）、北魏南迁后的平城（今山西大同）、唐和五代的太原府（今山西太原市西南）、北宋的大名府（今河北大名县东）、辽的上京临潢府（今内蒙古巴林左旗的波罗城）、金的大定府（今内蒙古宁城县西北大明城）、明初的开封府（今河南开封市）和今天的北京等。

即使是同名同地，它所代表的地域范围也不一定相同。就连同名的县，在不同的时期也可能有不同的辖境，比县更高级别的郡、州、府、省的辖境的变化就更大、更频繁了。除了因人文和社会方面的原因，如更改地名、调整建置、重划辖境等引起的变化外，自然条件的改变也使地名的空间位置和范围不断变化。如黄河的频繁改道使河道有时北至今天津一带，有时南至今淮河一线；又如洞庭湖，历史上的最大范围与最小范围相差巨大。

所以，就是专业人员也无法记住这数以万计的地名，需要经常查阅地名辞典等工具书。但如果想要知道这些地名所代表的地点和地域范围，就非借助于历史地图不可。因为如果你只有今天的地图的话，当你从地名辞典或其他工具书上查到一个古地名是在某县某方位时，是很难定下它的确切位置，更不用说画出它所代表的范围来。而在历史地图上，各类古地名就能一目了然。

历史地图也有只画古内容的，但中国的多数历史地图采用古今对照，即用不同的颜色（一般是双色，以黑色代表古内容，以红色代表今内容，即“古墨今朱”）在同一幅图上分别表示不同时代的内容。在这种地图上，只要你找到想找的古地名，就能同时看到它今天在什么地方，相当于多大的范围。但由于历史地名众多，疆域和政区变化纷繁，地图受到比例尺的限制，一幅图能够容纳的内容有限，所以一般的历史地图只能画出各政权的疆域、一级政区和最重要的山川，很难画出一级政区以下的建置，更不可能将所有可考的历史地名都画出来，要用来作为读《资治通鉴》这样记载详细的历史书的工具书就无法适用。而且，面对成千上万的地名，如果没有合理而简便的检索方法，一般读者也不可能很快在地图上找到所需要的地名。到1955年为止，除了杨守敬的《历代舆地图》以外，流行的历史地图册都是相当简单、很不精确的。1954年，顾颉刚、章巽已着手编绘一本《中国历史地图集》，该图集共有31幅地图和16幅附图，自原始社会迄于鸦片战争，但这本图集要到1956年才出版，而且它的容量也有限，不可能满足毛泽东读史的需要。

既然学术界和社会上都有迫切的需要，为什么长期以来没有能够编绘出这样一种历史地图集呢？主要原因显然是此事的难度。

编绘详细而精确的历史地图的前提，是具备详细而精确的当代地图，否则古代的内容就无法准确地反映出来。但直到50年代初，中国能够使用的今地图只有1934年由丁文江、翁文灏、曾世英编制，上海申报馆出版的《中华民国新地图》和《中国分省地图》（合称《申报地图》）。尽管这是中国人自己编制的第一部现代地图册，但要作为编绘历史地图的详细底图，还是远远不够的。而在这以前，连这样一种地图都没有，精确的古今对照当然是办不到的。历代的疆界、政区、城市、村镇、水系等各项地理要素的变迁极其复杂频繁，而文献记载往往不够明确，或者互相出入，甚至已完全散佚，要一一考订清楚，并在图上准确定位、定点、定线，需要大量艰巨的研究工作，需要有大批学者、专家的通力合作，必须有财力和物力的保证，这在以往都难以具备。

历史地图的绘制在中国有悠久的传统，至少可以追溯到3世纪裴秀以“制图六体”制成的《禹贡地域图》和8世纪贾耽用古墨今朱法绘成的《海内华夷图》。尽管这两幅地图久已亡佚，它们在世界地图史上占有的突出地位却是无可替代的。在西安碑林还保存着一块阜昌七年（1136年）刻成的石碑，正反两面分别刻着《禹迹图》和《华夷图》，很可能就是贾耽地图的翻版。北宋元符年间（1098—1100年），税安礼绘成了一本《历代地理指掌图》，共有44幅反映传说中的帝喾时代至北宋的疆域政区地图，并附有相应的说明文字。这是传世的最早中国历史地图集，它的南宋刻本和其他翻刻本至今还在流传。此后直到清末，传世的木刻本的历史地图集不下十余种。

清朝末年和民国初年，由杨守敬在其门人协助下编绘的《历代舆地图》（以下简称《杨图》）问世了，这是中国历史地图绘制史上的一块里程碑。杨守敬（1839—1915年），字惺吾，号邻苏，是湖北宜都人，幼年习商，后中举人，中年起致力于编绘历史地图，从光绪三十年（1904年）起分朝代陆续出版。全书从春秋战国至明代，以一朝或一国为一组，共分为44组，分订为34册，全部采用古今对照，朱墨套印，凡见于《左传》《战国策》和各史《地理志》的地名，基本上都画上了地图。《杨图》比以往任何中国历史地图都更详细、精确，称得上是一项前无古人的成就。当然，随着时代的进步，到20世纪50年代，《杨图》已经显得不适应需要了。

编绘一部中国历代沿革地图不仅是当年禹贡学会未竟的事业，也是谭其骧的夙愿。在遵义浙江大学期间，他曾着手编绘，系主任张其昀也相当重视，校方为他配备了吕东明这位助手，但他能用以编绘的时间有限，资料的搜集也异常困难，仅画成了二三十幅，只能用红黑二色印在土纸上。

1951年秋，当时在南京的出版总署编审局新华地图社负责人曾世英致函谭其骧，约他编绘一本中国历代疆域图，由人民教育出版社出版。谭其骧收到这封信时，已在出发下乡土改前夕，所以直到11月2日才在安徽五河农村给曾世英复了一信，表示同意，并拟定了一个计划，具体安排则待土改结束后商议。曾世英很高兴，又去函希望谭其骧能去南京编图，或者能脱产一段时间，以便尽快编成，因为出版社方面希望以一年为期。谭其骧与系主任周予同商议后，感到去南京或完全脱产均有困难，就在1952年2月1日复信曾世英。曾于2月12日又去信协商，说明他们的难处，仍争取谭其骧以其他方式承担。

谭其骧想到了正在北京大学读研究生的吴应寿。吴定于当年暑假毕业，希望回上海工作，所以谭其骧想以他为助理，暑假后开始编图。但当时复旦大学不能从北大毕业生中调人，吴应寿的工作关系必须另想办法落实。由于不久就开始了思想改造运动，学校其他工作完全停顿，到学期快结束时他才给曾世英复信，具体商议吴应寿的编制、工作和待遇的安排。经曾世英与人民教育出版社协商并获批准，吴应寿毕业后成为新华地图社的编辑，实际在复旦大学工作。但作为历史系的教授，谭其骧不可能每周上七小时课以外不做任何其他事情，而他们事先对编绘工作量和时间的估计也过于乐观，一年后发现要完成还遥遥无期，只能停止，吴应寿改任历史系的教师。

尽管从30年代开始，谭其骧和他的同人们经历了一次次失败和挫折，但他们在学术上已趋于成熟，中国历史地理研究渐成气候。毛泽东主席的要求和决定又为这项巨大的工程提供了精神和物质上的保证，一个千载难逢的时机正等待着谭其骧和他的同人。

杨图委员会成立，应召进京

得到毛主席的指示后，吴晗立即邀集中国科学院第一、第二历史研究所、北京大学、国家出版总局、高教部、地图出版社等单位的负责人和专家商议，于当年11月2日成立了“标点《资治通鉴》及改编《杨图》委员会”，由他和范文澜领衔，黄松龄、董纯才、翦伯赞、侯外庐、向达、顾颉刚、尹达、刘大年、金灿然、王崇武为委员。前一项工作由王崇武为召集人，顾颉刚为总校对，在京的史学家聂崇岐、齐思和、张政烺、周一良、邓广铭、贺昌群、容肇祖、何兹全等参加标点，很快就开始了工作。后一项，吴晗想到了谭其骧。经他推荐，委员会一致同意请他进京主持，责成高教部向复旦大学借调，时间暂定一年。据顾颉刚日记，除“调谭其骧主持”外，还拟由“史念海、顾颉刚、王庸参与工作”。大概因为史念海在西安工作，既然未正式借调，也就无法参与。绘图和制印方面的工作则由地图出版社负责。以后，由于标点《资治通鉴》的工作很快就完成，而改编《杨图》的工作既需要延长，又有所扩大，所以这个委员会的正式名称改为“重编改绘杨守敬《历代舆地图》委员会”，简称“杨图委员会”。

1954年11月9日，高教部副部长黄松龄亲自给复旦大学校长陈望道写信，借调谭其骧至中国科学院工作一年，请他寒假期内来京。陈望道亲自来到谭其骧的寓所，告诉他高教部的借调令和学校的决定，要他在春节后赴京报到。当时的党政官员和学者都十分讲究组织纪律，这两项工作虽已在北京开展，吴晗和好几位参加者都是谭其骧旧友，但此前没有任何人向他透露过风声，所以他既感兴奋又觉突然。但根据以往经验，他知道"校绘"杨守敬地图的工作量会很大，并非个人一年之内所能完成，又顾虑在京工作时所需专业书籍资料没有保证，就致函中国科学院近代史研究所询问。不久他收到所长刘大年复信，说明对杨图的改编只是初步设想，具体可到京后再商量，有科学院图书馆可用，不必多带书籍。

1955年2月11日，谭其骧乘火车去北京，复旦大学党委书记兼副校长杨西光、党委副书记王零、党委统战委员王中等在校门口欢送，正在休养的历史系教授章巽、历史系总支委员胡绳武、助教徐连达等送至车站。第二天半夜车抵北京，地图出版社副社长兼副总编辑张思俊、副总编曾世英和金擎宇等到站迎候。

2月13日，谭其骧在地图出版社恽逸群副总编的陪同下拜访了中国科学院历史研究所一所所长刘大年，刘不在，由王崇武接待。又去找吴晗，也没有见到。2月14日下午，他就与地图社负责人商议绘图计划，以便及时开始工作。

恽逸群是20年代加入中共的老革命，又是一位新闻奇才，新中国成立后曾任上海解放日报社社长、华东新闻局局长、复旦大学新闻系主任，但1952年就蒙冤被开除党籍，贬为地图出版社副总编。谭其骧在复旦时与他并无什么接触，到地图社后对他的为人和能力就留下了深刻印象。在讨论一些重大问题时，恽逸群的意见与谭其骧基本都不谋而合，可惜不久恽逸群就遭到了更大的打击，因受潘汉年冤案牵连于5月10日被捕。

2月15日上午，谭其骧由王崇武陪同到六部口北京市政府会见任副市长的吴晗。中午，吴晗在附近的文化俱乐部为他接风。两位老友已15年不见，自然有很多话要说，但议论最多的还是即将开始的工作。不过，当时吴晗将这项工作想得比较简单，加上他工作太忙，并没有什么具体的意见，只是希望尽快完成。

2月17日下午，谭其骧去国家出版总局参加了他进京后的第一次标点《资治通鉴》和改绘《杨图》委员会的会议，同去的有地图出版社社长沈静芷和编辑欧阳缨。谭其骧在会上汇报了他的工作设想和意见，到会的委员都没有发表什么意见，因为当时大家还来不及考虑或不可能考虑到问题的复杂性，一切都得待实际工作开始后才能决定。欧阳缨参加这项工作是出于地图出版社的推荐，因为他以前编绘过好几种历史地图册。

谭其骧觉得不能等待，就向科学院历史研究所开了一份近期要用的书单，并着手核算所需要的底图。从2月22日开始，他集中了《汉书补注》等资料，准备先解决西汉敦煌和河西走廊的水道问题。26日他致吴晗一函，谈鸣沙的名称和位置，征求他的意见。通过连日的努力，水道已有了眉目，他又转入解决西汉郡治。3月5日，北京下了大雪，第二天雪刚停，谭其骧就去中国书店购买了《东三省沿革表》《宋辽金元方镇表》等工具书。3月7日起撰写《杨图》各朝的年代说明。

到了3月15日，考虑到杨图委员会对提出的问题还没有作出答复，而改绘《杨图》的一项重要内容是增加反映清朝的地图，谭其骧决定先试画清朝图。40年代初他曾研究过东北三省政区的设置过程，写过《东三省疆理志》，所以他想先画东北地区。刚动手的第二天，他就发现清末东北建省前的资料尚未作过系统整理，要据以上图几乎无从入手。从22日起，欧阳缨参加搞清图，但他习惯于根据现成的地图改编，所以一般只是做《杨图》和其他旧图的移植，需要新编的地图均由谭其骧绘出草图，再由他抄清成图。4月7日，谭其骧去科学院图书馆借来清嘉庆、光绪《会典图》，整理东北资料，并开始编绘西藏地区图。

3月26日，章巽来到北京。章巽字丹枫，1947年至1951年先后在南京中央大学历史系和复旦大学历史系、新闻系任教授，1951年后因病在家疗养。顾颉刚创办大中国图书局，聘他为特约编辑，与他共同编绘《中国历史地图集》。顾颉刚曾推荐章巽参加改绘《杨图》的工作，谭其骧也有此意，章巽此行的目的之一就是与地图出版社洽谈工作安排。但章巽手头的工作尚未完成，不可能全部参加改绘工作；当时他没有正式职业，地图出版社对他的职务也不便安排。4月7日章巽发病吐血，决定返回上海。

为了使用资料方便，谭其骧于4月4日从社里搬至历史二所宿舍。他见来京已有二月，改绘《杨图》的方针尚未确定，在4月18日和19日分别去见二所所长侯外庐和范文澜，向他们报告绘图计划。21日又拟出了绘图意见。但吴晗五一节前工作太忙，要凑全杨图委员会的人也不容易，工作会议到5月5日下午才在历史三所召开。会议由吴晗主持，主要讨论决定改绘方案，即将《杨图》改到什么程度。欧阳缨提出的方案是，底图的山川框架仍根据《杨图》，用《大清一统舆图》，只是把图中的晚清府厅州县名称改按今制标名。谭其骧坚决反对，因为晚清与50年代政区的差异不仅是建置和名称的不同，当时的市县中有很多是晚清以后的新建置，还有不少新设的政区虽然在晚清也有同样的名称，但治所已经不在原来的地方，而《大清一统舆图》有些地方的山川框架与今天的差别很大，这些新建和迁建的县、市大部分没有办法画上去。何况《大清一统舆图》是19世纪50年代根据18世纪测绘的《内府舆图》缩编而成的，在当时虽不失为比较精确的地图，实际上错误还是不少。新中国成立后根据新的测绘成果所绘制的地图已有了高得多的准确度，为什么不采用精确的新图，反而要用二百年前不精确的旧地图作底图呢？谭其骧认为欧阳缨的方案只是在旧框架上加上新地名，不伦不类，侯外庐、恽逸群也赞成他的意见。但吴晗极力支持欧阳缨的意见，使会议最后否决了谭其骧方案，决定采用欧阳缨方案。从以后的情况看，吴晗之所以会支持欧阳缨的方案，固然是由于没有充分了解《杨图》本身的不足，更主要的是急于要完成毛主席交下的任务。因为欧阳缨的方案虽旧，但符合"改绘"的要求，一两年内可能完工；谭其骧的方案当然可以大大提高质量，工作却会旷日持久。

谭其骧很不愉快，但既然方案已定，只能照此办理。5月9日，他与欧阳缨作了分工，他负责历史地图，欧阳缨负责底图。张思俊多次召开会议，落实底图的绘制办法，至8月2日确定改用500万分之一底图。由于没有专门绘制底图，只是利用现成的图晒蓝，在绘历史地图时只能先用手工将多余的水道涂去，再画上古水道。对与古地名不符的今地名，同样要一一涂改。例如，8月8日，谭其骧花了整整一天时间，也仅仅在一幅图上改了河北、山西、陕西三省的地名，这项工作差不多耗费了一个月时间。与此同时，谭其骧从图书馆借来两部《杨图》，开始计算各代的幅数，考虑图幅的安排。由于已确定只是将《杨图》移植，他又同时开始画东汉、西晋图幅，在资料齐备时继续编绘清图。这时谭其骧已预感到改绘《杨图》绝对不可能在一年之内完成，6月8日他致函上海人民出版社，请求取消原订的撰写《隋唐五代史》稿约。可是，复旦大学连一年都觉得太长，6月21日，周予同打来电话转达校方意见，希望他尽快完成任务，争取早日返校。

通过一个多月的实践，按照吴晗确定的方案，工作中的矛盾越来越明显。吴晗一时难找，他就向王崇武反映。6月28日，王崇武通知他，可以按自己的计划拟就一份报告，发至各委员处征求意见。8月27日，王崇武带来了答复：同意改变计划，直接用今地图作底图。这就意味着，《杨图》的旧框框可以突破了。8月29日，谭其骧试用170万分之一今地图作底图画春秋图。次日在地图社决定改用新图作底图，淮河秦岭以北由谭其骧自己上图，以南由欧阳缨上图。尹达得知改图的决定，也表示赞成。9月13日，谭其骧拟成关于改底图的正式通知，寄给王崇武。或许是对改图有意见，欧阳缨并未动手，而是去做其他工作了，谭其骧只得一再敦促，新底图至9月22日完成。谭其骧开始画汉图，欧阳缨开始画元图。至11月16日，西汉图郡国部分初稿画成，费时54天。按照这样的速度，无论如何不可能在一两年内完成全图，所以谭其骧和地图社都通过王崇武向杨图委员会反映，要求增加投入这项工作的人力。12月2日，王崇武来电说，新华地图社答允抽人参加历史地图的工作，但要到明年才能开始。东汉图的初稿至次年1月17日完成。

谭其骧在宿舍中几乎每天要开夜车，9月20日半夜12点多，邻室张某之妻突然来敲门，进室后就哭诉，因受他半夜工作的影响而长期失眠，使他感到“窘极”（日记）。谭其骧不可能不开夜车，只能与总务科商定搬至前院东屋。东屋一排三间，他住南边一间，向达住北边一间，中间一间是叶企孙的办公室，但向、叶二位都不常来。

当时，编图中已经涉及了如何反映中国与邻国的历史边界和历史时期少数民族的表示问题，张思俊多次与谭其骧议过一些具体意见。8月27日，张思俊要求他拟出一份处理台湾、朝鲜、越南及少数民族的原则意见，准备上报有关领导部门审批。谭其骧先收集了有关台湾的资料在图上试画，感到难以决定，要求张思俊召开座谈会听取意见；张思俊仍主张先拟出处理台湾、属国和少数民族的意见。9月19日，刘大年听说谭其骧曾去找过他，就打来电话。他们在电话中讨论了历史地图上台湾的处理方法，刘大年主张从三国时代即画成大陆政权的一部分。经过连日努力，这份“关于历史地图中若干问题的处理方案”于9月22日交给了张思俊，但直到1957年1月谭其骧结束在北京的工作时，有关方面还没有作出答复。

吴晗一心希望能早日完成，12月5日晚上，他和夫人袁震在北长街91号家中请谭其骧吃饭，还请了王庸作陪。这实际是一次工作汇报，因为饭桌上谈的大都是绘图，对当时的进度，吴晗显得十分焦急。谈到地图的开本和比例尺时，吴晗考虑到毛主席的需要，觉得比例尺不能太小，当即就给出版局打电话，要他们务必注意。但此时吴晗仍把工作设想得比较简单，认为只需改正增补一些《杨图》上的讹误脱漏，把内容转绘到今地图上，并把木版线装本改制成新式装订的地图册即可，估计可以在不长的时间内完成，因此还是希望时间不要拖得太长。但经过近10个月的工作，谭其骧已经意识到并非如此简单。因为《杨图》只画中原王朝设置政区的疆域，甚至连中原王朝的疆域都没有画全，不包括今天中国的全部领土，也不包括在今天中国境内的一些边疆政权。《杨图》的"历代"上起春秋，下迄明代，不包括夏商周，也不包括清代。《杨图》所用的底图是胡云翼的《大清一统舆图》，这在当时虽不失为最佳选择，但与今地图的差异很大，不可能将其内容直接移植到今地图上去。《杨图》的讹误脱漏也比原来估计的要多得多，既然发现了就不能不予以改正和增补。但当时他还说服不了吴晗。

毕竟是老友相聚，他们也谈了些旧话。谭其骧第一次见到吴晗只有三四岁的女儿，就问："怎么你的孩子这么小？"吴晗说："是啊，说是我孙子人家也会相信。"不过当时谭其骧并不知道，连这个女儿也是吴晗夫妇领养的。

转眼已近一年，复旦开始催谭其骧如期回去，家中也要他回去过年。为此，谭其骧又与王崇武联系。1956年1月23日，王崇武答复，暂时不能考虑回去。30日，谭其骧给子女写信，告诉他们春节不能回去。由于工作计划多变，进展缓慢。与欧阳缨的合作很不愉快，又没有合适的助手。除了吴晗，《杨图》委员会实际上无人领导，只有王崇武在起联络作用。2月初谭其骧曾多次打电话找吴晗，也未联系上。虽然不知道他为何事而找吴晗，但可以肯定他也十分着急，而且心情不佳，这能从他的日记中看出："余去年以今日自沪出发，转瞬不觉已满一年，而工作毫无成绩，近日为写省区一文，文思之涩，致终日不能成数百字，甚矣我之老矣。"那天是农历除夕，离谭其骧的46岁生日还差两星期。

2月下旬开始，复旦的催促如密锣急鼓。首先是上报高教部，由高教部发函通知谭其骧回校。3月1日、2日，谭其骧接连收到学校来信，3日又收到了历史系主任蔡尚思来信。次日早晨，他立即将高教部和蔡尚思的信交给尹达，请他赶快与吴晗商议。8日，正当他在写回信给蔡尚思时，又收到了学校寄来供他买火车票的汇款。吴晗与高教部有约在先，不能硬将谭其骧留在北京，与范文澜商议后给高教部去了电话，原则上同意他返校，但应将改绘地图的工作带回复旦去继续完成。

据顾颉刚日记，其间的2月5日，"怀仁堂之宴，予与董必武先生接席，因谈改变杨守敬地图事，而惜季龙之将返沪，董老自告奋勇，为致函高教部杨秀峰部长，部中遂来函责予，并将致予之函抄送复旦，为予树敌。尹达闻之，亦不谓然。因作杨部长函，请其为我解围。”但谭其骧对此似一无所知。

3月17日，范文澜致函复旦大学，同意谭其骧借调期满回复旦，但建议他将工作带到复旦去做，由新华地图社配备绘图人员，请复旦从今夏毕业生中选拔数人当助手，经费由科学院支付。

当天王崇武将这一决定通知谭其骧，要他拟定计划。21日晚，范文澜、吴晗在萃华楼宴请杨图委员会的刘大年、尹达、侯外庐、向达、翦伯赞和谭其骧、张思俊、王崇武，商议下阶段工作，主要还是谭其骧的去留。谭其骧说明情况后，大家都认为，要在短期内完成改绘是完全不可能的，吴晗也不得不接受他本来不愿接受的现实。但他和历史所的几位领导都明白，如果谭其骧回到复旦，绝对不可能像在北京那样专心一意，绘图工作肯定会受影响，不如干脆改借为调，由科学院直接与高教部打交道。最后决定先让谭其骧给复旦写信，以绘图工作一时不能中断为由，要求再延长一段时间。这封信自然不容易写，所以他从22日开始，断断续续花了几天也没有写完。29日早上范文澜打电话来催问此事，而当天下午复旦大学派金冲及专程来京，请谭其骧回校。送走金冲及后，谭其骧只得找尹达商议对策，尹达仍要他抓紧写信。到30日半夜，这封难写的信总算写成，次日寄往复旦，请蔡尚思转校长陈望道和书记杨西光。在详细列举回复旦继续编图不易解决的一些困难和历史系实际并不缺乏教学人员后，他写道："我主编历史地图今番已是第二次。第一次由出版总署主持，也曾几次想借调我来京，当时学校认为可以在教学岗位上同时兼顾，没有同意，结果顾了教学顾不了绘图，拖了一年多所成无几，完工遥遥无期，被迫停止。(助编吴应寿同志因而转入我校改任助教。)前车可鉴，今番岂可再蹈覆辙？比较详细的历史地图的出版实为多年来学术界所迫切需求，如果再过三两年还搞不出来，岂特主持此项工作的几位同志无法向上交账，恐怕也很难得到学术界大众的谅解。"这封信上所署的时间还是3月18日，应该是谭其骧开始写信的那一天。

科学院方面要将谭其骧留在北京，还有另一方面的考虑。1956年初，中央正准备制定科学工作远景规划，中国科学院所属的地理研究所和历史研究所商议要开展地理学史、自然科学史和历史地理的研究，并成立相应的研究机构，都想到了谭其骧，一些领导和他的师友希望能将他调入科学院，主持这方面的研究。1月21日晚，他的好友、地理研究所副所长黄秉维来找他，要他赶快起草发展地理学史和历史地理研究的十二年规划，以备提交规划会议。第二天，尹达与他谈到了成立历史地理研究机构的问题，要他抓紧写出规划。他经过几天的突击，至24日半夜终于写成。27日下午，已经担任北京大学地理系主任的侯仁之和正致力于研究地图史的王庸与谭其骧讨论了研究计划，以后他们三人又讨论了多次。

1月31日，国务院副总理李富春、陈毅在怀仁堂作了关于科学工作远景规划的报告，谭其骧与尹达、侯外庐一起参加了会议。此后，谭其骧在编图的同时，参加了中国科学院地学部的规划制定。2月17日，竺可桢副院长在西郊宾馆主持召开科学史规划会议，谭其骧和刘大年、侯仁之、王天木、李涛、钱临照等出席。根据会议的要求，谭其骧与侯仁之、王庸又讨论了地理学史研究规划，由他写成后寄给刘大年。在2月下旬和3月上旬，他先后参加了在中关村召开的地学部规划座谈会、在西郊宾馆和西苑大旅社召开的科学史规划会。2月28日，竺可桢在西苑大旅社召开有关专家会议，袁翰青等一致提议，要把科学史建设成为一门学科，要设立专门机构，要有专职人员。会议决定委托叶企孙、谭其骧和席泽宗收集资料和起草规划，由叶企孙召集。席泽宗当时还是一位青年，以后成为科技史专家，担任中国科学院自然科学史研究所所长，当选为中国科学院院士。当年10月20日，竺可桢参加了在意大利召开的国际科学史大会回国后，又主持会议，讨论科学史研究的开展，严敦杰报告了明年度的初步计划，确定下来的有：成立自然科学史研究室，整理研究故宫所藏古地图，注释出版中国古代地理名著，最后一项工作由侯仁之负责。

2月16日，历史二所成立学术委员会，在文化部会议室召开首次会议，参加者20余人，潘梓年、陈垣先后致辞，向达、侯外庐、叶企孙等做报告，出席的委员有邓拓、尚钺、邓广铭、邵循正、郑天挺、王崇武、杨荣国、翁独健、冯家昇、傅乐焕、贺昌群、白寿彝、李俨、季羡林和谭其骧等。委员中的顾颉刚和刚从南京赶来的韩儒林参加了下午的讨论。作为学术委员，此后谭其骧也参加了二所、三所的规划会议，并提出了书面意见。5月间，尹达要求谭其骧起草一份开展历史地理研究的计划，不久又让他写一篇宣传这一新研究领域的文章。

5月26日下午，应郭沫若院长之邀，中宣部长陆定一在中南海怀仁堂做了题为“百花齐放，百家争鸣”的报告，谭其骧与其他300多位参加规划制订的代表到会。会后，周恩来总理举行招待酒会。6月份，谭其骧还去西郊宾馆参加了古代史的规划会。6月4日下午，毛泽东主席、朱德副主席、周总理和郭沫若在怀仁堂外草坪与全体代表合影。

这是谭其骧第二次见到毛主席，以后却再也没有机会。1963年毛主席在上海锦江饭店找知识界座谈时，由于是临时通知，谭其骧正好不在家，学校找不到他。等他闻讯后立即赶到会场，座谈已经结束，毛泽东和大家一起在小礼堂看戏，谭其骧坐在后排，看到的只是毛泽东的背影。

7月份，科学院和高教部又召开了教学大纲审查会。7月1日下午，谭其骧出席了郭沫若在北京饭店召集的中国史、中国哲学史教科书座谈会，陆定一、黄松龄、胡绳等到会，陆定一还发表了思想相当解放的谈话，大意是：教学大纲要不要，口试是否合适，各校是否要编讲义，都可以研究，以便节省人力，少走弯路。学苏联，也可以从反面学，思想不要太一致。唯心哲学也应该讲。

7月5日上午，高教部在西苑大旅社召开文史18种教学大纲审查会，谭其骧参加了中国史大组会，见到了缪钺、蒙文通、徐中舒、刘节、梁方仲、李埏等熟人，有的已有十多年未见。以后几天，他分在第二段（魏晋南北朝）小组，同组有唐长孺、王仲荦、缪钺、韩国磐、陈登原。

会议至7月15日结束，当晚聚餐，谭其骧与杨秀峰、黄松龄、周扬、郭沫若、郑振铎、翦伯赞等同桌。席间翦伯赞大谈杨家将中的外行笑话，而谭其骧与大多数人不熟，只是洗耳恭听。第二天中午，历史一所学术会议结束后在萃华楼宴请，谭其骧又与郭沫若同席，在郭的海量影响下，他喝了个半醉。

尽管这些方面的工作占去了谭其骧大量时间，但绘图工作始终在进行，丝毫没有松懈。2月中旬，他将一批清代地图的草图交给地图社的时德涵抄清，黄克晟、凌大夏先后参加绘图工作。3月8日，送到上海印制的清图底图寄到，谭其骧开始与绘图人员讨论图例。13日，在地图社的工作会议上决定，改绘后的《杨图》上历史地名不用简体字。新华地图社的三位绘图员也于4月2日报到，开始清绘底图，谭其骧则继续完成清代图，以便让绘图员们及时清绘。5月9日，为了确定各图的比例尺等问题，谭其骧去北京市政府向吴晗汇报。在12日举行的《杨图》会议上，决定将300万分之一定为各图比例尺的通例，先制成样本，当时估计全套地图册大约有40个印张。为了便于谭其骧上班，从8月2日起地图社每天用三轮车接送。

经过科学院的活动，高教部的态度有了松动。5月26日，谭其骧应召去高教部综合大学司，会见了于北辰副司长。在听取了谭其骧的汇报后，于副司长表示，绘图工作很重要，应该做完，但究竟如何安排，还需要听取复旦方面的意见。但复旦没有改变态度，6月底，陈望道校长赴京出席教育部会议，就与范文澜联系。29日，陈望道来到谭其骧宿舍，告诉他范老已表示去留由他自己决定，因此原则应该回去，工作不停，具体办法回上海后再说。

7月18日，一学期已过去，系主任蔡尚思再次来信，请谭其骧回校。与此同时，他的妻子李永藩也发动了攻势，她写了给亲戚的信让谭其骧转达，信中宣布将在8月份将还在读小学的儿子、女儿送到北京来，“千斤重担负不起”。此前，李永藩曾让子女给范文澜等写信，要求让谭其骧回上海。李永藩的做法虽不无过分，但完全可以理解，因为在谭其骧离家的一年半间，长子德睿、长女德玮分别高中毕业，报考大学，次子德垂患伤寒症住院，而次女德慧还不满10岁，家庭的担子的确不轻。8月15日，谭其骧收到长女德玮的信和电报，她已考取吉林工学院，22日将去长春。至此，他决定请假回家一次，赶在女儿出发前到达。17日，章巽因出席地理学会会议到达北京，当他得知谭其骧要回去时，很不以为然，认为无疑是自投罗网，复旦不会再放他回北京。谭其骧觉得也有此可能，但“势成骑虎”，难以改变，还是在18日返回上海。

送走女儿后，谭其骧在上海住了一个多月，这期间北京催他快回去，因为制好的图等他去校，清图也没有编完。最后，学校同意他回北京做结束工作，然后尽快返校。10月12日，他第二次来到北京，安顿下来后就开始校已经清绘出来的清代地图，拟定清图的编例，撰写出版说明，同时补绘清代青海图，为西汉图补地名。当天他去顾颉刚家取回上次离京时寄存的行李，顾在日记中感叹：“其实，季龙在京，非特重画杨守敬地图，地理研究所将办历史地理部门，有藉于彼也。倘范文澜能为彼向周总理一说，事必有成，而无如彼为一庸才何！”

尹达觉得不能太勉强，下一步还是在上海试办，可以尽量提出应该配备的条件。黄秉维告诉他，竺可桢正出国访问，待下星期回国后可以再谈一下。竺可桢回国后，果然向钱俊瑞提出，要正式调谭其骧进科学院。吴晗还想挽留，建议谭其骧给陆定一写信，谭其骧怕引起高教部和复旦大学的不满，没有同意。10月18日，历史系总支委员朱永嘉代表复旦来信，说明学校无法提供绘图的工作用房。24日，谭其骧找高教部李云扬，提出了绘图用房及未来研究室的经费问题。当天，刘大年在电话中提出了三种解决的办法：一是由科学院出钱津贴谭其骧个人，一是科学院与复旦联合办研究室，一是由科学院委托复旦办研究室。谭其骧立即写信给朱永嘉，转达了尹达、李云扬、刘大年这三人的意见。25日，地图社开会决定，房子问题先看科学院有何解决办法，聘谭其骧为特约编审。11月17日，竺可桢专门约了高教部副部长黄松龄商谈，准备请中科院哲学社会科学部副主任潘梓年致函陈望道校长，让谭其骧提供有关材料。12月初，潘梓年去上海，但不知什么原因，他没有见到陈望道校长，而复旦再次催谭其骧回校的信接连寄到。谭其骧决定月底或下月初回上海，竺可桢、吴晗无可奈何，表示同意。竺可桢打算等谭其骧回复旦后一二月，就致函陈望道，聘他为科学院兼任研究员。12月26日，谭其骧向吴晗提出了回上海后组织章巽、吴应寿二人参加编图的打算，此后又与地图社具体商议了回上海后如何与地图社协调的方案。1956年1月4日，尹达召集他与国家出版总局的金灿然、地图出版社社长沈静芷和张思俊研究下阶段的工作计划，确定图集的第三、四、五册各用半年时间来完成。侯仁之、黄盛璋也与他商议了历史地理学科的发展与中国地理学史的编写等工作。黄盛璋是浙江大学史地系1949年的毕业生，原在中国科学院语言研究所工作，不久前调入地理研究所。

就在他忙于向师友们告别和参加他们举行的欢送宴请之际，谭其骧又物色到了两位助手——王文楚和邹逸麟。王文楚本是他的学生，1956年毕业于复旦大学历史系，分配来北京中科院历史所工作。邹逸麟是山东大学历史系1956年的毕业生，分配来历史所工作。他们的家都在上海，得知中科院上海分院有成立历史研究所的计划，周予同将出任所长，就向所里打了调回上海的报告。正好谭其骧因助手不足与尹达商议，尹达就提出让他们两人随他回上海工作。1月7日，谭其骧与王文楚、邹逸麟见面，与他们约定到复旦报到。

动身前的1月9日，谭其骧在历史所作了中国历史地理概论的学术报告。即使对专业历史研究人员来说，历史地理也是一门陌生的学科；很多人只知道谭其骧来所改绘《杨图》，却并不了解编绘历史地图的意义；谭其骧生动形象的报告给他们留下了深刻的印象。80年代间，历史研究所和近代史研究所好几位先生曾与我谈及他这次报告，都说原来以为是一个十分枯燥的题目，想不到谭先生能讲得如此有吸引力。他的离开使尹达要建立历史地理研究机构的计划一时受挫，但他的报告为在历史所设立历史地理研究室做了舆论准备。

1957年1月12日下午5时，南下的列车载着谭其骧和待完成的改绘《杨图》任务驶离北京，他心里明白，以往近两年的努力只是开了一个头。连日来紧张之极，上车后才得放松，加上车行颠簸，无法看书，使他暂时抛开了工作的压力和负担，很快进入梦乡。当他在炫目的白光中醒来时，列车已奔驰在大雪纷飞的淮北大地。离上海越近，他越感到了前程的艰难。

此后范文澜改任顾问，杨图委员会的领导工作由吴晗和尹达共同主持。

八年辛劳，功亏一篑

到达上海的第二天，谭其骧就向陈望道校长做了汇报，当晚又和负责联络编图工作的朱永嘉讨论了具体安排。次日早上就到朱永嘉处取了钥匙，冒雨去新华地图社上海办事处看工作用房。

根据在北京时确定的安排，上海的工作室由新华地图社提供，安排在距该社上海办事处不远的北苏州路河滨大楼。这是一套两室的公寓，但有很宽敞的厨房和卫生间。以后拨归复旦大学，在绘图工作迁回学校后一度由历史系讲师张荫桐居住，以后是复旦大学校长杨福家的寓所。谭其骧看后，觉得能容纳得下工作人员，中午吃饭可以去附近的办事处，与办事处联络也方便，决定启用。经过几天准备，1月21日，他和章巽在绘图室召集三位绘图员研究工作，他们是地图出版社的时德涵和复旦大学的慎安民、郑永达。23日，王文楚、邹逸麟来室报到，25日起谭其骧安排他们作清行政区划表。

尽管他们和三位绘图员全力以赴，但不出吴晗等所料，谭其骧一回学校就身不由己。当然也有吴晗等意料不到的事，那就是不久就开始的整风“反右”和接踵而来的大小运动。

3月30日起，谭其骧参加了一系列政治学习。在随后开展的整风和“反右派”运动中，谭其骧虽因得到保护而安然无恙，但李永藩与在交通大学读书的长子德睿均被划为右派。持续到11月份的运动和家庭的不幸，自然不能不影响他的编图工作。

1957年底整风运动的整改阶段有下乡下厂，同时进行的有勤俭办学，1958年1月至8月是“除四害”和“除七害”，并开始勤工俭学，3月份开始“双反”（反浪费，反保守）运动，又进行厚今薄古大辩论，5月份起学习和宣传总路线，8月份开始大跃进，同时在历史系开展对蔡尚思、谭其骧和周谷城的学术批判，全校大炼钢铁，9月份全校皆兵（成立民兵纵队），10月份下乡劳动。1959年稍为安宁，但8月份全校“反右倾，鼓干劲”。到1960年3月又开始了新的一轮“大跃进”，4月份起大搞“文科革命”，随之而来的是严重的“三年困难时期”。至1963年下半年，阶级斗争之风又转烈，1964年1月开展“五反”运动，7月起开展“学术批判斗争”，8月开展社会主义教育运动，师生下乡参加社教。1964年师生继续下乡参加“四清”，学习毛主席“春节指示”和“七三指示”，实行精简课程和开卷考试。1965年11月，姚文元《评新编历史剧〈海瑞罢官〉》发表，揭开“文革”序幕。在这些持续不断、此起彼伏、令人目眩的运动中，有时谭其骧是运动的对象，有时又要当运动的组织者或参加者，多数情况下是两者兼而有之。如1964年10月，复旦要组织教师下乡参加“四清”，历史地理研究室也不能例外，只是在北京杨图委员会发来电报后才改为分批下乡。11月22日，谭其骧参加上海市政协组织去肖塘公社学习，历时20天。1965年12月10日，谭其骧参加去朱行镇四清学习，至1966年1月17日才结束。有时他虽因负有“重要政治任务”而优游于运动之外，但编图的其他人员就难以都享受得到这样的优待，更不用说这些不断在进行着的运动给他们思想上和精神上带来的影响，编图工作怎么能顺利进行呢？绘图室的人员虽然并非不参加学校的活动，但在一些人的眼中却是一处世外桃源，五位教师中没有一个党员，吴应寿的家庭出身是地主，邹逸麟的出身是资产阶级，谭其骧还属团结教育的对象，章巽却被认为是值得批判的资产阶级知识分子。在当时的形势下，这样的人员组成，再加上这些人不在学校工作，引起一些人的议论和怀疑并不奇怪，所以到当年9月14日绘图室就迁至校内。

1958年秋，学校又从历史系四年级学生中选出周维衍、魏嵩山、赵少荃、林汀水、项国茂、王天良、祝培坤、嵇超、朱芳（毕业后调出）、林宝璋、刘明星等11人参加编图工作，以加快进度，同时也希望通过这一措施，迅速培养出一批专业人才。1959年后，又有华东师大、中山大学和西北大学地理系毕业生张修桂、孔祥珠、赵永复、陈家麟、周源和、李新芳、王仁康、章左声等10人分配来研究室。以后又增加了研究生毕业的胡菊兴和青年教师李德清。谭其骧为了使这些年轻人尽快掌握历史地理的基础知识和编绘历史地图的专门技能，经常结合编稿工作给他们讲课，认真批改他们试写的考释，还和章巽一起写出具有示范性质的考释文字，作为内部资料印发给大家参考。他们中的绝大多数参加了此后的编绘工作的全过程，经历了多年夜以继日的艰苦奋斗，有几位还负担了领导工作，有的成为学术骨干。到1966年“文革”前，历史地理研究室已有教学、研究和辅助人员30多人，成为国内最大的历史地理研究机构。

但是这一迅速的发展过程发生在一个特殊的年代，不可避免地受到了当时“左”的路线的影响，先天不足，后天失调。挑选这些学生时正值“反右”以后和“大跃进”之时，所以首先考虑的自然是“政治”表现和家庭出身，是否听党的话。他们都没有学完大学课程，加上有的人原来基础一般，参加工作后又缺乏系统学习的条件，业务能力长期达不到要求。而一些本来更合适的学生却未必能有这样的机会，有的因为政治问题只能担任资料员或做抄写工作。学生们报到时，谭其骧正在接受对他的“资产阶级学术思想”的公开批判，以后这类或明或暗的批判持续不断，而且年轻人不断受到教育，要他们在学习业务的同时，不要忘记抵制和批判包括谭其骧在内的老知识分子的资产阶级思想，正常的师生和同事关系又怎么可能形成？由于谭其骧的特殊地位，对他还是相当客气的，但对章巽就不是那样了。“大跃进”时，青年们提出编图也要搞跃进，多少天要完成一幅，章巽认为绝不可能。谭其骧身为系主任，迫于形势，劝章巽同意，章巽说：“年轻人不懂胡来，你怎么也来逼我呢？”在一些人的眼中，章巽就成了顽固坚持资产阶级立场的人，不时对他横加指责。本来他与谭其骧紧密合作，相处融洽，业余还是曲友，但在这种不同待遇下，他们之间的关系逐渐疏远。1979年，我曾随章巽学习中西交通史，并帮他做一些研究辅助工作。他对我说：“谭先生是好人，但也应该管管他这几位学生，不能让他们飞扬跋扈。”以后我与谭其骧提及，他只是苦笑：“章丹枫也太糊涂了，他们是来改造我的，我哪里管得了他们？”

无须讳言，将他们充实到研究室来还具有政治上的目的，那就是要依靠这批年轻而又觉悟高、出身好的党团员及积极分子去教育、改造和取代资产阶级知识分子，所以使个别党员具有强烈的优越感，甚至以党的化身自居，动辄开展阶级斗争和思想批判，不仅影响了内部团结，也使编绘工作受到“左”的干扰。党委曾将其中两人定为重点培养对象，希望不久就能取代原来的人员。两年后，党委书记杨西光就问谭其骧：“周维衍、魏嵩山超过吴应寿他们了吗？”谭其骧只能如实相告，说不会有那么快。

1956年12月，还未返回学校的谭其骧当选为复旦大学工会副主席，连任至“文革”开始。1957年5月12日上午，党委书记杨西光和副书记王零在文化俱乐部约他谈话，请他出任历史系主任，当月开始即由他代理蔡尚思的系主任职务。1960年10月他被正式任命为系主任，实际只是补办手续而已。1958

年9月起任校务委员会常委，同时担任九三学社复旦支社副主任，1961年起任主任。1960年5月被评为上海市高等学校先进工作者，并出席全国“文教群英会”。1964年当选为第三届全国人大代表。这些职务多数不必由他负具体责任，有的只是荣誉称号，但因此而占用的时间却相当可观。如1964年12月11日开始，他接连参加上海市九三学社代表大会和三届全国人大，到1月13日才回到家中。特别是系主任一职，要应付教学、科研和教师、学生两方面的工作，经常使他不得不花去一天的大部分时间。此外，还有一些免不了的社会活动和学术活动。如1957年8月1日 至9月8日，他应侯仁之之邀去青岛疗养并撰写《中国古代地理名著选读》中的《汉书 · 地理志》选释，1958年11月下旬应邀参加华东师大历史系师生赴扬州等地的考察。而花费时间最多的一项，则是《辞海》中历史地理条目的编写，他于1962年3月参加辞海编委会，其中自1962年9月至1963年8月底集中在浦江饭店编稿，成为他这一年间的主要工作。编绘人员中还有邹逸麟、王文楚等也参加了辞海的集中编写。直到1964年底，辞海的会议和编写工作还经常不断。

1957年8月，摄于青岛湛山寺前。中为顾颉刚，左为谭其骧，右为侯仁之

1959年7月，复旦大学建立中国历史地理研究室，由谭其骧任主任。1960年起招收了两届共55名历史地理本科生，为了办好这个全国唯一的历史地理专业，谭其骧和室内同人又增加了教学方面的任务。这些措施对发展历史地理学科、培养和造就专业研究人才当然是有力的促进，但与编图工作却不无矛盾，因为学校领导总希望谭其骧能多花一点时间在这些方面，遇事也要多考虑一些本室、本专业的发展，这些与编图往往很难两全。

另一方面的原因，是杨图委员会也缺乏有力的领导，整体计划多变。当然有些因素并非杨图委员会所能左右，例如1958年底新提出的《国家大地图集》中历史地图卷的编纂。

1958年7月7日，谭其骧应召赴京出席《国家大地图集》筹备会议。到达北京后，才知道会议已改在17日召开，他只能在北京等候，顺便与有关同志商谈《杨图》工作。17日会议开始，谭其骧在18日的会上谈了历史地图的初步目录和有关问题，苏联专家及张思俊等提了意见。在19日下午讨论时，确定大地图集的第四部分为历史地图，指定由复旦大学承担，并提出可将中国科学院地理研究所的历史地理小组调往上海协同工作。谭其骧当场表示将编图机构放在上海是不利的，因为这项工作必须与中科院历史所、民族所等单位合作，还应经常与技术部门联系，在上海很不方便；更主要的是，在上海时间难以保证。21日是大会的最后一天，但历史地图仍无人负责，刘大年推给刘导生，至散会时尚未确定。

本来准备在会后安排《杨图》的审稿会和解决编纂大地图与改绘《杨图》工作时间问题的会议，考虑到谭其骧来京时间颇久，工作时间问题用开会的办法也解决不了，尹达主张都取消，审稿用传阅方法，工作时间问题交由《国家大地图集》编委会一并考虑安排。谭其骧已修改拟定了目录，提交给在26日下午召开的历史地图专门委员会会议。28日，尹达、谭其骧与吴晗商定，《杨图》的编稿先由谭其骧签署意见，再由吴、尹二人作决定；时间问题则由吴晗与国家科委协商。尹达对编图提出的意见是：底图上只要有二级行政区划就可以了，底图可以搞大一些；地名不能太少，但也无须太多；不用古今套印。关于最后一点，在谭其骧强调了古今对照的重要性后，尹达也没有坚持。在这次和以后的会上，吴晗多次强调了主编责任制，他说："集体的著作不赋予主编以裁决的权力是不行的，我们这套图必须认真实行主编负责制。你是主编，你得对每一幅图的内容负责。"他不止一次在会上着重声明："委员会不接受没有谭其骧签字的图稿。所有图稿，最后都得由主编审查通过后签字，委员会才能交付出版社。"29日，谭其骧与杨向奎、黄盛璋等一起拟定了历史地图的初步分工。

9月13日下午，标点前四史及改绘杨守敬地图委员会召开工作会议，范文澜、吴晗、尹达、侯外庐、金灿然、张思俊出席。对改绘杨守敬地图工作的决议是：

1. 此项工作已商请由国务院科学规划委员会领导。中国科学院三个历史研究所负责审图。

2. 改绘工作原由复旦大学历史系教授谭其骧负责。地图出版社派人协助。拟请科委与教育部联系将此工作列入复旦大学研究工作计划，由该校负责领导完成。

3. 改绘地图分幅陆续出版，限于明年国庆前出齐。

4. 改绘地图以今图为底图，应力求精确和统一。台湾及我国领海内的各岛屿必须绘入。①

根据国家科学发展十二年规划，编纂《国家大地图集》的任务原定到1967年完成。1959年，在大跃进的形势下，国家科委决定提前到1960年完成。4月1日至5日在北京召开了第一次编委会扩大会议，谭其骧任编委和历史组召集人。在前期研究和编绘人员有限的情况下，特别是在改编《杨图》的工作正在进行时，再提出这项任务并要求在一年多的时间内完成，无疑是不现实的。1960年后大地图的编纂工作下马，直到80年代初才重新恢复。

但在拟定大地图目录的影响下，改绘的《杨图》一度准备增加反映历史上工矿业、民族分布和重要战争的地图。鉴于底图的问题一直未能彻底解决，同时考虑到设计与制印方面的需要，1958年底由地图出版社召开了一次工作会议。谭其骧于12月30日到达北京，当天上午就与张思俊、刘宗弼商谈，决定完全改用新底图。刘宗弼是浙江大学史地系40年代毕业生，在国家测绘总局测绘研究所工作，参加制图和设计方面的工作。第二天下午，国家测绘总局副局长白敏参加讨论。白敏赞成他们的决定，进而建议：(1) 起草总设计书；(2) 每朝的总图可以画得极简单，然后按政区画分幅图，每幅的比例尺可以不同；(3) 要求对《杨图》作真正的整理，要作很好的考据，作附录；(4) 以100万分之一作底图；(5) 又要现代化，又要古雅，可以从古画中吸取风格；(6) 每幅图要有一位历史编辑，一位制图编辑。

1959年元旦下午，谭其骧与白敏、张思俊去吴晗家中商谈，吴晗同意重新设计的方案。以后几天，谭其骧与张思俊、刘宗弼等继续起草、修改方案，沈静芷建议改为上报国家科委，所以到谭其骧1月8日离开北京时文件尚待完善，只能留下由地图社方面继续修改。这次会议彻底抛弃了《杨图》的旧体系，决

① 《文汇读书周报》2007年9月21日第5版特稿，严明丹《中华书局点校本"二十四史"》附录。

定不再用《杨图》所用《大清一统舆图》为底图，改用依据最新测绘资料新编的底图，这对于保证这套地图集的精确性起了决定性的作用。

4月份谭其骧进京参加《国家大地图集》编委会议期间，白敏、刘德隆、张思俊、邹新垓、刘宗弼等又与他商谈了制图方面的问题。为了采用最新测绘的今地图作为底图，并用现代方法制图，白敏提议将这项任务交给国家测绘总局所属的武汉测绘学院，他认为地图出版社当时采用的底图和绘制方法已比较陈旧，不适应新的需要。从1959年下半年开始，武汉测绘学院参加了底图的准备和图稿的清绘。1961年后，测绘总局所属的测绘研究所成立了历史地图室，专门负责《杨图》的制图工作，武汉测绘学院的几位毕业生分配至该室工作。

7月17日，谭其骧与章巽一起进京出席《杨图》会议，这次会议主要讨论设计问题。19日早上一到北京市人委招待所，谭其骧立即与刘宗弼一起去拜访吴晗，研究了开会的筹备事项。20日，他又先后与沈静芷、白敏交换了意见。当晚迁入和平宾馆后，又与沈、白去吴晗家商谈了会议的准备工作。21日，吴晗、尹达在历史所主持了《杨图》会议，学部的姜君宸等20来人参加。谭其骧汇报了四年半来的工作，接着就讨论设计方案。第二天继续开会，各方面争论激烈。出现争论的主要原因是新旧基础和方法的冲突，复旦大学、地图出版社、武汉测绘学院三家还不能互相适应，需要有一个协调的过程。为此，24日下午谭其骧与刘宗弼、周岩、武汉测绘学院的钱冰和黄禧联会谈会后三家的分工。25日，谭其骧先后去地图社和历史所，分别与沈静芷、张思俊、尹达商谈了会后的工作安排。

9月28日，学部从北京打来长途电话，要谭其骧立即进京，参加审查历史博物馆的地图。因为时间紧迫，他第一次乘飞机去北京。当时上海飞北京还不能直达，须经停南京、济南，29日下午4点3刻起飞，到10点3刻才到。等谭其骧到历史所投宿时已近12点，他敲了好一会门，才由一位住在所里的青年来开门，此人就是以后的陕西师范大学教授、80年代担任陕西省副省长的孙达人。

这次的主要工作，是讨论和审议历史博物馆开馆后陈列的地图和中小学用挂图，前几天是历史博物馆开会和看图，后几天分别审查，谭其骧分到的是苏联图和中小学挂图。10月5日，在北京市人委召开《杨图》工作会议，吴晗、白敏、沈静芷等出席。会议先对试样提了意见，然后作了几项决定：图集用八开本，单面印，装成两册，封面用标准布。图幅的分法用新样本。文字说明应详细，便于读者了解当时形势。天地头应尽量放宽，图框应较小于新样本。图上的海岸线用虚线。清代图待历史博物馆批准展出后即可收入。14日下午开会成立清图专门小组，决定由谭其骧任组长，要他回去争取复旦党委的支持，成立一个工作组，清图要在12月1日前定稿，以便博物馆元旦开馆。这次讨论和编绘的清图虽非直接用于《杨图》，但也为《杨图》中清图的编绘确定了一些重要原则，特别是有关边界方面。17日谭其骧离京返沪。

1960年6月，谭其骧去北京出席全国文教群英会。7日休会，中午吴晗在北京餐厅宴请谭其骧和尹达、白敏、沈静芷等，同时商议《杨图》工作，决定扩展原来计划，将中原王朝以外的少数民族和边疆政权也包括进来。12日，谭其骧写出了书面计划。

同年9月12日，谭其骧进京出席杨图委员会会议，赴会的还有研究室党支部书记魏嵩山和学术秘书邹逸麟。14日起在东方饭店开会，当天是委员会会议，参加者以委员为主，讨论工作计划和安排。16日和17日上午举行审稿会议，增加了历史所和北京师范大学几位学者。19日白天和晚上讨论图例和制图技术问题，参加者主要是国家测绘总局、地图出版社和武汉测绘学院的有关人员，20日与武汉测绘学院的同志作了下阶段的工序安排。

1960年与胡厚宣于北京

会议期间，正值吴晗新编的历史剧《海瑞罢官》上演，吴晗兴致勃勃请谭其骧看戏，并亲自到饭店接他去虎坊桥工人俱乐部。在去剧场的路上，谭其骧问吴晗："我记得你是不看京戏的，怎么倒会编起戏来？"吴晗说："京戏的唱还不是几句十字句和七字句，只要韵脚合十三辙就行了，加上念白还不就成了戏？学起来并不难。"言下颇有得意之色。是的，当时吴晗自以为及时完成了一项毛主席交下的任务，岂会料到已经惹下了杀身之祸？

1960年12月27日，在北京华侨大厦举行了一次《杨图》工作会议，吴晗、尹达主持，参加的有侯外庐、金灿然、翦伯赞，中科院民族研究所所长翁独健，黄盛璋，中科院地理所的陈述彭，国家测绘总局李局长、刘德隆处长和刘宗弼，武汉测绘学院的张克权、邹毓俊和段体学，学部的李高敏，历史研究所的陈可畏等人，地图出版社的张思俊、欧阳缨、副总编邹新垓、上海办事处负责人周岩、编辑尹正寿等。翁独健到会是因为此前已增加了民族分布的内容，陈述彭则为地图测绘方面把关。谭其骧与金竹安（复旦大学借调的制图人员）于25日进京参加会议。

由于这次会议主要是解决制图方面的问题，所以在行前谭其骧与室内商定，在武汉测绘学院提供了合用的底图后，请该院派六人来校工作30天，集中清绘出一批图稿。复旦大学轮流派一至两位作者和一位绘图员去武汉，随时协调清绘工作。还准备要求中科院历史所和地理所合作，解决编绘清图中边疆地区图幅遇到的困难。在当时的政治气候下，室内同志也对编绘工作的“思想性”和“政治性”提出了批评意见，如认为过多地表现了统治阶级的活动，对劳动人民的活动则表现太少；像“欧洲人东来路线”一类图是客观主义，以帝国主义的侵略为主、以人民反抗斗争作陪衬是错误的；其他如项羽用黑线、刘邦用红线，汉族用较鲜明的颜色、少数民族用较晦暗的色彩都是不妥当的；唐代图中将城市分为工业城市、商业城市、消费城市也不妥。

29日会议结束，但当晚周维衍从上海赶来，因发现武汉测绘学院提供的底图不合用。第二天，双方就此事做了研究，决定在上海改印。31日，谭其骧去测绘总局协商工作计划，作了几项决定：形势图的前半部分设法提前交稿，争取先出第一卷。春秋至西晋图幅在1961年9月底完成抄清，分批送复旦大学审校。十六国、南北朝11月底，隋至宋代、南北朝前形势图年底，宋至明1962年2月底，形势图后半部分及清图1962年底。1962年的五一、七一、十一三大节日各出一、二、三册。与“大跃进”时那种一天画成一幅图的口号相比，这一计划还是非常保守的，但以后的事实很快证明，还是快得不切实际。会议还商定，历史所派七位青年同志去复旦大学参加编图。

1961年8月，谭其骧与周维衍、邹逸麟、王文楚赴京参加杨图工作会议。23日会议在前门饭店举行，云南大学教授方国瑜首次出席。1960年6月已提出了《杨图》增加边疆地区和少数民族政权图幅的计划，并要求聘请有关专家承担，邀请方国瑜到会，就是为了落实编绘云南地区图幅的任务。这次会议要讨论的问题不多，所以虽然到31日才结束，但有好几个半天是在参观人民大会堂、革命博物馆等处。谭其骧于9月2日回上海，前一天还去历史所访友，中午与夏鼐、侯仁之等在文化俱乐部南河沿分部用餐。

1963年1月6日晚，吴晗、尹达、姜君辰、白敏，张思俊、刘德隆、刘宗弼自北京飞抵上海，南京大学教授韩儒林也自南京而来，出席将在锦江饭店举行的杨图工作会议，着重讨论制图方面的工作。8日上午会议正式开始，谭其骧代表复旦方面汇报工作，刘宗弼等汇报了制图方面的工作。在9日上午的会议上，白敏谈了制图方面的意见。在以后几天里，会议对制图工作的要求和日程做出了具体安排，至12日上午通过了会议纪要。但在闭幕会上，谭其骧与吴晗、白敏又发生了争论。会议曾讨论了对地图上古今地名相同时的处理方案，白敏主张在这种情况下一律删去今地名，以便节省制图的工作量，吴晗从尽快完成任务出发，立即表示赞成，并要求列入纪要。谭其骧认为古今对照是我国历史地图的优良传统，应该尽可能继承下来，采取部分对照的办法并不科学，还会引起读者误解，坚决不同意。最后双方妥协，改为经过试验后再作决定。以后的做法是，底图上的县治不全部画出，但画出的都注上今名。

吴晗的焦急是可以理解的。他同时接受了毛主席交办的两项任务：重编改绘《杨图》和标点《资治通鉴》，原先以为同时起步，差不多能同时结束。一年后，《通鉴》标点已告完成，《杨图》却连方案也未能确定。但他觉得再加两三年，至多四五年总得完成，否则无法向毛主席交代。有一时期甚至为此而怕见毛主席，怕见面时问及此事。现在开工已近六年，完工还遥遥无期，他如何能不急？所以在速度与质量矛盾时，吴晗为了求快，往往不惜降低质量标准，而谭其骧坚持质量标准不能定得太低，所以免不了经常发生争执。

就在会议进行中的10日下午，谭其骧接到母亲病危的电话，他急忙赶到大哥家里，见她病情稍稍缓和，就又去科学会堂出席上海历史学会与吴晗、尹达、韩儒林的座谈会。10日上午举行闭幕会，大哥家接连打来电话，他中途去看了一下，但放心不下古今同地名的处理问题，又赶回会场与吴晗、白敏力争，接着又忙于安排吴晗、尹达等在复旦的活动，到14日清晨才得知母亲已在13日晚上10点40分逝世，他没有能与母亲见上最后一面。唯有丧仪上增加了北京市副市长吴晗和中国科学院历史研究所、哲学社会科学部献的花圈，或许能对逝者和生者带来一点安慰。

南京大学韩儒林的与会，是为了商议西北和蒙古地区的编图，这表明“改绘”《杨图》的工作已经全面突破了改绘的范围，不再限于《杨图》所画的中原王朝。就在这次会议期间，吴晗、尹达与谭其骧商定，不久在北京召开一次扩大的杨图委员会会议，正式确定将编绘的范围扩大到各边疆地区，并落实承担单位。

为了保证谭其骧和其他14名教师集中全力于《杨图》编绘，会议期间复旦党委做出决定：将1961级历史地理专业学生并入历史专业，从1963年至1965年暂停招收历史地理专业学生。

同年5月12日，谭其骧与本室的邹逸麟、魏嵩山、周维衍到达北京和平宾馆，当晚谭其骧与吴晗、张思俊、田夫（学部）、侯方若等开了预备会议。第二天上午9点会议开幕，除吴晗、刘德隆、刘宗弼、侯方若等领导和制图方面人员以外，中科院民族研究所的冯家昇，中央民族学院的傅乐焕，历史所的王忠，地理所的黄盛璋和考古所的王世民等也参加了会议。14日晚上，方国瑜到会。这次会议做出了两项重要决定：一是突破《杨图》中原王朝的版图，改以1840年前的中国为范围，在此范围内的历代边疆地区的部族及其所建立的政权辖境全部予以画出。一是对每一个历史时期，不再像《杨图》那样往往将不同年代的建置混杂在一幅图中，改为选定一个年代为标准。每一时期图幅的编绘，先根据这个时期的具体情况制订编例，排出政区表，然后根据原始资料，经过缜密考证，确定每一点、线在今地图上的位置，并尽量采用考古发掘调查和考察的成果，不再以《杨图》为依据了。会议还决定取消工矿、战争、城市、中原王朝范围内的民族分布等图幅，只保留首都城市及其近郊图。这意味着，改绘《杨图》的工作已成历史，从此进入了新编中国历代疆域政区地图集的阶段。但出于习惯，杨图委员会的名称依然沿用，这套正在编绘的地图集也一直沿用《杨图》这一名称。

根据会上的分工，考古所负责原始社会遗址，南京大学和民族所负责西北与蒙古地区，中央民族学院负责东北地区，民族所负责青藏地区，云南大学负责西南地区，谭其骧在会议期间分别与傅乐焕和中央民族学院的吴丰培、贾敬颜讨论了东北地区的明图、后金图和渤海图，与方国瑜等讨论了云南图中的一些具体问题。这次会后，各单位的编绘工作全面展开。

在讨论分工时，有一些《杨图》范围以外的地区没有单位愿意承担，吴晗要求复旦包下来。由于在行前学校再三叮嘱:“我们学校的任务已经够重了,你还得管管系里和专业的事,再也不能答应接新任务了,你得顶住。”所以谭其骧坚持不愿接受《杨图》以外的地区,当天的会议形成了僵局。散会后,吴晗单独邀谭其骧上宾馆八楼茶叙,从他们30年的交谊谈起,谈到他们俩对这套图集所承担的共同责任。最后他说:“别人逃得了,你我无论如何是逃不了的。那些别的单位不肯承担的地区,你作为主编单位的负责人也不管,难道要我好意思反而去压别的单位吗?”私谊公道都使谭其骧无法拒绝吴晗的要求,他只能不顾学校领导的嘱咐,毅然接下了这些难啃的骨头。

同年10月下旬,谭其骧进京出席中国科学院哲学社会科学部的扩大会议,住在北京饭店。11月10日是星期天,杨图委员会利用上午休会和他们在京的机会,开了一次工作会议。15日,他与方国瑜也交换了意见。为了有利于测绘研究所的人员的制图工作,他在5日晚上为他们讲了明代地方制度与历史地名的查法。

1964年3月11日下午,新的一次杨图会议在北京前门饭店召开,谭其骧与邹逸麟、魏嵩山、周维衍参加会议。出发的当天,谭其骧感到头痛,发热,咳嗽也很厉害,到北京后就去学部的医务室诊治,发现血压高至110—160毫米汞柱。配了一些药后他就赶到会场参加预备会。以后几天头痛不止,血压也降不下来,还伴着伤风和咳嗽。但会议重要,他只能边开会边去友谊医院就诊,有几次差一点支持不下去。

3月12日上午起的三个半天由吴晗、尹达分别主持,听取各单位的汇报,汇报情况的有傅乐焕(东北)、冯家昇(西北)、韩儒林(蒙古)、尤中(云南大学历史讲师,西南)、王忠(青藏)、徐苹芳(考古研究所,都城)、黄盛璋(都城)、刘宗弼(制图)和谭其骧。从13日下午起,吴晗和尹达不再到会,由谭其骧主持,讨论各组统一体例,注记方法,明代卫、所的表示方法,流官治所与土官治所如何区别等具体问题。14日下午谭其骧头痛得厉害,只能请韩儒林主持,去友谊医院改找中医开方,17日起又去进行针灸。会议在讨论确定了各图组的交稿日期和审稿工作后,于19日下午结束。这天上午,谭其骧与尹达、吴晗又做了长谈。

会后谭其骧留在北京审稿,第一阶段主要是蒙古图和后金图,从20日至29日谭其骧一一审校了这些图稿,然后召开审稿会议,听取专家意见。30日召开了审稿会,上午到会的有郑天挺、罗继祖、王毓铨、黄盛璋、翁独健、蔡美彪、陈述、黄文弼等,下午增加了傅乐焕、宋蜀华,胡德煌、吴丰培、冯家昇也到会听取意见。31日和4月1日，赖家度、胡庆钧、谢国桢、张鸿翔、许大龄、王锺翰等也参加了审稿会。下午举行各单位联席会议，讨论明时期图的未了事宜，吴晗到会。

此后几天谭其骧继续审图，对一部分经审查合格的图幅签字交付设计，对另一些图提出了具体修改意见。4月6日，他将审毕的稿子让尤中带回昆明。11日，与冯家昇、傅乐焕谈了校毕的西北、东北图幅中的问题，与胡德煌谈了后金图中的问题。在返回上海前，吴晗、尹达、姜君辰、谭其骧和复旦大学分管这项工作的党委副书记徐常太在学部姜君辰的办公室会商了加强力量的办法，但除了留本专业学生参加工作这一条可行外，从外单位调人的事谁也没有把握，至于现有人员充分发挥作用这一条，不仅谭其骧无能为力，就是党委副书记徐常太也未必能保证他们把时间都用在编图工作上。留本专业毕业生的事到次年暑假得以落实，由于复旦历史系受到编制的限制，只留了钱林书、牟元珪和程显道三人，尹达就挑选了杜瑜、朱玲玲、卫家雄、李志庭等十名毕业生进历史所，实际留在复旦参加编图工作，直到完成。1966年夏“文革”爆发，编图工作完全停顿，数月后他们回历史所。

在此期间，谭其骧的血压一直降不下来，咳嗽不止，并经常头痛，3月24日下午他感到“难受之甚”，动了戒烟的念头。28日量血压，依然是108—148毫米汞柱，医生只能让他加倍服降压药。4月11日早上起身后“即觉心跳猛烈，脑中如砰砰有声”，但这一天要与吴晗等商谈，还要与冯家昇等交换对东北、西北、后金图的意见，是最繁忙的一天，他从早到晚无法休息，“难过万分”。第二天上午在火车上“仍难过，吃不下”。4月17日到上海时，与迎接的李永藩等互相错过，好不容易等到行李车，出站时又因找不到行李牌而无法领取，折腾了很久，使他本来已经虚弱的身体更加疲惫不堪。从那次后，高血压成了他无法治愈的痼疾，并且越来越严重。这或许来自遗传，但那年他还刚满53岁，看来与长期紧张的工作压力不无关系。

云南大学的方国瑜没有参加会议，5月份他给吴晗和尹达写了一封信：

会议讨论问题很周密，但有一事不甚明确，瑜已函谭其骧同志提意见，这问题比较重要，所以给您二位写这封信，请求指教！

《历代舆地图》在各个时期包有现在国土，这是已确定的，要照这样办。但现在国土之内，历史上常常是几个国家政权区域，质言之：常常有些地区不在中原王朝版图之内；如果只承认中原王朝为中国版图，在各时期就有一些地区要被划在中国之外，要如何处理这一问题呢？

这里要讨论中国历史发展的实质，是不是中原王朝史等于中国史的问题，我的意见是否定的。去年四月写了一篇《论中国历史发展的整体性》，后在云南《学术研究》九月号发表，意见很不成熟，希望史学界讨论这个问题，现在把拙稿寄上一份，请求指教！在此不重复说了。

近读公布中苏来往七封信，在苏共中央一九六三年十一月二十九日给中共中央的信，关于中苏边界问题的那一段里，有一句："……以武力侵占了不少别国领土的中国皇帝……"这样的意思，在一九五九年九月尼赫鲁在印度联邦院说过，去年出版近代史研究所编辑的《外国资产阶级是怎样看待中国史的》一书里，这种议论所见不鲜。帝国主义、修正主义和各国反动派不懂得中国历史发展的整体性，大肆诬蔑，发出谬论。不能使任意传播，要严厉申斥，请您二位领导史学界讨论这个问题，这是在中国史上反帝、反修的重大问题，不能等闲视之。

《历代舆地图》也要考虑这个问题。地图要反映现在国土之内的历史沿革，在历史上，常常有几个政权同时存在，政治区划如何处理？第一种办法是：只把中原王朝的版图认作中国版图，其余在当时中国之外。第二种办法是：把中原王朝版图只认作中国的一部分，其余政权区域也认作中国的一部分。在这两种办法，第一种是帝国主义、修正主义和各国反动派的看法，我认为是荒谬的，所以只能采取第二种办法。

第二种办法在地图上如何具体表现呢？我对于地图知识很陋，说不出很好的意见，姑且提出以下几点，以明代总图为例：

1. 标题，不作"明代总图"或"明朝总图"，而作"明朝时期中国舆地总图"，以"明朝时期"表示年代，不是限制地域，明朝版图以外的鞑靼区域、畏兀儿区域、乌斯藏区域等等，在这时期都是在中国版图之内，是中国版图不可分割的部分。

2. 政区界线符号，国界线符号只有一种，包有各个政区，至于国界之内的不同政权区域的界线，只有政区的符号，也就是：明朝版图之外的政权区域，是作为地方政权区域，而不作为国家政权区域。

3. 政区着色，明朝版图之内各大政区各着不同颜色，以外政区亦各着不同颜色，与明朝版图内相同，即不以明朝版图内外而有分别，亦即同是中国版图之内，有一致性。

4. 全国首都符号只有一个北京，明朝版图以外的政治区域，即有称王称帝，不用国都符号，只用地方政区首府符号。

总之，同时有几个政权区域存在，不作几个国家区域处理，只作为一个国家版图处理，因同是中国版图，而明朝版图亦只为当时中国版图的一部分，不只为明朝版图也。

我们的任务是：要正确反映中华人民共和国国土之内在历史上的沿革，要反映作为整体发展的中国历史上的政治区域，要为当前的政治服务，而不是为历代王朝的政治服务，要不能给帝国主义、修正主义和各国反动派以口实。我们的工作，不是单纯的考据问题，而是有激烈的政治斗争，要贯彻政治要求，同时也要根据历史实质，要把历史实质弄清楚，首先要击破旧传统的王朝体系。我的知识很陋，不能把问题讲得清楚，希望指教！也希望您们多作考虑！如何？草此即请

撰安

方国瑜上言 五月廿四日

方国瑜的意见，总的来说，是已经解决的问题，因为打破《杨图》局限的出发点，就是为了打破传统的中原王朝体系，使这部图集能够完整地显示历史上中国各民族共同的疆域。到1963年，杨图委员会和参加编图的各个单位已经形成了这样的共识，实际早已采用了他所说的第二种方法，问题只是如何在编稿中正确地运用。至于他提出的具体办法，如采用“明朝时期”和着色方法，实际已作了充分讨论，并且已找到了更完善的解决方法，而他提出的2、4两点却证明了他所谓的“把中原王朝版图只认作中国的一部分，其余政权区域也认作中国的一部分”的观点，就是把中原王朝以外的其余政权都当作中原王朝的“地方政权”，当作从属于中原王朝的一部分，将它们的首都降为明朝的一个地方行政中心。显然，他是想通过无限扩大中原王朝范围的办法来解决问题，根本没有“击破传统的王朝体系”。谭其骧当然不会赞成这种观点，以后《杨图》的编绘也没有采纳他的这两条意见。但在“反帝反修”“突出政治”的声浪日甚一日的形势下，吴晗和尹达对这封信异常重视，他们很快作了正式答复：

国瑜同志：

文章和信都收到。

文章的论点，我们完全同意，而且，我们过去一直是如此主张的。

在历史上，在中华人民共和国现在的版图上，常常有几个政权同时存在，政治区划如何处理？我们同意你的第二意见，即把中原王朝版图只认作中国的一部分，其余政权区域也认作中国的一部分。

至于如何表现在图上，你提的四个办法，原则上我们都赞成。具体贯彻，需要编图单位复旦谭季龙同志等去研究，商讨，已将尊信转交季龙同志，并将此信复写一份给他了。

此后遇有此类问题，务必加强联系，提高工作的科学性和政治性。你的意见是十分正确的。

覆致

敬礼

吴晗　尹达　1964年6月3日

同时将这两封信印发给谭其骧和有关方面。

1965年1月5日，趁谭其骧、方国瑜等来京出席三届人大之机，在学部开了一天《杨图》工作会议。这次会议除了一般性交流工作进度外，着重研究了制图方面的问题。11日，谭其骧去测绘研究所，与刘宗弼、余仲英一起研究图例，改定会议纪要，还讨论了图幅和编绘中的具体问题。为了使制图同志都能明确，12日上火车前他又去测绘所历史地图室，作了一小时的讲解。

同年7月，"文革"前最后一次、也是历时最长的一次《杨图》工作会议在北京和平宾馆举行，谭其骧与赵少荃(历史地理研究室党支部书记)、周维衍赴会，与会的邹逸麟已先期到京。7月19日开会，吴晗、尹达、侯外庐、翁独健、冯家昇、陈述(民族所)、傅乐焕、吴丰培、王忠、韩儒林、施一揆(南京大学)、陈得芝(南京大学)、黄盛璋、侯仁之、方国瑜、徐苹芳、马恩惠(民族学院)、曾世英、张思俊、刘德隆、刘宗弼、金竹安(制图人员)等出席。在上、下午的会议上，各单位汇报了工作情况及问题。晚上开小会，拟订审稿方案，决定采用与会人员互审(内审)和请会外专家来审(外审)两种办法；先内审，再外审。20日上午各单位继续汇报，最后宣布内审的审稿名单。下午会议由尹达主持，吴晗未来，讨论外审名单及外审办法。五点后将复旦大学完成的中原图幅分发各人，并由谭其骧简单介绍了各朝图编例。

从7月21日开始都是内部审稿，这期间谭其骧自己审了明两京十三布政司的总图，处理修改了云南幅，审了边区各幅，看了东北地区的修改意见，还请侯仁之审阅了金、元、明北京附近的图幅。26日下午，尹达决定会议延长，将元明图全部审毕。

28日和29日两天组织外审，先后到会的有潘光旦、张秀民、王其榘、蔡美彪、胡庆钧、向达、陈乐素、杨向奎、张锡彤、罗致平、孙钺、陆峻岭、黄文弼、赵万里等。30日后继续内审，并讨论了图的性质、任务、内容、质量要求，元明两时期图的分幅及图名、图例，文字说明、表格、考释汇总和交稿的要求。在此期间，吴晗、尹达、姜君宸和谭其骧商谈了元明图交稿及集中完成剩余任务的安排，并立即致电复旦党委，请采取相应的措施。9月6日，复旦回电，决定全体编图人员集中到明年底。谭其骧还审阅了元东北、蒙古图幅，与吴丰培交换西北幅的意见，答复了张秀民提出的意见，听取方国瑜关于大理及元云南幅的情况，并召开座谈会讨论大理图，修改了广西、越南的边界并改定了相关的考释。

8月11日上午举行大会，吴晗作总结。下午举行编绘人员会议，落实下阶段任务，确定了到1967年底完成全部编稿的目标，又决定增加大比例尺历代首都城市图，由侯仁之负责，会议到此结束。当天晚上，吴晗在新侨饭店宴请与会主要人员，除谭其骧外，还有尹达、夏鼐（考古所所长）、韩儒林、方国瑜、刘宗弼和赵少荃。想到再过两三年就能完成这项大工程，终于可以向毛主席呈上一套适合他读史所需的历史地图集时，吴晗的兴趣颇高，频频举杯向谭其骧劝酒。谭其骧虽然明白余下的工作量还很大，但也为任务的落实和得到学校党委的明确支持而感到欣慰。此时吴晗绝不会想到，那篇置他于死地的姚文元的文章已经基本定稿，三个月后就将出笼。谭其骧更不会想到，这是他与吴晗的最后一次见面。

谭其骧又在北京留了两个星期，审阅、修改了东北、西北、青藏等地区的图幅，并在总图上作了相应的修改。归途他又在南京停留了几天，8月30日回到上海。

此时到“文化大革命”开始只剩下七个月了，但就是这七个月，谭其骧和同事们也没有能够完全花在编图上。这倒不是复旦党委不信守诺言，而是在山雨欲来风满楼的革命形势下的必然结果。

到预定完工的1967年底，编图工作已经停止了一年又七个月，当时吴晗、尹达、谭其骧和杨图委员会全部成员，除了已被迫害致死的以外，都毫无例外地在遭受批斗审查。对谭其骧和主要的编绘人员来说，与吴晗的“黑关系”本身就是一条重要的罪状。

1981年5月20日，我去中南海参观毛泽东故居。从走廊望他的卧室，见那宽大的床边堆着大叠书籍，离枕头不远的是一本顾颉刚、章巽编的《中国历史地图集》。是的，毛泽东生前没有能用上他下令重编改绘的杨守敬《历代舆地图》——以后改为新编的《中国历史地图集》。当他晚年读着大字本《二十四史》或由谭其骧参与注释的大字本古文时，不知道他有没有感到没有一本合适的历史地图集的不便？他有没有想到，要是没有他亲自发动和直接领导的这场史无前例的无产阶级文化大革命，这套《中国历史地图集》本来早就应该放在他的床边了。而且按照原来的计划，这将比以后公开出版的图集更详细，内容更丰富。

但在这八年时间里，谭其骧和他的同事、协作人员已经尽了最大的努力，所以到1966年5月底为止，图集的绝大部分图幅的初稿已经编出或备齐了资料。更重要的是，经过多次的摸索和更改，已经掌握了编绘中国历史地图的方法，积累了经验。在谭其骧的悉心培养和指导下，一些当年还不知历史地图为何物的大学生已经能够独当一面，承担重要图幅的编绘了。

在这八年间，除了外出开会或活动外，谭其骧每天的安排一般都是白天到校工作，中午有一段午休时间，晚上工作到深夜，甚至黎明。一位住在他家附近的教师告诉我："我是早起的，谭先生是晚睡的，有时我起来了，他还没有睡。"星期天是假日，他一般也有一半以上的时间在工作。但是查一下他1955至1965年这十年间的论著目录，我们就会惊奇地发现：这期间他发表的论文只有12篇，而1956、1957、1958、1964这四年完全是空白。但正是在这十年里，谭其骧为《杨图》奉献了从44岁至55岁这段学术研究的黄金岁月。

第十二章

从「反右」到「文化大革命」

1957年1月，当谭其骧从北京回到复旦大学时，他正享受到一生中不多的一段舒适生活。

1955年，他被评为二等教授。评级的事在学校已酝酿很久，谭其骧正好一直在北京工作。1955年5月27日胡厚宣给他的信中就提及此事："评级的初步方案（领导上的评）尚未公布，照规定，长期病假、久未开课和离校半年以上的人暂不评。像老兄不知是否属于第三种？日内方案公布，便可明白，当再奉告。"从以后结果看，他自然没有被列为离校半年以上的对象。历史系教授中，除了周谷城被评为一级外，陈守实、周予同、王造时、蔡尚思、胡厚宣和谭其骧六人被评为二级，他与胡厚宣是最年轻的。

二级教授的工资调整到每月302元，使谭其骧的收入一下子增加了三分之一以上。当时物价便宜，他的工资供养一家六口和补贴亲人也绰绰有余。至于这样的工资一直拿到了80年代末，自然是他始料未及的。谭其骧的家迁入了第九宿舍新建的教授住宅楼，有四间半（一间较小）住房和厨房、卫生间，比他原来住的地方大了一倍。当年，经中央特批，复旦大学为苏步青、陈建功教授各建了一幢近200平方米的小楼。学校宣传，以后要为其他教授陆续建这样的小楼。

但好景不长，几个月以后，整风"反右"运动开始。

整风"反右"　有惊无险

1957年5月，复旦大学根据中共中央《关于整风运动的指示》，开展整风运动。

在此前的3月，历史系开始组织教师进行政治学习。15日下午的第一次学习安排在田汝康教授的家中，晚上田汝康还准备了丰盛的晚餐招待大家。20日，谭其骧作为民主党派代表在文化广场听了关于毛泽东主席《关于正确处理人民内部矛盾的问题》的报告的传达，3月30日起进行学习。5月份开始，校内外各方面召开了一系列的座谈会，一些教授在会上发表了大量言论。谭其骧的主要工作仍然是编绘《杨图》，几乎天天要去河滨大楼，所以多数时间不在学校，大多数座谈会都没有参加，前后只参加了三次。

5月5日上午学校在文化俱乐部召开校务改进座谈会，校长陈望道主持。

物理系教授王恒守、生物系教授张孟闻在发言中主张实行教授治校，陈望道听后表示："我们并不想抓住权力不放，什么权都可以交出来。"谭其骧发言却不赞成教授治校，他倒不是考虑什么阶级掌握领导权的问题，而是根据新中国成立前在大学的经验，认为教授治校未必治得好，如清华大学教授治校的结果是闹派系纠纷，争权夺利，还有的教授会巨头称王称霸，威福自专，并没有给学校带来什么好处。王恒守和张孟闻以后都被划为右派。

当天下午，《光明日报》召开座谈会，着重谈党群关系。谭其骧在会上说：学校党群关系存在隔阂，主要原因是党员在群众面前不够直率坦白，没有把群众当作自己人。党的领导对群众的了解依靠党员的汇报，而汇报往往不免与实际情况有出入，因此造成群众对党员的畏忌。在这次会上发言的教师颇多，会议到晚上7点多才散。

谭其骧参加的另一次座谈会，是党委副书记王零召集历史系教师听取意见。谭其骧提出：历史系的老教师阵容不够坚强，但学校非但不主动物色人才，人家愿意来，也不愿接受，如束世澂、魏建猷等都想来复旦而没有来成。如果他们有问题，那么同样是党的领导，为什么华东师大和上海师院会请他们去呢？

5月18日，中共上海市委教卫部发出反驳右派言论的通知，复旦从5月24日起停课学习。但谭其骧还是在河滨大楼编绘《杨图》，依然游离于运动之外。他本来就没有什么右派言论，加上党委始终没有把他划为重点对象，对右派言论的批判自然轮不到他。

9月19日，复旦大学成立整风学习委员会，领导学校运动。编绘《杨图》的工作室在此前的14日迁至校内。不久，党委副书记徐常太找谭其骧，要他在小组会上对前一阶段的错误言论作一次检讨。谭其骧照办不误，会上顺利通过。显然，党委对他是保护的，所以已经对下面打了招呼。历史系被划为右派的有"七君子"之一的教授王造时、全国仅有的几位始终没有改正的右派之一的陈仁炳和讲师张荫桐。谭其骧参加了对他们的批判斗争，还以工会副主席的身份主持了在大礼堂召开的斗争王造时大会。

但他的妻子李永藩和大儿子德睿却没有逃过当右派分子的厄运。

李永藩本来是家庭主妇，前几年一直嫌谭其骧收入少，不够家里开销，甚至与他闹离婚。朋友们多方劝解，同时帮她找工作，以便家里多一份工资。胡厚宣的妻子有亲戚在公路局，曾帮她找过，但没有成功。以后在市教育局工作的洪廷彦介绍李永藩去杨浦区一所小学当教师。小学教师本来就比较辛苦，李永藩又从来没有做过正式的工作，干不了几天就怨天尤人，还编了几句顺口溜发泄怨气，运动一来，正好成为现成的批判对象。

如果说李永藩当右派还多少事出有因，那么谭德睿的右派实在划得冤枉，他当时是交通大学的学生，不过是对学校的工作提了一点意见，而他主动要选的课的主讲教师正好是右派。

1978年后，李永藩和谭德睿都获得改正。但在这十多年的时间内，一个六口之家就有两名右派，对他们本人和谭其骧来说，不能不是一个沉重的政治包袱。如果说在“文化大革命”前，由于有党委的保护，谭其骧还没有受到什么影响的话，到了1966年5月以后，党委自身难保，这两位右派家属就成了批斗他的一个方面，甚至连他没有被划为右派，也成了党委招降纳叛，包庇他这个“漏网右派”的罪行，他当年的发言被当作“右派言论”而重新受到批判。

跃进再跃进

1958年8月2日，谭其骧刚从北京开完《国家大地图集》编委会会议回到上海，复旦大学就掀起了“大跃进”的高潮。8月4日，历史系开了一整天会，体会形势，讨论如何鼓足干劲。当晚，党委书记兼副校长杨西光在全校大会作“大跃进”动员报告：（据谭其骧笔记）

1. 当前大跃进的形势：江南造船厂。河南遂平县全县实现了食堂化、托儿所化，全县30万人口成立了10个公社，生产组织按团、营进行。外交部办的招待所有四百张床位。全国已经没有低产作物，枣子亩产15 000斤，芝麻亩产5 000斤。河南商丘县社社有大学。广大工农发扬了共产主义精神，为过渡到共产主义创造了条件。上海市将掀起跃进高潮，明年农业亩产要达到3 200斤，三年内全部实现农村电气化，五年普及中学，十年普及大学。毛主席已在考虑富了怎么办。

2. 教育革命：教育要为政治服务，与生产劳动相结合。教育要与物质生产结合起来，北郊区办了黄芽菜、卷心菜大学，每亩产量达40万斤。要消灭体力劳动与脑力劳动的差别，彻底打垮资产阶级的一套，勇敢地打破旧框框。

3. 学校规划：首先要抓政治方向，其次是创造性的学习。现在为高教普及，为工农生产服务的设想不够，没有能够彻底打破旧框框。措施不力，着落不明。历史系四年级就提了1 700条意见。

4. 立即行动起来，掀起大跃进高潮：怎样为上海市普及高教、中教服务？先了解工厂、农村办学的情况，是怎样办的？需要什么帮助？要大搞教育改革，对制度、计划、教学大纲、教学方式等等都要改。要坚持党的领导，发动教师、学生，与外面结合。大搞科研，在党的领导下，发动群众，与当前的技术和协作部门结合，与交通大学、同济大学合作放人造卫星。思想解放后就会有无穷的力量，用运动的形式搞科研，一年四次大运动：元旦、五一、七一、十一。学生也要创造性地学习，一年可搞四次。三五天后开全校跃进大会。

5. 大跃进必须政治挂帅：以虚带实，虚实结合，掌握方向，了解意义。这是两条道路、两种方法的斗争，在立中破，立中不能忘破。要学习毛泽东思想，与工农结合，搞好协作，领导和党员要带头。

第二天上午绘图组开会，讨论如何实现"大跃进"，但面对具体问题，却难以订出多少时间完成一幅图的计划来。下午和以后两天继续讨论，在这种形势下，计划越订越玄，但离学校的要求还差得很远。8月7日和8日两天晚上，谭其骧参加全校老年教师跃进大会。9日，作为系主任的他根据群众意见制订新的教学大纲，在谭其骧的笔记上可以看出当时的设想：

五年改三年，保证超过五年质量。仅以能达到一年三学期，三年九学期计，劳动二学期八个月，余下有七学期，保持四年制的时间。改变方法，创造性地教学，质量可提高。集中学习，一学期三门，有课外时间进行创造。外文学习集中，掌握5 000单词，能够看书。仍可读二三学期的选修课。中国现代史第二学期可以包括中华人民共和国史。中国上古、中古史有二学期，世界上古、中古史一学期，体现厚中薄外。亚洲史只有近现代，厚今薄古。半工半读也可以，集中劳动更好。应顾到语言文字。进度：二年级还有四学期，三年级还有二学期，都是六学期，一学期四门课，比新计划多了一门，比旧计划少好多。

学习毛泽东思想的具体文件是《井冈山的斗争》，8月10日，谭其骧在家写学习体会。接下去又是反复讨论，订跃进计划和开跃进大会，如15日上午开会，下午4点半响应市委号召大会；15日上午准备，下午系跃进大会。17日是星期天，当然不能休息，上午系准备全校跃进大会，晚上谭其骧与胡绳武一起拟定第二天的发言提纲；18、19日连续两天全校开“跃进跃进再跃进”大会。20日一天系里修订跃进规划，晚上全校大会上杨西光作总结。这三天大会期间，包括谭其骧在内，全校有39人代表所在系、所发言，报告他们苦战十天中所取得的成就和今后的跃进规划，党委又号召“苦战四十天”，向国庆献礼。

在这样的跃进形势下，绘图组也一再修改计划。尽管在领导和青年教师看来，谭其骧的计划过于保守，但章巽觉得是完全做不到的，他对谭其骧说：“年轻人不懂，乱提口号，你怎么也来逼我呢?”谭其骧左右为难，学校领导心里也明白，编图的事不可能在短期间完成，所以在开了几次会以后，在9月5日的《杨图》例会上还是决定，先清旧账，校出秦汉图。9月25日，在地图出版社上海办事处的会上，张思俊带来北京的消息：范老(文澜)决定明年国庆节完成编绘工作。但实际上，这样的“大跃进”使谭其骧整天忙于开会和发言，疲于奔命，根本没有时间坐下来编绘地图，工作进度实际上推迟了。参加编绘的教师通宵达旦编图、绘图，往往因疲惫不堪而出错，为了几天赶出一幅图只能草草了事，实际效果适得其反。

国庆节后，学校继续准备掀起新的跃进高潮。10月2日，历史系召开了系务会，研究下一年的跃进计划，3日上下午组织各教研组讨论。由于第二天要交在学校大会的发言稿，谭其骧晚上一直写到凌晨2点，累得无法入眠。5日，复旦大学召开全校发扬共产主义思想跃进大会，谭其骧又代表历史系发言。在这次大会上，党委提出，学校跃进的方向是发扬共产主义精神，强调要使劳动成为整个教学计划的重要部分，学生逐步实行半工半读。

作为发扬共产主义思想的另一面，谭其骧被作为资产阶级学术思想的代表人物受到批判。

批判资产阶级学术思想　自愿作典型

1958年8月30日，《人民日报》发表了题为《学术批判是深刻的自我革命》的社论，提出高等学校的领导要大胆发动群众，帮助资产阶级学者们进行学术批判。9月下旬，复旦大学开展了对资产阶级学术思想的批判，选定的对象是中文系教授刘大杰、张世禄，历史系教授蔡尚思、谭其骧和周谷城。选择虽出于领导意图，但谭其骧也是完全自愿的，他把这次批判看成是对自己资产阶级学术思想的一次清理，看成是领导对自己的关怀。

蔡尚思是党员、系主任，所以他首先接受批判。谭其骧是代理系主任，排在第二。从10月份开始，谭其骧先在教研组作了一次自我检查，接受组内批判。然后召开大会，全系教师、上海社会科学院历史研究所（当时并入复旦大学）成员和学生代表参加，先由谭其骧作检查，接着由群众批判。由于有了教研组的经验，谭其骧作了尽可能详细的检查，并且都提高到原则高度来分析和认识，还主动检查了教课以外的“问题”。但正处于“大跃进”狂热中的革命群众自然不会轻易罢休，发言者从他的讲课内容和历年来发表的论文，揭发他既有严重的封建主义思想，也有典型的资产阶级思想，既宣扬“地理环境决定论”，又鼓吹极端反动的文化史观和种族主义，火力之猛，言辞之激烈尖锐，使谭其骧大受震动，简直不知所措。一些学生的革命劲头更足，会后又将批判发言和文章刊登在油印刊物《斗争》上。历史研究所的宋心伟还在《学术月刊》上发表了《历史地理学方面的资产阶级学术思想必须批判》的文章。尽管文章没有点谭其骧的名，但学术界、文教界和复旦大学的师生都知道，有资格被称为“资产阶级历史地理学家”的，非谭其骧莫属。由于当年的资料已很难找到，这篇文句欠通的大批判文章倒给我们提供了这场批判运动的实录。

在论证了马克思主义“处理和运用史料方法”后，宋心伟首先批判了谭其骧的“资产阶级的繁琐考据方法”：

受这种考据方法影响的一部分历史地理学家，他们对于历史上许多无关紧要的问题，诸如“清世祖之于董鄂妃”之类，大考特考；凭个人兴趣去“发前人之所未发”，以“货高少识，博得后人点头”为乐事；写文章用相当篇幅去做“校”“补”考订工作；他们也以这种繁琐考据方法，在历史地理沿革方面，占领一块阵地，充当对抗马克思主义新史学的一支喽啰兵。

在这种繁琐考据方法影响下从事历史教学工作的一些资产阶级历史地理学家，他们在课堂上往往离开一定社会历史的政治经济状况，孤立地大讲其行政区划、民族迁徙等情形。对学生进行考试时，也出什么这个“补”那个“考”的题目。弄得学生一无是处。这实际上是用史料学代替历史学。这种错误的方法，既破坏了历史学，也会使广大青年迷失方向，无目的地沉溺在史料的海洋中去。

批判的第二点是“地理环境作用问题”，所揭露的问题是：

有的历史地理学家，在讲到古代建都问题时，或则说到它的富丽建筑，或则说到对延缓封建王朝有何作用，而不是站在人民的立场上使历史地理学为研究一定社会的经济、政治、文化等发展规律服务。人家批评不应该拿很多的时间去讲长安、洛阳的街道有多么宽，宫殿有多么大，他回答说：“考古学发掘长安报告，也说长安的城墙有多么宽，宫殿有多么大，而且他们的报告很长，我所说的和他们比较起来，不及他们的百分之一。”在这里，他显然是把历史地理和考古学混为一谈了。而不去考虑，作为历史地理这门课来说，究竟是否须要那么说。有人批评他，讲黄河时，不应该不讲解放后根治黄河的情形，他回答说：“历史地理是以历史时期地理现象为中心，上古时期属于地质学，现代的属于地理学，因此，历史地理课，不应该讲解放后的根治黄河。如果要讲，属于水利工程的不懂，也找不到有关工程资料。”我们认为，说历史地理仅以历史时期地理现象为中心是不确当的，所谓历史时期何以不包括现代呢？因而，对于黄河问题，不仅古代的要讲，现代的尤其要讲，只有这样，才能看出黄河在长期的封建时代和旧中国如何变成了一条害河，而在社会主义的新中国，又如何变成为中国人民的富源。认为讲黄河，就要讲水利工程本身，这显然是一种误解。我们没有理由要求一个研究历史地理的人，去讲水利工程，但是却有理由要求他去讲在社会主义的新中国，劳动人民是如何利用黄河而改变地理环境的。因为它对发展社会生产力具有重要意义，从而帮助人们了解社会主义制度的优越性和社会主义社会的发展规律。

对谭其骧“民族研究问题”的批判更加上纲上线，却举不出任何实例。第四段虽然用了“学习马克思主义问题”的标题，实际也是针对谭其骧在批判阶段的言论的，但却将他的话作了断章取义的处理：

有些资产阶级历史地理学家，虽然在口头上也承认学习马克思主义的重要性，但是实际上并不把学习马克思主义当作迫切需要。他们并且制造一种

"理论",拒绝学习马克思主义。一曰:"不喜欢看长文章",二曰:"画历史地图,与学习马克思主义无关,要我学习马克思主义,只有把我调离画图工作。"这种"理论"显然是可笑的。我们说,不是什么喜欢不喜欢看长文章的问题,这些学者本来就是长期钻在故纸堆里的,问题是看什么样的长文章,所谓不喜欢看长文章,只不过是不喜欢马克思主义的文章,而对于资产阶级史学家(包括某些反动的史学家在内)的文章,即使再长,也是爱好的。应该认识到,马列主义经典文献乃是用最精炼的文字写成的,资产阶级学者贬之为"长文章",如果不是出之于他们的无知,就是暴露了他们对学习马列主义的抗拒情绪。事实上,那些资产阶级历史学家的繁琐考据的文章,才是又臭又长的!其次,说画图工作没有办法学习马克思主义,这也只能说是一种借口。因为我们所画的历史地图,不仅要有助于历史发展规律的了解,而且要能够恰当的联系当前实际,因此,不学习马克思主义,不以马克思主义立场、观点作指导,不但不能把这一工作做好,而且不可避免地要犯错误。

不过从文章最后一段"'破'与'立'的问题"看,对谭其骧所定的基调虽是"资产阶级历史地理学家",但还是属于"人民内部矛盾"。

在这种形势下,谭其骧采取了"照单全收"的态度,无论别人讲什么,提得多高,他都一概接受,不作辩解,以免与批判运动对抗。会后不久,总支委员胡绳武、朱永嘉代表党组织找他谈话,指出他这种态度不对,不能解决问题,要他将实际的想法都端出来,对群众的批判意见同意的就表示同意,不同意的就不同意,怀疑的就怀疑,都可以把理由说清楚。以后几次会上,他就这样做了。

12月底又召开了一次大会,谭其骧就根据自己的认识,对批判意见作了一次总答复,群众又提了一些意见。主持会议的田汝康教授作了总结,说大会开得很好,对批判者和被批判者都做了表扬,这场历时三个多月的运动就此结束。据顾颉刚1959年1月4日日记:"季龙告我,渠在复旦被批评七次,其中大会两次,《禹贡》半月刊中文字被人细细摘出。渠甚镇静,批判结果未作处理。"

批判运动的虎头蛇尾当然与总结大会的主持人毫无关系,真正起作用的是12月27日中共中央印发了毛泽东在《清华大学物理教研组对教师宁"左"毋右》材料上的批示:"端正方向,争取一切可能争取的教授、讲师、助教、研究人员,为无产阶级的教育事业和文化科学事业服务。"

1959年1月19日,党委书记杨西光在校务委员会会议上总结工作,谈到教师作用问题时说：

学生应该尊重教师，教师可以批评学生，打成绩有决定权，但应注意发挥学生的主动性和积极性。对教师要全面看，是有进步的，去年进步尤其大。中间派要允许存在，思想要逐步帮助，有些是认识水平问题，学术上要以理服人，作风方面的要求不能太高。思想要活跃起来，力求进步。

1962年5月2日，历史系党总支召开座谈会，对1958年的学术批判向谭其骧等表示歉意。

与郭沫若商榷

1959年初，学校秩序稍稍恢复正常。1月中旬，恢复了从1957年夏季中断了的考试，接着恢复放寒假两星期。开学后，虽然新的跃进大会还是不断，但逐渐转入正常教学。

1959年3月3日，谭其骧与朱永嘉去北京参加《中国通史》提纲讨论会，15日回到学校，19日在工会召开全系师生大会，向大家传达了北京会议的精神。在经历了一场大哄大闹以后，北京会议提出要依靠专家编一套新的《中国通史》，无异使师生们的头脑清醒了一些。

党委为了减少批判资产阶级学术思想的消极影响，鼓励谭其骧带头做学术报告。正好郭沫若、翦伯赞提出为曹操翻案，郭沫若还提出为殷纣王等历史人物翻案，谭其骧读过他的文章后，觉得其中不少论据站不住脚，3月25日下午，他在工会给历史系师生作了关于曹操评价问题的学术报告，引起很大反响。当晚，陈望道在寓所召开座谈会，讨论历史、中文两系如何开展学术讨论。会后《文汇报》记者陆灏就送来了有关他学术报告的报道稿，谭其骧修改至12点，28日见报。陆灏还要求他将报告内容整理为文章，27日晚上谭其骧着手撰写。在此前的25日，他已接到北京电话，《国家大地图集》编委会举行前有事相商，要他提前到达，他已定了车票。为了在行前完成这篇文章，只能将已买的车票退掉另买。从28日至30日，他繁忙异常，紧张万分，因为《文汇报》的报道见报后，各方面纷纷来电来访，《光明日报》《复旦学报》都要求刊登这篇文章。他每天都要写到凌晨三四点钟，终于在30日上午10点写完，在他家坐等的陆灏立即拿走，《光明日报》和《复旦学报》都未能抢到，《论曹操》一文第二天就在《文汇报》发表。当时大家都知道，郭沫若的翻案文章是有来头的，所以谭其骧的商榷也格外引人注目，历史系师生进一步开展讨论，气氛为之活跃；学术界也出现了不同意见的争鸣，打破了长期的沉寂局面。

在这篇论文中，谭其骧首先指出，对曹操不存在翻案的问题。"说是替某人翻案，无论正翻反也好，反翻正也好，总得新的评价和旧的评价完全相反或基本上相反，才算得上翻案。"但"自古及今，果然有很多人说曹操坏，却也有不少说他好，也有人在某些方面认为他好，同时在某些方面又认为他坏的"。他列举了近几十年来所出版的历史课本中，对曹操的评价一般并不特别坏；范文澜的《中国通史简编》和吕振羽的《简明中国通史》虽然骂了他，但只是当作汉末军阀的一员，对他的评价远在刘备、孙权之上；新中国成立前后专论曹操的论文或小册子，对他也是肯定多于否定。"既然过去人们对曹操的评价不全是否定的，也有肯定的，那么我们今天要肯定曹操怎能说是替他恢复名誉，替他翻案呢？"古人对曹操的评价也是有毁有誉，甚至连司马光的《资治通鉴》中的评价，也几乎是全盘接受了曹魏本朝臣子王沈的话。至于小说戏曲中都说曹操坏，不说他好，那又是历史小说、历史剧是否要符合于历史事实的问题，也不是翻案不翻案的问题。

郭沫若、翦伯赞都认为，对曹操的坏话都出于统治阶级。统治阶级之所以要讲他的坏话，都是封建时代的正统主义历史观在作祟，而人民群众也说曹操坏，那是受了统治阶级的影响，"是支配阶级蓄意培植的"。谭其骧列举了自晋至清对曹操的各种评价，指出：封建统治阶级站在正统主义上来对待曹操，也不是一贯相承始终不变地把他看作是篡逆僭窃一派的人物，偏安时代也有不把他看作坏人的。而从北宋以来的小说戏曲都把曹操当作反面教员，显然也不是像郭沫若所说的出于统治阶级的培植，因为司马光对曹操的评价就很好，但据同时代的苏轼的《志林》记载，当时的说话人（民间说书艺人）已将曹操说成为反面人物了。

谭其骧具体论述了曹操的历史贡献，归纳为四项大功：1. 结束了汉末豪族军阀间的混战，统一了北方。2. 征服了乌丸和鲜卑，保障了边境的安宁。3. 打击了名门豪族，在一定程度上抑制了兼并，澄清了吏治。4. 恢复了生产，在一定程度上还发展了生产。同时指出了曹操的四项罪过：1. 打了农民起义军。2. 曹操一生打的仗大多数属于统治集团间内部的战争。为了结束混战，求取统一，这些战争是不可避免的，但他在战争过程中杀人太多，这也不能不算是一大罪。3. 摧抑豪强兴办屯田诚然对人民有利，但所谓屯田制，实际上是一种用军事手段强调束缚军民在土地上进行官六私四或对半分的高度剥削的制度。并且不论是佃兵(军)或屯田客(民)，由于他们的劳动生产得受政府设置的农官的直接管辖，身份因而降落，走上了农奴化的道路。4. 在道德品质方面，他的忌刻残忍实在也是不可饶恕的。

他直截了当地提出："评价历史人物，应该是是非非，尽可能做到恰如其分，不应该恶之则恨不得把他打入地狱，爱之则唯恐捧不上天。在郭老的笔底下，似乎曹操简直没有什么不是，即使有也算不得什么大不是，我看郭老这种看法在许多地方是值得商榷的。"

郭沫若说："曹操虽然是攻打黄巾起家的，但我们可以说他是承继了黄巾运动，把这一运动组织化了。""曹操虽然打了黄巾，但并不违背黄巾起义的目的。"谭其骧指出：黄巾起义已经基本上瓦解了东汉政权，何待曹操出来推倒？农民的基本要求是土地，是轻徭薄赋，但曹操的措施是把农民编置在国有土地之上，在农官直接控制下进行农奴式的生产，榨取十分之五六的高额租赋，怎么能说没有违背黄巾起义的目的？建安晚期同样发生了多次农民起义，说明在曹操统治下，农民的生活未必比东汉桓灵以来好多少。曹操击溃青州黄巾军后，收编为青州兵，从此青州兵不再是为了农民阶级的利益而进行战斗，而是为曹操统治集团的利益服务了，怎么反能说曹操承继了黄巾运动？

郭沫若说，由于曹操的锄豪强、兴屯田等措施，"把北部中国的农民千百年来要求土地的渴望基本上得到了一些调剂"，"把人民被奴役的情况扭回了过来"。谭其骧问道："难道说人民被编置在土地上当农奴，就是调剂了他们对于土地的渴望，扭转了被奴役的情况？"再说当时兴屯田的也不限于曹氏一方，孙氏在江东也推行了，规模也不算小，可见这也算不得是曹氏政权的特殊优点。

郭沫若认为历史上关于曹操杀人的记载，不见得完全可信，他举攻陶谦一事有三种不同记载为例，认为《曹瞒传》是吴人做的，说曹操坑杀数万口是明显的对敌宣传；《后汉书·陶谦传》把杀人数字夸大成数十万，更是典型的曲笔；只有《魏志·陶谦传》的记载比较可信，而所载"死者万数""这里可能是战死的，也有可能是在败走中被水淹死或者自相践踏而死的，不一定都是曹操所杀”。谭其骧指出：史料中记载曹操杀人的事很多，就连《魏志·本纪》中也说他“所过多所残戮”；就算《吴书》出于吴人而不可信，难道《魏志·本纪》也不可信？同样是《魏志》，为什么只有《陶谦传》可信，而《本纪》就不可信呢？

郭沫若认为曹操杀孔融二子一事不可信，理由是此事在郭颁《世语》里并无明文，孙盛《魏氏春秋》和范晔《后汉书·孔融传》才予以肯定，并说《三国志》注者宋人裴松之曾对孙说加以批评。谭其骧指出：这是郭老一时疏忽，误解了裴松之的原意，裴的原意对孔融二子同时被杀并无异议，只是对孙盛所述孔融被捕时二子“时方弈棋，端坐不起”一节认为违反常情。同时曹操经常夷人三族（父母、兄弟、妻子），并非只杀孔融一家。至于曹操杀吕伯奢一家的事，也有三种记载，谭其骧认为最妥当的办法是存疑。

郭沫若又把建安十八年（213）曹操想把邻接孙吴边界的淮南诸郡民户搬到内地，因而引起“江淮间十余万人皆惊走”，逃到孙吴方面去一事，说成是原本出于曹操的好心肠，但操之太切，反把事情办坏了。他根据《袁涣传》关于屯田的记载，认为淮南人民惊走是强迫屯田引起的，后来既然不再强迫了，“可见东渡江的十余万户其后有不少人回来的”。谭其骧指出，这大概又是郭老一时疏忽没有看清楚《袁涣传》而引起的误解，因为曹操放弃强迫屯田当在建安三、四年，淮南民东渡远在其后，与屯田的强迫有什么相干？既然如此，被惊走了的十余万户其后也未必有人回来了。从这件事倒可以看出，曹魏的统治不见得比孙吴高明多少，否则淮南民也不至于因不乐内迁而情愿投奔敌国了。

郭沫若连关于赤壁之战的记载也怀疑，他援引曹操与孙权书中“值有疾病，孤烧船自退”的说法，认为“到底哪一边是历史事实呢？我们很难判断”。谭其骧在列举各种记载后指出：关于赤壁之战，《三国志·周瑜传》记载最为详核，和其他记载也相符合，不容置疑。“请大家设想：曹操以数十万大军乘流而下，意气骄盈，方欲一举而定江东，成一统，假如不是打得大败，怎肯‘烧船自退’？”

郭沫若说，曹操“打了乌丸，而乌丸人民服从他”和“他打了黄巾，而黄巾农民拥戴他”，“这两件事体最值得惊异”。所谓乌丸人民服从他，指的是《魏志·乌丸传》所载曹操平三郡乌丸后，“悉徙其族居中国，帅从其侯王大人种众与征伐，由是三郡乌丸为天下名骑”。谭其骧说：历来用被征服的“异族”为兵的多得很，中古时期的边疆部族往往以掠夺战争为主，谁收编他就为谁服务，为谁作战，何足惊异？三郡乌丸既能为张纯、袁绍所用，为什么不能为曹操所用？

郭沫若说曹操灭三郡乌丸后，迁回原来陷落在乌丸中的十余万户汉民，他们对于曹操会衷心感激，把他当作重生父母。谭其骧认为恐不尽然，因为当时边塞部落中的汉人，不一定全是被掳去的，也有因不堪军阀割据战争的蹂躏而自动“亡叛归之”的。除非中原确是很太平了，否则他们恐怕不见得十分愿意回来。

郭沫若说曹操的民族政策“基本上是采取各族融和的办法的”，执行了这一政策是有功的，谭其骧说那又未必。他认为曹操迁边疆部族于内地，“无论对内地而言，对边疆而言，对汉人而言，对少数民族而言，都没有好处，它的唯一好处只是增加了统治者的剥削对象和兵源而已。”“退一步讲，曹操时代乌丸为患于边地，迁之内地，犹可说是有利于安边，但如后来他西征张鲁时，又迁汉中的賨人和武都的氐人于关中陇右，那只是为了怕留在汉中、武都为刘备所煽动或利用耳，于各族人民何益？徒然使氐、賨背井离乡，颠沛失所而已。”

郭沫若又说“曹操受到歪曲的另一原因，和秦始皇一样，是政权的延续不太长”；谭其骧认为此说也有问题。“晋之代魏与汉之代秦情况不同，而略同于隋之代（北）周、赵宋之代后周，正如隋人宋人无须乎说宇文泰（北周开国皇帝）、柴荣（后周开国皇帝）一样，西晋人也无须乎说曹操的坏话。事实上西晋人确也未尝故意诬蔑了曹操，祖护了刘备。”

谭其骧的结论是：“总之，曹操是一个有优点、有缺点，功劳很大，罪孽也不小的历史人物。从全面看问题，总的评价应该是功过于罪。但我们不能，也用不着因为他有功而讳言其罪。过去有许多人并没有把他说成是罪过于功，所以这案子基本上无须翻。若一定要把他犯的罪也翻过来，说是并无其事，或虽有其事，但算不得罪，那恐怕是翻不过来的，因为那是历史事实。”

在为曹操翻案的同时，郭沫若还发表了《谈蔡文姬的胡笳十八拍》，以后又针对别人的意见连续发表了《再谈……》《三谈……》和《四谈……》。在其编著的《蔡文姬》一书中，还收录了他所做的剧本《蔡文姬》和有关文章。郭沫若研究蔡文姬的目的之一，是通过她来进一步肯定曹操。谭其骧也进而研究了有关论文，于7月3日写成《蔡文姬的生平及其作品》一文，与郭沫若等人商榷。原来参与争鸣的刘大杰、刘开扬、李鼎文、王达津等都是从文学史的角度入手的，而谭其骧“就当时的历史事实，作者的生平经历和作品中所描叙的事物情景相互予以参证，从而对这整个问题中所包含着的各个问题，即作者生平的各个阶段和各篇作品的真伪，一一提出我的不成熟的看法”；在这场讨论中别树一帜。

从宋人苏轼到今人范文澜、郭沫若、刘大杰等都对《后汉书·董祀传》所著录的两章《悲愤诗》表示怀疑，认为不是出于蔡文姬之手。除了从风格笔调出发的议论外，主要不外乎三点：1. 据《后汉书·董祀妻传》，文姬是“为胡骑所获，没于南匈奴左贤王”的，诗中不应说是为董卓部众所驱虏。2. 文姬之父蔡邕受董卓重视，在董卓控制的中央政权里爵位很高，董卓死后他才被王允所杀，文姬的流落必定在蔡邕死后，而诗中说为董卓所驱虏入胡。3. 骚体一章中有“历险阻兮之羌蛮”一句，与文姬为南匈奴所掠获事实不合。又有“沙漠壅兮尘冥冥，有草木兮春不荣”二句，与当时南匈奴所处地域河东平阳一带（今山西南部）地理环境不合。

但谭其骧认为这三项中，没有一项是站得住的。因为：1. 董卓的部众中正多的是羌人和胡人，《悲愤》中说“卓众来东下”，“来兵皆胡羌”，这些胡兵不正是“胡骑”？ 2. 南匈奴自中平五年（188年）以来已分裂为两部分，一部分内徙河东，另一部分仍在今内蒙古河套一带，如果“南匈奴”是指留居在那里的一部分，地理环境与所描叙的就正相符合。3. 董卓的部众纪律很差，当时蔡文姬在关东原籍被掳，蔡邕远在长安，而她被掳后三个月蔡邕即被杀，无从获得消息，更谈不上营救。董卓部队中的羌胡都是关中人，蔡文姬被掳后被西驱入关，入关后到过羌蛮之地，也就毫不足怪。所以可以肯定《悲愤》二章确是蔡文姬的作品。

在此基础上，谭其骧进而考定，蔡文姬是在初平三年（192年）春在原籍陈留圉县被董卓部将李傕等部众中的胡骑所掳获的。此外，并无到兴平中又被南匈奴右贤王部众掳获的事。蔡文姬被掳入关后，就马上北行进入了羌蛮区域，即今陕北高原，这一带自东汉后期已不再列入版图，郭沫若对“羌蛮”表示怀疑，怕是不了解当时各民族的地区分布情况之故。陕北高原地形多深沟高岸，与诗中“回路险且阻，还顾邈冥冥”，“历险阻兮之羌蛮，山谷眇兮路漫漫”等句所描写的景状正相符合。由此再向北，即至南庭所在的美稷，即今内蒙古的准格尔旗一带。从陈留圉县至美稷约合汉里三千里，诗中“悠悠三千里”（指归途，与去时所走路线相同）完全是纪实之言。文姬归汉应在建安八年（203年），她初嫁卫仲道时16岁，初平三年被掳时17岁，归汉时30岁。卫仲道可能是卫觊之弟。

最后，谭其骧指出，《胡笳十八拍》中所述完全不符合东汉末年的实际，反之，见之于《悲愤》二章中蔡文姬的亲身经历却只字未见。由此可见，这位作者不仅对文姬没胡时期的胡汉关系不清楚，连对她是在怎样的情况之下没胡也不清楚，岂会是蔡文姬自己？至于句中提到的“陇水”，更与南庭相去甚远，有亲身经历的蔡文姬，无论如何不会乱用名词一至于此。所以他不赞成郭沫若的意见，认为《胡笳十八拍》是一篇能够相当深切体会蔡文姬心情的、感情炽烈而逼真的动人的好诗，但它是出于去蔡文姬时代已远，不了解蔡文姬的时代背景及其经历的一位作者之手的一篇拟作。

这篇论文发表于1959年第9期《学术月刊》，但另一篇后完成的文章倒先在7月10日的《文汇报》刊登了。在这篇题为《读郭著〈蔡文姬〉后》的论文中，谭其骧逐一指出了郭沫若在剧本《蔡文姬》和《跋胡笳十八拍画卷》一文中的错误：蔡文姬只是“左贤王部伍中”许许多多被掳来的侍妾之一，不可能是左贤王妃。曹操派去赎回蔡文姬的，是一位名不见史传的小官周近，并不是什么“大将军”。蔡文姬在胡中“生二子”，郑振铎用了“子女”二字，剧本中据此安排了一子一女，实际上《蔡琰别传》中已说明是“二男”。剧本中安排了“长安郊外”一幕，是误解了《胡笳》本意，即使根据《胡笳》也并不是指真正的长安，而是泛指中原王朝的国都，实际上从美稷回中原根本用不到经过长安。剧本将归国的终点安排在邺，是由于作者把年代搞错成建安十三年，而建安八年时邺还为袁绍所占，曹操还在许。

谭其骧指出：剧本最成问题的，是将单于呼厨泉和右贤王去卑安排在南庭故地。实际上，右贤王曾从河东出发参与侍卫天子东还之役，最后送到许，然后归国，此所谓“国”，即其原出发地河东，不可能是南庭。而呼厨泉是在于扶罗死后继任单于的，他以于扶罗之子豹为左贤王，即刘渊之父。从于扶罗至刘渊，一直住在河东。郭沫若据《晋书·匈奴传》，在剧本中南匈奴单于呼厨泉下作了一条说明：“此人以建安二十一年朝汉，被曹操留置于邺，遣右贤王去卑回匈奴，分其众为五部，各立其贵人为帅，选汉人为司马以监督之。故在曹操手中，南匈奴等于归化。北匈奴早已西迁，其旧地为鲜卑族所占据。”但他竟然没有注意到,《匈奴传》在以下明明叙述了这五部的都尉分居于故泫氏、祁、蒲子、新兴、大陵五县,都在黄河以东当时的塞内,而塞外别有匈奴部落,至西晋初还有归附的。在这样误解的基础上,郭沫若竟说“自殷代以来即为中国北边大患的匈奴,到他(曹操)手里,几乎化为了郡县”。实际上,“等于归化”的南匈奴,只限于当时杂居在塞内黄河以东、陉岭以南诸郡县境内的五部之众而已,匈奴问题到曹操手中,并未全部解决。

郭沫若对不同意见一般都要著文加以反驳,但对谭其骧这三篇论文居然始终保持沉默,没有做出任何反应。

乍寒还暖时节

“文化大革命”前的运动虽然接连不断,但一般还是将思想批判与实际工作加以区别的,实行“思想批判从严,处理从宽”,所以只要没有被定为什么“分子”,受到组织处理,职务、职称和生活待遇不会有什么影响。谭其骧作为有影响的教授、有贡献的高级知识分子和有代表性的民主党派负责人,是属于团结和争取的对象,更受到学校和上级部门的重视。在每次运动的间隙,党对知识分子的政策会变得比较宽松,领导会给予更多的关怀,这些使谭其骧忘记了运动中的烦恼,深深感谢党的关怀,更加积极地投入各项工作。

1959年8月,复旦大学组织各民主党派教授去黄山旅游,参加的有陈望道、徐常太、杨师曾、江泽洪、谈家桢、朱伯康、全增嘏、胡文淑、朱东润、曹亨闻、蔡葵、鲍正鹄、周同庆、田汝康、吴浩青、蔡淑莲、卢于道、王鸣岐、卢鹤绂、赵丹若、陈传璋、顾翼东、叶蕴理、谭其骧、吴文祺、李振麟、戚叔含、夏炎德,还有杨岂深、李铁民、郭绍虞、吴斐丹、黄缘芳、崔明奇参加上海教育工会的旅游队。这次活动进行得轻松愉快,从8月11日出发,到21日回到学校,只是13日晚上在黄山工人疗养院开了一次座谈会,14日晚上各党派分别开会学习《人民日报》反对右倾情绪的社论,其余时间就都是旅游休养。

但一回到上海就又忙于开会和学习了,23日是星期天,杨西光召开了座谈会;25日下午是教研室主任学习,晚上是系主任学习;25日下午在科学会堂召开专门化会议,晚上收听中共八届八中全会公报,“自此至9月5日,天天开会学习，讨论准备工作等，每天二会，多则三会，少则一会，不能悉记"（日记）。8月27日，全校召开"反右倾，鼓干劲"大会，但以后的"反右倾"斗争只限于党内，对谭其骧没有什么影响。

1960年3月30日，中共上海市委召开"上海市文教战线跃进大会"，复旦大学再次掀起跃进高潮。谭其骧除了系主任工作以外，主要精力还是用于编绘《杨图》。这项工作的政治意义和谭其骧夜以继日的工作热情，使他在5月4日至7日召开的复旦大学社会主义建设先进单位和先进工作者及学生积极分子代表大会（简称"群英会"）上无可争议地被推选为出席市"群英会"的代表。5月14日，谭其骧出席了上海市教育、文化、卫生、体育、新闻方面的社会主义建设先进单位和先进工作者大会（简称上海市文教"群英会"），谭其骧与其他七名教工被评为上海市高等学校先进工作者，他与校电光源厂厂长蔡祖泉、谷超豪副教授（代表数学系）被选为出席全国文教"群英会"的代表，是复旦大学唯一的教授代表。

21日，上海出席全国文教"群英会"的代表去南京路王开照相馆照相，他们的照片被展览在市中心人民公园围墙的"光荣廊"中。25日，市委召开了出发准备会，上海代表团共有158人，其中高校中专22人，定于27日出发。当晚，谭其骧又接到通知，次日要为他拍新闻纪录片，让他推迟动身。27日拍了纪录片，28日又去电台录音，当天下午才去北京。30日下午，代表们参观高教成就展览会。

5月1日下午3点半，全国文教"群英会"在人民大会堂开幕，刘少奇、朱德、周恩来等到会，陆定一致开幕词，人大常委会副委员长林枫做了题为《大搞文化革命，实现工农群众知识化，知识分子劳动化》的报告。以后几天是讨论和大会发言。5日晚上，周恩来总理举行宴会，招待全体代表。

10日开始开分条会议，高教代表听了杨秀峰、蒋南翔的报告，蒋南翔要求高校积极开展教学改革；大办生产企业，实现教学、科研、生产三结合；大搞科学研究。上海参加高教分片会的有15人，确定四人发言，但代表团领导要求大家都准备发言稿，并提了具体要求：1. 典型事件和经验要保留，一般性的议论适当紧缩。2. 开头、结尾都不要。3. 夹叙夹议，观点和材料混起来比较好。4. 发言稿要熟，事先多读几遍。5. 虚心些，留有余地，不要浮夸。6. 注意保密。不发言的发言稿也要上交，备印发用。11日下午大会闭幕，12日谭其骧改定了发言稿。

15日晚,上海代表团召开总结会,谭其骧记下了会议内容:

甲、受到的教育与收获

这是一次空前盛大的集会,举国瞩目,全世界包括资本主义国家也很注意,劳动人民重视,敌人也注意。大家普遍受到鼓舞与教育。

一、深感党与国家对高教事业的爱护、教导和关怀,增加了光荣、责任和信心。直接听到了领导人的报告与指示(毛主席不在首都,所以未出席),受到接见、招待。看到了伟大的建筑,象征国家的飞跃发展。写了许多信回家报道感受,把5月1日看成终生难忘的一天,感到自己没有多大成绩,因而既感激,又惭愧。工农同志对比在旧社会的遭遇,更加激发了对党的热爱,加强了阶级觉悟。老知识分子也深有感受,过去是民主党派的会,此次是以先进分子的身份与劳动人民在一起开会,更感到光荣。代表所到之处,都受到尊敬与欢迎,代表们更应该自爱自重,努力,回去后工作上有困难,一想到出席这次会议,勇气就来了。

二、更加认清了大好形势,明确了教育文化方面的任务,对自己的改造、工作,增加了无限动力。1. 认清美帝为首的敌人的凶恶,坚持反帝反修,支持亚非拉民族民主运动,加强社会主义阵营。企图反华反共者,结果孤立了自己,暴露了阴谋。2. 文化革命高潮已经到来,会后要推向新的高潮。文化革命是无穷无尽的,在共产主义建成前,社会主义和资本主义在意识形态方面谁胜谁负是根本问题,要继续二条道路的斗争。文化革命包括工农群众知识化,知识分子劳动化两方面,知识分子必须改造。文化革命为了建设共产主义,为了消灭城乡、工农、脑力劳动和体力劳动三大差别,今天的一切努力既是为了今天,也是为了明天。必须密切配合工业农业的大跃进、技术革新、技术革命,必须加强以学习毛泽东思想为主的思想改造为中心,以扫盲为中心的普及教育运动。3. 继续加强巩固党的领导,继续巩固扩大以工农为骨干的新知识分子队伍。

三、大会上比学干帮,学到了许多先进单位、先进思想、先进事迹,以对口对象参观,与兄弟团座谈,学到了不少东西,对解放思想,鼓干劲起了很大作用。会上发言的内容可以归纳为五类:① 共产主义高尚品格,舍身为国,舍己为人,与困难作生死斗争,发扬了顽强意志,如龚梅珍、史占春、刘连满、哈尔滨售货员魏淑琴、蓬莱民校教师宋士和等。② 坚持了党的方针、路线,发扬了敢想敢干的风格,发扬穷棒子精神,树立雄心大志,因而取得了辉煌成就。③ 工农兵、边疆代表翻身的喜悦，政治上、文化上的进步。④ 老知识分子的改造，新生力量的培养成功，大会发言中以年轻人为多。⑤ 各项业务的具体经验，教学改革，多快好省如何达到。

乙、代表团的任务和工作

听了报告和发言，认真准备了我们的发言稿，认真修改，虚心对口取经。生活方面，组织、纪律二点基本做到了。也有美中不足之处：领导抓思想工作不够紧，没有组织大家逐日消化大会内容，没有针对代表思想，有的自满、自卑，有的不照发言稿。生活方面，有的大买东西，有的凭证章不排队。

丙、林枫指示，把此会作为进一步推动工作的武器与动力。回去后请示市委后再决定如何传达。首先，把会议内容与精神好好学习消化，主要是陆定一、林枫的报告，致敬电，闭幕辞四件，在此基础上把先进事迹、思想了解掌握熟悉，为学习做榜样，也为了传达宣传。其次，学习介绍先进经验时应结合自己地区、单位，不能自满自卑，实事求是。第三，在市委未决定前，可向党委汇报，也可向单位群众谈谈自己体会，主要是受到关怀爱护，听到先进思想、事迹、风格等，参观建筑等，但不要冲淡了主题。具体经验要等党组织研究后再介绍。希望把自己的心得提纲写出来，不少人要写文章。

要兴高采烈，满载而归，精神饱满。先做政治家，然后做教育家、艺术家。先批判，后改革，突破教研组与系的体系。批判要先一般后专业。批、学、建、改，文(章)、教(材)、会(议)、资(产阶级)思想、队(伍)、协(作)。

谭其骧于5月18日下午5点回到学校，晚上就出席了党委副书记徐常太召开的"炮轰瘟神(美帝)"座谈会。第二天下午，《文汇报》记者来访，要他写反美宣传稿，当晚9点交出，接着又去工会出席了民主党派召开的形势座谈会。以后几天，他先后参加九三学社的欢迎会、研究室庆功会、研究室工作会、系主任会，24日又写反美宣传稿，25日下午去电台广播录音，忙得不亦乐乎。

不速之客：叶群就教

1962年10月底，党委副书记徐常太将谭其骧找去，要他在11月1日下午去见一位国防部的首长叶群，并告诉他对这件事情要严格保密。在这以前，徐常太接到市教卫办陈琳瑚主任的电话，说叶群要找谭其骧谈一些历史地理方面的问题。

11月1日下午，学校的小轿车将谭其骧送到岳阳路一所颇为神秘的招待所，见到了叶群。叶群说，她最近正好在上海，想抽时间学一点历史地理知识，要谭其骧拣最重要的讲几次。谭其骧觉得为难，就先介绍了一下历史地理研究的范围，然后问叶群是否能提出几个方面或具体问题，以便事先做好准备，叶群同意，提了一些军事地理方面的问题。

第一次谈话结束，叶群留谭其骧在招待所吃晚饭。尽管与谭其骧同桌的只是叶群身边的秘书等工作人员，他已感到饭菜十分丰盛，因为当时正值困难时期，在外面是绝对吃不到这样一顿晚餐的。初次见面，叶群对谭其骧表现得很客气，但谭其骧注意到她对工作人员颐指气使，气度不凡，不同于以往见过的首长。

当时谭其骧正参加《辞海》中历史地理条目的编纂，平时除了学校上课或有事外，都集中在浦江饭店工作。11月6日上午，谭其骧学校有课，当他下午来到浦江饭店时，才知道一位女首长已亲自到饭店里来找过他。3点半他去岳阳路招待所见到叶群，才知道叶群想到一个问题，竟等不得他下午来讲课，直接去浦江饭店找他了。和上次一样，讲完课后在招待所吃晚饭，然后叶群派车送他回家。

11月9日下午讲课结束时，叶群专门问了三国时孟达任新城太守时驻在哪里以及当地的地理状况，当晚谭其骧回家查阅了有关史料。11日是星期天，根据预约，当天上午是讲课时间，谭其骧告诉叶群孟达任新城太守时的治所在上庸。

14日上午又去讲了一次。24日上午是最后一次为叶群讲课，那天中午叶群亲自陪谭其骧吃饭，临别时又送给他一些螃蟹和几盆菊花。过了几天，徐常太接到陈琳瑚的电话，叶群说“首长”对讲课很满意。

对于叶群为什么要找他，谭其骧生前的估计，是由于北京的友人杨向奎或侯仁之的介绍，而叶群正好去江苏太仓蹲点，住在上海。徐常太则认为，是因为叶群新中国成立后在上海市教育局工作过，与陈琳瑚是同事，所以通过陈琳瑚来复旦找人。但中国历史博物馆的洪廷彦告诉我，是叶群打电话给他问上海有什么历史地理方面的专家时，他向叶群推荐的。洪廷彦在上海市教育局工作时，叶群是他的上司，1962年叶群忽然对军事地理感兴趣时，曾提出要不要将他调到毛家湾去工作。

但这些情况都无法解释叶群所说的“首长”对讲课很满意，因为这位“首长”绝不可能是叶群本人，只能是林彪。

究竟林彪与此事有什么关系？答案终于在他的档案中找到。在毛家湾有一本如今标着“林京215卷20号”的笔记本，题为“中国军事史研究工作手册”，上面记着林彪的工作人员制订的计划，其中的第二部分写着：

与专家挂钩。学习问题：主要有通史和断代史专家讲官制、军制，训诂、校勘、音韵学、《说文解字》、地理等专家也要挂钩。活动：1. 参加南京史学会；2. 开座谈会；3. 参加业务学习；4. 访问专家；5. 专家解决不了的，他会自动介绍人；6. 交换资料；7. 设讲座，请专家来讲，我们也去他们处讲。外地的专家用信，或派人去请教，找资料。

绘图：1. 双方军队行动过程；2. 考证古地名；3. 绘战争要图。

在笔记本中有林彪亲自批的字：“谭——今年出明代的。要谭制各代地图。”这显然是指谭其骧和他正在编绘的《中国历史地图集》的明代图幅。笔记本上还记着：“山南水北为阴，水南山北为阳，如华山、华阴，华阴在华山北，华阳在山南。汾阳、汾阴。”这些正是谭其骧对叶群讲过的内容。

可见叶群到上海找谭其骧讲课，是为林彪研究中国军事史工作的一部分，而林群将谭其骧所讲又向林彪做了汇报，所以才有这位“首长”表示满意的说法。

一年多后，叶群还给谭其骧写过一封信：

谭其骧教授：

一年不见了，您好！

去年您借给我的《中国考试制度史》，我已初步看过，现寄回给您，请收，并谢谢您。

我们一年来因忙于日常工作，没有来得及多学习历史地理方面的问题，以后学到这方面有问题时再向您请教。你们出版的地理辞典和地图不知有无新的发展，甚念。

此致

敬礼

叶群　1963年12月26日

通信处：北京市28号信箱。

从叶群信中前面使用“我”，而后面谈到学习历史地理时使用“我们”看，她的确是与林彪一起，或者说是代表林彪找谭其骧讲课的。

从谭其骧日记中查到，1963年5月29日和6月1日，南京军事学院吴志棠（或记为唐）两次来复旦大学中国历史地理研究室找他，都谈了一上午；1964年5月14日吴志唐来访，15日上午来室谈《历代战争图》，18、19日晚上校《历代战争图》，20日吴志唐取走。从他只校了两个晚上看，可能只是一份目录；或许也是林彪“绘战争要图”计划的一部分。6月29日和30日上午，又有南京军事学院两人来谈。看来，吴志棠等几位南京军事学院的人员就是林彪派来“请教”的。林彪的笔记本上有1964年2月29日找北大田余庆的记录，可见1964年找谭其骧也是这项“研究”的一部分。1964年12月11日、12日，谭其骧为军事学院校《吴师入郢图》。

不过谭其骧这位历史学家完全不熟悉当代政治，他居然不知道叶群就是林彪的妻子。直到“文革”开始，林群以副统帅夫人和中央军委“文革”小组成员的身份出现在电影银幕上，他才知道四年前的这位听课者原来有如此煊赫的地位。

谭其骧遵守党委的规定，对此事一直保密，他也只把这看成是一次普通的讲课，所以在林彪、叶群如日中天，而自己正身陷牛棚时，从来没有想到过利用一下这一特殊机缘，或者把家里还残存的菊花拿出来炫耀一番。他幸好没有这样做，要不待林彪倒台时，少不了得享受隔离审查的待遇，交代与林彪反党集团的“黑关系”了。而徐常太对此事也守口如瓶，即使在“文化大革命”中处于被批斗的地位时也严格防范泄密。有一次批斗谭其骧的会上，刚有人想让谭其骧“交代”上课的事，被陪斗的徐常太立即高呼：“这是无产阶级司令部的事，不许问。”直到我为撰写传记向他调查时，晚年的徐常太才透露了这保守多年的秘密。

说句题外话，在那特殊的年代，这样做的人不是没有。复旦大学历史系一位教师调至外地某大学后，经常向同事吹嘘自己与上海市革会写作班的人关系如何密切，口袋里还放着市革会机关食堂的饭票，以证明有资格随时出入写作班。不久“四人帮”打倒，当地进行清查，他理所当然被列为重点对象。审查了几个月，方才弄清“关系密切”云云只是他自作多情。

山雨欲来

1963年10月20日，复旦大学党委在文化俱乐部为十位即将去北京出席中国科学院哲学社会科学部扩大会议的校长和教授饯行，他们是校长陈望道、副校长陈传纲，中文系教授刘大杰、郭绍虞，哲学系教授胡曲园，经济系教授漆琪生，历史系教授周谷城、周予同、蔡尚思和谭其骧。23日，谭其骧等九人去北京，郭绍虞请假。

10月26日上午，学部扩大会议在政协礼堂开幕，郭沫若主持会议，周扬作了长篇报告，一直持续到下午。周扬开宗明义，提出：学术上的反修与政治上的反修配合，建立战斗的马列主义的学术战线。社会主义与资本主义谁战胜谁的问题并没有解决，我们不仅需要强大的物质科学基础，也需要强大的思想建设、精神建设。学术不能不与政治配合，配合反修，配合社会主义建设，才能适应需要。他讲了重新学习马列主义，在各种学科中树立马列主义，打倒修正主义；研究现代革命是首要任务，要重新部署力量；队伍建设这三个方面。周扬的讲话明确了这次会议的基调，以后的分组讨论和会议始终围绕着反修这个主题。

30日下午，会议听取了国务院副总理薄一波的报告，内容是经济形势、三年调整、增产节约等方面。此后的报告是从各方面对修正主义的批判，如11月4日林默涵谈“修正主义的文艺”，5日宦乡讲“修正主义的帝国主义论”，6日艾思奇批判“修正主义的哲学”，8日邓拓谈历史研究面临的任务，9日黎澍批判“苏联修正主义的历史学”等。只有9日下午钱学森的报告是谈当代自然科学与工程技术的发展，他介绍了发展的特点和死光、氢同位素、星际航行、运筹学、电子计算机等方面的新进展，最后说：中国要赶上去行不行？行！1956年与国际先进水平相差30年，1963年还差20年，十年可以赶上20年，预计到80年代就能赶上。13日下午4点，国家主席刘少奇在中南海怀仁堂作了“在更大范围内反对修正主义”的报告，指出要以反修为纲，带动马列主义学习和各方面的学术工作,反对外国修正主义,防止国内发生修正主义,提高人民的觉悟。

在大会以外,谭其骧参加了历史组的讨论,重点也是历史学如何反修。11日潘梓年报告学部工作只花了一个小时,上海组讨论学部规划也只有一天。16日大会闭幕,郭沫若主持,吴玉章作了简要的讲话后,周扬作总结报告。他继续强调了"以反修为纲,带动学术工作,反对修正主义,重新学习马列主义"的口号,也谈了两点具体意见:

有人跃跃欲试,有焦急情绪,实际上反修不是短期内的事,不仅要破,还要立,成绩不是一天可以做得到的,急不得。不是所有人都要写反修文章,所有的学术成就都是反修的。人有两个前途,历史只有一个前途。

有人有顾虑,学术一定要配合政治,但究竟是两回事。不能离开社会主义这个方向,也有不反共反社会主义而发表出来对国家不利的。前者是政治问题,后者是政治错误,但不是政治问题。唯心、唯物,无产阶级思想、资产阶级思想,都是学术。在学术上、思想上反对、不同意毛主席也可以,主席自己说过这样的话。苏联某人在华公开反对毛泽东思想。对运用马列主义不好的,应该予以帮助,不能加上修正主义的帽子。坚持唯心论而加一点马列主义的,也不能扣帽子,劝他不要加。没有人没有错误,只要发现早,改正早,重犯少,就比其他人高明。要他搞创作,搞科研,就应允许他犯错误。

郭沫若在闭幕词中说:

社会科学的成就与工农建设成就是不相称的。湘潭到韶山的公路有142个弯,就是为了不破坏农田、房屋和坟墓,毛主席的故居很简陋,但产生了毛主席。我们不能不感到惭愧,我们的成绩与时代不相称。会议的结束应该作为新的工作的开始,要认真重新学习,从书本,从实际工作学习,理论与专业结合,拿出与时代相称的成果来。修正主义的文章虽然是一大堆废纸,但有毒素,要批判。"三严"与"三敢"结合,一以当千。犯错误不可怕,可怕的是怕犯错误。努力出成果,出人才,促进世界革命,不辜负人民的期待。

就在此前的7月1日,复旦大学党委书记杨西光在全校大会做报告,传达中共中央《关于目前农村工作中若干问题的决定(草案)》和《关于"五反"

的指示》,学校又开始加强抓阶级斗争。学部扩大会议的精神,无疑使反修防修和阶级斗争扩大到学术和思想方面。1963年12月至1964年初,文科师生1 400多人下乡参加农村社会主义教育运动(“社教”或“四清”)。1964年,全校师生基本上都已分批下乡,只有历史地理研究室因为承担编绘《杨图》的政治任务,而得以留下一部分人员。

11月17日,谭其骧接到市政协的电话,下乡参观社会主义教育运动,19日听了动员报告,22日由政协送至闵行饭店。政协组织的参观团共有56人,分三组,第一组有巴金、何兆璋、赵超构、李春芬、瞿白音、李鸿寿、漆琪生、罗稷南、丰子恺、王个簃、陈西禾、陈鲤庭、应云卫、魏金枝、谭抒真、吴乐懿、周予同、李平心、刘良模、谭其骧等20人,第二组有周同庆、卢鹤绂、荣独山、周志宏、戴弘、程孝刚、黄鸣龙、冯德培等20人,第三组有吴耀宗、刘靖基、刘念智、荣鸿仁、卓碧玉、郭秀珍等16人,都是上海各界知名人士,以后在“文革”中都受过不同程度的冲击,好几位被迫害致死,目前健在的大概已是鲁殿灵光了。下乡后,又从三组中各抽出一些人,组成第四组,住在肖塘公社,从第一组编入第四组的有巴金、何宝璋、赵超构、李春芬、瞿白音五人。第一组的主要活动单位是程河浜大队,谭其骧与周予同、漆琪生、李平心同住在闵行饭店211室。

23日上午,他们去肖塘公社,听了正在担任奉贤县和肖塘公社社教工作队负责人的张文韬和杨西光的报告。当时全县工作队员有16 000人,其中市、区、县干部六七千人,大学毕业生2 000人,复旦和交大的学生4 000人,农村干部和文艺工作者五六百人,抽调了26位部局长、200多名处长和千余名科长。

杨西光的报告给参观团描绘了严重的阶级斗争形势:四类分子(地主、富农、反革命、坏分子)活动猖獗,去年奉城出现教孩子吃小孩的,今年9月29日就杀了一个、伤了一个,犯罪的富农分子已经枪决。出现反动标语,现已转入隐蔽活动。有些四类分子隐藏在人民内部,甚至在党内,有些还未被识别出来。民主革命不彻底,扶搁、程河浜二队有百分之二三十地富漏划,金光大队有一个恶霸藏在干部中,新中国成立后有四条人命。至今还有两户单干。有一时期,县领导只问粮棉油,不分敌我友。敌我斗争有三种形式:公开的;人民内部形式,漏划的或蜕化变质分子;党内的。打进来的,拉出去的。和平演变比公开进攻更危险。两条道路斗争很严重,有不少村庄干部卷入买卖,“黄牛”(长途贩运者)远达呼和浩特、乌鲁木齐。瞒产私分问题更多,干部蜕化变质虽不是多数,但大多数人都受封资修影响,四不清相当严重。这是修正主义的根子，必须重视。

张文韬介绍肖塘大队和平演变的情况：17个生产队中有13个已被夺权或夺过权。十七队队长姚国良新中国成立前是地方实力派，与中美合作所有联系，由21岁的儿子农业中学毕业后当队长，自己退入幕后，未经批准，预谋夺权。十二队队长陈月生，是马丁部队的人，叫“坐山雕”，今年六七月偷盗粮食1 000多斤，坐地分赃，形成新的恶霸集团，有八大金刚，其中有两名是党员。

下午去程河浜大队，队长倪斯美介绍情况，也是敌情严重：该队土改时评定成分共288户，内有地主5户，半地主富农5户，富农4户，自报富农17户，中农104户，贫农161户。现有四类分子33人，土改时曾枪毙恶霸地主2人，被群众打死1人。现已肯定有3户地富漏划，2户可疑，漏划5人。地主老婆嫁给贫农，有的当了民主队长，有的还在逼债。十六队10个干部中有6个是这些人。共有50户错划，占17.7%，都是划低的，甚至非农业人口也划了贫农。两条道路斗争剧烈，1962年多数人搞投机倒把，干部四不清比较突出，现交代贪污盗窃1 300元，投机倒把1 400元，实际远远不止。干部不劳动，工分比别人多。偷窃成风，偷船每人计52工分。1962年前赌博成风，迷信，请道士，捉鬼魂，攀阴亲，过房亲，混乱了阶级界线。四类分子实际不老实，1957年诉共产党的苦，1961年破坏生产，工作队来到时有人打信号弹。接着又听了八队和六队的介绍，情况大同小异。在这里当工作队员的复旦大学经济系教授蒋学模谈了下乡的体会。晚上小组座谈。

24日，第一组去肖塘公社参加贫下中农代表大会。上下午贫下中农代表揭发干部中存在的严重问题，如有个反革命的儿子三天入团，并参了军；还有的干部与四类分子一同大吃大喝；公社干部吃白食等。张文韬在总结中赞扬贫下中农不愧是农村革命的主力，党的依靠对象，彻底的革命派。通过大量揭发，可见公社干部中有的已表现为对抗性的矛盾，干部中确实有类似国民党的现象，但只是局部的暂时的。群众的烈火要把干部锻炼成无产阶级战士，或者烧成白骨精。晚上小组进行座谈。

25、26、27日分别了解了一些生产队的情况，还与上海京剧院在这里参加四清的李玉茹、金素雯、王家熙等进行了座谈。

28日在饭店听取介绍金光大队恶霸沈根浦的罪行，该人是恶霸地主，因受堂弟村长沈丙南的包庇，新中国成立后有几条人命，已于21日逮捕。下午准备去参加斗争此恶霸的大会,临时通知改期。

29日去程河浜大队参加斗争干部魏世昌。魏世昌交代自己的罪行:照顾困难户的被服白领一条;拿坏的广播器换了牧场好的;社员1斤米换6斤山芋干,他换了8斤;吃掉4只鸭;多占饲料、水缸1只、长凳1条、工业券(用于购买日常工业产品的票证)多张;多占木头,又卖了80元;到上海去玩了一次。群众责问他:"你是共产党的干部,还是台湾飞机丢下来的?""积下一点猪粪,都给你们吃喝完了。""58年要人家夫妻分开集中,自己回家跟老婆睡。"并欢呼"清官下来了"。

30日去程河浜大队与贫下中农代表座谈了一天,所听主要是干部中的严重问题。12月2日去大队与大队长及三位小队长座谈生产情况和今昔对比,3日访问了九队贫下中农李小狗等人。12月1日去鸿堡大队参加斗争前大队支部书记、公社养蜂场场长刘木才,4日上午去公谊大队三队参加斗争漏划地主钱天荣。5日去重型机器厂参观我国自己设计制造的万吨水压机。

12月6日,杨西光在南桥奉贤县人委礼堂向全体参观团成员做了报告。他谈了四个问题:群众革命斗争形势是怎样形成的,运动会怎样发展,农业生产问题,开展群众斗争中的一些问题。当晚参观团结束回上海。

10日至14日,政协又组织他们听取了花园村饭店、杨家渡地段医院的"五反"报告,参观了海通五金厂的斗争大会和上海手表厂斗争不法资本家大会,所揭发的都是触目惊心的阶级斗争典型事例。如海通厂已被资方代理人篡夺领导权,五个股长一个是他儿子,一个是他账房,女儿管财务出纳,另一个资方代理人管供销,一个支部书记是他媳妇。花园村饭店由漏网反革命分子篡夺领导权,党员蜕化变质,大肆贪污赌博。杨家渡地段医院被称为"老虎口",60余人中反革命、坏分子占四分之一,把三个干部拉下水。上海手表厂有反革命集团准备抢银行,夺枪支,逃往金门,为首者已逮捕,一人出逃已抓回;有一个反党反社会主义集团,有党员、劳模、区人民代表、先进工作者、四次出国的人员,资本家幕后操纵;还有四个贪污投机集团。可见城市的阶级斗争形势也非常严重。

1965年1月27日,历史系传达了中共中央关于开展农村社会主义教育运动的二十三条。3月6日,谭其骧参加市文教干部大会,市委书记张春桥做了报告。张春桥说:"中央领导直接在抓文艺,不论是权威还是堡垒,凡是障碍社会主义革命的都可以批驳,都可以攻克。批了杨献珍、夏衍、田汉,大长了无产阶级的威风。”在谈到教育革命时，他说：“资产阶级一套要从根本上打破，走自己的路，也就是毛泽东的道路。”他提出，要改造队伍，坚持下乡下厂下连队。又说面上“社教”的要求适用于文教单位，要洗手洗澡放包袱。不久，民主党派中也进行了“洗手洗澡放包袱”，4月3日，谭其骧作了“洗手”检查。历史系的右派分子陈仁炳一直没有摘帽，据说新发现了跳黑灯舞等问题，4月24日历史系召开全系教职工大会，谭其骧奉命以系主任的身份宣布对他的处分决定：撤销教员职务，即日起改为勤工人员，移交总务处。

1965年底，复旦大学又组织大批师生下乡参加“四清”和劳动，统战部安排民主党派教师48人下乡。12月11日，谭其骧等到达朱行镇，他与谈家桢、李仲卿、周同庆、叶蕴理、孙振宪、焦启源、陈守实、吴斐丹、李伟民、冯威复、吴杰、周达云、笪移今、盛祖嘉、忻介六、黄有恒、苏乾英、漆淇生、蒋俊（后焦、漆二人迁走）住在里行14号，全增嘏、朱伯康、伍丹戈、田汝康、张修山、吴剑岚、刘季高、夏炎德住在里行21号，曹亨问、董问樵、靳文翰、程博洪、余楠秋、朱复、葛传椝、焦启源、蒋天枢、漆淇生、王福山住在小学，吴文祺、肖纯锦、伍蠡甫、林同济、严北溟、戚叔含、张世禄、张伯箴、徐祖洛住在镇上河南190号，张瑜英、陈韵

1965年，复旦大学历史系本科首批历史地理专门化毕业生合影，中排右三为谭其骧

娟二人另住,都在镇上供销合作社吃饭。

在此后的十多天中,他们先后听取了梅陇公社阶级斗争和生产情况的报告,参加各大队的干部、贫下中农代表会,干部检查会,陇兴大队斗争地富子弟蔡之荣大会,梅陇大会批斗贪污、反革命分子和处理大会,忆苦思甜会,还参观了生产。

与去年不同的是,他们被要求联系自己。从22日开始讨论和平演变问题,23日议论的是“错在干部,根在敌人”,到27日已变为“错在自己,根在自己”和“错在学生,根在自己”了。

元旦放假,谭其骧回家休息了两天,1966年1月2日又回朱行,继续参加下阶段的活动:与大队支部书记座谈,访问生产队,参加生产队分红大会,参观大队文化室,但最重要的还是自身的学习和小结。问题的讨论更加深入,也更加有针对性,4日上午的讨论题是资产阶级知识分子在和平演变中扮演的角色,15日下午讨论的是高工资的剥削性。10日由骨干教授谷超豪、黄爱珠谈了体会,第二天开始各人写小结,并一一在小组会上宣读,接受群众提意见。谭其骧在14日晚上作小结,因时间已晚,第二天上午听取意见,17日结束返校。

如果说谭其骧对下乡学习和日益深入的“社教”运动还是相当认真和谨慎的话,他对另一场即将来到的风暴却无论如何都缺乏思想准备,甚至完全错误地估计了形势,为自己留下了后患。

1965年11月2日,谭其骧与上海史学界的知名人士都收到了一册《文汇报》用上等道林纸印刷的大字本姚文元所著《评新编历史剧〈海瑞罢官〉》。谭其骧稍翻了一下,又查了《海瑞集》,发现姚文所用的一些论据根本不符合史料原意。4日,《文汇报》在文化俱乐部召开座谈会,由总编辑陈虞孙主持,要大家对此文充分发表意见。谭其骧等与会者都不赞成姚文元的观点,从不同角度谈了自己的看法。上海社会科学院历史研究所副所长杨宽首先发言,他除了指出这个剧本的主题思想有不符合历史真实性的地方,可以进行学术讨论以外,主要针对姚文的末段提出了五点修改意见。周予同的发言最为激烈,他愤慨地说:“吴晗是我的老朋友,我深知他是一个好人。他解放前是一个勇敢的反对国民党法西斯统治的民主战士,解放后忠诚地跟着党走,深得毛主席信任,怎么能说他反党反社会主义?”大家本以为这只是对一篇未刊文章提一点修改意见,万万没有料到这篇文章竟会是一场浩劫的开锣戏,而周予同的发言竟成为他与吴晗同样是“反共老手”的罪证。

11月10日，中山大学教授、吴晗的老朋友梁方仲从北京路经上海回广州。中午，谭其骧与陈守实、蒋天枢、田汝康、吴杰在莫有财餐馆公请他吃饭。梁方仲离京前见过吴晗，本来都想问他吴晗的近况，但就在当天上午，《文汇报》全文发表了姚文元的文章。他们在饭桌上传观，发现对座谈会上提出的意见完全置之不理，连不少明显歪曲史实的地方也一字未改。他们面面相觑，迷惑不解，不知道为什么报纸非要登那样随心所欲、蛮横无理的诬蔑之辞，也深为吴晗的前途担忧。

12月31日下午，他与陈守实从朱行回家，中途下车去文化俱乐部出席文汇报召开的座谈吴晗《关于〈海瑞罢官〉的自我批判》一文。出席这次会议的人员与上次大致相同，共15人：周予同（上海社会科学院历史研究所副所长，周有此兼职）、周谷城、蒋星煜（上海市文化局剧目工作室）、谭其骧、刘大杰（复旦大学中文系教授）、李俊民（中华书局上海编辑所主任）、束世澂（华东师大历史系教授）、杨宽、魏建猷（上海师院历史系主任）、张家驹（上海师院历史系副主任）、徐德嶙（华东师大历史系教授）、陈向平（中华书局上海编辑所副主任）、陈守实、李平心、朱金城，最后三位没有发言。

第一个发言的是周予同，他说：

目前报纸的做法有一些问题还值得研究。……目前有人说清官比贪官更坏的问题，这一点还可以讨论。这样说，那么，在蒋匪帮时代，是否做坏教授比做好教授要好吗？

学生中存在着贪官比清官好的问题。现在中学生也提出这个问题，中学教历史的教师苦在不知如何教法。中国封建社会便有三千年历史，历史悠久，阶级成分的变动也很大。例如清末经学文字学家孙诒让家庭是富农出身，当时哪家有谁中了举那就马上由农民变成地主。因此，对封建社会的人物要作具体分析。全盘否定封建社会的历史，那将要把世界上优秀的一部分文化淹没了。现在我们自己对自己的历史文化遗产倒不大注意了，敌人美帝国主义拼命在研究明史，日本也很注意中国史的研究，甚至在组织会社研究唐玄奘。将来要研究中国封建社会的历史，只好取材外国资料了。

吴晗的自我批评文章，我看了。吴晗我是熟的，他很爽直，文如其人，有错就认了，他的认错不是假的。但是文中有些奇怪，反右倾怎么会联想到海瑞上面去的？他的政治敏感性到哪里去了？吴晗是好人，是“清官”，但他的政治敏感性大有问题。

周谷城认为，“第一，清官有没有，有的话与贪官是不是一丘之貉，是否比贪官更坏，这是没有解决的问题。”“第二，文章的针对性还可以加强，现在发表的文章还不是这篇驳那篇，还不够针锋相对，没有劲，不过瘾。”“第三，借此讨论之机会可以使历史问题的讨论范围扩大一些。”他批评了吴晗的文章：“文中第二段是为自己辩护……第三段提出了不少问题是要人家给他解决。吴晗当初曾坚持历史剧要符合历史真实，但写《海瑞罢官》的剧本又不强调了，是自相矛盾的。”

蒋星煜在批评了吴文“好像处处对他自己一分为二，实际上割裂了动机和效果、政治和学术、世界观和历史观”后，提出了自己的疑虑：“对这次《海瑞罢官》的讨论，我们感到困难的，是对海瑞应该怎样一分为二？……对具体历史人物是否适用一分为二？一分为二是否普遍真理？”

谭其骧首先肯定“《海瑞罢官》犯了很大错误，经过五十多天的讨论，成绩很大”，他认为“清官问题，很值得讨论。……由此还可以进一步提出问题，即历史上除农民起义领袖外，在封建统治阶级范围内有没有值得肯定的人物”？“对《海瑞罢官》的批判是一个问题，如何评价海瑞又是一个问题；但现在有些人因为否定《海瑞罢官》，连海瑞这个人也根本否定了，其实两者不是一码事，应该分一分。”对吴晗的文章，他的看法是：

他说《论海瑞》是为反对右倾机会主义写的，我弄不懂海瑞和反右倾有什么关系。吴晗的自我批评文章，大量篇幅是第二部分，它还是扭在退田、反霸上，没有对根本问题好好检查，检查自己是站在什么立场上说话。就以退田来讲，吴文还存在很多逻辑问题，如说“刁民”“刁诈之徒”都是农民，不知是根据什么来的。后面提到和乡官打官司的人，我看也不是一般农民，而是中小地主。……吴晗这篇自我批评文章轻重倒置，不该把第二段写得那么长，成为主体，而对根本问题——站在什么阶级立场说话却避而不谈。

此后几位的发言对吴晗的文章大多持批评态度，但程度不一。如刘大杰说：“吴晗同志的自我批评，虽说也承认了一些错误，但很不深刻。他是以辩解代替检查，以现象掩盖本质，而又前后矛盾，很难自圆其说。”“他自己说他的

《论海瑞》,是有政治动机的,是为反右倾机会主义而作(其实是为右倾机会主义者服务的),何以在《论海瑞》的基础上写出来的《海瑞罢官》,反而目的性'不清楚',反而'糊涂'起来了呢?""他不仅没有忘记阶级斗争,而且还积极地参加了阶级斗争,不过是站在资产阶级一边而已。"李俊民说:"吴晗写海瑞的文章和剧本,适应了自命为海瑞的右倾机会主义者的需要,起了他们所不能起的作用。"杨宽认为,"吴晗同志把动机和效果割裂开来,隐蔽了创作的真正意图";"吴晗又把政治和学术的联系完全割裂开来,隐蔽了创作这戏的政治立场"。他批驳了吴晗的"反批评"以后说:"总之,从这篇文章来看,吴晗的思想体系,本质上未有改变,名为自我批评,实际上是反批评,而且是在继续宣扬他的谬论。因此我们有必要进一步和他进行讨论,揭露这个戏的反马克思主义、反社会主义的实质。"陈向平说:"谁是今天的嘉靖?谁是徐阶?谁是乡愿?读者有权要问。吴晗心中是有数的。吴晗自称写海瑞是为了反对右倾机会主义。方求同志说得好,这说法是和整篇文章游离的。其实他所要提倡的恰是右倾机会主义所说的。右倾机会主义者不是说人民公社办早了,办糟了吗?"

束世澂虽然也作了严厉的批评,却颇有与众不同的说法:

他的《海瑞罢官》骂的是谁?为什么要骂?这篇文章恰恰就是在右倾机会主义闹得凶的时候写的。我本来很原谅他,但他在自我批评中说自己政治立场是稳的,只是学术思想的问题,我就不相信他政治上靠得住。他说《海瑞罢官》是糊里糊涂搞出来的,这倒可以说得通,我们也有这种情况,一面在学习马克思列宁主义,一面在教书时却散布资产阶级思想。吴晗也不比我们高明,他会自然而然地替资产阶级服务,他并没有忘记阶级斗争,而是在搞阶级斗争,他的根本立场没有动,学术思想的错误根源正是由于政治立场不稳,不能把两者分开。不能因为是人民内部矛盾,就没有什么了不起,还是应该正视自己的问题。

座谈会上并没有说发言内容要见报,但一星期后的1966年1月7日,《文汇报》在第四版以整版篇幅,在"上海学术界部分人士座谈吴晗的《关于〈海瑞罢官〉的自我批评》"的标题下刊登了他们的发言。对周予同、谭其骧等人来说,这次会议的发言等于是自投罗网,自找"罪证"。

1966年1月20日,张春桥在衡山电影院作了关于"文化大革命"的报告。28日,上海市哲学社会科学联合会(社联)在科学会堂召开座谈会,讨论张春桥的报告和清官问题，谭其骧没有发言。他知道讨论还会继续，所以从第二天起，开始阅读报刊上有关海瑞的文章，并且查阅了《皇朝经世文编》《清史稿》等资料。2月11日上午，社联又在科学会堂召开讨论清官的座谈会，到会仅八人：李旭、丘国庆、杨宽、李平心、伍蠡甫、吴斐丹、苏乾英和谭其骧，他继李、丘之后发言，接着杨宽和李平心等也发了言。会后，社联要他将发言写出来，《文汇报》也来索稿，他自己也觉得有话要说，就答应写一篇谈清官与好官的文章。

经过资料的搜集和准备，3月10日动笔，因白天忙于其他工作，断断续续写到4月3日完成草稿，8日抄清寄出。21日上午报社送来校样，他校正后，又根据徐连达的意见改动了两处。23日，"漫谈'清官'与'好官'"一文在《文汇报》第四版以几乎整版的篇幅刊出，但"编辑部所撰提要，既未送来给我看过，又歪曲原意，不知是何居心"？（日记）

这段由《文汇报》编辑拟定的提要是这样的：

"清官"和"好官"是两个不同的概念。"清官"的特征就在于他们比一般官吏"清廉"。凡是操守比较清廉，不那么贪污，就可以被称为"清官"，此外不需要具备其他任何条件。"好官"比较能按照封建法律办事，比较"仁慈"，也许还做了一些"兴利除害"的事。总之，这些人的政绩比较"好"。若说没有剥削才算"清"，那样的"清官"是不存在的。若说只要相对比贪官少剥削、少搜括一些就算"清"，那样的"清官"当然是有的。历史上一般所谓"清官"，正是这样的"清官"。封建王朝的大部分官吏，俸给不足以维持其剥削阶级标准的生活是事实。既然如此，怎么可能指望这些官吏在俸禄以外无所取呢？明代禄制"最薄"，清代较明代为"优厚"，但其俸银俸米非但不足以应付封建官僚认为必要的"排场""应接"之费，连"仰事俯畜之需"也不够。若无俸禄以外的收入，"殆皆饿死"。"清官"治下人民所受的剥削是否较轻？答案是：不一定。本官虽清，但"前后左右之人，皆足招摇滋事，势必不清"。

对照原文，我们不难发现，提要的确不符合谭其骧的原意，至少是相当片面的。

在第一节中，在谈了"清官""好官"两个不同的名词和概念后，谭其骧就指出："操守'清'的政绩不一定'好'，所以'清官'不一定是'好官'。政绩'好'的操守也有不'清'的，所以'好官'也不一定全是'清官'。"他举例说：

清朝巡抚山西的达良很清廉，但山西连“小治”都没有出现；南宋道学家真德秀著“清”名，但担任宰相后证明是一个糊涂官；“清官”惯于以严刑峻法立威，包拯、海瑞都不例外；《老残游记》中的玉贤（即毓贤）滥杀无辜，倒是一个有“能”的“清官”。“好官”一般说是“清官”，但也未必；而“清官”不一定是“好官”，两者不能混为一谈。以兴修水利为例，“清官”与此并无必然联系，而贪官不见得就不热心于兴修水利，因为这正是一种虚报物料，克扣工食，从中渔利的好机会。至于海瑞以应天巡抚疏浚了吴淞江，那是他的职责所在。关心太湖流域的水利，向来是应天巡抚的分内之事。在海瑞前上疏请浚治吴淞江的有十人，有的是部议未批准，被批准的有周忱至海瑞共五人，可见这与海瑞为官清不清无关。

在第二节“‘清官’清到什么程度”中，除了提要中的一段话外，谭其骧还加了一段补充：“当然还有不少‘清官’就拿这个标准来衡量也是名不副实的，是假‘清官’，他们贪污得并不比贪官少，只是由于手法巧妙，贪得不显著，因而被盗窃了‘清’名。”接着他列举了自汉代至清代官吏俸禄制度的变化，指出：“许多同志都认为很难在‘清官’与‘贪官’之间找出一条明确的界线来，这是实际情况。不过在封建社会中人的心目中，一种大致上‘清’‘不清’的标准还是有的。就‘陋规’而言，凡是照旧额征收不再增加的，就不算贪，就是一般的‘清’了；凡能酌量有所削减的，那就算是了不起的‘清’了。”海瑞当知县时比前任少收了若干“陋规”，可绝不是一无所取。他只禁“粮里长各色人等”送薪送菜，但不拒绝“乡宦礼物”。他还举清代一些“清官”如陆陇其、铁良、于成龙、汪辉祖、谢金銮、刘衡等为例，说明“清官”并非一概不收“陋规”。他认为，只拿法定俸禄，绝不染指任何法外收入的官吏虽有记载，却未必可靠。可能有那么几个做了几天官就丢官的小官、闲官，但他们一般是默默无闻的，不会见于记载。

在第三节“‘清官’治下人民所受的剥削是否较轻”中，他还指出：任凭官再勤、再明，毕竟他只是一个人，不可能事必躬亲。所以再勤、再明也不可能杜绝征收漕米等一类事中的弊端。他还举例说明，有时甚至由于官是“清官”，地方上受的害更大。如有的上司出巡时不受馈，也不许随从人员受馈，结果这些人将怨气发泄在地方上。清嘉庆时江苏巡抚、两江总督岳起有“岳青天”之称，但“受其下属欺罔，不知督察”，使百姓遭殃。“以此例彼，谁敢保证当年应天巡抚海瑞治下的江南人民，不受其下属和吏役的苛扰呢？”

在第四节"'好官'所做的'好事'究竟好不好"中，他举了修圩田、开陂塘、捕蝗这三件"兴利除害"的好事为例，证明同样可能造成对百姓的祸害。"由此可见，历史上许多大官所兴办的开江浚河等大工程，其为害当更不堪设想。这是整个罪恶的、腐朽的封建统治制度所决定的，任何'好官'既改造不了这整套统治制度，也就不可能做出真正对人民有利无害的事来。"

用今天的眼光看谭其骧这篇文章，自然也免不了受到当时政治气候的影响。但他并没有一味迎合现实的需要，也没有违背基本的历史事实，全文有48个注，引用史料数十种。可见谭其骧依然是将这次讨论当成是在马列主义、毛泽东思想的指引下的学术讨论。所以他从4月28日起，动笔写了一篇《关于〈"清官"与"好官"〉一文的说明》，至5月6日写成，寄往《文汇报》。

但他的想法完全脱离了形势。从3月下旬开始，翦伯赞已经被列为批判的对象，4月初历史系开始讨论吴晗和翦伯赞的问题。学校组织看了"毒草"电影《兵临城下》和《舞台姐妹》。5月10日，姚文元《评"三家村"》一文由中央人民广播电台广播。当天下午，上海市政协就组织谭其骧等人，以后政协、九三学社市委和市社联接连召开了"文化大革命"的座谈会。谁都明白，一场政治大风暴来临了。

谭其骧的行动也脱离了形势。在此前，中华书局上海编辑室（后为上海古籍出版社）约他为宋本《方舆胜览》的出版写一篇前言，从4月27日开始，他晚上稍有空暇就在看这部书，并且摘录了不少材料。他还在抓紧时间，完成编绘《杨图》的工作，4月11日起搞唐大中图的陇西道，4月27日整理完自宋至明中越边界条目，4月28日开始搞大中图的方镇，5月7日起在室内讨论图的体例，18日写清大中方镇表，18日在图上画界线，下旬搞泸（州）领羁縻州，直到"文革"已开始的6月4日才写毕有关的考证文字。5月12日下午，他还与吴杰一起去福州路上海旧书店楼上，买回14册旧书，当晚在家浏览。

他是以不变应万变？想置身于运动之外？不！他不仅写了《"清官"与"好官"》的文章，而且尽量参加了各类座谈会、讨论会，4月下旬还在认真起草九三学社复旦支社的工作总结。他只是在按照自己的轨迹作惯性运动，在根据自己有限的经验行事，当然他绝对估计不到这场史无前例的风暴会如此凶猛。

即使他估计到了，又能做什么呢？逃得了吗？

第十三章

史无前例的遭遇

在劫难逃

1966年5月20日下午，复旦大学历史系中国历史地理研究室全体成员学习《人民日报》发表的重要文章，讨论“文化革命”，身为系主任兼室主任的谭其骧当然要认真参加。当晚，九三学社在文化俱乐部召开座谈会，内容也是“文化革命”。尽管报上的文章火药味已经很浓，但近年来习惯于频繁运动的知识分子，已习惯于迎接运动，所以作为九三学社复旦大学支社主任委员的谭其骧照例表示了积极的态度。27日下午，市政协派了两位工作人员来学校访问谭其骧，请他谈对“文化革命”的认识，他还是表示要积极响应党的号召，拥护“文化革命”。不过现在可以肯定，当时不要说谭其骧，就是来访问他的那两位市政协工作人员，也绝对不可能知道，即将开展的“文化革命”会“文化”到什么程度，结果竟会是如此史无前例。

6月1日晚上，谭其骧继续查阅有关《方舆胜览》的资料，为中华书局上海编辑所刊印宋本《方舆胜览》撰写前言作准备，到很晚才结束，当天《人民日报》发表的《横扫一切牛鬼蛇神》的社论似乎还没有引起他的警觉。第二天上午，他像平时一样到研究室处理《杨图》泸领羁縻州（即唐朝和宋朝泸州所管辖的少数民族聚居区的特殊行政区划）的问题，中间得到通知，下午全校召开声援北京大学师生的大会。原来被称为“全国第一张马列主义的大字报”——北京大学哲学系党总支书记聂元梓等人揭发校党委书记陆平和宋硕、彭珮云等三人“反党反社会主义的罪行”的大字报和有关报道在《人民日报》公开发表了。在下午的大会上，校党委宣布“停课闹革命”。大会以后，全校游行，声援北大师生的大字报开始贴出。当天他感到身体疲乏，量血压为84—134毫米汞柱，所以较早休息了。

6月3日，《人民日报》发表了《夺取资产阶级霸占的史学阵地》的社论，学校的大字报虽然还没有涉及具体对象，历史系却已经成为重点。当晚他参加了九三学社市委召开的“文化革命”座谈会，会上得到消息，明天学校将点名批判“反党反社会主义分子”。与会的复旦大学同事免不了要猜测此人是谁，但鉴于这是明显的敌我矛盾，谁也不敢公开议论。谭其骧心里也在排着系里可能的对象，历史系有影响的老教师就那么几位，还会是谁？有“历史问题”或受过批判的虽然不止一人，但要说他们还在反党反社会主义未免过于严重。不过历次运动都会使人大吃一惊，不知道这次会选中谁？他想到了几个人，又一一否定了。虽然他前几天听到过要批判周予同（历史系二级教授、上海社会科学院历史研究所副所长、上海市历史学会副会长、民盟上海市副主任委员、三届全国人大代表）的风声，但还是不敢相信这位相交十几年、秉性耿直的老友会反党反社会主义。

第二天上午，谭其骧一到学校，就见全校声讨“反党反社会主义罪行”的大字报已铺天盖地，连外系的学生也贴了这样的大字报，显然是经过组织的。而声讨的对象正是周予同。震惊之余，谭其骧自然明白这绝不是复旦大学党委所能决定，看来周予同已是在劫难逃。为了适应形势，表明态度，他赶快写了一张大字报，又在其他人写的两张上签上了自己的名字。

多年后，谭其骧与我谈及此事时曾作过这样的自责：“我是不中用的，几次运动下来，只会跟形势了。我明知周予老不会是反党反社会主义分子，但还是随大流贴了他的大字报。当时的人已经惯了，只要党内作了决定，不管怎么样都只能拥护，只能跟，谁跟得不紧就会倒霉。”

见党委和总支并没有具体布置什么，上午他还是在室内工作，写完了《唐宋泸领羁縻州考》一文。下午谭其骧在家学习毛选，得知晚上要开全校师生大会，但直到晚饭后也没有人来通知他去参加。作为全国人大代表、校务委员、系主任、校工会副主席、九三学社支社主任委员而被排除在全校大会之外，不由谭其骧不感到紧张。8点多，他到校园转了一圈，见生物系已贴出谈家桢（副校长、二级教授）和卢于道（二级教授、九三学社上海市副主任委员、三届全国人大代表、校务委员）的大字报。回家途中他到物理系卢鹤绂教授家中，知道当晚卢和其他一些老教师也没有参加，才稍稍放下了心。

6月6日是星期一，谭其骧来到系里。由于一切正常教学都已停止，《杨图》的编绘也无人过问了，青年教师见了他都有一种异样的感觉。他听说周予同来了学校，却没有见到，自从4日被贴大字报起，周予同一直没有在系里露过面。下午，他与陈守实（历史系二级教授）商量，看来周予同的问题非同一般，为了表明态度，两人又合写了一张批判周予同的大字报。在以后几天里，他忐忑不安地等待着，既希望本该出现的事早些出现，又害怕意想不到的事突然来到。所以除了上午到校看大字报外，就在家学毛选，晚上有空还继续写《方舆胜览》出版前言。他曾去中文系教授蒋天枢、哲学系教授全增嘏家，他们也有一种在劫难逃的感觉，但也都一筹莫展，不知明天还会降下什么样的灾难。

6月11日傍晚，有人告诉谭其骧，老教室大楼中各系都贴出了一批大字报。吃完晚饭，他急忙赶去，见每系都占用了两三间教室张贴本系的大字报，而在历史系的教室中贴他的已有五六张。仔细读完，他稍为定下心来，因为大字报上除了空洞的帽子外，并没有揭发出他什么问题。系内被贴的还有周谷城（一级教授、三届全国人大代表）、陈守实等。在楼里转了一圈，发现谈家桢、朱东润（中文系主任、二级教授）、周同庆（中国科学院学部委员、物理系一级教授）的大字报都不少，而贴苏步青（副校长、中科院学部委员、数学系一级教授）的大字报最多。第二天是星期天，谭其骧又去老教室大楼，见到研究生和青年教师贴他的大字报已增加到十多张，语气相当尖锐。但苏步青的大字报增加最多，已挂满三教室，谭其骧看后产生了苏步青"问题似亦最大"（见谭其骧日记，以下引文同）的感觉。

以后，大字报与日俱增，被贴对象越来越多，罪行和帽子也不断升级。看大字报和抄录贴自己的大字报，成了谭其骧每天的主要工作。14日，陈守实教授的大字报明显增加，16日已被称为"狗教授""贼教授"。贴周谷城的大字报自15日起猛增，教室中张贴不下，移至楼下大厅，大字报中要求将他撤销一切职务，实行劳动改造；到16日，贴周的大字报已扩大到大楼门外，并增加了"反革命分子"的帽子，与周予同并列为"反党反社会主义的反革命分子"，学校广播台整天播放批"二周"反革命罪行的内容。当天，章巽教授也被贴了两张，至此历史系教授中，除蔡尚思外已全部被贴大字报。面对这样的情况，谭其骧感到"意志消沉"，再也无法继续工作，当天晚上他与在家的两个女儿作了长谈，要她们对可能发生的事情有所准备。

运动继续升温，越来越多的"牛鬼蛇神""反动学术权威""反党反社会主义分子"被大字报推出。18日，经济系二级教授吴斐丹已被大字报加上"反革命分子"帽子，并贴到了大楼门口。19日，已调离复旦的前党委副书记、副校长陈传纲的大字报大量出现，副校长兼教务长吴常铭、党委常委兼组织部长李庆云、教学科学部副主任刘振丰等，都成了点名的对象。20日，因大字报大批出笼，谭其骧上午去看了两次，针对朱东润、谈家桢、焦启源（生物系二级教授）、严志弦（化学系二级教授）等的大字报都已贴上大路，连贴德高望重的校长陈望道的大字报也在楼内出现了。

就在6月20日，校园中贴出《把矛头转过来，指向党内的一切牛鬼蛇神》的大字报。一部分学生认为“文化革命”的重点是揭发批判党内走资本主义道路的当权派，因此应把矛头指向党委，多数学生则表示要坚决保卫党委，他们以更激烈的行动来斗争教师中的“牛鬼蛇神”，以显示他们的革命造反精神。当天下午，历史系首次批斗了“二周”，而周谷城进校时差一点被打；生物系学生给焦启源戴上了写着“反党反社会主义分子”字样的高帽子，又逼着谈家桢高声朗读贴他的大字报。晚上两派学生在校园游行，口号声不绝。第二天早上，吴斐丹进学校时被揪斗，揭发苏步青和外语系教授戚叔含的大字报贴上大路。

6月23日，谭其骧的大女儿和女婿去四川自贡工作，此前小女儿已回长兴岛农场，大儿子搬往工厂宿舍，小儿子远在新疆，只有他和妻子李永藩在家中等待着日益逼近的厄运。他还是天天到校看大字报，抄贴自己的大字报，参加学习。在24日的小组会上，他主动作了检查。25日，当学生追问他大字报内容是否正确时，他回答基本正确，有的略有出入。

耳闻目睹，坏消息不断传来：6月26日，风传周同庆已被内定为“反党反社会主义分子”。27日，历史系党总支委员胡绳武成为党内重点批判对象。30日，听说李平心自杀，西安交大彭康、浙江大学刘丹、武汉大学李达都已被揪出。7月3日，上海报纸开始点名批判周予同。5日，贴陈守实的大字报上路。6日，外语系贴了黄有恒和伍蠡甫两位教授的巨幅大字报，外语系主任杨岂深教授和哲学系二级教授全增嘏被列出“十大罪状”。7日，贴经济系教授萧纯锦的大字报上路。12日，贴历史系苏乾英教授的大字报上路。13日，贴哲学系教授严北溟的大字报上路。25日，党委副书记王零在全校大会宣布，哲学系主任、二级教授胡曲园被列为重点批判对象。

7月7日，一位青年教师在谭其骧的办公室门口贴了一张大字报：“警告谭其骧、吴杰（历史系讲师）经常将门锁住，窃窃私语。……”从此，只要他在里面，系主任办公室的门再也不敢关上了。13日，一张大字报出现在他的办公室内，指责他不按时上班。但直到7月底，对他的揭发批判还没有升级。13日下班后，谭其骧居然心血来潮，去了福州路的古籍书店。在几乎空无一人的店内，他买回了一部《四部备要》本的《经义考》，在当天日记中记下了“价仅一元，平均一册不到三分”的话，显然对自己的收获颇为满意。

7月28日，历史系门外挂出了两块警告牌，勒令谭其骧等人每天要准时到校看大字报，汇报思想。一位讲师主持会议，让谭其骧和陈守实、苏乾英（教授）、田汝康、靳文翰、程博洪、王造时（著名的“七君子”之一，“反右”时戴帽）、章巽等教授和讲师吴杰、“摘帽右派”吴浩坤逐个表态和自我批判，然后由他与三位青年教师进行批判。第二天起，谭其骧上午8点到系签报，下午参加大扫除劳动，当天他的血压升高到110—140毫米汞柱。

7月30日，揭发谭其骧“八大罪状”的大字报贴上了复旦“南京路”（校内干道），并且注明“未完待续”。他闻讯跑去抄录，不久见旁边一群学生在围着戚叔含哄斗，赶忙躲避。8月2日上午，他找研究室党支部负责人汇报自己的态度，交代存在的问题，同时也指出了大字报中的不实之处。这位负责人没有表态，只是要他写外单位两人的材料。谭其骧自然不会知道，这位负责人正忙于在组织对他的揭发批判。在3日的学习会上，谭其骧发言作检查。在他发言结束后，一位同样受到大字报冲击的教师、他以前的学生立即针对他说的“勤勤恳恳工作”作了严厉的批判，以示与他划清了界线。在作了认真准备后，5日上午谭其骧对自己散布资产阶级思想，说社会主义国家农业不过关，说有的学科用不着学毛选，主张“论从史出”等“罪行”作了全面检查，但一位教师又提出他不久前发表的《“清官”与“好官”》是一株“大毒草”，应列入批判。

8月6日，复旦大学刮起了一股“斗鬼风”，学生和教师中的“革命左派”纷纷寻找批斗对象。上午，研究室六位教师联名贴出揭发谭其骧的大字报，使谭其骧感到意外的并不是大字报的内容，而是这些自己多年的学生也站出来与他划清界线了。当天下午和晚上，苏步青、谈家桢、焦启源、萧纯锦等被戴上高帽子批斗，连宿舍里的小孩也是一片打倒声，校园中的口号声一直持续到第二天清晨五点半。7日是星期天，谭其骧在家里待了一天，只听到学校口号声不绝，不断传来有人被斗的消息，他听到的就有本系教授苏乾英、化学系二级教授赵丹若、党委宣传部长徐震等人。晚饭后接到通知，到学校去听在上海市大中学校师生代表大会上北京负责同志的报告录音。路过工会时，见正在批斗谈家桢夫人傅曼云。傅曼云担任宿舍居民委员会工作，负责保姆管理和动员知识青年上山下乡支援边疆等工作，保姆和知青家属是批斗她的主力。她受到肆意污辱和殴打，不久自杀身亡。当谭其骧11点半上床时，口号声还不断传来。

8日上午，谭其骧按时到校。那天天气炎热，他穿了一件圆领汗衫，手持一把蒲扇，走到历史系学生宿舍楼附近看最新贴出的大字报。忽听到有人高喊：

“大家注意，这就是反动学术权威谭其骧！”（事后得知，此人也是他的学生、研究室一位负责人。）一批学生一拥而上，将他团团围住。有人喝令他跪下，还没有等他反应过来，就有人将他双手反拧，按着他跪倒在地。在一片打倒声中，将一顶高帽子戴在他头上，大瓶墨汁往他身上浇来，汗衫上被写上“牛鬼蛇神”等字，又被七手八脚撕破。批斗后，学生们逼他脱下鞋子，光着脚在校园游街。被折磨到10点多，学生才将他放走。在宿舍门口，又被一群小孩围住呼“打倒谭其骧”，家门口已被楼上一位保姆贴上了“反革命老窝”等两张标语。回到家中，谭其骧失声痛哭，久久不能平静。他将脱下的这件破汗衫放入橱中，以后抄家时被发现，成为他对抗运动的罪证。

下午，系总支书记余子道来他家慰问，劝他不要灰心丧气，要“正确对待”。见他皮肤被抓破多处，颈部和腰部也被扭伤，余子道让他在家中休息几天。但余子道刚走，研究室负责人就打来电话，责问谭其骧为什么不去，要他下午4点钟到研究室。李永藩告诉他谭其骧受了伤，又经余子道准许请假，也无济于事。5点，此人又打来电话，声称“群众不答应”，勒令他立即到校。谭其骧到后，这位负责人等三人先要他谈被斗后的思想，从8点开始举行全室批斗会，结束时限令他三天内作彻底交代，每天7点半到室看大字报，汇报思想情况。9点多，还没有吃过晚饭的谭其骧才在一片“滚下去”的吼声中，拖着沉重的脚步离开研究室。

被撕破的已不仅是他的皮肤，还有他的心。这个六年前由他创办的研究室如今成了斗争他的前沿，那些曾经由他一手教会编绘历史地图的学生如今正向他发出一发发炮弹，他的办公室也成了监督他的“牛棚”。他想快一点离开学校，但他走不快，不仅是因为极度疲惫，还由于他实在不愿意远离他心中的研究室——这里有即将完成的《杨图》，有他十几年的心血和30多年的追求，有他视为生命的事业和荣誉——尽管转眼间都已成了落花流水。事后他才知道，这三天中被斗的教授、干部有数十人，其中两人就此告别人世。

多年后，一位海外华人到谭其骧家访问，谈到“文化大革命”时，他说：“我有一点实在不理解，当时你们这么多人都被关在牛棚，大陆的大学和机关里哪来那么多养牛的地方？”谭其骧闻言大笑，告诉他此“牛”并非真牛，是“牛鬼蛇神”之牛：“譬如我当了牛鬼蛇神，关我的地方就叫牛棚。我的牛棚，就是我当系主任时的办公室。”

第二天起，谭其骧白天得到校看大字报，参加学习，接受批判，口头汇报思想，抽空写交代。为了能在三天内交出交代，只得夜以继日，8月10日夜里，在一片拥护《中国共产党中央委员会关于无产阶级文化大革命的决定》(即“十六条”)的口号声和锣鼓声中，他直写到两三点钟。11日连午睡也无法入眠，写到夜里近11点时体力不支。12日从早上7点半到校就在赶写，到晚上9点总算写了16页交代，到学校交出。为了做到交代彻底，他继续搜肠刮肚，凡是大字报中出现过或有人提及的，无不一一交代，16日交出第二批交代，17日补充三条，18日补充三条，19日补充二条，22日又补充了三条。

8月23日，红卫兵上街破“四旧”，更改路名、店名和各种名称，复旦大学也被改名东方红大学。第二天，红卫兵闯进了谭其骧居住的第九宿舍，到处转悠，并且在几幢楼前停留很久。谭其骧赶忙整理家中书架，将客厅中悬挂的字画撤下，换上毛主席语录，他清理出新中国成立前和新中国成立初的一批教授聘书，塞进废纸堆一起卖掉了。

但“革命师生”和红卫兵们并没有因为他的态度积极主动而让他逍遥“法”外，8月31日早上，历史系师生在楼前集合，当场揪出谭其骧和王造时、程博洪、陈守实、吴杰、吴浩坤等批斗。对谭其骧的揭发更使他大吃一惊：“串通右派儿子，盗用文化革命小组成员的名义，写信给市委搞翻案。”9点，他们六人和苏乾英、田汝康、靳文翰、胡绳武、柏明、董进泉、姜义华共13人被红卫兵押送去学生宿舍劳动改造。73岁的陈守实被迫手举“牛鬼蛇神劳改队”的木牌走在最前面，队伍两旁红卫兵夹持，一路高呼口号，引来校园中成群人的围观尾随。谭其骧在众目睽睽下锄草，可是他弯不下腰，左手使不上劲，尽管汗流浃背，精疲力竭，却锄不了多少，当场受到一片斥责，背上被贴上了“牛鬼蛇神谭其骧”的纸片。劳动结束后，这支“牛鬼蛇神”队伍又从学校东边的学生宿舍列队至西边的历史系楼前才解散。

回家后，谭其骧急忙让李永藩去找儿子了解真相。原来谭德睿见父亲受到冲击，想向上海市委反映，他还天真地以为只要市委了解情况，一定会采取措施保护这位全国人大代表和知名学者。信写好后，他又觉得用自己名义写可能没有用，干脆改为“复旦大学文化革命小组部分成员”。信还没有发出，就不小心让宿舍中同事发现，向领导告密，又转到了复旦历史系。

9月1日上午，谭其骧等在红卫兵监督下在历史系楼边锄草。劳改队中增加了周予同、周谷城、章巽、吴应寿。大概红卫兵嫌声势不大，又将他们带到中文系，与中文系劳改队并在一起，接受红卫兵训话。研究室一位资料员拿来“黑牌”勒令他们挂在脖子上，谭其骧的牌上写着“反动学术权威”，陈守实的是“反动学阀”，王造时的是“大右派”，周予同和周谷城挂“反共老手”，吴杰挂“汉奸卖国贼”，吴浩坤和柏明挂“右派分子”，姜义华和董进泉挂“反党反社会主义分子”，还规定今后进校门时一律要挂上牌子，出门才能取下。其余各人幸免挂牌。训话后，陈守实、周谷城（67岁）、周予同（67岁）、王造时（65岁）等被带到室内劳动，其他人继续锄草。

下午谭其骧又去研究室接受批斗，谭德睿工厂也贴来了大字报，列举了谭其骧的四大罪状：给儿子看《参考消息》，并让他带到工厂；给儿子高级香烟抽并带到工厂；将全国人大文件的内容告诉儿子并在厂里宣传；指使儿子冒名向市委写信搞翻案。下班回家，他见书橱、书架上都已贴上封条，原来下午红卫兵已上门“破四旧”，抄走了旧唱片、小件古玩、首饰和文稿等物，也没有留下清单。客厅中一对沙发扶手两旁有木雕花纹，红卫兵认为不是革命内容，当即撬下毁坏。李永藩与红卫兵发生争执，以后成为谭其骧“对抗”红卫兵的罪行。谭其骧连日自觉清理家中物品，先后上缴的有：新中国成立前旧币一包，吴晗来信两封，致吴晗信稿一件，燕京、清华教职员名录与点名簿五册，全国人大代表证、照相一包、英国出版的印度地图一幅（向田汝康借来，田又借自王亚南），他母亲陪嫁的皮袄面一件，李永藩的股票一张，教授证书两份，内部未定稿、未定文稿24册。

记得当时我曾到复旦大学看大字报，但见在揭发“牛鬼蛇神罪行”的专栏中一份全国人大代表证书赫然在目，上面却打着一个鲜红的大叉。我已记不得这是谁的，或许当时就没有注意，但这是我第一次见到全国人大代表的证书，所以留下了特别深刻的印象。现任的全国最高权力机构的代表证书居然被当作“罪证”上交并遭到如此的践踏，实在是对共和国及其宪法的莫大侮辱。不过，连国家主席都可以任意废黜和揪斗，一位人大代表的法律地位和个人尊严又算得了什么？

以后，接受监督劳动和批斗成了谭其骧每天的任务。和他一样，历史系十多名“牛鬼蛇神”对红卫兵和“革命师生”的命令只能一一照办，只有最大胆的姜义华例外，他在9月2日宣布“自己解放自己”，离校出走。姜义华的“反党反社会主义”罪行是他在复旦历史系当学生时一次政治学习时的发言，大意是党一直只“反右”，不“反左”，明明已够左了却还要“反右”。这段话被逐级汇报到了中共上海市委第一书记柯庆施那里，又由柯庆施汇报给毛泽东，而毛泽东居然对这样一位名不见经传的大学生特别重视，写下了一长段从宇宙、银河、太阳系直到复旦大学的批示。姜义华1962年毕业后已分配至内蒙古当中学教师，对这样一位得到毛泽东批示的"反动学生"自然不能不充分发挥他反面教员的作用，为此复旦大学专门将他调回历史系。

9月2日开始，由于陈守实不参加室外劳动，谭其骧顶了他的位置，排在第一举"劳改队"牌子。劳动中过来一位女红卫兵，见谭其骧等穿着鞋子，竟勃然大怒，责令他们全部脱下鞋袜，赤脚干活。由于受到感染，他两脚的大脚趾发肿，到5日，脚趾甲完全变成紫黑色。当天打扫厕所时，因满地是水，谭其骧穿的布鞋完全浸透，他的双脚肿得更厉害，几乎无法脱下鞋子。但劳改不能停止，他只得买来胶鞋穿上。8日，红卫兵通知明日背诵"十六条"中的一条和《毛主席语录》第16页中的一段。当晚谭其骧将这两段背熟，岂料第二天让红卫兵一吆喝，他神经紧张，竟漏了两句，自然又招来了一阵批斗。

为了使"牛鬼蛇神"有活可干，红卫兵让他们轮流到宿舍、办公楼和厕所打扫，清扫校园场地，干拔毛豆、捞水草、翻土、挖沟、挑粪、施肥等重活。10月20日在物理二系后面锄草，草又密又深，难以锄尽，在最后一小时谭其骧几乎无法支持，好不容易坚持了下来。尽管谭其骧尽了最大努力，还经常受到红卫兵的训斥，11月5日劳动结束时，训话竟长达半小时。在评价他们的劳动时，负责监督他们的那位资料员还说"仅值三个工分，每工分六七分钱"。

与此同时，谭其骧在研究室的学习会和批判会上不断地交代检查问题，如学术方面搞考据，迷恋逛旧书铺，看旧戏，向青年宣传这类"资产阶级生活方式"；讲历史时少讲劳动人民，多讲统治阶级，跟着旧史料走；绘图时以《资治通鉴》中的地名为准，大多是帝王将相活动的地点，而缺少农民战争的地点；讲开运河、治黄河时不提劳动人民。室"文革"小组负责人规定他每星期五要交出一份检查。

10月10日，历史系成立文化革命委员会。15日，某学生代表系"文革"宣布对谭其骧等人的规定：自下周起每天7点半学语录，8点至11点劳动，星期一三五下午学习，星期二下午2点半楼前集合，星期一7点半要交出两份汇报。为此，整个星期天谭其骧都在写检查，直到晚上12点。

10月27日，谭其骧从大字报中看到，22日在文化广场召开的大专院校造反派大会上，中共上海市委候补书记、原复旦大学党委书记杨西光被斗并挂了黑牌。11月2日，他听到了中共上海市委批准"红革会"（"红卫兵上海市大专院校革命委员会”的简称）成立，“红革会”封闭复旦大学红卫兵大队部、校“文革”筹备会和工作组的消息，校内两派斗争日趋激烈。6日下午，生物系几位“八一八”（8月18日是毛泽东首次接见红卫兵的日子，一些红卫兵组织以此为称号）红卫兵闯到谭其骧家，由女红卫兵张某带头向他要钱，据说是要去外地闹革命，缺少经费。逼得谭其骧拿出200元，才将他们打发走。在大学生一个月的伙食费标准是15元的年代，这是一笔不小的款子。总算她还留下了一张收据，到打倒“四人帮”后的清查运动时由我转交给系总支书记。虽然张某有名有姓，这笔钱却没有再偿还。

从11月8日开始，监督他们劳动的红卫兵不见了，以后连汇报也没有人收了。好在“牛鬼蛇神”们已高度自觉，照样不知疲倦地干着。那天下班时，造反派与红卫兵大队部、工人赤卫队发生冲突，大队部的广播台宣布已有两人受伤，同时号召革命师生保卫党委机密档案，因为造反派正在冲砸档案室。

11月19日上午，历史系造反派开会批判资产阶级反动路线，在会上红革会成员与“乘风破浪战斗队”成员发生冲突，引起第一场武斗。21日，造反派贴出“向历史系总支的资产阶级反动路线猛烈开火”的大幅标语，把矛头对准了党总支。“革命师生”们也贴出大字报，要求将朱永嘉揪回学校批判。朱永嘉本是历史系总支委员，在“文革”开始前就已借调至上海市委写作组，为姚文元写《评新编历史剧〈海瑞罢官〉》提供资料，是写作组“罗思鼎”的负责人。26日早上，谭其骧在系办公楼走廊上见到了朱永嘉，以为他已被揪回，殊不知他接受了张春桥“支持少数派”的指示，正好回校大显身手。

11月26日中午，刚与谭其骧等一起结束劳动的周予同被红卫兵留下，通知他去山东曲阜接受批判孔子大会的批斗，当晚就得出发。他连家里也无法通知，以至第二天家属急得到学校来找他。原来周予同1962年在曲阜参加孔子学术讨论会时，曾向孔子像鞠躬行礼，这成了他尊孔的罪状。

在历史系被揪出的“牛鬼蛇神”中，周予同或许是最不幸的一位。这一方面是由于他秉性耿直，即使身陷逆境也绝不苟且，使他多受了不少苦；另一方面是由于他的家住在校外，偏偏紧靠着“革命大串连”的专列停靠的一个火车站和几处外地驻上海的红卫兵联络站。得知附近住着这样一位“反共老手”“老牛鬼蛇神”，本地的，外地的，常住的，路过的，甚至刚下火车的“红卫兵小将”，不分昼夜，随时都会将他拉出来批斗、殴打、侮辱、戏弄一番。周予同在家不得一刻安宁，家产被洗劫一空，连被谁劫走都不知道。手表被抄走后，为了掌握时间，买了一个闹钟，没几天闹钟也不见了。雨衣没有了，买一把雨伞，可是连雨伞也用不了几天。从曲阜回来后他就一病不起，1967年1月16日才去学校，不久又病倒了。

在一个多月的时间里，造反派由弱而强，终于对党委发动致命攻击。面对着这新中国成立以来从未见过的、也不敢设想的变局，谭其骧在日记中记下了他的见闻：

12月2日，看大字报“杨西光十大罪状”。3日，看大字报，“造反派声势日壮，闻蔡祖泉（工人出身的电光源专家、上海市活学活用毛泽东著作标兵，此前支持工人赤卫队）亦在昨日会上揭发党委走资产阶级反动路线”。4日，“知昨下午造反派开会斗杨西光，各系总支、指导员多有起而造反者，包括余子道。大队部大印已由造反者夺得，校广播、电话已由造反派接管，各系文革解散，党委大势已去”。5日，“下午校中开大会斗杨西光。晚继续，聂元梓来出席”。6日，“闻杨西光、王零被扣在校内，造反派已接收系文革，人事部亦有大字报揭发杨西光等”。

12月5日，在谭其骧的日记中又出现了“杂览”的记录。到了1967年1月造反派“夺权斗争”的高潮，他的“杂览”也越来越多，从1月中旬至2月7日，共有15天，除了“写汇报”的日子外，几乎每天晚上都在看自己的书。2月8日是农历除夕，当天的日记写着：“连日翻阅东北地志地图，注意其城市位置所受铁路线之影响。读日人所著《白山黑水录》（清光绪间），谈及帝俄筑东省铁路之计划。”这应该是前阶段“杂览”的总结。至3月16日，日记中又有16天有“杂览”，直到17日当了造反派负责人的那位资料员“宣布加强管制，以后每星期仍须写汇报”，才暂时中止。

谭其骧逝世后，我意外地在他的遗物中发现了5页抄在五百格稿纸上的旧稿，题为《东北地区县治移驻铁路线》，辑录了吉林、辽宁、黑龙江和内蒙古四省区数十个县、市治地移往铁路沿线的资料。说明他“杂览”的结果，是总结出了东北地区在铁路建成后，县级行政区域的中心普遍移到铁路沿线的规律。虽然这未必就是“文革”时所录的原件，但肯定是1967年初“杂览”的成果。尽管还没有整理成文，但它显示了一位不懈探求真理的学者在极端困难的条件下所做的努力。

1967年初，造反派虽已大权在握，但还顾不上加强对“牛鬼蛇神”的监督。但“牛鬼蛇神”已成惊弓之鸟，只要是红卫兵或造反派，无论是哪一派的，都不敢违抗。2月8日早上,谭其骧等遇见前大队部的学生徐某,声称来监督他们劳动。徐某令他们在六号楼前列队,又是"只许规规矩矩,不许乱说乱动"的训话,然后宣布以后天天要劳动,天天要写汇报,今天先打扫一二楼厕所和走廊。劳动结束后,谭其骧等找到系里造反派,他们也不了解徐某代表什么组织。第二天,徐某又要谭其骧等去劳动,他们要他与系造反派联系,徐某警告说:"不许搞阴谋,明天一定要去。"但从此再未露面。

2月27日,历史系内张贴了"只许左派夺权,不许右派翻天"的标语,并以"革命造反派"的名义印发了"通令"的传单,要"牛鬼蛇神""必须老老实实接受管理监督",这主要是针对田汝康等三人在不久前成立"劲松战斗组"而采取的措施。但田汝康等人在3月3日还是贴出大字报,揭发系党总支和"旧文革""打击一大片"的罪行。次日,有人在这份大字报上批上了"大毒草"几个字。6日,田汝康等作出反应,贴出了"四点声明",青年教师们针锋相对,贴出"正告资产阶级的老爷们"。7日,田汝康等又贴出小字报,称"正告"的作者是自己跳出来的谭力夫("文革"初鼓吹"老子反动儿混蛋,老子英雄儿好汉"反动血统论者),又转抄了"《文汇报》答铁道学院问"作为根据。但田汝康等实在太天真了,他们这样做的结果自然是适得其反。等到"清理阶级队伍"时,田汝康受到严重迫害,割静脉自杀,幸而被及时发现才保住性命。

3月中旬,由张春桥派来复旦领导运动的郭仁杰(原哲学系总支副书记、市委写作班党支部副书记)召开了中老年教师座谈会。21日下午,谭其骧出席了"全校中老年教师学革命誓师大会",先观看了红卫兵演出的节目,接着由原副校长李铁民主持会议,原校长陈望道致辞,红卫兵代表讲话,蔡尚思、方俊鑫、郑北渭(新闻系副教授)、胡裕树(中文系副教授)相继发言。据说郭仁杰准备讲话,但临时市里有会未能到会。会上称他们为"要革命的中老年教师们",宣布已被解放,会后将参加革命了。谭其骧以为7个月又22天的批斗生活可以结束了,他也注意到各系还有少数人未参加这次会议,估计他们将成为下阶段运动的对象。

但事与愿违,第二天一切如常。25日,造反派资料员又布置他们去农业组劳动。在29日的训话中,此人依然称谭其骧为"反动学术权威",强调他是运动初期由群众揪出打倒的,并非属于被资产阶级反动路线所打击的一大片。以后几个月间,谭其骧依然是劳动、学习、汇报,或根据要求揭发、交代某一方面的问题,一切都得听那位资料员的安排,接受他的监督和训斥。那位资料员当上了系造反派的头目，俨然以领导自居，眼看谭其骧等系领导、名教授如今都成了只能低头认罪的“牛鬼蛇神”、改造对象，自己却说一不二，小人得志，好不猖狂！

6月1日，系里动员全体师生下乡参加三夏劳动，资料员通知谭其骧随同下乡接受监督劳动。5日到达罗店公社天平大队中申宅生产队，他与吴浩坤、吴杰、余子道被编在四年级一队。队长规定他们每三天口头汇报一次，劳动结束后写书面汇报一份。从6日起，57岁的谭其骧就和其他人一样，每天5点半起床，6点学毛选，7点吃早饭，7点3刻出工，11点午饭，下午1点出工，4点至5点与社员一起学语录，6点半收工。割麦，运麦，脱粒，捡麦穗，采蚕豆，摘棉苗，锄地，一天的劳动常使他吃完晚饭就躺在床上，动弹不得，但逢到汇报的日子还得起来完成这项改造任务。所幸那位态度凶恶的纪某只听取了第一次汇报，以后改由另外两位教师“听汇报”，其中一位就是本所的赵永复，他们态度和气，从第三次起甚至根本不要谭其骧等人汇报了。

三夏劳动结束不久，就传出了要教授们紧缩住房的消息。6月28日，谈家桢家首先搬进了两户。7月18日，谭其骧与陈守实被通知各自让出两间。他原来住的是四间半（一个小间）一套住房，差不多被紧缩了一半。他赶快回家整理书籍，搬走书橱、书架，忙到8月初才勉强腾出。8日，体育室一位教师一家搬入。在理书的过程中，他销毁了吴晗的《春天集》、邓拓的《燕山夜话》《陈布雷日记》，还将油印本上的“反动”人名涂去。实际这些做法非但没有使他避祸，反而增加了以后的交代内容。在理书时他又忍不住找了一些书看了起来，在8月1日起写了“同城二县”的札记，以后还看了《宋人轶事汇编》等书。9月29日，他又心血来潮，去了古籍书店，见除了还有一柜台的中医书之外，已经完全是毛选、语录和毛主席像了。

就在被作为“要革命的中老年教师”而“解放”后的半年又5天，谭其骧又接到了参加“老教师大批判座谈会”的通知。令人啼笑皆非的是，上次“解放”的主持者郭仁杰已被关押审查，正在度过他自杀前的最后几个月。9月27日下午2点半，谭其骧与朱东润、吴文祺、田汝康、全增嘏、戚叔含、朱伯康等到会。会议刚开始，谭其骧就被叫到另一间房间参加“打杨（西光）会”，主持人读了一份“四月黑提纲”，据说1957年杨西光曾交各民主党派讨论过。但到会的苏步青、谈家桢、蒋学模、鲍正鹄、陈传璋、笪移今与谭其骧都毫无印象，他们也没有想出杨西光有什么“右派言论”。28日，谭其骧又参加了理科干部会，也是谈杨西光的情况。会议主持人鼓励大家投入大批判，主动向革命师生争取归口学习。

10月5日，蒋学模首先贴出了揭发杨西光在“四清”工作中的罪行的大字报。谭其骧深感压力，傍晚找到谈家桢，向他借来了他写的大字报底稿做参考，但晚上考虑再三，仍未动笔。9日，朱东润等的大字报也贴出来了，谭其骧的稿子却还没有眉目。这倒不是谭其骧不想通过揭发杨西光来争取“归口”，实在因为他长期忙于编绘《杨图》，经常去北京工作或开会，党委为了他能尽早完成任务，免除了他不少日常会议和事务，所以他对杨西光和党委的情况实在所知有限。第二天他与陈守实、苏乾英和吴杰商议，决定四人联名写一张，自己再以个人名义写一张。连开了两个夜车，写出来的却只有六条，13日让吴杰抄清集体一份，自己抄清个人一份。

14日上午，谭其骧拿了两份大字报稿去找大权在握的资料员，要求“归口”，此人听了不置可否，他不得要领，只得先改定大字报再说。在征求室内意见时，有人提出，谭其骧所揭没有上纲上线，不像是大字报。谭其骧也自知大字报所写的一些内容算不上是什么大问题，但他认为揭发也要实事求是，不能为了表明自己的立场就随意夸大，为此他感到难以落笔，17日晚上只改了一两句。但这时揭发杨西光等人的大字报已出现不少涉及他们“包庇”谭其骧的内容，原党委副书记、长期负责联系历史系的徐常太在检查中也提到，谭其骧在1957年有“言论”，他曾示意谭缄默。谭其骧知道，在这种形势下，再揭发已无济于事，这两张没有写成的大字报终于流产。

12月1日上午，历史系召开“揭发控诉资产阶级知识分子统治历史系滔天罪行大会”，主要批斗“二周”，谭其骧与陈守实陪斗。但在发言中涉及苏乾英、吴杰、章巽、程博洪、田汝康、靳文翰等人，都被一一叫起，苏乾英与吴杰还被拉到台前。揭发中提出了谭其骧的“三大罪状”：说台湾在清代不属于中国文化范围，西藏属印度文化区域，澳门不应归还中国。这三句话或者完全是无中生有，或者是歪曲原意，谭其骧自然不能保持沉默，他大声争辩，在一片打倒声中被强按低头。散会时，他们被勒令明天到学生宿舍报到。

2日上午，又是列队训话，打扫厕所。结束时的训话斥责谭其骧昨天态度恶劣，引起群众公愤，“文化大革命”已一年多，仍不知认罪，群众决不会随便放过；同时宣布恢复每天上午的监督劳动，经常性的成员是谭其骧、“二周”(周予同因病经常不参加)、陈守实、苏乾英、吴杰六人。以后，不是打扫厕所，就是清理场地，但红卫兵又想出了新花样，要他们背诵“老三篇”(《为人民服务》《愚公移山》《纪念白求恩》)，劳动前后要背，中间也要背，有时集体背，有时两人一组背。谭其骧曾与周谷城分在一组，周背得不如他熟，但相互影响，两人都背错不少。

在6日的大字报中又出现了1日会上提到的“三大罪状”，谭其骧觉得事关重要，无论如何必须澄清，开始起草声辩书。又根据室负责人的要求，写了“杨图委员会是一个怎么样的组织”的材料，连同历届审稿会的名单上交。

12月16日，研究室召开“批判资产阶级统治研究室罪行大会”，批斗王零、徐常太和谭其骧。22日下午，研究室举行“彻底揭露批判党内资产阶级代表人物相互勾结利用统治历史地理研究室罪行大会”，并在校门口贴出海报：“勒令反革命修正主义分子杨西光、王零，旧党委徐常太，资产阶级权威谭其骧到会受审。”批斗的主要对象当然是杨西光，但他却不易斗倒，对一些可笑的揭发竟发笑，被揪头发揿头。在徐常太揭发他时，他大发脾气，斥责徐“胡说”，被群众按倒罚跪。

12月25日，上海又刮起了大抓叛徒，大搞清理阶级队伍，大揪流氓阿飞的“红色风暴”，文艺界在全市电视斗争大会上斗了白杨、赵丹、李玉茹、童芷苓等名流，校内王零、苏步青、吴常铭等领导和系里陈守实、吴杰等被抄家。28日，校门口和系办公楼门口都贴出布告，勒令地、富、反、坏、右、汉奸、特务、叛徒、反动学术权威(或思想反动分子)登记。谭其骧认为“反动学术权威”和“思想反动分子”定义不明，决定不予理睬，等着瞧。

1968年在一次强大的寒潮中来到，预示着又是冷酷的一年。1月3日，李铁民、余子道加入劳改队，负责监督的韩某训话，规定今后每周要交一次汇报，有事随时口头汇报，劳动前要背《愚公移山》，结束后要背《为人民服务》。他要大家选出队长两人，结果谭其骧与余子道当选。系主任和党总支书记双双担任“牛鬼蛇神劳改队”的队长，这不能不说是复旦大学历史系历史上最悲惨、最可耻的一页。两天后，劳改队又增加了徐常太、柏明、吴浩坤三人。

3日下午，“造反有理串联会”贴出声明，规定走资派及反动学术权威今后每月领18元生活费，家属每人领12元，副教授以上自动减薪，房屋重新调配。第二天又通告：“二周”、谈家桢、焦启源、蒋学模、萧纯锦、李铁民、黄有恒、吴常铭、朱东润、赵汉威(化学系教授)11人本月起不准领高薪。6日领工资后，谭其骧立即让李永藩上交60元于系办公室，以示自动减薪。陈守实闻讯，赶紧照办。他们又去“造反有理串联会”填表，“自愿”将下月工资减半。但到了2月5日，谭其骧拿到的工资仅75元，其余全部被冻结。

1月25日，复旦大学革命委员会成立。但这并不意味着秩序的恢复，三派争权夺利，无不以对“牛鬼蛇神”的坚决打击来显示自己的革命造反精神，对谭其骧来说，只能是新灾难的开始。“飓风兵团”接管了劳改队，采取了冻结存款、抄家、逼令交出存款等“革命行动”。3月29日，劳改队又由“文攻武卫连”接管。3月15日，历史系召开“清理阶级队伍誓师大会”，会后掀起揪斗高潮。由于全国各地也都在进行清队，找谭其骧调查的纷至沓来，应接不暇。实际有的调查对象谭其骧根本不了解（如浙江大学教过的学生），但也不得不一一应答，大多还要求他写出书面材料。在为外单位、本单位其他人写证明材料的同时，他又被要求写出详尽的自传和专题交代、思想汇报。

随着清队的进行，劳改队人员不断扩大。真是三十年河东，三十年河西，研究室中一位一度造反的前党支部负责人也因被发现是“阶级异己分子”而被揪出，成了劳改队的学习组长。女学生郭黎安被打成“小牛鬼蛇神”，几个月间与谭其骧患难与共。1980年郭黎安在南京大学历史系研究生毕业，谭其骧专程去南京主持论文答辩。不少人不明白她与导师蒋赞初何以有如此大的面子，谭其骧说：“她是我的‘棚友’，是患难之交。科举时代同年考上的人不分老幼，称为‘年谊’。我们曾经关在同一牛棚，可谓‘棚谊’。”

同是天涯沦落人，同时被打入牛棚的人一般都同病相怜，互相照应，共渡难关，而不问原来的身份地位。但也有个别例外，中年讲师吴杰平时对谭其骧毕恭毕敬，还经常与谭其骧逛书店，聊天，关系虽谈不上亲密，至少比一般人多些交往。但这位“棚友”对谭其骧的态度却与众不同。如果说在批斗时揭发批判是为了自保或显示划清界线，还可以理解，那么在平时他颇为凶狠的样子竟与以往判若两人，就使谭其骧百思不得其解了。当然，随着以后谭其骧被“一批二用”，他马上又恢复了恭敬，似乎根本没有发生过什么事。

顺便说一下，谭其骧晚年又见到了此人的变化：他曾以副教授身份参加谭其骧主持的国务院古籍整理出版规划小组的重点项目——《肇域志》整理，集中在申江饭店工作，有一天他忽然提出要退出了。谭其骧对他说：“你与我平时不是一个专业，如果你参加这个项目，讨论你的职称时我多少能说几句话。要是你不参加了，我就不便发表意见了。”他说：“谢谢你的好意。现在称职已经冻结，就不必再麻烦你了。”可就在他退出不久，职称评定恢复，他又写了一封用词极为谦卑的信，大意说谭其骧是“宰相肚里好撑船”，不会与他这样的小人计较；而他十几年来一向视谭其骧为长兄，务请像以前一样照顾他这位“弱弟”。其实如果他不写这封信，谭其骧也会对他的职称发表实事求是的意见的。他不仅不时写去这样的信，还经常不辞路远，从复旦大学去淮海路谭家问候。但到了1990年，谭其骧已不再担任行政职务，而他已俨然以知名老教授自居了，当然没有必要再给谭其骧写信或问候了。有一次某出版社为解决与他的纠纷，请谭其骧出面调停。谭其骧告诉他们“他不会买我账的”，但还是给他写了一封信。他收到信时，我正好也在历史系办公室，他说：“谭先生写的字倒一点不抖。”然后嘿嘿一笑就把信收了。直到谭其骧去世，他始终没有作过答复，并且再也没有与谭其骧有任何联系。谭其骧与我谈及他时十分感慨，也想起了牛棚中的往事，说：“我也不知道这个人究竟为什么，他大概以为我这辈子不会出牛棚，所以没有必要对我再客气了。”

在批斗会上对批斗对象动手动脚已是家常便饭，谭其骧也不能幸免。多年后，李永藩和其他人告诉我，研究室中一位负责人、党员、谭其骧的学生之一曾打过他。我问谭其骧，他说：“我自己不知道。”在整党时，市委调查组的同志直接向他了解，谭其骧说：“别人这样说。当时我低着头，确实有人在我头上、背上打冷拳，不过我看不见是谁，不能随便说。至于此人打吴杰，打苏乾英，是我亲眼看见的。”5月21日，谭其骧从六号楼回系，因在路上看了大字报而晚到了一回，监督人员见面就打了他两拳。当时对审查、监督对象殴打的事已相当普遍，由于谭其骧已不记日记，这只是偶然留下的记录。时过境迁，当年的打人者大概没有谁会主动承认这类“革命行动”吧！

6月5日，谭其骧再次被带至中申宅参加三夏劳动，所不同的是，这次除了同样参加繁重的劳动外，还增加了大量现场批斗。下乡当天，谭其骧等就按规定订了“下乡守则”。9日，他们被拉到田头示众。11日开忆苦思甜会后，又把他们作为斗争的靶子。15日，三年级在南垄生产队斗徐常太、吴杰，谭其骧、吴浩坤、姜义华被带去陪斗。斗争会结束，学唱《敬爱的毛主席》，“牛鬼蛇神”倒也有资格一起引吭高歌。研究室那位“阶级异己分子”因“态度恶劣”多次被打，其中一次还被按在地上，用扁担狠打了一顿。回校后，他又因“翻案”被斗，谭其骧、吴杰也因此而被陪斗。

7月3日下午，研究室中一批教工在那位造反派资料员的带领下来到谭其骧家查抄，带走全套《禹贡》半月刊和旧报纸、手稿、文件等一大包，历年日记也被抄走，书柜、书橱全部被贴上了封条。多年后李永藩告诉我，当时曾有人主张将书全部搬走，她闻言高呼："毛主席要他画地图，现在还没有画好，谁敢拿走书，以后画不成地图就找谁算账。"所以书才没有拿走。此话的真实性如何已难查证，但同时被抄的陈守实、苏乾英、吴杰三家的书的确被全部搬走了。

在抄家中发现，谭其骧还保留着被斗时戴的高帽子和牌子，次日受到"企图秋后算账""反攻倒算"的训斥，并被责令写出"认罪书"。在此前谭其骧已将最近一本日记中自"文革"开始至1968年1月10日的日记撕下，他考虑再三，为避免被发现后说不清楚，就将撕下的日记散页上交了。这些散页奇迹般地保存了下来，回到了谭其骧手中，而今成为笔者撰写这些文字的可靠根据。要不，当年的若干真相大概会永远湮没无闻了。

8月26日，上海市革命委员会派工人毛泽东思想宣传队（工宣队）千余人进驻复旦大学，工宣队接管全校大权，造反派全部靠边站了。一切又被推倒重来，原来交代过的问题，写过的汇报，谈过的认识又得向工宣队重新表达一遍，而批斗会、政策攻心、学习班，以至逼供信也一一重演。10月28日至11月10日，谭其骧等又被勒令下乡参加三秋劳动，监督管理自然更加严厉。

11月29日，全隔离的封闭式"政策学习班"开始，谭其骧奉命带着铺盖住进学校。等待他的会是什么前途呢？

1968年是复旦大学灾难的一年，当年"非正常"死亡人数是"文化大革命"中最多的。所幸谭其骧熬过了这一关。

"一批二用"

谭其骧是在"政策学习班"中迎来1969年的。新年伊始，照例学习"两报一刊"（《人民日报》《解放军报》和《红旗》杂志）的《元旦社论》。但经过整整一个月的交代、检查，工宣队知道对这些审查对象再也挤不出什么油水了。更重要的是，在毛泽东作了对资产阶级知识分子"一批二用"的指示，并且具体谈到了复旦大学周谷城等人的情况后，对谭其骧等人的"一批二用"再也不能拖延了。于是，一方面他们开始与谭其骧谈"出路"问题，另一方面对他发动了最后一次的全面批斗。

在1月6日后的几天里，又成为工宣队"依靠对象"的那位资料员要谭其骧设想今后《杨图》如何画，本系过去的教学坏在哪里，今后应如何改。14日，两位工宣队员要他谈对出路的意见，他表示听候安排。15日，资料员将他带到校组织组，由军训团某负责人问他"文化大革命"以来的想法和对今后出路的打算。那人还问："你还能不能教书？"谭其骧回答得很干脆："不能。""画图没有你行吗？""行。"但那人还是问了对今后搞《杨图》的看法。

与此同时，他们要谭其骧学习《南京政府向何处去》《敦促杜聿明等投降书》《论人民民主专政》《中国人民解放军宣言》等毛泽东著作，要他拿出行动来，说他还没有交代彻底，不揭发别人也是不彻底的表现。1月27日，对他进行第三次大会批判，内容是肃反、"反右"中的问题和所谓"为帝修反说话"的罪行。2月4日，在新教室大楼召开了全系"高举毛泽东思想伟大红旗，彻底清算谭其骧罪行大会"，这也是对他的最后一次批斗大会。在此期间还让他写了一系列交代。

2月7日，学习清华大学工宣队、军宣队对知识分子再教育给出路的经验，座谈体会。10日，校军训团负责人找了谈家桢、郭绍虞、周予同、蔡尚思和谭其骧座谈。12日，一位工宣队员和两位教师找他谈话，大意是：1. 正确认识自己；2. 正确对待群众；3. 坚信工宣队、革命群众能贯彻党的政策。给出路后还是要时刻注意，还要批判，不能翘尾巴，不能有情绪，要取积极态度，振作起来，"多做多错，少做少错"的想法是错误的，不要想自己哪天能出去，不要比，春节期间多想想。

由于准备让他们这些审查对象回家过春节，14日又宣布了三条规定：1. 不准到公共场所；2. 春节期间写出书面汇报；3. 春节后汇报活动。

在放他们回家前，系工宣队负责人王某与周予同、陈守实和谭其骧谈话，要他们写一份参加"政策学习班"以来、学习清华经验以来、接受批判以来体会和对周谷城的看法。接着王某训话：

参加学习班以来有多少提高？要"竹筒倒黄豆"，彻底交代。学习了清华经验，轻松了，但出路如何争取，坐等吗？要深入学习，拿自己比较一下。现在什么形势？坦白交代，重新做人才是真正出路。如何好好利用这四天时间，不要松，不要逍遥自在。

工宣队连长栾某说：

这是工宣队进校后的第一个春节。工宣队国庆节讲了话，元旦节又讲了话，要你们缴械投降。当前形势下如何正确对待？我们在1969年第一个月中更坚决地执行了党的政策、毛主席指示，用铁的事实证明了，现在学习班里的人数比元旦减少了。工宣队做了大量思想工作，批字当头，给予出路，就是回到人民队伍中，也要更好接受思想教育。李师傅和王师傅完全了解你们思想情况，工宣队依靠群众，实现了三结合，对每一个人进行了细致严密审查，内外结合。周谷城现在表现比较好，说明毛主席伟大英明。周谷城一贯反对主席，而毛主席对他怎么样？两次体现政策大会的召开，促进我们更坚定更快地去执行政策。最近发动群众对你们进行了批判。你们的罪恶灵魂和肮脏思想不但害了自己，也害了人，对郭黎安这些人影响怎样？为什么王长法会堕落？都是由于二周、余子道掌权的结果。个人主义、无政府主义发展到极端就成反党右派。谈了清华经验，树了好榜样，我们决心向他们学习，一定要帮大多数，打击一小撮，批字当头，给予适当出路，问题在于你们自己的态度，想走哪条路？有人至今仍顽固不化，拒绝交代，我们重证据，重调查研究，不轻下结论。有人至今不承认自己罪行，可以展开辩论，但翻不过来时是不客气的。有些人比较能认罪，这四天对你们是很紧凑的，早交代比迟交代好。春节后还要加快步伐，根据自己情况写一次交代。你们的问题我们都清楚，要是不掌握情况，就不会让你们留在这儿。回去要和家属一起学主席著作。有人来，要汇报，并汇报四天情况。学习班前后思想有什么不同，工宣队进来做了什么工作。过去春节是剥削阶级用四旧统治的，今年要革命化，回去检查一下，还有什么残余。我们不折不扣按毛主席指示办事，希望大家按政策办事，不希望你们顽固到底。回去到里弄专政队报到，春节以后要有实际行动。

春节四天“假期”后，谭其骧又住进了“学习班”。2月22日下午，他参加了军训团团部的座谈会，到会的还有“二周”、苏步青、谈家桢、刘大杰、蒋学模。在他们发言后，王参谋长说：“有人还没有说心里话。谈家桢讲得不错。”政委方耀华说：

主席的政策一贯是对知识分子团结教育改造，希望你们能爱国，能为人民服务。主席给出路，你们要不要？有问题要交代，犯了罪要认罪，不能认为离开了我就不行，臭豆腐干你还得吃。有什么问题不要留尾巴，你们七人中有人还没有交代清楚。对革命师生要有正确态度，对你们的批判完全正确，批判是为了挽救。你们宣传封资修，怎么无罪？研究帝王将相，是为了反对他，消灭他，还是为了继承他？对你们现在批，以后还要批。主席的思想就是革命，批判，斗争。希望你们有生之日做到读毛主席的书，照毛主席的指示办事，也希望你们做一个为工农兵所欢迎的知识分子，为人民、为社会主义服务，再不要毒害青年。要用毛泽东思想战胜头脑中的资产阶级思想，认清形势，跟上时代。主席对你们很关心，多次接见你们，但你们还是反对毛泽东思想。再不要去干坏事，做一个有益于人民的人。给什么出路是有区别的，要看你们问题清不清，表现好坏。

工宣队团长张扣发说：

你们受到红卫兵小将的冲击，对这个问题要正确认识，对红卫兵的态度也就是对文化大革命的态度问题，受到冲击较多的人认识较好，较少的人认识较差。希望你们为人民服务，你们要研究帝王将相也可以，但要是为了消灭他们。能改最好，有的人怕不行，不能等改好了再工作。批判你们，是为了化消极为积极，肃清流毒。下星期二自己批自己一个问题，自己考虑要害问题，相互批判，不能消极等待。要敢于把自己的观点摆出来，尽管是错误的，但态度是积极的。批不见得比斗好受，因为要触及灵魂，是痛苦的。在批的基础上给出路。想不通的也可以讲。对你们不存在解放问题，因为教授头衔没有动过。大家再准备，下星期二先批苏步青、周谷城，但不是先批到就先解放。生活上可以不降低。有几个人今天没有找，因为问题还没有交代，苏步青也只交代了一部分。

王参谋长说："要树立无产阶级世界观，有困难，有活思想及时向系工宣队反映。"并宣布，第一次先批苏步青的"有了数理化，走遍天下都不怕"和周谷城的"时代精神汇合论"。

24日中午，学校广播台开始播批判谈家桢、苏步青、周谷城、刘大杰、蒋学模五人的文章。当晚，工宣队要谭其骧赶紧准备自我批判，可能明天会上会点到。谭其骧开夜车至12点,25日上午又赶了半天,才写好批判稿。下午1点在大礼堂召开"高举主席思想伟大红旗,批字当头,给予出路大会","二周"、苏、谈、刘、蒋和谭其骧等七人坐在台上的批判席。先由周谷城作自我批判,接着由其他六人进行批判,然后工宣队员、历史系学生徐某批判,最后张扣发讲话,宣布对他们"给出路":回班组学习,其中有人已安排了搞业务的时间,生活费刘大杰发150元,蒋学模发130元,其余五人发120元。

会议结束回系后,工宣队栾连长、王师傅和室内一位教师找周予同和谭其骧谈话,要他们回去写大会体会一份,准备自我批判。并宣布他们可以立即回家,明天起参加班组学习,谭其骧分在第二班。由于正下雪,又没有人相帮,谭其骧将行李留在系里,带着零星物件回家了。

这时大雪纷飞,朔风怒号,但谭其骧根本感觉不到寒冷,也完全不理会飘在身上脸上的雪片,因为他终于离开了关押他两个多月的"牛棚",回到"人民"中间来了。但他走得很慢,他实在太疲劳了——两个多月来的繁重劳动、持续不断的检查交代、连续数小时的批斗、经常变换的逼供诱供手段,还有从昨天晚上开始的紧张准备——在当时都挺过来了,但当长期绷紧的心弦一旦放松,他就再也提不起一点精神来。两年多的运动已经使他对前途不会轻易乐观,何况还是"批字当头""一批二用"? 2月25日,正是谭其骧的生日,他就这样回家,开始了他第59年的生活。

晚饭后,一位工宣队员和两位学生就来他家开学习班,表示再进一步落实"给出路"政策,先由谭其骧和李永藩谈今天大会的体会和"文化大革命"以来的思想变化,再由他们给予帮助教育,至9点才散。

第二天起,谭其骧就开始在"革命群众"内部享受"批字当头"的待遇了。早上6点3刻到校集合作"早请示"(在毛主席像前"敬祝毛主席万寿无疆,林副主席身体健康,永远健康",唱《敬祝毛主席万寿无疆》等歌曲,朗读数段毛主席语录),参加操练。8点起到六号楼231室参加班组学习,谈昨日大会体会,联系《纪念白求恩》,检查罪行。10点至团部谈昨日大会的体会。下午1点起班组学习讨论。晚6点半到第八宿舍接受批判,因迟到一分钟又忘记向毛主席请罪,被指责为"翘尾巴"。在谭其骧谈了昨天大会的体会后,有人提到张团长说有人"上推吴晗,下推党小组"。谭其骧忙说这是运动初期的思想,以后认识到自己有罪。又问:"是什么罪?"答:"不用毛泽东思想挂帅,不走群众路线。""你是镇压群众!"又问谭其骧:"你的问题要害何在?"他一时答不上,众人就责问:“为什么避而不谈反对毛泽东思想?”大家认为他态度很坏,毫无认识,翘尾巴。散会后,两位工人和两位教师把他带到另一间屋子训话,说他对毛主席感情很差,又指出他老婆很反动,必须加强教育,否则会把他拉过去。

27日晚上,历史系召开批判会,主要批“学历史地理用不着毛泽东思想”“政治上反动学术上仍有成就”等观点。工宣队员发言时说,不为人民服务就谈不上成就,帝国主义国家的炼钢是为帝国主义服务的,所以不能说炼出了钢就是有成就。军训团的杨某说:“你满口历史事实(指台湾在明以前不属于中原王朝管辖),为什么看不到解放后20年的历史事实?没有毛泽东思想能取得工农业、科技、教育各方面的成就吗?思想不革命化,不用毛泽东思想挂帅,一切生产学术成就都办不到。”今天的读者对这些言论会感到莫名其妙,或者会怀疑发言者是否神经错乱,但当时谭其骧听了,只能唯唯称是,否则就又是对工人阶级和解放军的态度问题了。

3月4日,全校召开第二次“批字当头给予出路大会”,批苏步青的“学会数理化,走遍天下都不怕”,上台坐批判席的除上次七人外,增加了陈守实和戚叔含两人。结束时宣布陈、戚两人归队,每月发生活费100元。晚上,谭其骧赶写两次大会体会“第二生命的开端”,直到后半夜3点。

13日上午,历史系批周谷城的“民族投降主义”,采用全校大会的方式,“二周”、陈守实和谭其骧坐在台前,周谷城自我批判后,由他们三人批。谭其骧指出:对民族敌人并不是不可谈和,但要看对国家民族是否有利,如布列斯特和约及1953年朝鲜停战谈判,就是有利的。而绍兴初年南宋方面正取得战争胜利,秦桧却割地求和,实在是出于个人私利,邀主宠,固相位,牺牲国家和民族利益。况且秦桧本来就是金人纵归的间谍。金国人也需要和谈,秦桧是为敌人服务。话刚说完,就被群起而攻之:“大毒草”“玩弄史料”“不应该以朝鲜和谈比拟”。谭其骧一位学生竟诬蔑他以前讲通史时也曾为秦桧辩解,还有人乘机随声附和。

14日上午,学校在大礼堂召开第三次“批字当头给予出路大会”,批谈家桢的“马克思不能指导X”,谭其骧等七位“权威”依然上台接受批判。但这一次没有宣布新的“解放”对象,而且态度较前两次严厉,谈家桢被斥为“翘尾巴”,这大概是出于阶级斗争和革命大批判常抓不懈的需要。

22日刚上班,历史系革委会就开大会,宣布有六人将下乡劳动,谭其骧是其中之一。9点召开全校大会,工宣队负责人讲话,谭其骧才知道他的下乡居然是“斗、批、改和教育革命措施的一部分”。那负责人说：

同济、交大、华东师大、复旦即将搞教育革命。最近，北大、清华、华东师大和复旦提出了讨论意见方案，要加速斗批改，掀起教育革命新高潮。

1. 大学习：学习《论教育革命》《在延安文艺座谈会上的讲话》《在全国宣传工作会议上的讲话》《新民主主义论》《青年运动的方向》。2. 大批判：批判修正主义教育路线，批判资产阶级反动学术权威和反动观点。让谭其骧下去是给出路的进一步措施，批修要与斗私结合起来。3. 大讨论：怎样用主席思想办一个社会主义的新型大学，领导权、队伍、体制、教材等问题都要大讨论。周谷城、刘大杰也提了方案，与青年提出的差别太大。我们要革命，不要改良。4. 大调查：向工农兵调查，开教师、干部、权威座谈会，搞试点。

这次先下去六十多人，希望你们能作出应有贡献。苏步青下工厂，被批得体无完肤，一道题也算不出来。林副主席说：“革命的群众运动天然是合理的。”要正确对待群众，不要翘尾巴，这是重新教育人的极好机会，要促进思想革命化。短期劳动学习班一月或两三月，拜贫下中农为师，服从工人阶级领导，主要学“三忠于”（无限忠于毛主席、毛泽东思想、毛主席的革命路线），提高路线斗争觉悟。

去青浦县朱家角山湾大队，与贫下中农同劳动，同住，同吃，同学习，同批判，每星期六集中搞批判。每月伙食费12元，交粮票30斤，每月休息一次，中间不得请假。贫下中农怎么做我们也怎么做，早上5点出工，晚上6点收工。一定要坚持早上起来、吃饭、临睡前三次“请示”，如贫下中农不做，我们也要做。可以借凳子、床板、草垫，弄坏东西一定要赔。下雨不出工与农民一起学习，每星期小结一次。

24日下乡后，谭其骧与几位教师分散住在第五生产队的农民家中，开始几天主要是与农民一起劳动。但为了迎接党的九大的召开，工余的大量时间用在搞“红化”（用毛主席像、语录、标语和“忠”字等布置成红色的“忠字化”的环境）。在九大开幕、新闻公报发表、闭幕的三天，照例要在晚上收听完广播后举行游行，回来后再座谈到后半夜，第二天再学习。所以实际用于讨论“教育革命”的时间很有限，仅一个下午讨论了“教改方案”，又匆匆进行了一次大会交流，就草草收场了。

4月8日早上，谭其骧在搬稻草，忽然发现弯腰时疼痛，并越来越厉害，一小时以后就支持不住了，只好请假回去躺倒休息。第二天穿衣、起坐都很困难，就去朱家角医院就诊，但这种慢性腰伤一时无法治愈，给他带来了很大的麻烦。劳动不能不参加，但即使干轻一点的活，对他来说也是艰巨的任务。如14日那天，安排他赶麻雀，从早上6点到下午5点3刻，奔走号呼，已经疲惫不堪。但晚上还得开会，9点听九大新闻公报，接着去大队报喜，然后照顾他留下写标语，其余人去朱家角报喜，等报喜队伍回来后又一起讨论到12点50分。

就在谭其骧腰伤那天，一名工宣队员要他考虑“教改”，并指责他是“为劳动而劳动，过一天是一天”。其实像他这样的批判对象，怎么可能提出符合当时要求的教改想法来呢？果然，在12日讨论教育革命时他发了言后，工宣队王某就说他“不接触思想”。16日早上，在风雨中赶了一小时麻雀后，他的腰疼又加剧了。下午开会时某师傅认为他在“打瞌睡”，将他叫出，训斥他“不坐端正，精神不振”，还说：“贫下中农对你怎样？你以前对贫下中农又是怎样的？”在看“小分队”（宣传毛泽东思想文艺小分队）排演时，一位师傅又问他好不好，他说好，那人马上追问：“好在哪里？你是说才子佳人好吧！”这类莫名其妙的“阶级感情”和“政治觉悟”令人啼笑皆非。在以后几天里，曹某指责他“怕脏怕累，不好好劳动，毫无收获”。一位胖师傅的训斥更严厉：“你不能以腰伤为借口不接受再教育。是不是要拍片子？是不是要到上海找石筱山（骨科名医）？”他们不顾谭其骧的腰伤，安排他到棉田撒猪粪，说是为了使他“锻炼不怕脏”。

4月29日，“试点”结束，谭其骧回校不久，编绘《杨图》工作恢复，他总算得到“用”了。

尽管从此以后，他是复旦大学教授中被用得最多的人之一，但“批字当头”并没有丝毫减弱，而且“资产阶级知识分子”的帽子是不会摘除的，至多只是承认他“改造得好”而已。1973年4月，长江流域规划办公室召开长江流域文物考古工作座谈会，邀请他和杨宽参加。复旦大学党委批准他和杨宽去，却增派了一位研究室负责人与他们同行。这是谭其骧自1966年后第一次获准外出出席学术会议，显然党委对他还不放心，需要派一位可靠的人随时在政治上把关，或者作必要的监督。

1974年，上海学习清华大学的经验，对所有正副教授进行突然袭击式的考试。1月5日上午，复旦大学的正副教授按事先通知集中到1237教室，主持人宣布立即进行考试，试卷是本校各科的入学试卷，包括政治、语文、数学、物理、化学。政治考的内容有党在社会主义时期的基本路线、毛主席讲话原文及其发表时间地点、列宁论帝国主义的特点、鞍钢宪法、三大纪律八项注意，语文有《红楼梦》《三国演义》《水浒》《西游记》《儒林外史》《天问》《资治通鉴》《论衡》《聊斋志异》等的作者及写作时代等。数理化除了一亩等于几方丈一类题目外，谭其骧对大多数题目也没有看懂。考试下来，他对社会主义时期的基本路线只能举其大意，帝国主义的五大特点只写了三点，鞍钢宪法没有答，三大纪律八项注意也没有写全，数理化只做了亩的面积这一题。当天下午，“市革会”一办来人找他与全增嘏、王福山（物理系前主任、教授）、朱伯康（经济系教授）座谈参加考试的体会。

这次考试是迟群之流自鸣得意的杰作，考试的结果被作为资产阶级知识分子毫无知识、一窍不通、连大学生入学资格都没有的事例而广泛宣传。我当时是上海的中学教师，也听到关于这次考试的“传达报告”，周谷城写不出三大纪律八项注意、某教授本专业的试卷考了不及格以及某些“反动学术权威”全部交白卷的例子至今还记得。

值得注意的是，谭其骧已在此前“当选”为第四届全国人大代表，但也没有能享受免试的“豁免权”。

“政治任务”——接待外宾和出访

除了编绘《杨图》以外，接待外宾和港澳来宾也是对谭其骧“用”的一个方面，特别是在1971年至1974年间。

当时来访的外宾，当然是以“左派”或“友好”的居多。但“文化大革命”造成的严重破坏和“斗批改”的实际情况，恐怕连这类外宾都无法接受，所以每次接待之前少不了要做周到的准备。为了显示旧知识分子、教授已得到充分的使用和尊重，也为了让他们亲自向外宾表达对“文化大革命”的拥护，每次少不了要找谭其骧等人出面接待。这类接待在今天看来就像演戏，但当初却是重大的政治任务，必须不折不扣地完成，那当然要演得非常认真。对谭其骧而言，这也是对“文化大革命”的态度问题，所以不得不一次次重复违心的话。由于他还有繁忙的编绘工作和其他项目（当然同样是重大政治任务），常常弄得心力交瘁，苦不堪言，但在外宾面前却丝毫不能有所显露。

第一次接待是在1971年12月31日，来者是荷兰阿姆斯特丹大学一对60余岁的夫妻教授，丈夫研究社会学，妻子研究历史学。负责接待的是复旦大学党委常委唐金文、委员高若海，参加的是工宣队员唐某，工农兵学员六人，红卫兵一人，谈家桢、刘大杰和谭其骧三位教授。他们8点1刻就在楼前迎候，半小时后外宾才到，先由唐金文介绍情况，谈家桢谈经历“文化大革命”的体会，高若海谈学校的教育革命。中午一起在大食堂吃饭，饭后由红卫兵谈造反经过，“四一”工厂代表谈学生如何在工厂学习，然后参观“四一”工厂，4点送别。

1972年1月2日晚上，谭其骧应召来到工宣队团部，朱永嘉召开接待外宾准备工作会议，原来英国共产党（马列）代表团将在6日来访。朱永嘉指出上次接待中的缺点，规定了每人在接待时应讲的内容。第二天一早，大家又集中起来准备，幸而三位教授中依然只要谈家桢准备发言。6日早上，复旦校园红旗招展，全校师生在校门口列队欢迎。但谭其骧咳嗽加剧，临时请了假。

以后的接待基本都是这样的模式，只是轮到谭其骧发言或回答的机会更多了，所以准备工作更繁忙。如6月3日接待日本史学家井上清、哲学教授松村一人、经济学教授小林义友等人时，谭其骧就在前一天上午到党委接受指示，晚上在家准备要应付的内容。上午集中介绍，问答，下午分哲学、经济、历史三组座谈。在历史系党总支负责人介绍情况后，井上清谈了日本军国主义在战后的情况，中间涉及钓鱼岛的归属。由于事先没有安排谭其骧讲这方面的问题，所以他仅插了一句话。然后由经济系教授江泽宏根据预先的准备向井上清提出四个问题，井上清回答后即告结束。

遇到需要由谭其骧重点发言，就得格外小心。1972年5月13日上午，意大利东方出版社马利亚来访，此人50多岁，曾在北京大学中文系留学三年，对中国情况相当了解，还带着一位30多岁的助手菲利普。座谈时她问了招生办法、教学计划、教学方法、理论联系实际等不少问题。谭其骧负责介绍新中国成立后史学界的“斗争”，又谈了唐代文化繁荣昌盛的原因，是北朝末年和隋末农民起义促使领主贵族政权衰落，代之以地主经济、官僚政治，文化的繁荣正是这一变革的反映，也是中外交流的结果。主动向马利亚谈这些内容是经过精心准备的，以唐代文化为例无非是要借古喻今——经过史无前例的无产阶级“文化大革命”，社会主义的中国文化也必定会繁荣昌盛。

费正清的来访，因其在中美关系和中国研究方面的影响而备受重视。几天前，谭其骧就去党委听取接待注意事项，根据要求作准备。6月30日下午2点又去党委接受指示，然后理发、更衣，4点半出发去上海大厦。当晚，上海市革委会常委、外事办公室主任冯国柱宴请费正清及其随行人员，谭其骧和刘大杰作陪。7月1日上午8点，谭其骧等就在学校物理楼（主楼）前等待，9点费正清夫妇及《纽约时报》某主编夫妇到，由他、刘大杰与外语系、历史系三位教师座谈至11点3刻。

复旦大学的接待对象中不乏一些颇有来历或有影响的人。如1971年3月24日来访的美国作家贝尔顿，曾在中国生活11年，其中有三年还是在解放区，著有同情中国革命的作品，他的问题很广，从教学计划、课程设置至孔子、秦始皇、李白、杜甫、《红楼梦》《水浒》《聊斋》《金瓶梅》等。7月6日美国《华盛顿邮报》记者哈里曼来访，在当时也是颇不寻常的事。7月29日，巴勒斯坦法塔赫参观团来访。8月21日，以后以写江青传记而名噪一时的美国女作家、历史学副教授维特克来访时，主要由刘大杰、中文系和历史系两位教师谈话。1973年3月1日来访的美国密苏里州华顿大学教授克拉特，既教中国史，又在日本早稻田大学教毛泽东思想。3月21日接待的挪威拉杜甫教授研究红军长征，因为中国没有提供给他材料而大为不满。此外还有法国参议院文化委员会、美国美中关系委员会、日本市长代表团、越南古籍整理代表团等来宾。之所以有如此频繁的接待任务，倒不是因为来访的外宾太多，而是能够供他们参观的地方和访问的对象太少，到上海访问的外宾，凡是比较重要的，或与文化、教育、学术有关的，几乎没有不到复旦大学的，而复旦大学的接待又都少不了这几位教授。

还有一些外宾名不见经传，只是恭逢“文化大革命”之盛，来得正是时候，才获得复旦大学隆重的接待。如加拿大华侨某校一位历史教师、奥地利维也纳大学一位讲师、美国公谊会委员11人、日本渔业株式会社皮毛访华团、一些外籍华人教授。

有的则因与谭其骧稍有关系。如1972年美籍中国科学家来访时，发现其中有一位刘子健（James Liu）毕业于燕京大学，所以临时找谭其骧来参加接待。刘子健是抗战开始后毕业的，原来与谭其骧不认识，但毕竟有这样一层关系，又是同行，所以一见如故。刘子健是普林斯顿大学教授，是海外研究宋史的权威。他知道中国与外界隔绝多年，图书资料肯定缺乏，所以建议由谭其骧开一张需要的书单，由他在海外募集捐赠。谭其骧当时虽表示感谢，但此事他岂敢擅自做主，所以会见结束后立即向室内工宣队员和党支部汇报，请示能否提供书单，但此后就杳无音讯了。

著名美籍华裔数学家陈省身是谭其骧的表兄郑桐荪的女婿，他来访时，校方安排谭其骧参加接待。谭其骧曾以关系疏远推辞，实际他与陈省身并不认识，但届时还是安排他参加了由冯国柱举行的宴会，第二天一早又去锦江饭店和虹桥机场欢送。

1973年6月8日，谭其骧参加接待美国科学家代表团时，见到了原浙江大学文学院长梅光迪之女梅仪慈及其丈夫，得知她的母亲和兄弟妹妹都在美国。7月16日会见的澳大利亚国立图书馆东方馆馆长王省吾，是谭其骧的学生，浙江大学史地系1944届毕业。

因为接待外宾是“政治任务”，所以从来不计时间、精力，尽管谭其骧已年过六十，其他几位教授年纪更大，也得服从外宾和领导的需要，常常使他们疲于奔命。如1975年4月1日早上8点，谭其骧与谷超豪、蔡祖泉、江泽宏四人就出发去锦江饭店，路上又接了刘大杰。9点去虹桥机场，10点半迎接日本学术文化代表团。回到锦江饭店后，听市革会副主任徐景贤谈情况。留下吃饭，饭店却没有准备，等到1点钟才吃上。下午到市革会写作组开会，6点半又赶到国际饭店，7点多日本客人来，彼此介绍后，徐景贤闲谈至8点，再举行宴会，吃完已10点多，“回家疲极”（日记）。第二天下午1点半到党委，再开接待预备会。5点半吃晚饭，6点1刻与苏步青、谷超豪、江泽宏出发去友谊剧场，7点陪日本客人看杂技。第三天8点1刻到物理楼门前等候，9点客人来。党委书记介绍，分两组参观，文科看图书馆；又分四组座谈。11点送客，12点半在锦江饭店参加答谢宴会，然后送至机场，至3点告别，傍晚才回到学校。从早到晚一整天的接待活动就更多了。

接待外宾是当时一件大事，也是民主党派和知名人士的一项重要任务，所以市里还专门召开过经验交流会，贾亦斌、张秀山、刘念智和复旦的刘大杰等发言介绍。谭其骧等经常性的接待人员还得不时参加市外办举办的外事报告会，听取有关指示和情况介绍。所有与外宾的来往，事后都要汇报，收到的信件和拟定的复信也都要送党委审阅、审查后才能发出。

1973年5月19日下午，谭其骧参加会见一位特殊的“外宾”——诺贝尔奖得主、美国哥伦比亚大学李政道教授之子李中清（James Lee），他是来复旦大学留学的。自从“文化大革命”以来，大学停课，本来就为数不多的外国留学生都已打道回府。“复课闹革命”和工农兵学员入学后，留学生还没有恢复。但李中清和著名美籍物理学家任之恭的女儿仰慕中国的“文化大革命”，希望能亲身感受中国的大学生活，李政道和任之恭直接向周恩来总理提出了让他们的子女来中国留学的要求。周恩来同意，特批了三名来自美国的留学生，并将任之恭的女儿安排在北京大学，李中清来复旦大学，另一位美籍华裔教授的女儿去南开大学。

李中清到复旦后，要求与工农兵学生同吃同住同劳动。校方为他的安排颇费心机，他是通天人物，不能不满足他的要求，可毕竟是外国人，内外有别。但不管怎样，李中清的确参加了学习毛选、革命大批判、教育改革、下乡劳动等各种活动，这一段特殊经历给他留下深刻的印象，1993年初我与他在东京一起开会时，他还谈得津津有味。

李中清学的专业是中国史，所以校方要谭其骧给他上课。6月7日晚上，负责安排的中文系讲师许宝华来与他商议，决定为李讲魏晋南北朝史。6月21日上午，谭其骧讲了第一次，学生就李中清一人，许宝华和另一位教师每次都旁听。到7月26日上完最后一次，共上了六次，每次约三小时。

8月27日下午，谭其骧接通知去党委开会，原来是布置欢送李中清。28日上午，谭其骧等参加欢送会，会后又与李聚餐。为了体现“同吃”，菜是学校食堂做的。李中清离开复旦后，又到其他大学短期学习，每到一处，都由该校最著名的历史学教授为他讲课。由中国一批第一流的教授为一个人单独讲授各人最擅长的课程，能享受这样待遇的大学生，世界上大概只有李中清一人而已。

李中清回美国后，先在加州大学读研究生，后至芝加哥大学师从何炳棣教授，获得博士学位，现为加州理工学院教授，主要从事中国历史人口研究。

在当时，要维持这样的师生关系也是相当困难的。谭其骧每次收到李中清的来信，即使是一般的问候或提出的是纯粹的学术问题，也得首先交党委审阅，然后拟定复信，送党委审查批准后再以个人名义寄出。如果党委一时不给答复，一封信的往返就需要很长的时间，往往会引起对方的误解。有一次李中清等得不耐烦了，又担心谭其骧收不到他直接从美国寄出的信，只能写信给他在上海的姑妈，请她将信转给谭其骧。可是由于党委迟迟没有答复，谭其骧依然无法给李中清复信，又不便告诉他的姑妈，实在是有苦难言。

由于他经常接待外宾，他的名字不时在报纸上出现，因恢复编绘《中国历史地图集》而实际起着业务领导的作用，又参与为毛泽东注释古文、点校二十四史及承担其他“政治任务”，使他显得与一般教授不同，也使人产生了错觉。

1972年11月19日，顾颉刚给他写了一封信：

兹有一事奉恳：金竹安同志一生画地图，近在石家庄电厂劳动，他的户口在上海，今妻死母老，子女均幼，渠颇愿返沪，到你处工作，而累次向组织请求，迄未批准，未知你能向上海领导同志进一言否？如《杨图》工作已完，则我有一请求。抗战前我整理《水经注》，嘱张颐年绘图，按汪士铎一水一图方式，而以杨守敬朱墨套绘方式出之。不意图方绘成，即遭七七事变，遂不审其下落。卅余年来，刻刻在心，终未觅得绘图人物，而《水经注》之各种版本则搜集已全，凡《大典》本、朱谋玮本、项絪本、《四库》本、全祖望本、赵一清本、戴东原本、杨守敬跋本皆已具备。独恨年已八十，精力无多，未克清理。拟欲委之于君，以遂厥志。历史地理，是你一生精神所寄，只有你才能成此综结之业，亦才能将自郦至杨历千余年之弘著作一彻底之整理，不负各代专家之苦心。明知你在沪任点史工作，一时不克别骛分心，但金君如可调归上海，则依据汪、杨两图，分幅绘制，只要经你指点，自可无讹也。至《水经注》之错误记录，一经朱墨叠置，自可一目了然，将来读者自能批判接受也。如何，乞钧夺是幸。此事不独救济一金君，亦使我释一数十年来之重负，不胜泥首待命之至！

顾颉刚的信写得如此恳切，金竹安又是谭其骧的熟人，他何尝不愿帮这个忙？但实际上，他除了做具体工作以外，根本没有调人的权力。好不容易在遇到朱永嘉时谈及此事，答复也是“从外地调人很复杂，这类事还是不要管吧”。说到《水经注》整理，这也是谭其骧毕生的愿望，但此时他完全身不由己，只能根据大大小小的上级的安排，没完没了地完成一项又一项的“政治任务”。朱永嘉在复旦大学办了《学习与批判》杂志，几次要谭其骧写文章，到了1976年初，朱永嘉对他说：“我们的杂志已出了一年，你怎么还没有写文章？”谭其骧说："你们要的大批判文章我实在不会写，我只会写考证文章。"朱说："考证文章也可以，只是要简单一些。"谭其骧不得已，以毛泽东的《浪淘沙·北戴河》中"东临碣石有遗篇"中的碣石为题，写了一篇《碣石考》。稿子交去后，朱永嘉还嫌烦琐，又让一位青年教师作了删节。1976年朱永嘉又提出要编中国通史，并指定由谭其骧主持。谭其骧知道，在当时情况下，要编成一部通史谈何容易，可是又推脱不了，急得他毫无办法。幸亏不久"四人帮"被打倒，此事随着朱永嘉的被捕而胎死腹中。

1976年4月底，谭其骧收到了20年未见的恽逸群自常州的来信：

其骧先生：

廿年不见，时或悬悬！

仆于1963年12月至苏北阜宁江苏阜宁中学图书馆工作，这个图书馆六十年代初曾遭火灾，所以既无古经史子集，又无近现代资料。虽然上容许我可以多占时间从事著作，但毫无凭藉，何从措手？1972年读郭老的中国古代史分期问题，对他所提的事由，甚为怀疑。我是一向赞同他的贫苦主张的，但这次提的论据，既不符合马克思主义，又违背中国历史事实。期待几年，竟无人提异议。我从来也没有想过参加关于上古史的讨论，因为读古史籍是五十年前的事，以后虽仍感兴趣，只是有机会时浏览一下现代人的著作；在阜宁则无法查对古书，更无从着手。读郭老文章后，也思索过究应如何解答的问题。

1973年起冬季患肺气肿（慢性气管炎）较剧，请假至常州过冬，春暖以后再回阜宁。1975年4月身体较健，检查了汉晋隋唐各史《食货志》，证实所记忆者尚不误。返阜宁后即写成初稿，寄给京友，据覆春暖花开时或可交刊物发表。因初稿把想到的都写上，本不准备发表，冬天回常州休养即着手整理改写成两篇。但现在正在深入开展运动，非关现实政治的纯学术论文，短时期内不可能发表。特复写几次，给史学界和有兴趣者赐览指正。谨邮寄呈一份，请赐览，并请转交有关人士。只希望多得到一些意见，稿子不必退回。（为避免招摇，署了四十年代用过的署名。）

沪上熟友，十年来音讯杳然，无从知其近况者比比然。

陈望老（复旦大学原校长陈望道）年已耄耋，出身于武术世家，当健康逾于恒人，如遇见，请代致意。

专此，顺致

敬礼

恽逸群敬启

1976.4.27

拟五月中旬回阜宁，通讯处为：江苏阜宁江苏省阜宁中学

1956年恽逸群在北京以地图出版社副社长的身份被捕，当时谭其骧正应召赴京编绘《杨图》，与恽逸群有一段短时间的共事。谭其骧看了恽的文章，对他的观点不无赞同，但也知道这样的文章是无法发表的。当时正值“天安门事件”后不久，政治形势紧张，谭其骧又不了解恽逸群究竟有什么问题，所以没敢给他回信。只是恽逸群没有能等到“春暖花开时”就已离开人世，就是在他得到平反昭雪，恢复名誉后，这两篇文章也未见发表。谭其骧晚年找出这封信和两篇署名翊勋的文章(《略论中国封建社会的领主阶级》《中国封建社会是怎样开始的》)，但考虑到时过境迁，史学刊物恐不会再发表这样的文章，曾与我商议送往何处。谭其骧逝世后，我将此信发表于1994年12月24日的《文汇读书周报》。以后又将恽的文章交给中国社科院科研局学术秘书高德，据说发表于《新闻史资料》。

1976年6月，复旦大学准备组团访问罗马尼亚克鲁日大学和布加勒斯特大学，由党委书记侯赞民任团长，两名团员是谭其骧和数学系讲师郑绍濂。9月5日，代表团到达北京，向教育部报到，在以后几天里听取了中联部的介绍和教育部外事组的布置。9月9日下午，毛泽东主席逝世的消息公布，此后他们参加了在人民大会堂的瞻仰遗容、教育部的追悼会，又参加了天安门广场追悼会的演习。经再三劝阻，谭其骧才没有参加在天安门广场举行的追悼大会。追悼会后，教育部决定代表团照原定安排出发，但因出发时间推迟，访问时间相应缩短，原定在布加勒斯特的活动大多取消，还规定出访期间不参加任何宴会。

9月20日，迟群和教育部负责人周宏宝(上海的造反派)等来到他们住的友谊宾馆座谈，迟群谈话的要点是“反潮流”，要能识别路线，学习毛主席的革命实践，应该比人家更多地懂得毛主席，大学要培养革命的火种、培养造反派、培养无产阶级革命事业的接班人，继承毛主席遗志。从以后的揭露可以证实，当时迟群之流的这些话都是有所指的。但对不了解高层政治斗争背景的谭其

骧来说，这些不过是重复报纸上的大批判言论，并没有听出有什么异常。教育部负责人则要求他们认真了解人家的教育情况，说了解人家对我们自己的改革可以加深理解，有先进的值得学习，但更主要的需要深入了解对方与我们有什么不同；还要求他们谦虚谨慎，不卑不亢，要掌握分寸，遇事多与使馆商量。

9月22日上午8点20分，代表团乘中国民航飞机从北京出发。下午4点经过卡拉奇，在机场休息候机，休息室内气温超过30度，大家口渴难忍，可是找不到水，身边又没有一分零花钱。一个半小时后上飞机，又等了半小时起飞，才喝上水。飞机原定经停雅典，临时决定不停，比原定时间提前3小时到达布加勒斯特，罗方人员不知道，无人来接。幸而我驻罗使馆来了人，将他们先接到使馆，会见了李庭荃大使。不久布加勒斯特大学中文系教师、代表团罗方翻译伟克思列儿闻讯赶来，将他们接到旅馆。

23日上午，代表团由伟克思列儿陪同，乘飞机去克鲁日，中午就开始了对克鲁日大学的访问。在以后的几天里，他们参观了市区奥匈帝国时的城堡、新建住宅区，参观了大学的物理系实验室、地质系展览馆、植物园、工学院宿舍与饭厅、体育场、历史博物馆、图书馆，与校长、学校评议会常委、历史研究所、历史哲学系、语文系、经济系、化学系和社会科学工作者进行了座谈。还到附近的达波卡游览，在一户农民家品尝李子酒、熏猪肉和羊酪，参观了特兰西瓦尼亚民俗博物馆。临行前由市委第一书记接见。活动排得毫无空隙，谭其骧仅在参观图书馆时请假回旅馆休息了一回。

29日下午回到布加勒斯特，30日起访问布加勒斯特大学，并受到教育部长接见。布大已改为顺访，活动相当简单，中文系座谈，参观物理中心，与校长聚餐后就结束了。他们抽空游览了新市区和老城区，于2日下午乘中国民航班机回国。

这是谭其骧第一次出国访问，因为纯属“政治任务”，所以事先花了不少时间作准备，他的笔记本上至今还留着当时摘录的罗马尼亚历史、现状的资料，事先还拟定了一些备用发言稿，一切活动都遵守领导的安排。与当时国内的情况相比（当然罗方未必让他们看到了真相），谭其骧对罗马尼亚和克鲁日大学的印象还是相当好的，觉得各方面比我们强，但他也惊奇地听到罗方人员私下表示：“那边（匈牙利、南斯拉夫）比我们这儿好。”

10月8日代表团回到上海时，校党委领导全部到机场迎接侯书记。但不久随着“四人帮”的倒台，侯赞民成为审查对象，清查人员还专门向谭其骧了解了他这次出访时和出发前在北京的活动。

为毛泽东注释"大字本"

1972年12月25日上午，谭其骧接到复旦大学历史系青年教师、当时借调在上海市委写作组工作的王守稼从写作组打来的电话，询问《旧唐书·傅奕传》中的典故，先后两次，谈了一个多小时。以后得知，王守稼等人正在完成一项重大任务：为毛泽东要阅读的古文作注释。

据当时担任上海市革命委员会常委、复旦大学革命委员会常委的朱永嘉说，为毛泽东作注释的任务是由姚文元下达的，每次都由姚打电话给他，通知具体篇目，然后他再组织注释，完成后送姚文元审定后，再由姚送毛泽东。注释的题解一般都经过姚文元的修改。毛泽东阅后，基本都批给全体政治局委员阅读，有的还专门批给某人（如江青）看。朱永嘉也曾将一些注释本送给当时主持上海市委日常工作的马天水作参考。

这些文件都在上海澳门路中华印刷厂排印，正文用四号老宋、注文用小四号老宋，全部繁体，版本长30厘米，宽20厘米，用60克米色道林纸，线装；以后每次又加印了两册宣纸本。参与这项工作的人都称之为"大字本"。注释的具体组织工作交王守稼负责。至于毛泽东选择这些文章的目的，看了注释后的反应，有的当时向注释人员作过传达，多数并没有具体说明，谭其骧等只是奉命注释而已。

1973年1月2日上午11时，朱永嘉来到复旦大学200号楼楼上的中国历史地理研究室，向谭其骧等人布置了注释任务，要求谭其骧为全部注释把关。由于时间紧迫，其他人的注释稿还没有出来，所以谭其骧自己也先开始注释，他分到的是《三国志·吴书·吕蒙传》。从3日起，注释成为谭其骧的主要工作，花了整整五天时间完成了《吕蒙传》。8日夜间他家中煤气泄漏，9日起床后谭其骧感到头痛，作呕，四肢无力，但休息到9点就去学校作注释了。

13日，朱永嘉将谭其骧找到复旦大学党委会，又就注释工作的重要性和具体要求谈了半个多小时，总之是要他负责为青年教师和其他人作的注释初稿把关，尽全力完成这项政治任务。当时需要注释的文章主要是历史类的，但以后增加了一些诗词赋，对这些文学作品的注释，朱永嘉和写作组一般没有交给谭其骧"把关",只有在修改《江梅引》的注释时听取了他的意见。当晚谭其骧开始看邹逸麟、王文楚(均为复旦大学历史系中国历史地理研究室教师)所做的《三国志·魏书·夏侯渊传》注释。

14日是星期天,他晚上修改至1点,15日晚上又改至近1点,至16日下午3点改毕。当晚又开始改《晋书·桓伊传》,由于白天都要开会,每天也工作至深夜,至21日(星期天)上午改毕。此时,《吕蒙传》和《明史·朱升传》的校样已经送到,经他改正后在12点1刻送走。

《吕蒙传》注引《江表传》中一段关于吕蒙在孙权激励下发愤学习的记载"蒙始就学,笃志不倦,其所览见,旧儒不胜",为毛泽东用以勉励高级干部重视学习时所引用,也成为全国军民学习的重要内容。朱升向朱元璋提出的"高筑墙,广积粮,缓称王"的建议使毛泽东受到启发,他向全世界发出的"深挖洞,广积粮,不称霸"的号召无疑受到《朱升传》的影响。

谭其骧在22日下午校《夏侯渊传》校样,晚上开始审校《晋书·谢玄传》的注释,到25日上午还没有全部改完,但市委写作组已来催索,只能将稿子先送印刷厂排印,到时在校样上再改。26日下午3点,他到研究室看《晋书·桓伊传》的清样。晚上他在《晋书·谢安传》注释的排样上校改到1点,第二天上午接着改,到下午3点,在16页中改完了8页,交写作组取走。28日(星期天)一早,写作组送来了《谢安传》注释,要他全部看完,当晚他看到1点,第二天看到半夜12点3刻,30日上午将注释改完。31日下午起改《晋书·刘牢之传》,直到晚上2点。2月1日上午9点将最后改定的《谢玄传》送到学校,正好接到王守稼来电,下午4点一定要将《刘牢之传》送去,可不必细看。不久又得到通知,4点是将稿子送到写作组的时间,谭其骧午饭后顾不得休息,将《刘牢之传》注释大致看完,2点半交邹逸麟和王文楚送往写作组。

3月5日上午,朱永嘉又交给历史地理研究室三篇注释任务。为此,研究室在晚上开会做了研究,并传达了朱永嘉带来的讯息:毛泽东在看上次注释稿时,发现了一个错字,"濉溪"的溪错成了"漢"。不过经查对原稿,此字是中华厂排错的,但负责校对的人没有校出。大家听后既惊又喜,惊的是如此重大的政治任务,稍有不慎就会出大问题,要是在关键地方出错如何了得?喜的是这些注释果然是伟大领袖毛主席亲自阅读的,并且看得那么仔细。

会后回家,谭其骧就查阅郭沫若对屈原《天问》的注释,作审改注释的准备,以后几天又夜以继日,至11日(星期天)半夜12点3刻将《天问》、柳宗元

《天对》的注释稿改定。12日起改《三国志·魏书·张郃传》注释，至16日结束。当天开始看《三国志·魏书·张辽传》注释，至24日半夜1点20分完成。当天下午，谭其骧在医务室量出的血压是100—160毫米汞柱，医生要他半休一周。但他没有时间休息，27日起注释《旧唐书·李愬传》，至4月5日完成。6日又花了一整天时间对这三篇稿子作了校对。

6月24日虽然是星期天，谭其骧却与平时一样去研究室工作，因为新的注释任务下达——注《史记·汲黯郑当时列传》。他参加至30日，此后转入其他工作。

7月27日上午10点，朱永嘉来研究室，布置注释《旧五代史·李袭吉传》。29日，中文系教师胡裕树交来了《李袭吉传》注释初稿，谭其骧立即投入工作，直到晚上12点20分。30日，他从早上注至半夜1点1刻，到31日下午4点完成，送至陈守实（历史系教授）处，估计陈守实又作了加工。8月4日清早，胡绳武（历史系教师）来通知，要大家8点去中华印刷厂校对《李袭吉传》，谭其骧、陈守实、胡裕树乘学校的吉普车先到康平路141号市委写作组，再由写作组派车送至印刷厂，王守稼陪同校对，至下午3点校毕回校。

8月5日又是一个星期天，晚上朱永嘉找到历史系，要谭其骧立即着手注释柳宗元《封建论》。为了抓紧时间，谭其骧、胡裕树与中文系的顾易生等集中在复旦大学四号楼注释，连续两天日夜突击，至7日下午4点完成。9日上午8点半，谭其骧、胡裕树、顾易生乘吉普车往中华印刷厂，由董进泉（历史系教师，当时借调在写作组）及历史研究所一位借调在写作组的人员陪同，校对《封建论》注释稿，至下午2点半校毕。

《封建论》的注释之所以要得如此急，是因为毛泽东在8月5日写了一首《读〈封建论〉呈郭老》的七律："劝君少骂秦始皇，焚坑事件须商量。祖龙魂死秦犹在，孔学名高实秕糠。百代犹行秦政法，《十批》不是好文章。熟读唐人《封建论》，不从子厚返文王。"

8月11日下午，章太炎《秦政记》的注释稿送到，谭其骧改至次日凌晨2点。第二天整天在赶，至后半夜2点半结束，13日早上姜义华（历史系教师）来家取走稿子。谭其骧累极，上午补睡觉，但到下午3点又开始校改章太炎《秦献记》，也是到次日凌晨2点。休息了几个小时，谭其骧又起来工作，上午10点将一部分已完成的稿子送到学校。回家后再干，到下午1点多实在支撑不住，才上床睡了一回。5点多周维衍（历史系教师）、邹逸麟来拿走一部分稿子。6

点完稿，晚饭后又修改，7点20分由周维衍取走。第二天（15日）上午9点去中华印刷厂校对《秦政记》《秦献记》两篇。下午等了很久排印稿还没有出来，朱永嘉赶到工厂，召集工人讲话，强调这项工作的重要性，要求工人务必尽快完成。

当时广州中山大学教授杨荣国正来上海作“评法批儒”报告，由于杨荣国的特殊地位，上海市革会十分重视对他的接待。当问杨荣国想会见什么人时，杨提出要见谭其骧，朱永嘉立即作了安排，预约的时间就是这天下午。所以朱永嘉讲完话后，就与谭其骧去和平饭店与杨荣国会面。5点谭其骧又回到工厂，校到7点半才结束。这是注释中最紧张的一次。

8月18日下午，王夫之《读通鉴论·秦始皇》节选的注释稿送来让谭其骧校改，当晚他改《论秦始皇变封建为郡县》一文至半夜1点，第二天工作至凌晨2点半，第三天上午10点交出一部分。下午从2点赶到晚上8点半，由邹逸麟、周维衍分三批拿走。

8月30日校改的是韩愈《石鼓歌》注释，31日校阅的是杨宽（历史系教授）所作《石鼓文》注释。由于《石鼓歌》涉及先秦的石鼓文，而杨宽是先秦史专家，所以专门请杨宽注出初稿。

1974年4月2日，谭其骧因下午去历史研究所讲课，上午顺道去了康平路写作组，请他们代买去北京的飞机票。见到陈旭麓（华东师范大学历史系副教授，当时借调在写作组）、王守稼、董进泉等后，他们谈及正在作《天问》《天对》注释，要谭其骧帮助看一下稿子。谭其骧因4月4日就要去北京，只答应大致看一下。3日晚上，谭其骧将稿子看毕，第二天清晨动身去北京前让家人交给胡裕树。

8月11日，谭其骧审阅邹逸麟注释的刘禹锡《天论》。但当时正值《中国历史地图集》第一册中的商周图急需定稿，不久又得参加市里召开的“法家著作注释会议”，所以他直到26日才又看了一次《天论》注释稿。由中文系王运熙等注释的牛孺僧的文章，他也仅在10月10日上午参加了一次讨论。

11月中旬起，谭其骧陆续参加了在香港路和市总工会举行的“法家著作”注释审稿，如19日、22日讨论李斯《谏逐客书》《韩非子·解蔽》，28日上午审《商君书·强国》，12月3日在家审《韩非子·五蠹》，4日改《荀子·王制》，5日至8日改《王霸》和王夫之《论治河》。这些注释稿显然并不是“大字本”的范围，但同样属政治任务，他自然也不敢怠慢。

11月23日上午，谭其骧又应召赴康平路，与陈旭麓等商议注释《后汉书》中的《李固传》和《黄琼传》。中午由陈旭麓招待在食堂吃饭，至下午4点结束。24日（星期天）早上历史系教师许道勋就将注释稿送来了，谭其骧在上午看完两张，下午、晚上继续看，但不断有人来催促，至半夜2点看完30多张。25日早上起身后，他又看了两张。因工作时间过长，眼睛发痛，就去研究室处理一些杂务，下午3点起继续审改，7时写作组工宣队员王某取走一批，谭其骧继续工作到凌晨3点。26日上午完成五张，下午完成五六张，傍晚取走一批；晚上完成八张，至12点半结束。28日下午，谭其骧去康平路看《黄琼传》《李固传》的校样，接着又与邹逸麟、王文楚、王守稼、董进泉一起去中华印刷厂校对。到晚上6点半，工作大体完成，他与王文楚先回家。邹逸麟的家离厂很近，他与王守稼一直等到正式付印。

这次的注释要得如此紧急，是因为毛泽东要将这两篇文章批给江青看，《黄琼传》中"峣峣者易缺，皦皦者易污""阳春之曲，和者必寡；盛名之下，其实难副"和《李固传》中"表曲者景必邪，源清者流必絜"；"以天下与人易，为天下得人难"等话都被毛泽东引用。不久毛泽东的批示层层下传，这几句话也成为广大干部必须弄懂的内容。

12月10日，写作组送来了《谢安传》等注释，晚上谭其骧初步翻阅了一下。11日上午，他去康平路，王守稼告诉他《谢安传》四篇的注释要重新整理修改，以便出版。下午谭其骧就开始校改，夜里搞至2点。第二天又干了一天，到凌晨2点半改定《谢安传》。但他发现其他人做的《谢玄传》《桓伊传》和《刘牢之传》注释仅仅是转录一下，与要求相差甚远。上床后，他又翻阅了所附的《淝水之战》一文，觉得错误很多。13日上午，他打电话告诉王守稼，王要他修改。晚上谭其骧开始修改此文，发现无从入手，他只好将意见一一写出，忙到12点半。14日上午李霞芬来将意见拿走，谭其骧请王守稼决定要不要改。15日傍晚，谭其骧去朱永嘉处，朱仍然要他修改《淝水之战》，并要他另写一篇。17日上午，周维衍来谭其骧家，告诉他王守稼打来电话，提了写作组方面的三个方案：修改《淝水之战》，写一封信指出其中的错误，另外写一篇；让他决定怎么办。谭其骧选择了修改，18日白天和晚上，他都在改文章，至半夜1点才改毕，第二天又花一天时间抄清。

12月27日起，谭其骧参加上海出席四届人大代表团的学习，但29日回家时见有周维衍留下的李斯《谏逐客书》，要他修改，当晚他改到12点，第二天一早继续，至10点结束。1975年1月3日至4日上午，谭其骧在离家出席四届人大前修改了晁错《论贵粟疏》的注释。

1975年5月5日，谭其骧一到研究室就接到王守稼的通知，要他赶快去写作组。到后才知道是因为北京大学写作组对《江梅引》(南宋洪皓所作词)的注释提出了意见，姚文元交上海征求意见，由王运熙与顾易生负责，要他发表意见。由于有了不同意见，这次修改特别谨慎。7月8日，王运熙又就《江梅引》的注释征求谭其骧的意见，并请他校改了注释全文。

8月中旬，又有《晋书》中的几篇传记要求作注释，其中一部分是以前曾经注过的，要求修改后重新排印的。谭其骧负责的是《刘牢之传》和《王弥传》，前者是修改，自8月11日至13日；后者是新注，自13日晚至17日半夜1点完成。

22日下午，谭其骧去写作组听取关于注释工作的批示。这是毛泽东与江青对庾信《枯树赋》注释所做的批示：1975年5月，毛泽东对《枯树赋》的注释提出了四条意见，后来又提了三条意见，被整理出一份题为《主席对几条注文的意见》的文件。江青将《枯树赋》等几篇赋的注文交北京大学、清华大学注释以组讨论后，两校（梁效）注释组写了一份《关于〈枯树赋〉〈别赋〉〈恨赋〉注文的问题》的材料。江青将两校的材料送给毛泽东，并写了一封信："供参考，请批示。只此一份，印三个赋，需要注的好些。《悼李夫人赋》请留下参考，有关注文这份，请退我，最好有主席的批注。"不久，毛泽东作了批示："此注较好。我早已不同意移植之说，上月曾告卢荻。关于注释的问题，请你们过细的研究。毛泽东　一九七五年八月"（转引自《毛泽东晚年过眼诗文录·前言》，花山文艺出版社，1993年版。）谭其骧虽然没有参加这些赋的注释，但因为是毛泽东的最新指示，所以也被要求听取了传达。结束时，王守稼要求他继续注释《苏峻传》和《孙恩传》。

由于又有了批判《水浒传》的运动，他不得不先看了张政烺、余嘉锡的《宋江考》，并参加了25日下午新华社来校召开的座谈会，到26日晚上才开始《苏峻传》的注释。27日、28日搞了两天，《中国历史地图集》第七册的青藏幅又等着他定稿。9月1日他接到国家文物局通知，3日去河北承德参加北方文物考古座谈会。他赶忙抄清了元朝宣政院地图的校改记录，准备在承德用的讲话稿。2日上午去研究室，校完了《刘牢之传》的清样，下午又与地图出版社谈了地图稿中的问题，晚上整理行李时，却没有找到原来用过的讲话稿和边疆各区的讲义稿。3日一早他赶到研究室，还是找不到讲稿，只能匆匆登车去机场，到北京后他才发现离家时连皮带也没有系上。

9月27日谭其骧返回上海，修改清朝地图新疆幅、改正唐时期地图东北幅、研究黄河源资料等事又迫在眉睫。10月8日下午王守稼来找他，提醒他还有注释未了。13日王守稼和董进泉又来催他作注释，他只能腾出手来，从14日开始注释《苏峻传》。当天接到通知，15日上午去康平路写作组看批示。19日半夜注完《苏峻传》，但第二天用吴士鉴的《晋书斠注》复查，又改了一天，到21日上午交出。11月12日，《苏峻传》的清样送来，由他改定。

但剩下的《孙恩传》，谭其骧只在12月2日、3日作了注释，以后再无下文，王守稼也没有再催。究竟是什么原因，因王守稼已于1988年12月病逝，无从询问。据其他当事人回忆，1975年后不再有注释任务，看来毛泽东已没有看大字本的需要了。

“当选”四届人大代表

谭其骧是第三届全国人大代表，但三届人大只开了一次大会，“文化大革命”就爆发了。1973年10月10日，在北京参加《中国历史地图集》审稿会议，他获悉，在新的一届全国人民代表大会代表名单中有他在内。但四届人大一拖再拖，直到1974年12月下旬才得到正式通知，四届人大即将召开，要他做好准备。

12月27日下午，上海的全国人大代表集中在延安西路200号，由市委书记、市革命委员会副主任马天水作了简短讲话后，就分六组进行座谈，学习中共中央关于召开四届人大的30号文件。谭其骧分在第六组，组长施国华，来自国棉35厂，时任同济大学党委书记。晚饭后放映电影《渡江侦察记》，看完电影后各自回家，以后几天的活动也都安排在下午和晚上。28日下午开大会，由上海市革会常委陈阿大、马振龙、黄金海这三个王洪文的小兄弟、造反派出身的新干部分别谈上海工交、轻工业和财贸三方面的“伟大成就”和“大好形势”，晚上分组座谈。在29日下午的大会上，黄金海继续发言后，农民出身的市革会委员龚丽琰介绍农业和郊区的成就。接着，市革会常委朱永嘉谈文教卫生战线的大好形势。

晚上座谈，市委书记、市革会副主任王秀珍参加了第六组，发言的有董秋芳（国棉17厂工人）、龚丽琰、曹杨宝（新江机器厂技术员）、潘梅仙（上海开关厂工人、第一机电局负责人）和谭其骧。谭其骧介绍了复旦大学历史系的情况：

全系有教职工112人，其中教授9人、副教授4人，讲师11人，助教59人，教员2人，编译3人、干部6人，职员14人。分四个教研组：古代史、近代史、现代史、世界史；三个研究室：拉丁美洲、日本史、历史地理；另有系资料室。有工宣队员7人，军宣队员1人。

工农兵学员招了四届：第一届42人，74年4月毕业，原则上回本地区、本单位，本校留了2人，军垦农场、青浦县各分去1人，国务院科教组分去2人。回去的大多搞政宣工作，也有做理论工作者，成为批林批孔的骨干，少数当中学教师、大专院校教师，如江西南昌师专去了2人。少数民族学员有傈僳族、达斡尔族、回族、蒙古族，去地区民族学院工作。第二届现在三年级，29人，原有30人，一位华侨出国了。解放军占一半。第三届42人。第四届47人，今年入学。

坚持教学革命，实践毛主席的革命路线，以社会为工厂，阶级斗争为主课，以马列毛主席著作为基本教材，按战斗任务组织教学。以自学为主，与启发式、讨论式教学结合，培养分析和解决问题的能力。分四个组，两个下厂，一个搞王明资料，一个搞近代地主资产阶级分子言论。第二年下农村，调查七一公社。批林批孔到了九个厂，与工人一起批，做了宣讲，写了文章。实行三年学制，课程减少，只开中国古代史、中国近代史、党史、世界近现代史四门专业课，另有政治经济学、哲学、外语、体育。第一年上学期上党史，下学期上中国近代名；二年级上中国古代史；三年级上世界近现代史，下半年实践。上课不多，以专题讲座为主。一年级就动手，批林彪反革命军事路线。

教师以教学与科研结合，主要为当前现实斗争服务，为工农兵服务，两个三结合，老带青，互相学习。主要是改造世界观，与工农兵相结合。五七干校半年一期，每次去四五人；三夏、三秋下乡劳动；函授，在江西井冈山招了500人。章炳麟著作注组，请进来13人。教师表现积极，如耿淡如，64年开始就患膀胱癌，开过三次刀，通四五种外文，翻译了不少东西，还要学日文。田汝康，坚持编写《沙俄侵华史》。程博洪，工作夜以继日。施一揆，一直在抱病工作。

江泽宏、□□□，每天晚上不到12点钟不会休息。教师团结战斗，几年来取得显著成绩，日本史出书十多种，近代史出了十本丛书。在人员未增加的情况下，教学工作继续进行，科研成绩很大，证明路线对了，精神变了。现有一个总支，五个支部，教师二个、学员三个。正结合26号文件的学习，正确处理人民内部矛盾，搞出十年规划，准备75年大跃进。

30日下午继续开大会，由革命样板戏京剧《海港》剧组演员李丽芳谈文艺战线大好形势，市革会常委、市外办主任冯国柱谈国际大好形势。晚上观看文艺节目，看电影《第七届亚运会》。

31日早上，全体代表去延安西路200号验血，量血压，检查身体。但究竟何时进北京开会，还没有任何通知。

在此期间，谭其骧具体了解了上海市四届人大代表的构成，其中中央通知在上海协商产生的“爱国人士”15人：陈望道，84岁；张香桐，67岁；刘大杰，70岁；陈植，72岁；董承琅，73岁；蔡晬盎，47岁；谭其骧，65岁；谈家桢，65岁；赵超构，64岁；赵祖康，73岁；吴耀宗，81岁；刘念智，62岁；刘靖基，73岁；吴若安，84岁；贾亦斌，62岁。15人中12位是三届人大代表，3位是四届政协委员。其他知识分子代表有：归侨、生物研究所实验室黄永安，上海电影制片厂桑弧，文艺界张美娟、李丽芳、李炳淑、王树元、朱逢博、朱践耳、闵惠芬、殷虹、胡宝华、赵宏本、袁水拍，上海革命知识分子代表朱永嘉、肖木（王洪文秘书）、倪琴兰、周慧芬、筱文艳、祝希娟、韩玉敏、陈中伟、胡世全、王德宝、曹杨宝、秦家欣、杨宽。身为复旦大学历史系教授的杨宽被列为“革命知识分子”代表引人注目，显示了他当时不同寻常的地位。

谭其骧、刘大杰、杨宽这三位复旦大学教授同样是人大代表，在代表团中的待遇还是有很大区别。刘大杰虽也是“爱国人士”，但当时也是一位典型，并担任上海代表团副团长，所以王洪文的小兄弟陈阿大、黄金海、马振龙等对他和杨宽都称为“老刘”“老杨”，对谭其骧却敬而远之，客气地称为“谭先生”。在会议期间，这些人经常要老刘、老杨请客买香烟买酒，说教授工资这么高，钱多，因是自己人而无所顾忌；却从来不敲谭其骧的竹杠，这倒使他省了不少事。

1975年1月2日下午，市委统战小组负责人王阿牛在泰兴路原文化俱乐部主持座谈会，由人大代表中的爱国人士谈学习《元旦社论》的体会。1月4日，谭其骧接到市革会通知，次日下午到延安西路200号报到。

5日下午2点报到，5点半进入锦江饭店，当晚8点在小礼堂开会，宣布纪律：不许打电话，不许通信，不许会客，活动范围限锦江南楼至小礼堂，文件不准抄录，不准带回宿舍，公共场所不准谈会议内容。每天7点半早饭，8点半至11点半小组学习，12点半中饭，2点半至5点半小组学习，6点晚饭，7点至9点自学、看报，10点熄灯。要是不知道参加活动的对象，人们很可能以为这是一次当时盛行的军事化的“学习班”，新中国历史上最保密的一次全国人民代表大会的预备会议就这样开始了。

1月6日上下午都是小组讨论，上午将宪法、修改宪法的报告和政府工作报告三个文件读了一遍，下午谈体会，晚上自学。7日上午逐段讨论，下午继续，晚上看电影《杂技英豪》。7日上午小组讨论政府工作报告，下午继续，多数发言人歌颂“文化大革命”以来的变化。9日大会发言，由宗教界爱国人士吴耀宗、冯国柱谈新旧宪法对比，吴耀宗的发言中说宗教信仰自由不一定要有寺院教堂，对教徒的家庭聚会和地下活动要坚决打击，大概与谭其骧一样言不由衷。晚上看纪录片《五七京剧训练班》。10日上午小组讨论，发言者继续歌颂“文化大革命”大好形势。下午休息，4点集合，冯国柱宣布当晚出发赴北京。晚饭后看电影《我国第一颗原子弹爆炸成功》《国庆颂》，10点3刻吃点心，11点3刻出发去北站。夜深人静，事先做了戒备的站台更是空无一人，送代表进京的专列于凌晨2点开车。12日凌晨2点，专列停靠北京永定门车站，代表们被悄然送进京西宾馆。谭其骧住1120室，与杨钟健同住，但杨因病未到。选择这样的时间安排，显然也是为了能严格保密。

12日上午11点在京西宾馆开上海代表团全体会议，由市革会常委金祖敏宣布纪律大致与上海时相同，但又增加了保密措施，诸如天黑前房间都要拉上窗帘等。当然实际上服务员已按照严格规定，不到天黑早已将窗帘拉上，完全用不到谭其骧操心。当晚王洪文来到京西宾馆，召集全体上海代表见面。13日上午10点，由马天水主持会议，提名王秀珍为上海代表团团长，金祖敏、冯国柱、刘大杰、吕美英为副团长。又通过了大会主席团名单。宣布分组名单、大会时座位、上车次序等事项。下午5点晚餐，然后排队由宾馆的地道步行至地铁军事博物馆站，坐地铁专车至前门站下车后，又由地道进入人民大会堂。8点半举行大会，由朱德主持，张春桥作修改宪法报告，周恩来做政府工作报告。由于报告只读首尾两段，全部议程在半小时内结束。上海代表仍由原线路回宾馆。

14日下午3点开小组会，谭其骧所在的第三组有66人，召集人是黄金海、施国华和倪志钦（跳高运动员），北京到会的有沙千里、赵朴初、叶圣陶、庄希泉、胡子婴、季方、荣毅仁、史良、胡厥文、张志让，另有赵忠尧、胡愈之、葛敬恩等。姚文元也分在这一组，但他简单说了几句，就说有事而去。15日下午继续小组讨论。晚上10点，江青突然来到宾馆，接见全体上海代表并讲了话。16日上午11点，上海代表团举行大会，说明将要讨论的两个名单（国家领导人、人大常委会委员）是由党的十届二中全会提名的，传达张春桥对各代表团提出的对修改宪法报告意见的说明。下午通过两个名单，小组继续发言。5点半王洪文到会，根据名单一一点名询问，到7点才散会。晚上9点王秀珍传达大会秘书处规定：明晚广播十届二中全会公报，后天晚上广播四届人大公报。明天晚上大会的注意事项：入场时不能乱，上车前检查一下签到证带了没有，上面有没有签名，到大会堂后排成一队交签到证，按指定地点休息，整队后由专人领入会场。认真搞清选举办法，两张选票一次投。王秀珍还宣布：这次人代会严格的保密措施已经取得完全成功，虽然外国记者一直在千方百计打听消息，但到目前为止，帝修反和外国对会议的进行一无所知，这是毛主席革命路线的伟大胜利。

17日白天休息，下午4点3刻吃晚饭，然后分乘四辆大客车去人民大会堂，等候至8点10分才开会。通过宪法及修改宪法报告、政府工作报告，投票进行等额选举，不到一小时全部结束。大会闭幕后，代表们去宴会厅吃点心，然后返回宾馆。11点多，谭其骧刚睡下又被叫起，原来餐厅在举行庆祝大会闭幕的酒会。

18日中午12点半宣布解除保密，代表们可以与外界通电话写信了。又安排了丰富的参观娱乐：当天下午参观故宫，晚上去人民剧场看革命京剧《平原作战》；19日上午参观北京重型电机厂，下午游览天坛，晚上集体购物；20日上午参观北京维尼龙厂，下午游览动物园，晚上首都剧场看革命现代芭蕾舞；21日上午参观北京汽车制造厂，下午游颐和园，晚上民族文化宫欣赏音乐舞蹈；22日上午机动，下午参观首都体育馆。这些都是政治活动，所以不参加者要请假，经批准后才能外出。19日晚上9点，当代表们去王府井百货大楼和东风市场购物时，两家商店早已做好准备，专门为人大代表开放，毛线、保暖瓶等紧俏商品一律免票供应，谭其骧还买到了四部旧小说。

1月25日下午，上海代表团回到延安西路200号，谭其骧等十人被留下，要求他们明天交出大会发言稿。次日下午谭其骧正在家中起草发言稿，市里打来电话，通知当晚到康平路165号开会。原来是朱永嘉等人要听取十位代表的发言稿，谭其骧将小组会上的发言稿念了一遍，主持人认为“乱、散、长”，要他重写。10点多回家后，他又写至2点半。27日上午再去康平路，将稿子交给朱永嘉和另一人修改，打出清样。晚上谭其骧接到党委电话，去办公室等了半小时，市委派人送来改定的发言稿。28日下午2时，上海市革会在文化广场召开大会，先由马天水传达人代会情况，然后代表发言，他们是电焊工任锡康、川沙县插队知青吕美英、上钢五厂二车间工人理论队伍林耀华、金山县八二大队队长陆阿其、《海港》剧组演员李丽芳、电珠二厂工人吴玉琴和谭其骧。散会后刚回家，《文汇报》就打来电话，要他将发言稿修改后发表，但不要用代表身份。谭其骧干脆请编辑执笔，到晚上11点送来样稿，经他修改后次日见报：

向工农兵学习　与工农兵相结合

学习了四届人大文件，受到了很大的鼓舞和教育，心情十分激动。

四届人大通过的新宪法，是根据建国以来社会主义革命的历史经验，伟大领袖毛主席所制定的社会主义历史阶段的基本路线制订的社会主义根本大法，它标志着我国社会主义革命将进入一个新的阶段，保证我们伟大祖永远沿着马列主义、毛泽东思想指引的道路胜利前进。周恩来总理的《政府工作报告》总结了三届人大以来，特别是无产阶级文化大革命以来我国在国内各条战线和国际事务中所取得的伟大成就，指出了在本世纪内我国将建成一个社会主义的现代化强国的光辉灿烂的远景。

四届人大是在文化大革命和批林批孔运动取得伟大胜利的形势下召开的，和前三届有显著的不同。四届人大代表的组成，充分体现了以工人阶级为领导的以工农联盟为基础的，包括各爱国民主党派、爱国人士、爱国侨胞和港澳同胞在内的各族人民的大团结，反映了我们伟大祖国欣欣向荣的兴旺景象。这一届的代表有三多：工农兵多，青年多，妇女多。这是经过文化大革命和批林批孔运动出现的可喜现象。

我是一个从旧学校出来的知识分子，通过无产阶级文化大革命和批林批孔运动，认识到自己过去无论在教学工作方面还是在科研工作方面，都犯了不少的错误，曾一度产生了消极情绪，但当我对过去的错误有所认识，显示了一定的要为无产阶级政治服务，为工农兵服务的积极性时，党和人民就马上给我多方面的鼓励，极大的信任。当我在工作上做出了一些微小的贡献时，党和群众又在政治上给我很大的荣誉，对此，我的心情确是感到万分激动。这使我深深体会到伟大领袖毛主席“团结——批评和自我批评——团结”的方针的无比伟大，自己必须加紧学习马列主义、毛泽东思想，加紧发行世界观，才能不辜负人民给我的荣誉。

新宪法第十二条规定：“无产阶级必须在上层建筑其中包括各个文化领域对资产阶级实行全面的专政。文化教育、文学艺术、体育卫生、科学研究都必须为无产阶级政治服务，为工农兵服务，与生产劳动相结合。”一个从旧社会过来的知识分子，要认真做到这一条，一定要认真学习马克思主义、列宁主义、毛泽东思想，一定要向工农兵学习，走与工农兵相结合的道路。只有这样，我们这种人才有可能不背离党的基本路线，才有可能为人民做一点好事，为社会主义事业作出一些贡献。我要以此自勉，同时也希望和我年辈相若、情况相似的旧知识分子，都能相互勉励，共同在这条道路上奋勇前进！

29日下午复旦大学召开大会传达四届人大会议精神，报告后六位代表相继发言，谭其骧仍用市里的稿子读了一遍。会议一结束，学校就派车将他送到上海人民广播电台，广播他在《文汇报》上发表的文章。30日下午，学校又派他和蔡祖泉、方宗洛去崇明复旦大学的五七干校，由方传达马天水讲话，他与蔡谈体会。

2月5日，谭其骧被通知参加上海市春节拥军慰问团，从当天下午到8日，天天六七点就得出发去上海展览馆集中，然后去各单位慰问，半夜才能到家。春节后的14日至16日又慰问了三天，17日起还要下海岛十天，他只得请了假。

此后，谭其骧还不时以人大代表的身份接待外宾、参加表态性的座谈会、参观访问、瞻仰孙中山故居、对台湾广播、接受记者摄影等活动。这些活动往往都是临时通知，使他本来就极其繁忙的工作更加难以完成，他的血压不时升高，医生经常要他半休或全休，但实际他一天也没有休息过。

粉碎“四人帮”后的1977年12月，在上海市第七届人代会上，谭其骧被选为第五届全国人大代表。

1973年2月28日，在谭其骧被宣布为“一批二用”后的四年，复旦大学革命委员会对他作了一个正式的审查结论，这个结论无疑是按照“这场无产阶级文化大革命是完全及时，非常必要”这样的基调做出的。到了“四人帮”被打倒，“文革”结束后的1978年7月28日，中共复旦大学委员会作了“关于谭其骧教授的复查意见”，推翻了“文革”中的结论，但还是留了一点尾巴。1983年9月20日，根据中共中央组织部中组发〔82〕8号文件精神，复旦大学党委又对这个复查意见作了修改：

谭其骧，男，一九一一年二月生，浙江嘉兴人，家庭出身：职员，本人成分：教师，二级教授，曾任复旦大学历史（系）主任兼历史地理研究室主任，第三、四、五届全国人大代表。现为中国科学院学部委员，复旦大学中国历史地理研究所长，上海市政协常委。

十年内乱中谭其骧教授遭受审查迫害。

谭其骧教授历史清楚，工作一贯积极负责，学术上造诣很深，在国内外都有影响，在政治上要求进步，相信党，依靠党，于一九八三年七月一月被批准为中共预备党员。十年内乱中对他的审查是错误的。为此，撤销原复旦大学革委会一九七三年二月二十八日所作的结论，“文革”中强加给谭其骧教授的一切诬陷不实之词应予推倒，彻底平反，恢复名誉，消除影响。

在谭其骧的一生中，“文革”无疑给他留下了刻骨铭心的记忆，尽管在我成为他研究生到他逝世的14年间，已经很少听到他谈论这十年间的往事了。但有两件事使我深信，“文化大革命”给他造成的创伤是何等惨痛，何等深刻！并没有因为有了这份“复查意见”而真正消除。

1982年5月在北京香山别墅开会期间，他与老友王锺翰、程应镠闲谈。王锺翰说：“解放初有人替我算命，说我某年后要做鬼，那年我果然当了右派；又说我某年要做官，官倒没有做，但右派改正后当了系主任。”谭其骧也说：“以前有人替我算命，算到55岁就不算了，说是算不得。55岁那年正是‘文化大革命’开始。”我相信他们这辈人遇到的算命先生肯定不止一位，听到过的预言也不会只此一种，要是中国的知识分子不必经历那么多的运动，以至这场“文化大革命”，这类胡诌又何至于会得到应验呢？

1988年7月26日深夜，谭其骧在北京京西宾馆的房间中昏迷过去，完全失去了知觉。事后医生的检查证明，当时他曾濒临死亡的边缘。在医生打了急救针后，他开始说胡话，我听得他想说的是“文化大革命”的事，这是他至死不忘的。一个人在这样的情况下要说的话，无疑是积淀在他脑海中最深刻的事情。

1992年8月下旬，在他弥留之际，我守候在他的床前，只是他早已丧失了说话的功能。如果他能说话，我相信他一定会再次提到这场“文化大革命”，他是带着对“文化大革命”的深切痛恨离开这个世界的，尽管这场噩梦已经过去十多年了。

第十四章

编绘《中国历史地图集》（下）

“批”字当头　恢复编绘

1969年5月6日下午，才获得“一批二用”两个多月，刚结束在青浦农村40多天劳动改造的谭其骧，“文化大革命”以来第一次接待了两位《文汇报》记者。当时正值学习林彪在党的九大所作政治报告，记者采访的名义是要他谈学习体会。听了他自我批判式的体会后，他们要他谈谈接受“用”的打算。当时谭其骧名义上已是“一批二用”的对象，却只享受到了“批”的待遇，还没有任何“用”的机会，自然谈不出什么内容，更不敢有什么打算。这时两位记者直截了当地提出了《杨图》，详细地询问了编绘《杨图》的前因后果。

据朱永嘉说，这次采访是由他安排的，目的是要通过记者的内部报道引起张春桥等人的注意，推动《杨图》编绘工作的恢复。

几天后，由文汇报革委会办公室编的第359期《文汇情况》送到了中共中央政治局委员、中共上海市委第一书记、上海市革命委员会主任张春桥的桌上：

本市资产阶级学术权威学习“九大”文献后的反应（二）
谭其骧希望继续搞历史地图

复旦大学在三月底组织了一部分政工干部和教师下乡劳动，原历史系主任谭其骧也参加了。最近他刚从农村回来，今天起，参加系里举办的教授学习班，一起学习林副主席的政治报告。

听到钱伟长立了新功，心里很焦急，表示要在“用”的过程中接受批判，接受改造。

他对记者说，对于林副主席报告中有些内容的理解，自己还“吃不准”，“到底什么叫‘一批二用’，过去对反动学术权威似乎没有这样提过。不知应该怎样来理解，我想‘一批二用’后面，总应该有个‘为什么’。”接着，谭其骧谈到自己的情况，他说：“我总不能等着‘一批二养’，不干事，让人民养着过日子，这是不行的，我还能干些事，我希望能‘一批二用’，能尽自己的力量干一些工作。

最近，听说北京钱伟长立了新功，听到后，心里很焦急。我希望自己能急起直追，也能为人民立新功。我想，我应该在‘用’的过程中接受批判，接受改造。”

说他如参加画历史地图，多少可以起点作用

记者问他今后有什么打算？谭其骧支支吾吾地不愿回答。隔了一会儿，他说：“其实今后我们到底能不能干？能干的话具体做些什么工作？自己是无法决定的，要看领导上的意见。”记者又问他：心里到底是否考虑过希望将来干些什么，开始谭也不愿直接回答，迟疑了片刻，才吞吞吐吐地说：“我有一个活思想，对领导上也没有说过，随便和你们聊聊，你们可不要向领导反映。我今年五十九岁，还能做些工作，这十几年来，我一直在搞历史地图的编绘工作，一个人的一生中，能有几个十几年呵！这些年我也够辛苦的了，可以说是复旦所有教授中最辛苦的一个，有时星期天也不休息，每天三班时间都泡在这上面。我希望将来还能继续让我画，能够搞出一个结果来。不过，有的时候，我也确实有过不想再搞的念头，画历史地图太繁琐了，不是短时期能够搞出来的，我对毛泽东思想的领会还很差，弄得不好要犯错误。我是研究历史地理的，还有许多其它专题可搞。如果有可能的话，我还想搞搞其它研究。如果我参加画历史地图，多少可以起点作用。”

认为历史地图还是有必要搞的

谈起历史问题，谭其骧显得兴致勃勃。他说：“历史地图总是要画的，这是毛主席交下的任务。不过当初是范文澜和吴晗负责抓，毛主席具体的指示，吴晗没有告诉我。十几年来，有过几次反复，一开始是打算在‘杨图’（指清末民初杨守敬画的木刻本历史地图）的基础上加加工。尹达、侯外庐、翦伯赞等人自己不动手，讨论时光提意见，要求越来越高，这也要，那也要，计划越变越庞大，越画越繁琐，这个工程十分浩大，成为全国许多单位协作搞的一项工作，仅复旦大学历史系就有二十几个人参加，其他如南京大学、云南大学、民族研究所等十来个单位，都有人参加，直至文化大革命开始后才停下来。看来，历史地图将来还是有必要搞的，它对历史研究，和地理工作者都有帮助，例如关于古河道的位置，有助于地理工作者考察地下水。在国防上的意义不是很大，边

界争端的一些地方要在五万分之一的地图上才能看清，而我们画的历史地图是二百万分之一，因此作用不大，只是从历来边界的变迁，也能说明一些问题。例如从一八二〇年清朝全盛时期地图来看，乌苏里江、黑龙江东北一大片土地都是我们的。苏联占领我们的土地是不少的，在新疆那儿也有一大片，过去巴尔喀什湖、伊犁河以东一带是我们的……”

希望有人帮助出主意、定方针，自己在下面干些具体工作

接着，谭其骧说：“今后如果让我继续画历史地图的话，最好有人帮助出主意、定方针，让我在下面干些具体工作。”他说：“工宣队曾经批判过我这种‘怕’字当头的想法，但是我至今还改不过来。”记者问他：“为什么改不过来？”谭说：“我过去贯彻了修正主义一套，犯了罪，我不是政治挂帅，而是业务挂帅，不走群众路线，但历史地图的‘编例’是我订的，当时也征求大家意见，大家没说什么，有的是别人不懂，跟着我干了，因此我就有罪。”至于“编例”究竟哪些地方不对，谭说：“在揪斗我时，批判我画的历史地图是为帝王将相服务的。原因是，我原来考虑根据一本比较通用的历史书把它的地名全部标出来，当初选了《资治通鉴》，可是这本书中许多是记载帝王将相活动的情况，因此别人就说我是在为帝王将相服务，这是我的罪。”不过问他从现在看，选择这本书是否可以时，谭其骧不愿正面回答，隔了好长一会才支支吾吾地说：“如果不根据历史书，每一个地名都要自己进行一番分析的判断，那么工程就更加浩大了。”

谭其骧几次表示，希望能把历史地图搞出来。他说：“不过这要全国统一来考虑，要有个统一机构来抓，单上海一个地方动还是不行的。”他又说：“搞历史地图是很繁琐的，时间可能拉得很长，今后如果要搞的话，不要搞得太繁琐，可以先搞出一稿出版再说，以后还可以陆续修改充实。”

在谈到落实政策时，谭其骧说：“听了林副主席的报告，看了前一时期报上登的南开大学经验，心里很焦急，我们这儿还有不少人‘挂’着。”问他对学校中落实政策的情况认为怎样？谭连连摇头说：“我没有想过，没有想过，这个问题没考虑过，有些人‘挂’着，他们也许政历上是有问题的，这我就不了解了。”（通联组）

张春桥立即召来朱永嘉了解详情。朱永嘉告诉他，编图的事是毛主席交

下来的，具体是由谭其骧在主编，但“文革”前的确是由吴晗抓的，与吴晗有关。张春桥说，只要是毛主席交办的事，就可以恢复。

得到张春桥同意后，朱永嘉马上通知了驻复旦大学军宣队政委方耀华，要他直接负责恢复《杨图》的工作，不要受其他运动的影响，尽快抓起来。不久张春桥又催问：“图动工搞了没有？要快点搞，谭其骧要积极工作。”5月15日上午9点，在复旦大学军训团团部召开了恢复《杨图》工作会议。会议由市革会第一办公室主任、上海警备区政委杨一民主持，朱永嘉代表市革会参加，除了方耀华、工宣队团长张扣发和进驻历史系的一位刘指导员外，历史系师生参加的有徐彪（学生，校革会委员）、程显道（青年教师、历史地理专业65届毕业生、系“文革会”主任）、周维衍（原研究室党支部书记）、林汀水（研究室教师）、邹逸麟，谭其骧是临时被通知参加的。

会议决定：《杨图》恢复工作，要快一点，争取一两年结束，大体告一段落。还提出要从备战的角度考虑问题，站在党的立场上，“备战，备荒，为人民”。要作为革命事业来搞，不要作为名山事业搞。

会议确定：北方边界可以打破，不受什么限制。地名不要搞得太繁，从实际出发，要古为今用，为当前阶级斗争服务，要使大多数人看得懂，不是为少数专家服务。对参加搞图的同志来说，要体现出三年无产阶级文化大革命来的提高。要吸取学习“样板戏”的经验，把革命性与科学性结合起来。有些制度该坚持的还要坚持，不合理的要改，要走群众路线，要突出政治，加强思想政治工作，不能单纯军事观点。

这次会议显然是经过事先准备的，与会者中肯定有人参加，但对谭其骧来说，尽管他已风闻要恢复编图，对具体准备过程却一无所知。处在他当时的身份，自然只有接受“批”和“用”的义务。会议所确定的原则，从一开始就使恢复后的编绘工作不可避免地受到了那个特定时代的影响。不久前发生的珍宝岛事件已使中苏之间的冲突达到最紧张的程度，“苏修”已成为中国的头号敌人。所谓“北方边界可以打破，不受任何限制”，就是意味着在编绘历史地图时，凡是历代中原王朝或历史时期的中国的北方边界，都应该尽可能地画大，以便能为当前的“政治”服务。在这种原则的指导下，谁能想办法把历史上的边界画得最靠北，谁就是突出政治，坚持毛主席的革命路线，就是爱国；谁要坚持历史事实，坚持实事求是，谁就是不突出政治，就是坚持资产阶级反动路线，就是卖国。所以尽管有时也说要“尊重历史事实”，实际上只能曲解历史，迎合“政治”的需要。

会议要求谭其骧：本人要作自我批判，积极工作，政治面貌应该振奋起来，现在不是为刘少奇资产阶级司令部服务，而是为无产阶级司令部服务，不要缩手缩脚。现在不是主编负责制，而是民主集中制，但该看的也要看。还向他举了电影导演谢铁骊的例子，说他过去拍《早春二月》（据柔石小说改编的电影，“文革”前夕受到批判，定为“大毒草”），挖空心思，而拍《智取威虎山》（京剧革命样板戏），拍了六千米，还是不理想。

第二天晚上，两位工宣队员和程显道、周维衍找谭其骧谈话，问他昨天上午参加会议后的体会，最后要他准备在下星期对以前的编图工作进行“斗私批修”。

从5月19日开始，历史地理研究室举办学习班，成立了由工宣队负责人徐以万，军训团成员、校党委委员王耀忠，程显道，周维衍组成的领导班子。除教师外，还有红卫兵两名和一名工宣队员参加。第二天开始分两组，就“领导权”问题开展大批判。所谓“领导权”问题，就是指“文化大革命”前，重编改绘《杨图》的领导权被以吴晗为首的“资产阶级反党反社会主义分子”所把持，而吴晗又重用了谭其骧这样的资产阶级反动学术权威，在编绘工作中实行主编负责制和专家路线，实行资产阶级专政。现在要恢复编图，首先就要将领导权夺过来，牢牢地掌握在无产阶级革命派的手中。吴晗远在北京，原来代表“资产阶级”掌握领导权又兼有“反动学术权威”身份的谭其骧自然成为批判的主要目标。

谭其骧被责令先发言，但在发言后就被指责为“没有将自己摆进去”，受到猛烈批判，认为他完全站在原来的反动立场。谭其骧再次发言，表示既然革命群众认为自己的立场还没有转过来，为了不影响革命工作，今后可以做具体工作，但不愿再看图审图了。这马上引来群众激烈的批判，认为他是向“革命群众”要挟，有人还责问谭其骧：“难道没有你，图就画不成吗？”下午开大组会，在大批判的压力下，谭其骧表示不敢再坚持己见，又被指责为消极对抗。其实谭其骧的检查再诚恳也不会减轻批判的火力，因为这是恢复工作前必须进行的步骤，否则就不符合“大批判开路”的革命路线了。

21日和22日继续边批判，边表态，所有到会者都表示要全心全意投入工作。23日，朱永嘉代表市革会来室催促，当即决定先搞清时期图。作这样的决定主要是考虑到当时中苏对峙、“反帝反修”的需要，同时清图已完成的基础也比较好。下午《文汇报》记者又来找谭其骧，专门采访了编图的问题。文汇报革委会办公室当时就编成《文汇情况》第403期上报，这篇题为《复旦历史系恢复绘制地图的工作，准备画出〈清图〉向建国二十周年献礼》的报道还专门加了一个副标题：《谭其骧也参加了这项工作既高兴又害怕》。从报道中可以看出，尽管谭其骧动辄得咎，处境十分困难，但他还是利用这次采访的机会，直率地表明了自己的意见：

谭其骧说：听到让我参加历史地图的绘制工作，心里确实很高兴。这项工作，我已经搞了十几年，对它是有感情的。不过心里也有些害怕，过去已经搞得头昏脑涨了，想想任务很繁重，非常担心，如果搞不好，这是对不起毛主席的。

谭其骧认为，把绘制《清图》作为献礼，现实意义比较大一些，因为清朝较有独立性，不像其他朝代，会彼此涉及，不便单独拿出来。他说："现在还没有一张好的《清图》，原来的《杨图》只画到明代，光绪、宣统时，虽然已有现代印刷术，可是留下的地图，已把边境许多土地都丢掉了。乾隆、嘉庆时期留下的地图都是木刻本，很简略，由于当时测绘技术不正确，以及后来山川的变迁，因此有些地名与现在的地理位置很难对上口径。国民党时期搞的那些地图，都十分粗糙，没有多大价值。现在我们如果能画出来，意义是很大的。"

谭其骧谈到，他在一九五六年时，曾花一年时间，搞过一张四百万分之一的《清图》，选的是一八二〇年，清朝全盛的地理位置，这次绘制的《清图》，是准备在原来这张地图的基础上放大，画成三百万分之一的。工程量还是比较大的。

谭其骧又说："大家提出绘图要为反帝反修服务，这是对的，不过现在看来困难很大，尽管我们准备在边界多画几个点，但是边界仍然不可能画得很详细，要依靠我们画的地图来外交斗争是不行的，这些地图至多只能对人民进行一些爱国主义的教育。"谭认为主要的困难是看不到材料，许多材料都是属于机密的，因此他就无法作出判断。另外，即使看到了一些零星材料，要把地名在地图上正确标出，还必须查阅历史记载。现在这方面的困难是很大的，特别是新疆、西藏，过去这些地方的边界是没有条约的，要确定位置，更需要历史资料。目前在西藏有不少藏文材料，有的留存在佛经中，要从中找出资料，困难是相当大的。

在谈到边界问题时，谭说："这个问题是很复杂的。过去的人不如现在国家观念这样强，由于边境上往往是非汉族的人居住，中央管不着，关系不能稳定，因此边界线是模糊不清。沙俄是在十七世纪占领西伯利亚，与我们发生了冲突，订了尼布楚条约，确定了边界，这样，后来就可以看出它侵占了我们多少土地。而在新疆、西藏一带却不同，沙俄是在十九世纪才侵占中亚细亚的，从清朝顺治到康熙（原文如此，应作同治到光绪），断断续续签订了六七个条约，才算把帕米尔高原、乌兹别里山口以北的边界确定了，因此现在要清算苏修究竟占领了我们多少土地，还讲不大清楚。在帕米尔高原、乌兹别里山口以南地区，苏修至今仍然占领着。"谭其骧说："边界问题是复杂的，一定要研究大量材料才能判断。但是有些人即使有了材料，也不一定判断得正确，过去就有这样的情况，有些人不大会使用材料。如果把边界画得不正确了，那就很麻烦。"

最近，准备参加历史地图绘制的同志，正在对过去绘制过程中反映出来的修正主义路线进行批判。谭其骧与记者交谈时，流露出一些情绪。

谭其骧说："这次批判主要对象还是我，首先批判过去的领导权问题，这是正确的。不过我现在也不参加领导了。"他又说："别人批判我看不起群众，我不相信群众能够搞得成，这是错误的。不过，画地图还有些专业性的东西，总应有一个熟练的过程，不是什么都是一下子画得出的，这也不是我不相信群众。""有些同志批判我不为工农兵服务，我思想是确实没有想到尽可能使历史地图让工农兵都看得懂，但是，是不是一定要工农兵看得懂了就算为工农兵服务了呢？我曾经说过，任何人要使用任何一本工具书都必须经过学习，这句话，我看不是完全错的。过去别人批评我画的图都是为帝王将相服务的，其实所谓××陵，××陵，都是一些地名，是《资治通鉴》上有记载的。"

谭其骧目前还存在"怕"的思想。工宣队刚通知他参加工作时，他曾表态说："今后领导上要我干什么我就干什么，要我出主意，我是不出了。"后来别人批判了他这种想法，谭表示现在对这问题仍未完全想通。领导上最近提出绘制历史地图由过去的"主编负责制"改为"民主集中制"，但最后仍要谭其骧看一遍，并希望他如果认为自己意见是正确的，应该坚持。谭其骧说："我心里确实很怕，其实过去也是这样，都要我最后看一遍。看图不比看文章，必须逐点逐点根据资料来核对，很花时间，过去的工作往往到我这一关就停下来了，今后可能仍会发生这问题，别人会有意见的。另外，我过去有这样的教训，我为了对图负责，别人点错了就给他指出，弄得别人很不开心，今后可能仍会发生这种情况。”

谭其骧还谈到，这几天还批判了过去少慢差费的路线，他说：“我过去对多快好省的认识是有问题的，以为‘多、快’了，就不能‘好、省’。不过，我们当初搞的时候，也并没有要‘慢慢搞’，每次也都希望一两年能结束，只是因为计划脱离实际，时间越拖越长。”

最后，谭其骧说，领导上要我们在二十八日前订出计划，我觉得这样太仓促了，可能会搞得很粗糙。过去我们是有教训的，老是更改计划，将来可能会有反复，不如现在讨论得充分些。他又说：“这次画地图，不必像过去那样繁琐，例如过去我在画宋朝地图时，为了判别‘城、镇、堡、塞、关’相当于州、县、镇哪一级，花费了不少时间，现在看来，不必去做这样的工作了。在标志行政域上，可以简化一下，这样可能会缩短一些时间。不过，领导上到底有什么具体要求，还不明确，如果明确了，那就更好办。”

谭其骧觉得目前的困难还很大，他说：“这次参加工作的，几乎有一半是新手，恐怕会影响速度。另外在资料上也有些困难，有时必须看些外文材料，但熟悉外文的人不多。过去是与其他兄弟单位例如南京大学、云南大学等合作的，现在不知他们能不能继续搞。”

谭其骧的担心不是多余的，事后都被他不幸言中了，但当时踌躇满志的“革命领导班子”是完全听不进去的。要不是朱永嘉坚持要让谭其骧最后把关，他们或许根本不会让谭其骧参加。实际上到那年国庆，编绘工作还根本没有眉目，而《中国历史地图集》第八册清图的完成和出版是在几年以后。

经过这几天大批判的“开路”，5月24日终于开始了实际行动，讨论修改1965年最后一次《杨图》会议所定的编例。几位红卫兵也参加了编绘工作，其中三位七〇届的学生到1970年7月毕业分配时还被借用了一年。

忍辱负重

5月25日开始，谭其骧就投入了紧张的工作。虽然当天是星期天，他还是在家里修订了清图的改编草案，供第二天讨论。接着又开出边疆地区的参考书目，查阅资料，准备讲稿，并在29日花了一整天时间向研究室人员讲解清代的疆域政区和国界。6月2日开始正式工作，谭其骧排江苏省的地名表，星期一排出后嫌太繁，星期二又改变方法，至星期四完成，星期五又自己去市区的上海图书馆借书。下一周参加青藏组的讨论，并修改清图体例。他还得参加各种学习、批判、劳动（日常劳动，下厂，挖防空洞）、军训、学唱样板戏、补充交代问题、接待外调等，所以尽管整天忙碌，能用于编图的时间往往并不多。如从6月16日到21日的一星期内，实际工作时间只有13个半小时，整个7月份的工作时间也只有102小时，8月份有一周只工作了3小时半。

不过更使他痛苦的，还不是身体和精力的疲劳，而是无休止的批判和不公正的待遇。且不说编图工作的领导他根本无权参与，对与外单位的联系一无所知，就是具体做法也动辄得咎，常常受到无端指责，弄得不知所措。如刚在天天读时批他不发挥作用，不拿出经验来，又要在全室大会上指责他是"过去一套"，有纯业务倾向，提出要将编例的讨论与大批判结合起来。一会儿要他不能束手束脚，一会儿又要他把"文革"前的明图编例拿出来作为批判的靶子。9月23日天天读时，工宣队卢某指责他排江苏表拖了两星期（实际只花了三天），又说他在图上搞错了两个县治，一位进入"领导班子"的青年教师竟说他1956年编的图上每个省的县治都有错。过了两天，又批他排挤青年，招降纳叛，以名利诱惑青年的"罪行"。外交部关于中苏边界争端的文件发表后，室内规定每天早上天天读学一段文件，就要对他批判一次，并责令他每天写一篇自我批判。10月14日晚上他写批判至11点半，第二天晚上又写到半夜，才写成两千几百字。16日上交，当晚工作至9点后又得准备写第二、三段（因已有两天）的批判。显然这不仅是对他思想上的折磨，也是对他身体的摧残。

直到12月，批判的火力还相当猛烈，如10日天天读时他发言后，有人就批他"只培养出了一个人"，"拉右派进研究室"，甚至要他交代搞《延昌地形志》有什么反动目的。

关于"只培养出了一个人"这种话似乎不需要任何说明，明眼人一听就知道说这话的人是一种什么心态。时至今日，谭其骧究竟培养出了多少人已不必再费笔墨了。"拉右派进研究室"却纯粹是一场历史的误会，但在当时的确是谭其骧的一大罪状。"文革"前，在辽宁某县城一所中学工作的青年孙进己对历史地理和民族分布等问题很有兴趣，曾写信给谭其骧请教，在回上海探亲时也找过他。他觉得孙进己基础不错，也有自己的见解，曾向系总支提出，能否将孙调入研究室。组织上一了解，孙是右派分子，谭其骧得知后自然不敢再提，岂知到了“文革”时就成了他“招降纳叛”的具体行动。可是到了中共中央发出文件，为被错划的右派分子改正时，孙进己却没有能享受到改正的待遇，原来在他的档案中根本找不到当年划为右派的决定，他本来就没有被划为右派，当了20多年右派只是某一位负责人当年随口一句话，谭其骧要拉的人根本就没有戴过右派帽子。

《延昌地形志》是清代学者张穆的一部未完成的著作，稿本收藏于上海图书馆。原来魏收修《魏书》时，北魏已分裂为东魏和西魏，东魏由权臣高欢执政。魏收为了取悦于高氏，在编撰《地形志》(相当于一般正史的《地理志》)时不采用北魏全盛时的延昌时代(512—515年)，却记载了东魏末武定年间(543—550年)的行政区域。由于东魏的实际控制区有限，西魏部分和南北边疆地区的行政区划不是沿用旧制，就只能留下空白，所以《魏书·地形志》所载根本不能代表北魏的全盛面貌，一直受到学者的批评。张穆就企图改以北魏延昌年间为标准年代，利用《魏书》及其他史料，编一部反映北魏全盛时代疆域政区的《延昌地形志》。“文革”前为了编图的需要，谭其骧曾从上海图书馆借来此书，将其目录印出作为参考材料，并想组织人员在张穆的基础上将延昌年间的疆域政区梳理清楚，以便编出以延昌年间为标准年代的地图。这本来是正常的业务，但在政治嗅觉极其灵活、路线斗争觉悟大大提高的无产阶级革命派面前，凡是谭其骧积极要干的事自然都有其反动目的，尽管最后连他们自己也不知道这目的究竟是什么。

到12月12日天天读时，又集中批判谭其骧在10日的发言，指责他在检查中说“忘记了”，是翘尾巴。他谈及“文革”前编图工作的教训有重复劳动、改变计划，是向革命群众挑衅。还说他的问题不是执行资产阶级反动科研路线，而是初则独霸，继则拒绝青年参加，引诱青年走白专道路，排挤青年，拉牛鬼蛇神，最后消极怠工。

但谭其骧还是忍辱负重，在业务上尽量发挥作用，同时坚持自己的正确主张。如中原组提出要将清代主要战争的地名全部收入，他就指出近代的战争地名既收不胜收，又往往与今地名没有什么变化，主张只收1840年以前的。9月18日，针对一些人吹嘘通过革命大批判进度大大加快，他指出要重视扫尾和汇总工作，并以明图青海幅为例来说明。对旧编例中合乎科学性的条文，他也耐心解释，力争保留。而那些革命造反派虽然表面气壮如牛，实际却离不开这位“反动学术权威”，他写了清图、明图的编例，边疆地区编例，布鲁特和哈萨克的编图提纲，广西边界的处理方案，明代蒙古幅表示疆域政区的方案，明图西北幅增补疆域的建议，并校阅了全部图幅。

在此后在编绘工作中，还是贯彻“大批判开路”，每开始一个图组，必定先要对谭其骧批判一番，尽管都得依靠他写出编例。如1970年1月19日批判唐、宋图编例，他对“求大求全”和“客观主义”作了自我批判，但却被认为是假批判，会议从下午3点一直开到晚上8点多。批判的结果是取消了“文革”前已经开编的唐大中年间的图组，使唐朝由两个分别显示前后期的图组减为一个。7月8日，谭其骧不得不对过去编图工作中的“爬行主义”作自我批判并接受群众的批判。9月底开始修改两汉至南北朝图幅，谭其骧又得从自我批判旧图例开始，接受批判。到11月初做出的决定是，东晋十六国、南朝宋梁陈、北朝东西魏北齐周等图都只画州郡而不画县治。工作量当然大大减少，但图的质量无疑也降低了。

2月9日，复旦大学传达中央25号文件，开展“一打三反”（打击现行反革命分子，反对贪污、盗窃、投机倒把）运动。一些人又把谭其骧列为对象，11日中午突然派人到他家中抄走了信件笔记。但曾经担任历史系文革主任的领导班子成员程显道也被作为现行反革命揪出，隔离审查，接受批斗。为了肃清影响，还特意从地图出版社和民族所追回了他所画的清图新疆幅和他审查过的图幅、文字资料，进行批判。程显道经过数月的隔离审查，于当年10月底自杀身亡。有人又提出了谭其骧的所谓历史问题，重新派人外出调查，希望能找到新的问题。5月25日召开第三次编绘工作会议时，他们明知谭其骧甲状腺瘤切除后已出院回家，两天前还接待了一次外调，却不让他参加。27日朱永嘉发现谭其骧未到会，他们才通知他参加后三天的会议。

8月初，又在北京召开了一次工作会议，会上讨论的清图前言、编例和其他各册图的有关材料都是由谭其骧撰写或准备的，如撰写前言是他7月13日至19日的主要工作，但他不仅无权参加会议，事后也没有征求他的意见。相反，除了集中下乡以外，任何其他活动都无一幸免，每遇政治活动还少不了成为批判的靶子。如1970年12月，首批工农兵学员入学，60岁的谭其骧奉命与革命师生一起，几乎每天都要参加在校门口的欢迎：8日中午12点至1点半，晚7点至8点；9日中午至2点多，晚6点；10日傍晚至7点半；11日下午4点3刻；12日中午；17日7点至9点半。这几天谭其骧依然要参加从上午8点至晚上

10点的日常工作，结束后往往还要在家里加班。1971年3月15日从早上7点到8点半到校门口迎接拉练返校队伍，晚上的全室大会又是结合参观泥塑《收租院》，批判他的“资产阶级生活方式”。10月29日上午听林彪事件的文件传达时，谭其骧因已在学校听过，加上前一天晚上睡得太迟，精神不济，有瞌睡现象，遭到支部委员、工宣队员鞠德三的斥责。休息时鞠又找他谈话，称这是对毛主席态度问题，令他在会上作检查。

最令谭其骧不满的是，由于主编负责制已作为资产阶级反动路线而受到彻底批判，包括来“掺沙子”的红卫兵在内的一些人不但自己会在编稿中犯下莫名其妙的错误，还常常擅自修改他的编稿。但一旦被他发现，他还是不顾受到批判的压力，提出异议。如1971年1月7日，他发现隋、唐图幅上的“大江”（长江当时的名称）已被改为长江，就向室负责人提出抗议，并写成书面意见；当晚又提出明以前灵州附近黄河应按《读史方舆纪要》《大清一统志》的记载改作古今不相同。可惜他个人的精力毕竟有限，而且并非所有被改的编稿都能让他看到，一些令人啼笑皆非的错误就这样留在以后内部出版的图集上。根据恢复编绘工作后制定的《工作责任制条例》第五条：“定稿由三结合领导小组成员和编稿人员代表数人组成专门小组，负责各朝图幅最后审查、定稿和各编稿单位图幅的汇总统一工作，力求保证图幅的政治性和科学性。”谭其骧还没有资格参加定稿小组。如此重大的一项学术成果的定稿权居然掌握在红卫兵、工宣队、军宣队和几位学术上并不成熟的中青年人手中，今天看来似乎不可思议，却是当年谭其骧不得不接受的残酷事实。

主客易位：上海市革会成了主办单位

5月24日，由复旦大学工宣队、军宣队、校革会盖章的信件发往中国科学院历史研究所革委会负责同志：

接春桥同志和上海市革命委员会指示：我校历史地理研究室所承担的国家任务——《中国历代舆地图》工作必须立即上马。为了落实无产阶级司令部的战斗号令，我们已成立了由工宣队、军宣队、革命师生组成的三结合领导小组，负责领导编绘《中国历代舆地图》工作。目前全室人员正在举办毛泽东思想学习班，落实市革会决定，认真总结经验。六月初，历史地图的编绘工作即将全面展开。

你处原是编绘《中国历代舆地图》协作单位之一，承担夏、商、周的任务，现在工作已进展到何等程度？对《中国历代舆地图》的编绘有什么设想与考虑？今后如何进一步搞好协作等等，望请速告。

同样内容的信件同时发往原协作单位：中国科学院民族研究所、近代史研究所，中央民族学院历史系，南京大学历史系，云南大学历史系，国家测绘科学研究所历史地图室。

与“文革”前不同的是，那时中国科学院哲学社会科学部是重编改绘《杨图》的主持单位，上海市委和复旦大学党委只是负配合之责，此时则张春桥权倾一时，上海市革会是各地的马首，已反客为主，俨然是编图的主持单位了。此信发出不久，各单位陆续复信。

复旦大学历史地理研究室又派人持上海市革会介绍信到南京大学和北京各单位联络，不久这些单位都恢复了编图工作。只有云南大学，在发出三封信后仍杳无音讯，直到11月1日召开协作会议的通知发出后才有了反应。

6月10日后，复旦大学派工宣队负责人徐以万、历史地理研究室一位教师去南京、北京各协作单位联系，传达5月15日会议的情况和有关决定。

7月14日，复旦大学工宣队、军宣队、革委会向上海市革命委员会写了一份报告：

按照市革命委员会的指示，我校原历史地理研究室于六月一日正式恢复了《中国历代疆域政区图》的编绘工作。

图幅除中原地区编绘工作由我校历史地理研究室承担外，内蒙古地区由南京大学历史系承担，东北地区由中央民族学院承担，西北地区由北京民族所承担，最近我们派人去北京与上述各单位联系，他们都答允立即开始工作，而青藏地区原由近代史所承担，他们表示有困难，现准备派人到北京去与他们协作。云南地区原由云南大学历史系承担，我们去信未能联系上，现准备由我校自己承担。为了加强与兄弟单位配合共同搞好编绘工作，我们准备派五六人至北京去与各单位一起协同工作，北京的各个单位亦希望领导上能征得国务院（因学部各所属国务院）和北京市革命委员会（民族学院属北京市革命委员会管）的同意和支持，以便于他们安排任务。

国家测绘总局测绘所原系负责该图集的出版工作，最近我们与他们联系，他们表示愿意派人来上海参加有关出版方面的工作（包括抄清、等大编稿、清绘），他们希望市革会能协助他们在上海解决印刷和出版的安排。

为了保证图幅边疆部分的政治质量，我们希望能将边疆部分编稿的抄清，送外交部转有关方面审查。

图幅的进程，我们初步打算在今年十月一日以前完成清图和明图的编稿工作，今年十二月十五日以前力争能在清图和明图中完成一册的印刷出版工作。一九七〇年年底以前基本完成图幅的编稿任务，力争在一九七一年九月底以前完成全部图幅的印刷出版工作。

经过伟大的无产阶级文化大革命，我们心更齐了，干劲更足了，我们有信心一定能完成毛主席和中央交托给我们的光荣任务。

以上意见当否，请批示。

市革会副主任徐景贤将报告转给张春桥：

春桥同志：历代疆域图绘制工作，由复旦大学转市革会介绍信去北京等地交涉后，工作渐见眉目，先搞清图、明图，请一阅。

景贤
7.18

张春桥圈阅后，没有表示书面意见。

与此同时，复旦大学向国家测绘总局，各省、自治区和有关市县发函，征集地图或地图册，包括属于机密的大比例尺地图：

××单位革命委员会：

我校历史地理研究室承担国家任务，编绘《中国历代疆域政区图》，任务具有重大的政治意义，直接关系到反帝、反修的斗争。为了保证任务高质量完成，需要参考你处所编的《××地图集》，希望能够寄一份给我们。

致

无产阶级文化大革命敬礼！

复旦大学工宣队、军宣队、校革会

收到的单位绝大多数都相当重视，及时寄来了各种地图。从当年11月开始，又根据编图中遇到的在现有文献资料或地图中难以解决的问题，向各地发出了大批信件，其格式如下：

××单位革命委员会（或军管会）：

我室承担编绘《中国历代疆域政区图》的国家任务，此项工作具有重大的政治意义，直接为当前反帝、反修斗争服务。为了保证高质量，完成目前急需了解如下一些情况，请予大力支持，并望速告为盼，来函可迳寄上海复旦大学历史地理研究室。

但1973年后发出的信件已改变了格式，口气客气多了：

××单位革委会：

我室承担国家交给的科研任务，目前有一问题需要向你们请教，请予大力支持。

据现存资料，截止1976年底，发往四川峨边、若尔盖、芦山、汉源、蓬安、万县、广元、成都、汶川、高县、郫县、长寿、长宁，甘肃迭部、岷县、临洮、环县、兰州，青海民和，内蒙古临河、赤峰、丰镇、集宁、察右前旗、内蒙古博物馆、内蒙古大学，湖北浠水、省博物馆，湖南株洲、衡阳、浏阳、省博物馆，浙江长兴、省博物馆，河北昌黎、乐亭、张家口、围场、滦县、省文化局，江苏滨海、阜宁、建湖、南京博物院，江西修水、上高、万年、清江，安徽阜南、怀远、寿县、宿县，河南南阳、桐柏、固始、兰考、淅川，山东沂水、海阳、省水利局，福建浦城，山西侯马，宁夏隆德、固原，贵州从江等地查询的信件有69件。但这类信的效果就不像征集地图那么显著了，原因不难理解，“文革”期间地方上正常的学术文化活动大多受到严重破坏，各类专业人员或业务人员受到冲击，不少人已经离开了原来的岗位，少数留任的人也同样属于“一批二用”，所以收到的答复大多没有什么具体内容，只有少数有新的考古发现。

在复旦大学中国历史地理研究所的资料中还保存着几件“文革”前外单位的复信，如1965年4月13日陕西柞水县人委答复清孝义厅的治所，1966年1月17日山西永济县人委答复清蒲州府永济县治、汉蒲坂县故城位置，1966年5月4日陕西文管会答复汉惠帝安陵县的位置，不过那时征询的规模显然要小得多。

1969年7月15日，复旦大学向国家测绘总局军管会负责同志发出一封公函：

国家测绘总局军管会负责同志：

为协作编绘《中国历代疆域政区图》事宜，根据上海市革命委员会有关方面的指示，最近我校给上海市革命委员会写了报告，提出了编绘出版的计划。我们初步打算：在今年十月一日以前完成清图和明图的编稿工作，今年十二月十五日以前力争能在清图和明图中完成一册的出版工作。一九七0年年底以前基本完成图幅的编稿任务，力争在一九七一年六月底以前完成全部图幅的印刷出版工作。此计划已得张春桥同志支持，徐景贤同志作了批示，先搞清图、明图。为此，我们急需与你们商议有关绘制出版方面的计划安排问题，特别是今年十二月十五日前完成清、明图组中的一册。你们在绘制出版方面还存在什么困难，希望你们速来公函说明之，能立即派一、二人来我处联系。此项任务你们如需向上级请示，可呈国务院总理处。

关于经费问题，我们已向上海市革命委员会反映，目前还难统一解决，先由各单位自行负责，等我们接到指示后再同你们联系。

复旦大学工宣队、军宣队、校革会

1969年7月30日

但对方收到此函后，并没有作出积极反映，而是要求一个正式的中央文件，以便解决经费和人员安排的问题，其他单位也有类似的要求。为此，朱永嘉让复旦大学拟了一个电报稿，想以上海市革命委员会的名义上报中央：

（标题：关于编绘《中国历史舆地图》的请示报告）电报稿

中央、中央文革：

毛主席早有指示，要改绘杨守敬的《中国历史舆地图》，此项工作，在无产阶级文化大革命前中原部分的编稿工作，由上海复旦大学历史地理研究室负责，边疆部分由北京民族研究所、近代史研究所、民族学院负责；夏商周部分由北京历史研究所负责；画幅的清绘由测绘总局负责。

无产阶级文化大革命期间，此项工作暂时中断。

今年六月份，我们根据斗、批、改运动的需要，要求复旦大学工宣队、军宣队，重新调整原来的编稿班子，在抓紧革命大批判的基础上恢复工作。在这同时，又派人到北京联系原来的有关协作单位，要求共同来完成此项任务。经过几个月来的努力，工作已渐见眉目。我们（如果协作单位同意的话）计划今年十月一日以前完成清图、明图的编稿工作，力争在一九七一年六月底前，出版全部图幅，向毛主席献礼，向党成立五十周年献礼！

但目前北京各协作单位的领导上，向我们在那里协同工作的同志表示，没有中央正式文件，此项工作不能再继续下去。整个工作如单由上海承担下来，困难很大。我们意见，能否（还是）继续协作下去，共同完成毛主席所交的光荣任务。为此特报中央，希予（可否）批转上述北京有关单位。（请阅示。）

以上报告，当否？

请指示。

上海市革命委员会

一九六九年九月七日

徐景贤在9月8日作了批示："请少庸同志阅改，并报春桥同志审阅。《历代舆地图》的编绘工作，最近遇到一些困难，北京的协作单位要有中央批文。我们起草了一个电报，拟争取转发。"市革会常委王少庸圈阅后，当天就对电报稿作了修改（括号中即为王少庸所改），并立即报给张春桥，张却批了"暂不发，面商。春桥　九月八日"这几个字，于是这份稿子又退回了朱永嘉。

张春桥不同意发电报的原因我们已经无从了解，但面商的结果是由上海市革会分别向各协作单位的上级发文，北京市、江苏省、云南省、中国科学院和国家测绘总局的革委会或军管会都收到了要求协作的文件，问题基本解决。

“为政治服务”

就在编图的工作恢复不久的1969年8月17日，由复旦历史地理研究室向各协作单位提出了这样的意见：

《中国历代疆域政区图》中中原王朝分幅图中除了画标准年代的疆域外，还应画出王朝曾达到的最大疆域。在不影响原来分幅比例尺的原则下，或在标准年代分幅图上补充最大疆域的那块地方，或作插图附在该分幅图中，如明代哈密八卫应在明陕西幅中表示，又如明代洪武年间王朝疆域曾到西拉木伦河，洪武时这块疆域应补画在京师幅中，当时政区地名如系蒙古前期图幅中未画上应补，这样可粉碎苏修所谓“中国疆域北以长城为界，西以嘉峪关为止”的无耻谰言。以后各朝都应这样做。

在当时的情况下，只要有人提出这样的建议，谁也不会反对，也不敢反对。但由于中原王朝的疆域的盈缩一般不可能在同一年代中出现，往往在某一方向达到了极盛，另一方向却缩小了，所以这样做实际上必定要将属于不同年代的疆域合在一幅图上，以拼凑出一个“极盛疆域”来。

为了使明图能显示明朝的极盛疆域，在10月25日决定将其标准年代改为宣德三年（1428年）。但这样做也未必能达到目的，于是一部分人提出干脆取消标准年代。11月12日，经朱永嘉参加讨论决定，仍用宣德十年，但边界要画极盛版图。

11月20日，各协作单位碰头会在复旦大学召开。根据会前发出的通知，会议主要讨论以下问题：

（1）编绘工作如何更好地突出毛泽东思想，如何更好地为无产阶级政治服务，特别是为反帝、反修斗争服务。

（2）根据“鼓足干劲，力争上游，多快好省地建设社会主义”总路线的精神和当前备战的要求如何高速度、高质量完成编绘工作。

（3）总结、交流前一阶段的工作情况。

（4）制订今后编绘工作的计划和措施。

（5）讨论图幅中存在的一些疑难问题，着重是边区图幅中有关问题的处理。

（6）各单位今后如何进一步搞好协作关系。

（7）制订《编绘工作责任制条例》。

（8）其他（如经费问题等）。

代表复旦大学汇报情况的是领导班子成员之一、工宣队员徐以万，代表上海市革会讲话的是朱永嘉，各单位来参加的也是工宣队、军宣队员或较年轻的研究人员，没有像谭其骧那样的“反动学术权威”。谭其骧只是作为复旦大学一名普通的编绘人员参加讨论，当天下午3点后的“头头会商”就与他无关了。

这次会上讨论并安排了明、清图稿的绘制和印刷出版，又研究了汉、唐、元图的编绘要求。谭其骧从会议期间就开始拟定有关图册的编例，在会议结束时完成了汉图编例草案。

就在会议结束的27日晚上，谭其骧意想不到地见到了刚到达的云南大学教授方国瑜。原来云南大学历史系之所以一直没有给复旦大学回信，是因为方国瑜迟迟不能解放，没有人能够承担这项任务。直到收到上海市革会的文件后，云南省革会下令立即参加协作，云南大学才同意让方国瑜到上海来开会。据说方国瑜事先一无所知，是从“牛棚”直接去火车站的，以致他误以为要被送到什么地方去接受新的审查了。

会后，谭其骧继续忙于撰写各册的编例，解决编稿中的疑难问题，增补缺漏。12月20日下午4点，室领导突然召集会议，传达了刚得到的北京消息：中共中央政治局常委、中央文革小组组长陈伯达关心图集。

由于图集涉及边界和民族方面的敏感问题，1970年1月谭其骧就接到任务，要他撰写有关送审材料，准备通过民族研究所和中央民族学院上报外交部。4月，北京传来消息：外交部已将送审图幅退回，但只是一般地看了西北与东北两个地区；总的意见是：边区地区政治性强，每个点一定要有充分的资料根据，不能搞错，今国界外的各点文字资料均要保存，以便于审查。朱永嘉打电话问张春桥，张回答说：“最近外交部较忙，时间挤不出来，我们自己仔细复核一遍。特别是边界问题，一定要力求准确。以此基础上可打印一百份成图样张，呈送毛主席和中央其他负责同志审阅。”5月3日下午，历史系召开全系大会，宣布张春桥即将赴京向毛主席报告历史地图集工作，朱永嘉讲话，研究室人员纷纷表决心。朱永嘉还带来一份上海市革会准备上报给毛主席、林副主席、中共中央的《关于编绘〈中国历史疆域图〉工作的报告》，研究室立即转发给各协作单位。事后上海市革会要求在8月15日前将清图装成若干册，送中央审阅。

12月23日，复旦大学历史地理研究室向各协作单位通报：

今接上海市革会有关方面负责同志电告：清图送审报告和样本经周总理看后已转给康老（康生）。康老同志亲自挂帅，并会同郭老（郭沫若）、外交部、国务院科教组、历史所等单位组成专门小组审查。

这是无产阶级司令部对我们工作的最大关怀、最大鼓舞、最大鞭策。我室同志得悉这个好消息后大家都很振奋，纷纷表示一定要鼓足干劲、高速度、高质量地完成编图任务。

当时确定的计划是，“力争七册图集于七一年十二月二十六日这个光辉日子全部出齐，每册印一千五百本”。1971年1月，该计划以复旦大学党委、工宣队、军宣队、革委会的名义上报上海市革会，并申请当年经费55万元。由于已明确由郭沫若与外交部审查，此后复旦上报的材料都送郭沫若四份、外交部五份。

1971年1月15日，领导小组决定将五代总图原定的后唐长兴二年（931年）改为后晋天福八年（943年），主要是考虑到939年静海军节度脱离南汉独立，这样可不至于把今天越南的一大片领土划进来，而且那时东北地区东丹割据势力与中原政权的关系也较密切。在回答云南大学来信询问时，领导班子一位成员答：“关于五代总图标准年代的改动问题，我们没有接到中央新的指示，但是上海市革会有关同志口头跟我们说过：选择标准年代最好能避开与越南、朝鲜等兄弟国家大块土地的进出问题。郭老最近在北京与有关编绘同志谈话中也是那个意思：今国界线外的地区，凡涉及友好国家，图上最好能有与内部不同的表示。根据这个精神，我们考虑五代总图年代还是改一下好。”这位“市革会有关同志”，应该就是朱永嘉。

1971年初，中央民族学院制图组将清图中有关中俄、中朝边界的资料送外交部审查，并请示要不要编绘清代后期中俄边界变迁形势图以揭露沙俄帝国主义鲸吞我国领土的罪行。2月18日上午，外交部领事司□□□去中央民族学院，口头传达了外交部的几点意见。他说，我们觉得绘这一部图很好。关于中俄边界变迁形势图，根据当前斗争形势，是非常需要的。从我们的角度，提五点要求：

一、你们的报告提出要补画清代后期中俄国界变迁形势图。我们希望不仅画清代后期，能不能包括明代或明代以前北部边界变迁的情况。如有困难，最好从《中俄尼布楚条约》以来的变迁都包括进去。

二、你们送来的报告提出画东段中俄边界的变迁，中段、西段同样需要，最好都画。这样涉及各个单位，请你们各单位协商一下。

三、整个中俄边界的变迁，最好都包括明代以前的情况，绘在一张图上，用不同颜色表示，注明各个朝代、年代。

四、边界线上各点和边界线的画法，要有充分根据，希望在画出图的同时，整理出文字资料，并注明出处。

五、建议你们向上海市革委会负责同志汇报，向《中国历史疆域图》编绘组建议组织有关单位协商一下，看这样一幅图好不好画。这是我们的希望，画不画，由编辑组决定，请你们协商。

3月19日，复旦大学革委会向各协作单位发出通知，传达以上意见，建议于3月29日在北京召开编绘工作会议，并请外交部条法司派人参加。民族学院很快回电，称此会必须报请国务院批准，有关方面也没有作出答复。4月下旬，复旦决定5月6日在上海召开第五次编绘工作会议。

4月27日，上海市出席全国出版工作会议的绳树山，口头传达了周总理接见他们时对《中国历史疆域图》的指示：

当绳树山问到送总理和春桥同志关于编绘《中国历史疆域图》的报告有否批下来时，总理说："春桥同志最近很忙，还没有来得及研究。"当绳问历史上的边界问题如何处理时，总理说："工作要继续抓紧搞好。关于边界问题，我们是历史唯物主义者，还是按历史事实画出。我们画的是历史地图，应该反映当时统治阶级统治的范围，不必区分是否兄弟国家。"

八个协作单位都派代表参加了5月6日开始的工作会议，在十多天的会期中讨论了一至六册（原始社会至明）图中的问题，谭其骧除参加讨论外，还忙于与到会的外单位同志研究涉及的学术问题和协调各图幅间的一致性。但决定权当然还属于领导班子。6月9日,复旦大学革委会向上海市革会第一办公室报告:《中国历史疆域图》第四、五、六三册的编稿和清绘工作基本完成,143幅图稿将分批交中华印刷厂制版。

会后,民族研究所的林家有两次来信,并附来材料,对是否要画夏代图和图集的名称提出问题,复旦历史地理研究室于6月22日作了答复:

夏代是否存在,目前史学界尚未定论。如果画出,范围仅限于黄河中、下游,没有几个地名。且夏代没有实际材料流传下来,我们现在看到的有关夏代地名的记载,都是春秋、战国以后的,距离夏代已上千年了,可靠性大成问题。文化大革命以前图集中没有包括夏代图,这次恢复工作时,我们曾有所考虑,除了由于上述原因外,很重要的一点就是我们看到了一份毛主席1964年2月与毛远新同志的谈话记录,里边提到:"尧、舜、禹有没有?我就是不信,你没有实际材料嘛!商有乌龟壳证明,可以相信。"此材料系文化大革命中非正式印发的,其后注:"根据1964年9月22日国防科委办公会议转发《毛主席与毛远新同志的谈话纪要》。"可靠与否,请你向出版口吴庆彤同志汇报、请示。

关于《中国历史疆域图》是否改名为《中国历史地图》问题。记得在一、二两次协作会议上曾进行过讨论,当时的意见认为我们这本图集的内容主要是反映疆域政区变化的,如果以《中国历史地图》为名的话,名称和内容不很贴切。中国历史地图应该主要反映中国历史上的阶级斗争,如农民起义、战争形势、人口、民族分布、迁徙等。

5月18日下午,谭其骧路遇朱永嘉,朱给他看了毛主席批示同意的关于二十四史标点工作的文件,要他准备参加。21日,室内正式传达,大部分人承担了校点二十四史的任务。朱永嘉要谭其骧为这项工作把关,审定二十四史校点稿成为他和研究室的主要工作。

5月19日,谭其骧收到云南大学方国瑜关于隋唐寸部南界的考释,觉得对史料的一些解释并不妥当,写信提出了意见。8月9日,他收到了云南大学关于隋唐边界的意见书,仔细研究后,觉得有必要加以答复,从23日开始撰写,因其他工作极多,直到9月20日才写完,他又根据这一结果修改了隋唐图幅有关界线。

在这篇近2万字的答复中，谭其骧与方国瑜讨论了三个问题：

（1）隋南宁州总管府南界，方国瑜主张大致按今红河、文山二自治州的国界线画，谭其骧认为在今通海以东大致以曲江、盘江为界，通海以西约以今峨山新平县南界为界。（2）唐剑南道戎州都督府南界及西界，方国瑜认为唐开元前戎州都督府领地包有旧兴古郡南部，并推定《太平寰宇记》所载距戎州最远的几个州应在今曲江以南；谭其骧认为原画的安南北界，不是向南移至今国界，而是应该北移，东以盘江与戎府为界，西以曲江及今石屏、元江的北界，折南以哀牢山脉与姚府为界。（3）南诏在爨地的南界，谭其骧认为在以乾符五年（878年）为标准年代的南诏图上，这条界线可大致按今国界来画。

这本来是一个不难解决的学术问题，但在“爱国”和“政治”情结的影响下，方国瑜却认为是重大的政治问题。

1972年1月22日傍晚，朱永嘉带来了中国科学院历史研究所的林甘泉和陈可畏，交下了为郭沫若主编的《中国史稿》配插图的任务。此后，新任务接踵而至，编写《秦始皇》《曹操》小册子，编写农民战争史，为毛泽东注释古籍名篇，编写《沙俄侵华史》，修改《辞海》中涉外条目等等，这些工作大多要由谭其骧把关或审定，对地图的事只是处理个别重大学术问题或编图中的未了事务。到当年底，编图工作基本完成。

1973年1月10日，又在复旦大学召开了一次协作会议。由于谭其骧此前已被任命为历史系革委会副主任，并经常被当作复旦大学落实老知识分子政策的典型，所以由他代表复旦大学汇报工作。对他来说，这同样是一项痛苦的任务，因为他不得不说上一篇违心的话，批判吴晗、翦伯赞及杨图委员会，歌颂“文化大革命”，肯定无产阶级革命路线、上海新市委、校革会、革命群众。

会上还向大家传达了这样的消息：张春桥修改了《前言》。周总理将图交外交部、郭老和历史研究所审，郭老为此专门召集了会议。毛主席已看到了地图。

张春桥对《前言》的修改其实只有一处两个字，即将“但是有的国家不仅继承了帝国主义侵略我国的衣钵”中“有的”二字改为“还有两个”。

这个会议讨论了编绘中尚未解决的一些重大问题，如历史上疆域范围的处理和界线的表示，各政权政治中心的表示方法。分裂时期各政权间界线的处理，没有资料根据的内部界线如何表示等。会议决定将图名改为《中国历史地图集》，作者则署名为“编辑组”，还要求各协作单位派代表参加定稿小组，作出版前的最后审定。

会议到22日结束,会后谭其骧与中央民族学院的郭毅生、云南大学的尤中和朱惠荣商谈确定东北、云南图幅中的问题,春节后又与刘宗弼、金竹安讨论了图幅排列次序、目录编排、扩大图的名称,与南京大学施一揆、陈得芝商谈修改蒙古地区图,与云南大学会谈宋图、战国秦图和清图中的问题,并陆续审阅、改定各册图幅。但由于时间紧迫,他所审阅的范围只能限于已经发现问题或有问题尚未解决的那一部分,直到8月底还没有结束。

8月24日,谭其骧接到周维衍通知,要他准备去北京向外交部汇报。他匆匆结束手头工作,开始准备秦至唐历代在今越南境内的边界、五代至清中越边界的资料,写成报告;又查阅了历代西界的资料。9月10日,他与王耀忠、赵永复一起去北京开会。

北 京 审 图

自从《中国历史疆域图》的样本、有关边界的图幅和资料上报后,周恩来曾要外交部、郭沫若和历史所审阅。周恩来工作繁忙,不可能亲自过问,而在当时的特殊条件下,郭沫若年事既高,又不愿多发表具体意见,外交部和历史所也感到难以接手,所以审图的事久拖未决。张春桥急于在他手中完成图的编绘和出版,扬言如外交部不审就不用等,照样出版。在这种情况下,周恩来决定委派外交部副部长余湛主持审图。

1973年7月28日下午3时至7时半,余湛召集会议,听取中国科学院民族研究所制图组和中国历史博物馆关于清代新疆图幅的边界和沙俄侵占我国西北领土示意图的边界画法的汇报。在听取汇报的过程中余湛作了很多插话,会议结束时又作了指示(据林家有等整理稿):

一、关于中俄尼布楚界约边界的画法

清代东北的边界,还有什么问题?额尔古纳河没有什么问题。待议地区都画实线怎么样?如果都画虚线,外兴安岭直到海,一大片都未定下来,这在政治上不利。沙俄很坏,每订一个条约都要按下钉子,为以后进一步侵略制造借口。尼布楚条约的待议地区，还是都画实线好。尼布楚条约的拉丁文本是标准，外兴安岭的词尾是单数，但也可以作为双数，理解为两个岭。这样画把待议地区规定在乌第河流域，在法律上是站得住脚的，也是说得过去的。其它都是已定界，这样，我们的解释是，外兴安岭以北属俄罗斯，以南属中国，中间的乌第河流域为待议地区。待议地区用一种不鲜艳的颜色表示，既不用表示中国的设色，也不用表示俄国的设色。

格尔必齐河这段界线，还是画绰尔纳河附近的小格尔必齐河为两国之界，根据较足。

参加尼布楚边界条约谈判的索额图，这个人有脑子，他开始提包括尼布楚都是中国的，但当时清政府为解决西北问题，主要精力放在西北，沙俄又争雅克萨，发现这里荒凉，不如额尔古纳河一带肥沃，双方都作了让步。条约签订后，沙皇认为得了好处，说柯罗文立了一功，被沙皇提拔了，他们后来说吃亏了，现在攻击是不平等条约，我们就要讲历史事实，我们还做了让步的呢！

二、关于清代西北边界的画法

画到巴尔喀什湖没有问题。从巴尔喀什湖到乌里雅苏台这段界，由巴尔喀什湖向东北，顺延爱古斯河，证据是充分的；再经楚克里克河……以河为界也说得过去，记得苏修也是这样画的；往西过喀尔满岭……继续延伸到铿格尔图喇的南面……然后往东接乌里雅苏台图边界，这小段的画法可以。

铿格尔图喇，这个点很重要，图上要标出来。

从巴尔喀什湖到塔拉斯这段画法，塔拉斯为我伊犁属境，证据很充分，材料是过硬的，军博（军事博物馆）搞过打倒新沙皇内部展览，陈列了沙俄侵略西北的图，后来《解放军报》还登了出来，那个图中央未批，不能作为根据。军博展览是内部展览，除个别友好国家给看了，其余国家都不让看，那个图上塔拉斯未画出来，塔拉斯应该画进来。

从那林河向南至鄂斯（奥什）这段的画法，为了更主动，还是把奥什画进去，但图要标出奥什。从徐松《西域水道记》的记载看："亮噶尔又八十里至奥什，有小城，入霍罕境"，小城即指奥什。但《清实录》中称："鄂斯本布鲁特故地，额尔德尼乃饰词以为己有"，但书中尚有还给之意（这是乾隆二十九年的事），这个材料说明奥什曾被霍罕占领，你又未要，他又未还，不如将奥什画出去对斗争更有利。苏修如果提出来，我们可以说奥什原来是我们的，但后来被浩罕占了，我们也没有画进来嘛，这不是很主动吗？但亮噶尔可以画进来。查查苏修过去是怎样画霍罕(浩罕)这条界的,霍罕到1876年被沙俄吞并的,这段界如果查不清,就按苏修历史图上所画的1876年霍罕界画,对我们也有利。画历史图当然主要依据我们的材料,但亦要利用人家的材料,把苏修的历史图搜集起来研究,看他们过去是怎样画的,用他们自己的材料跟他们作斗争也是一种办法。

帕米尔地区的什克南,你们的材料说是属中国,什克南跨喷赤河两岸是怎么回事?具体应画到什么地方?再查查材料,看历史事实应画到哪。

最近阿富汗发生政变,我们查了一下地图,什克南过去到底有多大范围?什克南和阿富汗的拔达克山省到底是什么关系,请查一下。现在把瓦罕划进来一半怎么样?瓦罕走廊的情况史书怎么记载的?阿富汗现在还有100多万蒙古人,现在还像蒙古人,但蒙古语不太会讲了,大都信穆斯林教了,自称是中国人的"亲戚"。如果把什克南和瓦罕都画进来了,那么坎巨堤怎么办?是否当作清朝的属国,你们再商量一下看坎巨堤、什克南、瓦罕跟清朝是什么关系。对阿富汗是按历史事实画,对巴基斯坦也得按事实画,不能不一样。现在苏修是在挑拨阿富汗嘛!

同苏修的边界好办,只要有根据就画。但对蒙古,有人说不好办,也不好讲,有什么不好讲的呢?蒙古过去就是我们的,历史事实就是这样,为什么不可以讲?

写文章同画成图不一样,写文章如果根据不充分,可以含糊一点,但画图就得根据充分,含糊不得。

中印边界怎么画的?拉达克应该画进来。

清代的中尼边界在哪里?如果按历史事实,中尼边界也不能画今国界,如嘉庆二十五年的材料没有,可画中尼签订边界条约前的边界,按申报馆图画。

中印边界画清国界,对巴基斯坦也得一样,画签订边界条约前的旧界。

总的说来,西部这大段边界,楚克里克河这一段……巴尔喀什湖到塔拉斯,根据充分,塔拉斯往南延那林河,也说得过去,再到奥什,奥什画出去更主动。同霍罕的边界再查查,苏修的图怎么画的,记得苏修同我们画的差不多,再下来到喷赤河,涉及中阿边界了,该怎么画,查清材料。什克南同拔达克山省的关系要搞清楚。瓦罕还是算了吧,如果把瓦罕帕米尔画进来,坎巨堤怎么办?

三、对1881年中俄伊犁条约和其勘界议定书和1884年中俄续勘喀尔噶

尔界约的画法

沙俄坏极了，每签订一个条约都留下尾巴，清政府腐败无能，使条约和附图都对不起来。这是沙俄一贯的花招。

帕米尔地区的画法，乌孜别里亚山口以南的按1884年续勘喀什噶尔界约，中国边界一起向南，俄国边界一起向西，这中间为待议地区。帕米尔地区就画到1884年续勘界约规定的中国边界一起向南，不按现在出版地图上的画法。

有些地段的今国界，不能按现在出版的地图画界，要按谈判时外交部交给苏方的图的边界画。

总的说，这五块地区70 000多平方公里，你们画的同过去外交部画的出入不大，可以定下来。

四、关于向中央请示报告的问题

历史博物馆展出的清代疆域图的边界画法，还是请示一下。可以提两个方案，一是按历史事实画，写清楚涉及哪些国家，同每个国家的边界到了什么地方，有什么问题。另一个方案，就是有的按历史事实画，有的画今国界。历史博物馆在开馆时，要有一套统一的解说，讲解的人要进行解释，如果外国人挑衅又怎么回答。

按历史事实画，要讲清怎么画的，这种画法的缺点，可能会引起一些国家的疑虑，会引起一些争论，苏修可能会挑拨。有疑虑可以解释，对友好国家的边界画法，根据更要充分，要慎重。另一个办法就是同苏修、蒙古、印度的边界画清界，其他画今国界，这种办法省事是省事，但不按历史事实，苏修一挑拨就讲不出道理，也麻烦。比较上述两个方案，还是应该按历史事实画较好。

总之，历史博物馆不展出清图不是一个办法，总得要解决这个问题。上报的请示报告，两个方案写倾向于按历史事实画，因为含糊的画法，不是一个办法，不挂也不是一个办法。我们自己要出图，不出图，展览、出书都不好办。历史博物馆要有一个清代疆域图。现在很多部门需要这张图，中国历史博物馆能公开陈列这张图，就有了标准。按历史事实画边界，并不意味着算老账，不是要收回这些土地。我们已经签订条约，划了界，苏修挑拨也搞不起来。地图出版社出了个《世界地图集》，苏修写文章骂了一阵子，我们没有理他，可是驻华的使馆都抢着买地图，但是后来人家也不理苏修。我们那地图是有些缺点，比如关于蒙古图的说明，过去属于中国的话也可以不说嘛，蒙古以前是属于中国的，乔巴山搞革命，1921年宣布独立，1945年国民党政府承认了，现在签订了中蒙边界条约，这是事实，说了也不是算什么老账。此外，马来西亚我们地图标马来亚就不好。这个图修改一下，还要出版。

历史博物馆上报的个方案，搞两个画法的图，可在一幅图上表示，要尽可能画的有根据。西北的清界，还是有根据的，几个重要的点是准的。

出清代疆域图，如果要吵架，就是同苏修，可能还有印度。

要搞个报告出来，要附简要材料，这样中央方好审查。还要做好准备，准备中央要你们一段一段的讲。今天请你们来讲讲，否则我们也不好下决心。现在中央比较忙，十大以后就会腾出手来的。搞“杨图”的单位，请支持博物馆，将清图搞出来。

复旦大学等单位搞的清图，也要有个材料说明，附上简单的原始材料，前后加上一些文字说明，否则我们也不好表态。历史地图是上海市委抓的，我们把材料报上去，春桥同志会看的。但历史地图，我看也可先内部发行，让大家研究，广泛地听取意见，再充实、修改。

9月11日，谭其骧等到达国务院第二招待所，第二天就与外交部国际条法司沈伟良商谈了会议的开法，并与其他单位协商了汇报的内容。13日下午，审图会议在历史博物馆召开，余湛、沈伟良等听取汇报。

谭其骧首先汇报了清图编绘的原则和存在的问题：

文革前历史图画了十一年，只画到明朝，没有画清朝，因为怕，怕与当前存在的边界问题关系太密切。文革后的69年5月底，在张春桥同志、上海市革会关怀领导之下复工，大批判带路，首先批判了过去不画清图的思想。大家一致认为，学术主要应为现实斗争服务，清图与当前关系密切，不仅要画，而且要先画，要当作重点。开始几个月复旦一家搞，接着市革会与原协作单位联系，邀请它们参加。各单位的分工基本上同文革前一样：中央民族学院负责东北，南京大学北方，民族所西北，近代史所王忠同志搞西藏，云南大学云南两广，海疆归复旦。复旦负责汇总，并派人去参加民院、民所、近代史所的编绘工作。

70年7月打出样子，由市革会送审，12月总理批示交外交部、郭老、历史所审查，至今已二年多了。这二年多来，根据总理、外交部指示，自己发现问题，各单位对各自的图幅进行了许多修改。至于复旦，没有尽到汇总之责，制版以前根本没看，打出样子以后也没有认真仔细看。

目前存在的主要问题，首先是怎样做到按照历史事实。原来编图中有把疆域尽量画大的倾向，或者强调区分友好国家与不友好国家，学习了总理的指示后，大家统一了认识。但遇到具体问题，各单位或各编绘者之间的认识就不一致，对同样的资料往往有不同的解释、不同的倾向。

其次是材料不足。如一些历史地名与今地图上的地名究竟是什么关系？有些地段只能按解放前未定界来画，还有的只能按照山脉来划分。

再就是藩属画不画？哈萨克和布哈拉都画了一部分，但哈萨克与布哈拉的情况不同。

最后还有标准年代问题，按照现定的标准年代，帕米尔、拔达克山、博洛尔和光绪年间刘锦棠收复六帕如何表示，都需要讨论。

接着由各方面汇报，当天仅汇报了东北的中朝、中俄边界和北方蒙古界，蒙古界还未汇报完，已到了6点半。第二天继续汇报，上午由南京大学汇报蒙古幅国界及内外蒙古界线，下午继续谈西北边界，然后由谭其骧谈两广边界，云南大学汇报刚开了头。当天会上决定，根据《尼布楚条约》的满文本和俄文本，将中俄待议地区定为乌地河以南、兴安岭以北。复旦又派项国茂（研究室教师）来京参加会议。

从15日至18日，会议继续听取了云南和西藏边界的汇报。接着商定，有外交部参加的会议仍在博物馆举行，编绘单位内部会议在招待所根据需要随时召开，已经确定要修改的图幅及时交地图出版社修改，由谭其骧负责改写边界画法的说明，并起草向中央的请示报告。

从9月19日至25日，结束了有关清图的讨论。又经过多次讨论和商谈，至10月24日决定清图按1840年的版图来画，不同年代的疆域在图上标明。在此期间，他们查阅了故宫档案馆的有关地图、北京图书馆的有关书籍，阅读和讨论了周总理1957年在云南政协的讲话，在10月20日改定了请示报告。

10月10日开始讨论明以前的原则和明图的边界处理意见，着重讨论了准格尔、亦力把里、乌斯藏、朵甘思等问题，至29日结束。20日后，谭其骧与各单位的与会人员迁至和平里招待所。

10月25日开始内部讨论元图，先后讨论了东北、北方、西北、西藏的边界和将新疆地区划归岭北甘肃行省的方案，至11月1日结束。11月5日，谭其骧写出明以前图编绘原则，并将修改了的元明图界线交地图出版社。

原来虽然知道会议时间较长，却没有料到会在北京过冬，看来会议结束遥遥无期，谭其骧只得带信让家里送来棉衣，作长期打算。

11月2日，在讨论如何写元明阶段的请示报告后，内部研究了两宋图的汇报。7日上午，谭其骧与王忠、项国茂及沈伟良等去和平门附近阿沛·阿旺晋美的寓所拜访，询问他有关唐朝以来西藏的历史疆域，但对明朝在西藏的都司卫所与五王的关系，阿沛也不十分了解。13日晚，谭其骧得知南大等单位对他的汇报有意见，决定以后由各单位自行汇报。至15日，辽金两宋图结束。

11月20日下午起讨论隋唐图，谭其骧认为此后的关键在于如何确定领土与藩属等关系，所以迫切需要补充这方面的材料，同时希望外交部将清图报告早日送上去。但在多次讨论中，大家对藩属政权、独立政权、直辖领土无法形成统一的认识。24日，余湛提出：凡是已经归入中原王朝版图的地区，以后又独立了的，都定为割据政权；外交部的同志还在谭其骧起草的基础上提出了明以前图编绘的七条原则。经多次讨论后，12月8日决定按新七条处理图幅。但涉及具体问题后，发现七条仍有不适合的地方，到14日修改为六条，到22日的内部会议才由陈得芝执笔写定这新六条，并确定了画示意图的范围，中原王朝与边疆政权用同一颜色。在此期间，决定台湾从明图开始画入版图，其他凡置州县（包括羁縻）后均作为归入版图处理；决定帕米尔应画入清版图内。谭其骧还与邓锐龄商议了哈密力的处理，决定暂时不改。

11月27日下午，谭其骧与沈伟良、王厚立去大跃进路七条21号拜访了乌兰夫，向他谈了编图的情况，乌兰夫听后没有发表具体意见。

鉴于需要讨论的问题还很多，沈伟良与谭其骧商定，在春节前暂时休会。12月26日，王耀忠、赵永复、项国茂和南京大学的丁国范、陈得芝离京。谭其骧留下参加中国地理学会编纂《中国自然地理》丛书的讨论后，于30日返回上海。临行前，他与外交部工作人员陶明商谈了修改明以前图的六条原则，请他向外交部负责同志转达自己对中原王朝与边疆政权间界线的看法，并在30日凌晨赶写出了元明两广边界说明。

谭其骧回校后，花了几天的时间向学校领导写了一份近万字的书面报告，又在室内介绍了审图会议和与中国地理学会商定参加编纂《中国自然地理·历史地理》的情况。1974年1月23日是春节，但学校已在准备传达中央1号文件，大搞批林批孔。谭其骧仅处理了一些紧迫的材料后，就又准备去北京了。

2月3日，朱永嘉要谭其骧在会上坚持中原王朝与边疆政权不分色的原则，并做了三点指示：1. 工作必须抓紧；2. 不能只认中原王朝为中国，中原王朝与边疆政权应用同样颜色；若上报用分色、不分色两种方案，要求注明主张两种不同方案的单位名；3. 条例不要订得太死，以免作茧自缚。王耀忠要他转达外交部，因运动太忙不能去，但如必需出席时还可打电报来，到时马上就去。

谭其骧、赵永复、南京大学的陈得芝等于2月5日到北京，仍住在和平里招待所，6日就向沈伟良汇报了朱永嘉的三条意见。此后几天，他主要整理南海诸岛的资料。外交部自然知道朱永嘉的意见实际上来自张春桥，所以准备由余湛出面给张春桥写一封信，14日开始就请谭其骧等到会人员讨论起草。15日晚上，上海打来电话，对谭其骧作了两点指示：1. 对讨论的问题应求得一致意见；2. 不赞成给春桥同志写信，如要写就应写给政治局。16日下午，沈伟良、柯在铄等参加了商谈，决定暂时不写信。

2月19日上午，在历史博物馆举行了1974年的第一次审图会议，讨论明以前的编图原则，各方争论激烈，仍然不能统一。下午转而进行内部讨论。就在当天早晨，谭其骧收到家里电报，妻子李永藩"18日于第六人民医院切除，化验结果后日知晓"；当晚10点又来一电，"母癌即归"。他急忙与研究室联系，请了解实际情况，次日下午得到答复，李永藩明天动大手术，学校同意他回去。外交部帮他购妥机票，他于21日下午回上海。

23日李永藩动了手术，谭其骧稍作安排后，第二天就找朱永嘉汇报了北京的情况，朱要他将会上双方发言的内容写出来，如外交部向张春桥写信，就可作为向王洪文、张春桥、姚文元写信的根据。他每天往返于复旦大学宿舍与市区的第六人民医院之间，还得抽时间写报告，常常弄得筋疲力尽，到3月3日终于写完报告，交给朱永嘉。接着又开始整理南海诸岛资料，改写《沙俄侵华史》的元明部分。

周维衍于25日晚到达北京，代替谭其骧参加审图会议。在3月3日的一封信中，他说：

我们编辑组自行聚会商量，交换几次会上提出的各种不同意见的看法，开了几天会，大家认为主要在三个问题上跟外交部的一些同志有分歧，一是各政权之间的界线和最外边界线如何表示，全国统一着一种颜色还是按政权分别着色问题；二是图集中是否要画出历史中国的疆域范围问题；三是要不要表示臣属关系问题。经过反复讨论，编辑组同志取得了一致意见：即改变原先各政权之间用一级政区界线，最外边用国界线的表示方法，代之以内外一律用政权、部族界；各政权统一着一种颜色，不按政权分别着色；图上不画出历史中国疆域范围；不表示臣属关系。这个方案编辑组认为比较好，既符合历史事实，政治上对内对外又都有利，实际处理过程中也行得通。

昨天星期六上午外交部安排了会议，余湛、沈伟良和别的单位的几个同志都参加了会议。我们谈了编辑组的方案，并说明了理由。会上只是集中地议论了要不要画出历史中国的疆域范围和如何画出，以什么做标准的问题，外交部同志也觉得这个问题确实很棘手，不好办，没有把握，不敢作结论。余湛认为我们的方案图上是可以处理了，但问题仍存在，到底什么算是历史中国的疆域范围。现在写文章，编教科书都存在这个问题，送到外交部要求审查解决，外交部也没法处理，因此希望趁机请示中央解决一下，他准备以个人名义给春桥和中央其他领导同志请求指示。既然如此，我们打算写一个较详细的书面意见给外交部，希望他们把我们的看法如实地向中央反映，这个书面材料估计下星期初可写成。

在会上，我们对外交部领导组织这次审图会议提了个意见，要求抓紧，改变过去那种对会议没有个计划安排，弄到那(哪)里是那(哪)里的做法，提出每星期至少开二次审图会，并把这二次会议排进余湛的工作日程里去，其他时间则编辑组活动，准备材料，讨论问题，余湛表示同意。我们还提出整个会议进程要订个计划，每一册图审查的日程安排，争取何时把审图会议开结束等等。余湛赞同这样，并派沈伟良下星期一下午跟我们一起商量制订开会计划，估计这么一来会议可抓紧些。

3月16日上午，谭其骧接到党委10时半开会的通知，朱永嘉传达张春桥意见：元明以上图不再交外交部审查。朱要谭其骧搞一份报告，写明审图会议有什么收获，还有哪些问题需要外交部审，用意显然是要将审图会移至上海，由编辑组自审，不再要求外交部负责，想搞得快一些。下午谭其骧到研究室与王天良（研究室教师）等商谈后，晚上就动笔写报告，当晚直写到半夜2点。第二天也写到半夜2点半，第三天上午学校就派人来催，他只得不停地写，到下午2时半完成了这份长达25页的报告。22日晚上，朱永嘉打来电话，询问他是否给北京写过信，又要他转问郑宝恒（研究室教师）是否与北京有过联系。估计是朱永嘉或上海的什么人听到了来自北京对他们拟议中的方案的反应。

李永藩经手术切除肿瘤后，没有发现癌细胞转移，经治疗后逐渐康复，谭其骧决定去北京继续参加会议。他于4月4日中午到达北京，下午就参加了秦汉图的讨论，晚上开始看西沙、南沙资料。此后每星期三、六上午在历史博物馆举行审图例会，与外交部人员一起逐册讨论，其余时间内部讨论，或准备资料，或修改已审定的图幅，或协商解决问题，例会到5月18日结束。5月20日，又在历史博物馆就西藏和堪察加半岛问题召开了一次汇报会。

一个多月间讨论和解决的主要问题有：两汉北边汉与匈奴、鲜卑的界线，东北玄菟、乐浪郡的东界；南海诸岛的画法；十二条编绘原则，上报编绘原则和图集的发行办法；葱岭以西回鹘改用黑汗，括注哈喇汗；唐代安南北界的画法；陈可畏提出的元明时堪察加半岛在境内的论据；元明西藏图；三国、西晋图将乌孙划出西域长史府；南海不注珊瑚礁等。

其中对今云南开远市以南唐安南都护府北界的争论，是1971年的继续和扩大。对这条界线的画法有三种意见：一是云南大学其他同志的意见，主要根据唐樊绰的《蛮书》；二是方国瑜的意见，在上面一条线之南；三是谭其骧的意见，在上面一线之北，根据是《曲江集·敕爨仁哲书》，其中记有开元二十四年的确切界线，与《图集》采用的标准年代只差五年。方国瑜认为此五年中有很大变动，却举不出具体事例。经反复讨论，余湛决定采用云大其他同志所定中间一线，实际上只是一种折中办法。当时大家都服从了，但谭其骧和方国瑜心里都不赞成，所以以后方国瑜旧事重提，谭其骧也一直想写文章重申己见，只是因为其他工作太忙才没有写成，为此他与我谈过不止一次。他逝世后，我将他1971年答复云大的意见整理后在1994年第4期《复旦学报》上发表了。

会议确认图集用《中国历史地图集》的名称，确定由地图出版社内部发行，先出8开本，供领导同志和专业部门使用；然后出16开本，适当增加发行量。

5月19日至6月17日，谭其骧与各方面商谈图幅的修改，起草各图册的报告，补充有关资料。

6月5日上午外交部的余湛送来了周恩来、张春桥等作的批示，附件中有朱永嘉给王洪文的信、周维衍给朱永嘉的信和三月初谭其骧在上海所写的2月19日会议情况报告。6月5日下午，全体人员在博物馆开会。由于周总理已明确表态，中原王朝与边疆政权采用同一颜色等自然已不成问题；审图例会已经结束，也不再存在移往上海的必要；所以会议主要讨论了中央指示下达后应注意和应做的事项。

6月18日，余湛来招待所为谭其骧送别，20日谭其骧回到上海。

在放暑假前的7月17日，研究室总结工作，奇怪的是，会上只宣读了张春桥的批示。因为要校第一册商、春秋战国图，谭其骧与赵永复、钱林书不放假，从20日起就投入工作，还与作者之一杨宽作了多次研究。8月底，应外交部的要求，谭其骧转入整理中越边界资料，同时继续审校图集的一、二、三册。

7月13日，地图出版社向国家出版事业管理局上报《关于使用"中华地图学社"出版名称的请示报告》：

毛主席指示的《中国历史地图集》的编辑工作，在上海市委领导下，已经中国历史地图集编辑组编辑整理告一段落，该图的出版工作将于今年起分八册由我社陆续出版，并决定由新华书店内部发行。……我社会同上海复旦大学等有关单位协商，拟对该图集署"中华地图学社"名义出版。这样，较有利于图集出版后以及再版时的工作。

11月5日，地图出版社向新华书店上海发行所发去了"请协助做好《中国历史地图集》发行工作"的公函：

《中国历史地图集》……经各编辑单位商议，决定用"中华地图学会社"名义出版。关于该图集的发行工作，已请示上海市革委会并经你所同意由你所承担，按内部发行系统向全国布置发行。

图集全套共分八册，分八开精装、八开散装、16开普及本三种，八开精装和散装根据上海市革委会批示精神，收回部分成本费，不计算定价，估价精装每册40—50元左右，散装20—30元左右，16开普及本按照一般书刊以定价处理，估价每册6—8元左右。

八开精装每套印四千，散装每套印一千，除编辑单位和社内样本等留精装四百，散装一百外，其余请分发到全国地师级单位，或凭地师级介绍信供应，重点照顾文教、宣传、新闻、出版以及有关科研单位，16开普及本计划印数每套五万册，凭县团级介绍信供应。

出版时间：第八册（清时期）争取在年内12月底以前出版，其余一至七册计划从明年起两三年内陆续出齐。附该图内容提要简介一册，供布置发行时参考。

《中国历史地图集》第八册（清时期）的八开本在年底印出，实际发行已在1975年下半年。8月15日，新华书店上海发行所发出“关于做好专业单位《中国历史地图集》发行工作通知”。

由于购买《中国历史地图集》八开本是地师级单位的政治待遇，当时也没有什么书可买，所以很快发售一空。但各单位都按规定严格控制，有资格用的人未必有兴趣看，所以不少单位买回去后就束之高阁。1981年，陕西师大教授史念海告诉谭其骧一件趣事：他因研究历史军事地理，曾到过某师级单位。该单位一位负责人说，上面配下来一套什么地图，是保密的，因此专门派了一个人保管。他请史念海看看，这地图到底有什么用。史念海一看，就是这套《中国历史地图集》。

第八册出版后，谭其骧等曾经问过朱永嘉是否应该呈送毛主席、周总理和中央领导，朱永嘉请示张春桥后得到的答复是，等出全后一起送。但到1976年9月毛泽东逝世，图集还没有出全，毛泽东自然没有能看到这套他自己要求编绘的历史地图集。

谭其骧在可能情况下，继续对图稿做一些补改工作。如1975年4月，他根据长沙马王堆汉墓新出土的西汉地图重画了秦长沙郡、汉初长沙国的南界。6月下旬修改汉唐的西域图，7、8月间修改唐安东都护府图，8月下旬修改元明青藏图，9、10月间修改唐图东北幅，11月修改唐安北、单于都护府、五代西域。

西北边界　波澜又起

1975年6月13日，谭其骧陪同国家文物局局长王冶秋去新疆检查文物工作并作考察后回到北京。正逢中国历史博物馆的中国通史陈列在作了较大修改后，准备在国庆节重新开放，其中有一幅清代西北边疆的地图急需改定，王冶秋要博物馆的洪廷彦请谭其骧去商议。6月16日，谭其骧到馆与洪廷彦研究了这幅地图，又当场查阅了《嘉庆一统志》等有关史料，提出了修改意见。洪廷彦与文物局的金冲及都赞成他的意见，即通知馆内地图组作了修改。根据这些史料，谭其骧认为清图新疆幅的西界一带的几个湖泊和吹河下游也应作相应的修改。

1976年1月14日，民族研究所历史室致函复旦，对清图新疆幅提出了一些改动意见。18日，谭其骧与朱永嘉谈及此事，19日朱来电，说以不改为原则，并让谭其骧起草了给余湛的信，让研究室答复民族所方面：

有关《中国历史地图集》第八册清图新疆幅西部界线及哈萨克、布鲁特等民族注记要改动一事，已向上海市委有关领导作了汇报。经研究认为：该图集内容繁复，其中必定会有些缺点错误，对此春桥同志曾作过批示，有错误允许在再版时修正。基于图集已经正式出版内部发行，有关新疆的那段界线和哈萨克、布鲁特民族注记等问题，我们拟仍按经北京审图会议审定，并由中央领导同志批转的画法处理，十六开本亦不予改动。为此，我们已发信给外交部余湛同志谈了这个想法，如有不妥，余湛同志自当复示。

但考虑到图的质量，谭其骧在2月21日致函民族所同志，提出对新疆幅西境几个湖泊和吹河下游修改的方案，但他们认为不必修改。谭其骧回信说明理由后，他们仍未接受，要求外交部开会审定。余湛同意开一个小会，约定在谭其骧到北京去时顺便举行。

7月14日，谭其骧得知周维衍将去北京开会，他估计外交部会利用此机会开会，所以从当天晚上开始，连续几天赶写了一份说明理由的材料《关于清图新疆幅伊犁西境几个湖泊的位置》，准备让周带往北京。19日上午，谭其骧在研究室内介绍了材料的内容，周维衍却表示不同意，而是赞成民族所的观点，经过争辩仍不能一致。中午，周去北京。

因此，谭其骧在20日又写了一份《关于清图伊犁西境边界内外几个湖泊的补充说明》，将这两份材料分别寄给外交部和历史博物馆的洪廷彦。在给洪的信中，谭其骧提出，如洪赞成他的观点，请代表他在会上申述意见。

23日，赵永复为谭其骧借得苏联穆尔扎也夫所著《中亚细亚——自然地理概要》一书，谭其骧从中找到了新的证据，当天他又写成一篇《关于清图吹河下游的处理方案》寄给洪廷彦。

不久，外交部召集会议，洪廷彦与民族所的几位同志参加。当时正值唐山大地震后不久，就在一辆大轿车中开会。在洪廷彦说明谭其骧的意见后，由主持会议的沈伟良表态同意，民族所方面未提出异议，会议决定清图新疆幅应与历史博物馆陈列图的画法一致，今后有关地图也按此画法。

1976年10月，王洪文、张春桥、江青、姚文元“四人帮”覆灭，朱永嘉作为他们在上海的得力干将而被逮捕。朱永嘉是“文革”期间编图工作的直接主管，在此期间有何问题及“四人帮”如何染指这个项目，自然成为清查“四人帮”罪行的内容之一。1977年2月26日，历史系运动小组王金二等四人专门向谭其骧作了调查。另一方面，为了消除外界对《中国历史地图集》工作的误解，需要向以苏振华、倪志福、彭冲为首的新的中共上海市委汇报。1976年12月16日，复旦大学党委常委郑英年与历史系领导商议，决定将已出版的图集送新市委，请转呈党中央。同时决定由研究室起草一份报告，向市委汇报编绘历史地图集的始末情况。1977年1月22日，题为《关于呈送〈中国历史地图集〉的报告》上报上海市革命委员会：

一九七四年十二月毛主席生日前夕，第八册清图修改后出版，我们怀着喜悦的心情，将最先装订的几册清图交朱永嘉，要他转呈毛主席和中央其他领导同志，盼望在主席生日时能向他老人家汇报，可是《图集》到了反革命野心家、阴谋家张春桥那里，被扣压下来。十二月二十五日反革命野心家、阴谋家张春桥下了黑批示：除张、姚（文元）各留一套外，其他人都不送；待出齐了再看是否送毛主席。由于张春桥的破坏和干扰，致使伟大领袖毛主席生前未能看到他老人家所关心的历史地图。对于反革命野心家、阴谋家张春桥插手破坏历史地图工作，反对毛主席的这一罪行，我们感到无比气愤！

粉碎“四人帮”，《图集》得解放。今天在深揭猛批“四人帮”反革命罪行的斗争中，我校历史系历史地理研究室的同志决心最紧密地团结在以华（国锋）主席为首的党中央周围，更加努力地全面完成毛主席交下的这一光荣任务。现在《图集》除第八册清图外，又出了一至四册（原始社会、商、周、春秋战国时期；秦、西汉、东汉时期；三国、西晋时期；东晋十六国、南北朝时期），以中华地图学会名义每册出精装4 000本，散装1 000本，由上海新华书店内部发行组向全国发行。剩下的五、六、七册（隋、唐、五代十国时期；宋、辽、金时期；元、明时期）力争在今年上半年全部出齐。配合《图集》还有大量文字资料，估计在不长时间内也可整理结束予以出版。

为了表达我们对华主席、党中央的衷心拥护和爱戴，我们将已出版的五册

《图集》呈送敬爱的华主席、叶(剑英)副主席、党中央、国务院,未及出版的《图册》待出齐后再送。

5月13日,刚结束了长江中游考察的谭其骧就得到消息,《图集》第五册北部界线的画法出了问题。原来这一部分是由南京大学负责编绘的,两汉图幅将坚昆、丁令(零)的北界作为历史时期中国的北界,有一段画在苏联境内的安加拉河以南,即所谓南线;隋、唐图幅以契骨、黠戛斯的北界为中国北界,有一段画在安加拉河一线,即所谓北线;外交部审图时通过了。会后复旦大学在汇总时,觉得前后不统一,画在北线并没有可靠的根据,所以将隋唐图也改成画南线,而从元图开始仍画北线,第五册图就照这样印刷出版,一部分已开始发行。但地图出版社发现第五册与元、明图这一不同后,认为是严重问题,坚持要按元明图统一,并于4月8日通知新华书店,第五册暂停发行,等候处理。5月5日又通知新华书店上海发行所:"现经请示有关上级后决定:已经发行的全部收回,未发的修改后重新印刷再发。请你所对已经发行部分即通知各省、市、书店全部迅速收退。有关费用已商定,请向上海复旦大学史地室经管的专款项目结算。"16日,地图社报告外交部,要求对北界的处理做出决定。

为谨慎起见,谭其骧又查阅了《汉书・匈奴传》《苏武传》《魏书》《周书》《通典》《新唐书》《唐会要》《册府元龟》《元史・地理志》等中有关北部边界的资料,发现都没有具体记载。所以谭其骧认为,将隋唐时的北界画在今安加拉河东西流处并没有确凿证据,不能因为元朝吉利吉斯的北界画在这一线,就一定要将隋、唐的北界也定在那里。他又与室内同人商议,大家一致意见维持原来的画法,决定由谭其骧等去南大协商。5月21日,历史地理室向外交部余湛、沈伟良报告:"对于这个问题我们正在与南京大学同志联系中,并准备向您和上海市委文教组陈锦华同志详细汇报。"并同时报告了陈锦华。

25日下午2时,双方在南大历史系元史研究室开会讨论,南大方面参加的有韩儒林、蒋赞初、陈得芝、丁国范、邱树森。主要发言的是谭其骧、周维衍、陈得芝、丁国范,但争辩至5时半,仍不能取得一致意见。26日上午又开了四小时的会,依然没有统一。双方依据的史料完全一样,并且也都认为仅仅根据这些记载,不可能将界线画得十分准确。但对史料的理解不同,所以南大方面倾向于用北线,而复旦方面主张用南线。虽然大家都认为照目前的办法问题也不大,但在地图社坚持要统一的情况下就难以维持,所以只能决定向外交部报告。下午谭其骧开始起草报告，晚上又到韩儒林家抄录了《元史·地理志》的有关内容，直写到半夜，次日清晨继续写完，与其他三人一起改定后交给南大方面。此材料经南大同志改定后，由复旦大学寄往外交部。

6月1日，谭其骧与周维衍去衡山宾馆，向市委常委、文教组负责人陈锦华做了汇报。7月18日，谭其骧接到通知，外交部定于8月2日开会。他不仅准备了有关界线不同画法的资料，而且还在日记上摘抄了朱永嘉插手审图会议的具体情况，因为党委副书记徐常太和总支书记要他们在会上主动揭发批判"四人帮"的罪行。

8月2日，谭其骧与周维衍到达北京后，就忙于在住处外交部招待所（原六国饭店）起草发言稿，第二天下午3点才写完。5日下午，与沈伟良商定先开预备会议，又继续准备需要打印的材料。

6日上午9时，预备会议在外交部六楼国际条法司举行，到会的除复旦和南大双方外，还有外交部、地图出版社、民族研究所、中央民族学院、历史研究所、近代史研究所、地理研究所、历史博物馆等各单位的有关人员。地图出版社介绍情况后，复旦、南大发言，接着就展开辩论，其他与会者也时有插话，至11点3刻结束时毫无结果。

11日上午9时，在外交部三楼会议室举行正式会议。余湛讲话后，谭其骧代表研究室揭批"四人帮"，并检查过去的工作，接着就北界展开辩论。发言中赞成取北线的有历史所的陈可畏，历史博物馆的周继忠，民族所的肖之兴、杜荣坤；民族所的邓锐龄分析了有关材料而没有表态。会议没有得出结论，但余湛的意见已倾向于取北线。12日，谭其骧去外交部见沈伟良，希望约时间专门向余湛解释有关史料。

原定15日开会，早上接到陶明电话，会议改至明天。谭其骧就去了中央民族学院郭毅生家，饭后在郭家午睡，醒来后才知道上午余湛曾约他去谈话。他立即回招待所，路上又遇大雨，6点才到，下午来访的沈伟良也没有能见到。

16日上午9点半继续在外交部开会，谭其骧与周维衍发言后，丁国范、陈得芝、郭毅生、杜荣坤、周继忠、邓锐龄相继发言，除郭毅生外都主张用北线，但都没有具体解释《元史·地理志》的记载。至11点半，余湛问大家除此以外还有什么问题，然后就宣布散会。18日上午10点，沈伟良、王厚立、陶明来招待所，谭其骧与周维衍再次谈了隋唐图的北界不宜用北线的理由，沈伟良、王厚立相继发言，明确表示余湛的意见是用北线，会上不再讨论。中午周维衍向南大提出一个折中方案：隋唐图用复旦主张的南线，金以后用北线。谭其骧并不赞成，但也不反对他与南大协商，结果这一方案也遭拒绝。

20日上午9点半，在外交部召开了最后一次会议。余湛宣布对隋及五代辽东边界所作的决定，然后又对明瓦剌，五代高丽、广源州、七源州及唐尼婆罗等一一做出决定，再讨论文字资料及分送编绘人员图册等事项，至下午1点结束。26日，谭其骧去外交部会见沈伟良，初步商定了文字资料的整理办法和印数。实际由于以后又开始了对内部本的修订，这项计划并没有实行。

《中国历史地图集》的第七册于1978年出版，至此内部本八册出全，从1955年算起已有24年。包括谭其骧在内的全体编绘人员一直没有拿过稿费。"文革"结束后，经多次争取，1983年分两次发下稿费，2月2日谭其骧领到5 548元，4月7日领到1 666.4元，合计7 214.4元。他是编绘人员中稿费最多的，平均每年300.6元，每月25.05元。

《中国历史地图集》修订出版

1979年初，谭其骧大病后恢复了工作，复旦大学历史地理研究室开始酝酿起草将《中国历史地图集》公开出版的请示报告。当时除了考虑在公开出版前对原稿作必要的修改补充外，还有续编民国图的打算。当年底，地图出版社给国家测绘总局打了报告，要求公开出版《图集》。

1980年代初

1980年1月16日，复旦大学党委副书记徐常太、历史系总支书记孟伯衡与谭其骧研究了《图集》的公开出版和续编第九、十两册的问题，决定由谭其骧给中共中央总书记胡耀邦和中共中央政治局委员、国务院副总理方毅写信，反映《图集》是全国有关专家、学者20年辛勤劳动的结果，无论在内容的丰富性上还是编制的科学性、准确性上，都远远超过了以往的同类历史地图，包括台湾和外国出版的。这是我国史学界新中国成立以来一项具有重要意义的、质量较高的科学成果，呼吁尽快公开出版。

这封信批转中宣部后，领导同志在4月上旬的《工作简报》上表示原则上同意公开出版发行《中国历史地图集》，并提出由中国社会科学院主持，就公开出版图集所涉及的一些学术问题和其他问题，与有关单位协商处理，最后报送中央审批。

4月13日下午，利用谭其骧去北京出席中国史学会代表大会之机，由中国社会科学院常务副院长梅益主持，在京西宾馆召开会议，讨论《中国历史地图集》公开出版的问题，副院长张友渔，历史研究所负责人尹达、林甘泉，外交部代表沈伟良，地图出版社社长沈静芷、副社长张思俊，历史所刘宗弼参加。会议决定对《图集》作必要修改，争取早日出版。

会后，谭其骧开始考虑修改方案，发现问题并不简单，为此拖了一段时间还没有动笔，同时让周维衍等拟出初稿。6月3日，社科院来信催问修改方案，谭其骧只得腾出手来，集中精力逐册研究，至6月20日完成方案，寄往社科院组织局和历史所。

9月14日上午，梅益在社科院历史所主持会议，讨论由谭其骧起草的《图集》修改方案，尹达、沈伟良、方国瑜，社科院规划局的高德、陈可畏、刘宗弼，史为乐（历史所）、邓锐龄、郭毅生、陈连开（中央民族学院）、王世民（考古所）、杜荣坤和地图社的江涛、邹明芳出席。谭其骧介绍了方案后，尹达、沈伟良、方国瑜、江涛等相继发言，邓锐龄、陈可畏对修改方案提了意见。第二天上午继续开会，至12点梅益作了总结，决定在复旦将方案改定后，由社科院上报中央批准，修订的准备工作可以着手进行。会前社科院已确定这项工作由规划局负责，由高德与谭其骧和各方面联系协调。8月27日，高德与谭其骧第一次在北京赵家楼招待所见面，此后高德长期负责《图集》和《中华人民共和国国家历史地图集》的组织协调工作，与谭其骧密切配合，也结下了深厚的友谊。

回校后，谭其骧召集邹逸麟、周维衍、赵永复等人，讨论修订方案和具体工作计划，并就承担修订任务的安排，征求了民族所、中央民族学院、南京大学等单位有关同志的意见。1981年4月6日，邓锐龄、中央民族学院洛桑群觉、陈得芝应邀来复旦参加《图集》修改工作会议，与谭其骧、周维衍、魏嵩山（研究室教师）、赵永复、钱林书（研究室教师）讨论确定了修改方案和分工，决定修改工作由复旦一家承担，必要时约请有关单位的个别人员参加，以加快进度。22日，谭其骧将修改方案交我作文字润饰。5月1日方案定稿后寄送社科院。

这份方案经高德征求有关领导意见后又作了一些修改，寄回谭其骧。在收到谭其骧同意的答复后，社科院于1981年6月25日将《关于公开出版〈中国历史地图集〉的请示报告》上报中宣部并转书记处。

由于原来负责青藏地区编稿的近代史研究所的王忠因病无法工作，而汉文史料又相当有限，青藏图幅的修改难度很大。5月27日，在北京参加中国民族史讨论会后，谭其骧请邓锐龄约常凤玄、王辅仁、孙尔康、马久、扎西旺堆等见面，请他们对西藏图幅、特别是其中的明清图的修改提出意见。10月15日，他致函高德，建议约请民族所、民院若干西藏学者审图。12月15日上午，谭其骧在北京听取了王森、邓锐龄、黄颢、祝启源、洛桑群觉、王尧、王辅仁等人的意见。以后邓锐龄、王森、常凤玄、黄颢、祝启源、洛桑群觉等参加了第五至八册青藏地区图幅的修改工作。

会上有人提出，唐分幅图采用元和十五年（820年）为标准年代，画出吐蕃的极盛疆域，拥有今甘肃大部、新疆西部、青海全部、四川西部和云南一部分地区，是否会被当时少数严重地方民族主义情绪的人所利用？或成为某些人提出“东藏”或“全藏”自治的根据？但多数人认为，吐蕃盛时势力曾达到上述地区是历史事实，即使我们不画，也不能隐瞒真相，何况吐蕃的疆域在历史上变化很大，这幅图不能成为少数人的借口。还有人提到，宋、元图上的亚泽地区领有今尼泊尔的西北一块地方，历史上的亚泽王系，据藏文史料系吐蕃王室的后裔，但外国也有人认为此王系来自印度。

谭其骧认为，吐蕃图幅同样应该坚持历史事实，也应该画出吐蕃历史上的极盛疆域，历史上与邻国的界线不能因为今天是否友好而采用不同标准。1982年1月31日，谭其骧在给邓锐龄的信中写道：

唐图册中的吐蕃分幅图用820年，原是根据各民族一律平等待遇这一原则拟订的。汉族的唐朝可以画全盛时期，藏族的吐蕃也应画它的全盛期。

□□同志怕为鼓吹东藏自治者所利用，已在12月15日会上提起过……我个人总觉得，只要我们是根据历史事实画的，就不必怕这怕那。中原王朝管到边疆非汉族地区要画，边疆民族政权管到汉族地区，也应该画。只有一视同仁，才能消除民族隔阂，体现各民族共同缔造祖历史，用不着去理会那些别有用心者。但兹事体大，□□同志既然再次提出异议，我不敢径自予以否决，也只得请梅益同志决定。

来信又提到画820年存在着史料不足，搞不大清楚的困难，这是实际情况，但不能成为不画820年分幅图的理由。因为业已通过的修改方案中，不仅要求吐蕃分幅图改以820年为准，唐时期全图不是除741年一幅外，又要求增加669、820年两幅吗？在820年全图中，吐蕃的疆界还是避免不了要画的。

梅益得知他的意见后，向中共中央政治局委员、中国社会科学院院长胡乔木作了介绍，胡乔木同意谭其骧的意见。1982年2月，在中国社科院有关此事报给胡耀邦、乌兰夫和习仲勋的一份简报上，胡乔木在谭其骧的意见下写道："我认为谭其骧老教授的意见是客观的和公正的。""《中国历史地图集》是全国有关学者积数十年努力的重大科学著作。"胡耀邦等阅后都圈批"同意"。

从1981年6月，复旦大学的有关人员开始了《图集》的修改，具体分工是：杨宽（历史系教授）、钱林书负责第一册（夏至战国），王文楚（研究室教师）负责第二册（秦、汉）和第八册（清），魏嵩山负责第三册（三国、西晋）和第六册（辽、宋、金），周维衍负责第四册（东晋、十六国、南北朝）和第七册的元，赵永复负责第五册（隋、唐、五代）和第七册的明。此后谭其骧在审图时发现，王文楚等"颇用功"，个别人却"马虎为甚"（见日记），使他不得不一一复核。外单位的人员也陆续开始修订，他们是中国社科院考古研究所的王世民、郑乃武，负责第一册原始社会遗址部分；南京大学的陈得芝，负责第二至八册蒙古地区；中国社科院考古民族所的邓锐龄，负责第二至八册西北地区。

10月间，谭其骧写出《图集》前言初稿，11月底由高德将前言的打印稿发往有关单位和个人处征求意见。

1982年1月2日，经中共中央宣传部长朱穆之、副部长赵守一和王惠德批准，中宣部向中央书记处送上了一份报告："中国社会科学院报来《关于公开出版〈中国历史地图集〉的请示报告》，为慎重起见，我们征求了外交部的意见。外交部一九八一年十二月三十日函复，同意社会科学院关于将《中国历史地图集》修改后公开出版的意见，同时建议，该图集修改后，样图的审查工作仍由社会科学院主持。我们同意外交部的意见，现送上中国社会科学院《关于公开出版〈中国历史地图集〉的请示报告》，请审批。"

2月8日，中宣部收到中央办公厅的通知，中央领导同志已批示同意。9

日，中宣部正式向社科院发函通知此事。

梅益和副院长宦乡阅后，立即批转科研局和历史所。2月15日，谭其骧接到高德来信，得知这一消息，感到无比振奋。他说："三中全会以后就是不一样，多少年没有解决的问题，现在一下子就彻底解决了。"

2月26日的《光明日报》和《文汇报》发表了《中国历史地图集》即将公开出版的报道，香港《文汇报》和第二天的英文《中国日报》等报刊也刊登了这一消息，引起了国内外学术界的瞩目。

为了落实修改和出版等各方面的工作，3月13日在复旦大学召开了有上海市高教局、出版局、印刷公司、中华印刷厂、地图出版社和修订者参加的工作会议。10月24日和26日，又在上海中华地图学社召开了作者、出版、印刷三方会议，根据实际进度，将出齐八册的期限延至1984年底或1985年初，还决定将护封改为纸套。

《图集》的全部文字说明，包括前言、编例、目录、图例、后记等都要配译英文，我向谭其骧推荐了同届外文系硕士研究生、原上海外语学院教师周敦仁。译稿由我作了学术内容方面的校正后，又由地图出版社的凌大夏审校，我还曾就几处重要文字的译法征求过夏鼐、翁独健和侯仁之的意见。《图集》出版后，英译文很受赞誉。

《图集》内部本的封面曾考虑请郭沫若题写，又曾准备用印刷体，出版时用

1981年于山西太原。自题：七月廿五日下午作大会发言，于中国地方史志协会成立大会上，旁坐者为执行主席陆志仁

了集字。公开本改请谭其骧的老友、上海图书馆馆长顾廷龙(起潜)题写。由于地图社制成的样板不理想,谭其骧又请他写了一次。

在5月和6月间,谭其骧集中精力处理图集的修订,边审校已修订过的图幅,边解决修订中提出的问题,如将西晋图的标准年代由太康三年(282年)改为太康二年,并写出“后记”。

天气渐热,考虑到谭其骧家中的工作条件较差,各方面来访又多,影响工作,学校报请杨恺副市长批准,他在6月28日住进衡山宾馆,我作为他的助手陪同。在此后的三个月间,谭其骧先后校订了前言、总编例、第二册(秦、汉)、第五册(隋、唐、五代)、第六册(辽、宋、金)和第一册(原始社会、夏、商、周)的清样,答复地图出版社关于南海诸岛插图的意见,与邓锐龄讨论改定了吐蕃图幅。

7月27日晚,谭其骧在日记中记下了这样一段话:“五代幅梁图画错首都,南汉图、南唐图标错年代,云南图标名‘长和’亦不标年代,皆可笑之至,其他邻区等标错者不一其例,甚矣当初‘革命’班子领导下之草率从事也。”

1983年初,第七册(元、明)的修订稿亟待审定,1月24日谭其骧又迁入衡山宾馆,我也随从,至4月1日才结束。在审校元时期全图一(至元十七年)时,谭其骧发现错误甚多,如将江淮省误作江浙,陕西四川行省误作陕西,图上出现了当时根本没有的河南行省,路、府及省界搞错的也不少,为此费时颇多。8月24日,谭其骧开始审校第八册的修改稿,重点校了新编的光绪总图,并解决了图中涉及的问题。

8月5日上午,地图出版社上海办事处派人送来了公开出版的《中国历史地图集》第二册的精装和平装本。至1984年3月,第一、四册出版;1985年1月,第五、六册出版。但在校清样的过程中,谭其骧仍不断发现和修改了不妥之处,如补充了隋图淮南江表幅的脱漏,改正了隋唐图中昆山县治定点的错误,将总章二年(669年)总图中的新罗划出唐朝疆域,修改了吐蕃诸部图,决定第八册加绘1885年台湾省图,附于福建分幅。

“政治错误”种种　出版阻力重重

从《中国历史地图集》内部本出版到公开本发行的过程中,不断有人提出各种意见。对这些意见，无论是否正确，谭其骧和同事们都认真做了研究，凡言之有理又能够反映在图上的，一般都在修订中得到采纳。即使是非专业人员或普通读者的来信，也会受到应有的重视。如1983年5月3日，谭其骧收到浙江舟山地区科协毛德传来信，指出内部本明图中“双屿”位置画得不对，应指今六横、佛渡二岛。谭其骧核对史料后，认为这一意见正确，就写信给负责该册修订的赵永复，采纳了毛德传的建议。1984年6月20日，谭其骧收到高德转来的瀛云萍对唐至清图西域幅的意见，“发现北宋西域图以1001年为准，则西州回鹘应都于龟兹，东部应为瓜沙曹氏即归义军，其他亦有可取处”（日记）；当晚他就写信给负责该册修订的魏嵩山，要他立即与地图出版社联系，看能否再作修改。

但“文化大革命”和长期存在的“左”的影响，使一些人习惯于将一切问题归结为“政治”，所以一旦发现图集中的问题或与他们意见不一致的地方，就认为是“政治错误”，甚至是“严重政治错误”，动辄向报社、宣传部反映，引起一些领导的关注，甚至将状告到中央。尽管主持修订工作的中国社科院完全支持谭其骧的正确意见，但他还是不得不一次次奉命答复，为此耗费了不少时间和精力。

云南大学方国瑜教授对唐图幅中安南都护府与戎州、姚州边界的画法一直有不同看法，对余湛主持的审图结论持保留态度。1979年6月，他又向外交部作了反映，沈伟良等认为他并没有提出原上报材料以外的证据，感到应该维持原议。6月30日，沈伟良去看望正在北京开会的谭其骧，要他回上海后给方国瑜复一封信，加以解释。8月26日和第二年的3月28日，谭其骧两次去信，说明了维持审图结果的理由。1982年3月，方国瑜致函中国社科院领导，再次提出了唐图和清图中有关边界画法的“严重错误”。在接到高德的电话后，谭其骧命我写一书面答复，送社科院备用。与此同时，方国瑜要云南大学领导禁止出版该校负责整理的《中国历史地图集》西南地区的文字资料，说这些资料是“卖国”。

1983年12月，方国瑜在中共云南省委召开的党外人士座谈会上发言，指责《中国历史地图集》存在严重问题。他还表示，如果图上这些错误得不到改正，他死不瞑目。这一发言由宣传部门上报后，刊登于中国新闻社的356期内参上，立即引起了高层的注意。28日，谭其骧看到地图出版社转来的这份内参，考虑到内参造成的影响，与校领导商议后，决定以复旦大学中国历史地理研究所的名义正式作出答复，命我起草了《所谓〈中国历史地图集〉“若干严重问题”的真相》一文：

看了中新社内参356期《方国瑜教授认为〈中国历史地图集〉存在若干严重问题》一文，我们不胜惊奇。因为文中所举的“主要错误”，有的根本不是事实；有的本来存在不同意见，后经过正常的讨论，由外交部领导同志审定并报中央批准。在这以前，中国社科院曾多次转来方先生的意见，我们每次都作了答复。《图集》的云南部分，主要是由云南大学协助编撰的，参加者除方先生外，还有其他中年同志。在外交部审定边界画法时，云南大学有代表参加，曾详细地转达过方先生的意见。从八〇年开始对《图集》的修订是在中国社科院主持下进行的，修改方案曾上报中宣部，于一九八二年由中央书记处批准。这些情况不仅有关方面完全了解，方先生本人也是清楚的。

现对方先生提出的几点“主要错误”说明如下：

一、关于“三蓬”的归属问题

在清代中后期，清政府尚未控制田蓬街。田蓬“原属越南之上蓬地区”，中法划界时，我方“拓地纵横约三十里”，并由“地方官分别收入册籍”。但当地有“三蓬陪嫁”的传说，谓上、中、下三蓬是广南土司嫁女儿时陪嫁给保东土司（属越南）的，中法划界时才收回上蓬的八寨。方先生认为国家疆域地方土司不能私相授受，没有经过中央政府批准，不能承认既成事实。

但由于清图的标准年代是1820年，当时三蓬在越南辖境，且得到清政府实际上的承认。因此，还是将三蓬画在越南一侧。这是在一九七三年由外交部余湛同志主持审定，并报中央批准的。

二、关于台湾的处理问题

一九八〇年修订《图集》的方案确定对台湾的处理办法是：在清康熙之前，台湾用中国各政权、各地区同类色彩，与邻国有明显区别，但与大陆政权也不完全相同，类似中国范围内其他少数民族和政权或地区。这样做的依据是：台湾自古以来是中国的领土，但与大陆处于同一政权统治之下，是从康熙时开始的。方先生所说“在明、清以前的历史图中，台湾与大陆颜色处理不一致，而与相邻国家同为白色”，并非事实。而且，修改后的《图集》一、二册已发行，读者可以核对审查。

三、关于汉龙关的故址

对汉龙关故址的今地，学术界并无“公认的”说法，在云南大学几位同志中也有不同意见，《图集》采用了不同于方先生的一种。历史地图当然应该尽量符合历史事实，但在多说并存又无法判定哪一说是绝对正确的情况下，编者采用其中一说，是完全正常的。这在《图集》编绘过程中是常有的事。汉龙关故址的两说均在今缅甸，显然并不涉及边界问题。

四、唐图中今开远市以南界线的划法

这一段界线的划法，在一九七三年外交部审图时有三种意见：一是云南大学其他同志的意见，主要依据唐人樊绰的《蛮书》；二是方先生的意见，界线定在第一说之南；三是我所的意见，主要据张九龄《曲江集》记有开元二十四年的确切界线，离《图集》标准年代仅五年，界线定在第一说之北。方先生称这五年间界线已有改变，却并无史料根据。经过反复讨论，余湛同志决定采用第一说，《图集》即据此上图。

顺便说明一下，当时越南并未独立，这只是唐朝内部安南都护府与戎州都督府两个政区间的界线，不仅不同于今天的中越边界，也有异于此后越南与中国王朝的边界。如果越南方面要节外生枝，必然是枉费心机的。

《中国历史地图集》涉及上下几千年时间、上千万平方公里范围，由于历史情况复杂，缺乏完整系统的史料，加上我们能力有限，必然存在不少错误，的确值得认真探讨研究。上面提到的各点，我们也并不认为目前的处理方法完全正确，不可更改。所以我们赞赏方先生认真、直率的态度，也欢迎学术界继续提出批评意见。但是我们认为没有必要，也不应该把什么都说成是政治错误，把历史时期的边界或中国政权内部的政区界线同今天的国界等同起来。

此文经谭其骧审定，已是1984年1月8日，却传来了方国瑜逝世的消息。对于要不要再作答复，我们犹豫再三，最后决定加上一段附记后仍然寄往中新社、中国社科院和各有关部门：

在起草完这份答复时，惊悉方国瑜先生不幸逝世，深为悲痛。方先生在编绘《图集》过程中做出的贡献以及他对《图集》的负责精神与《图集》共存。严肃认真、实事求是地答复他生前提出的问题，以求得正确的结论，保证《图集》的质量，也是对他最好的纪念。

应该指出：方国瑜与谭其骧个人之间并无芥蒂。1982年10月，谭其骧去昆明出席《肇域志》整理工作会议期间，于15日下午去云南大学方国瑜的寓所拜访，当晚方国瑜与江应樑一起在江家宴请谭其骧。当时，81岁的方国瑜几乎失明，他不顾行动不便，亲自陪同，热情接待，使始终在场的我也深为感动。19日下午，谭其骧在圆通饭店向云南史学界做学术报告，方国瑜自始至终参加，据云南的同人讲，这是多年未有的盛事。会后，他们和江应、李埏等老友摄影留念。我与方先生的学生、云南省首位博士林超民（后曾任云南大学副校长）相识，我们与方、谭两位老师一起留下了珍贵的合影。

但是他们在学术上的分歧无法调和，在方国瑜逝世后的1984年3月19日，谭其骧为唐图定稿。他“终日考虑唐图戎州、安南界问题”，反复思考方国瑜的意见有何接受的可能，当天没有做出决定。20日，他还是否定了方的意见，做出了图上界线不改的决定，并用了两天时间写下理由。

1984年初，云南郑□□又向外交部写信，反映清图云南幅中三蓬地区的画法。4月5日，谭其骧接到高德来信，花了三天时间写了一封长信，请高德转复外交部。5月19日，高德复函，外交部同意谭其骧意见，清图维持原画法不变。就是在上海，有的人明明与谭其骧相识，或不时有与他见面的机会，却也要采用背着他向上反映的办法。1981年8月，华东师范大学地理系教授褚□□、讲师洪□□向《文汇报》反映，有必要组织边疆学会，并以《中国历史地图集》上西汉、南北朝、隋、唐图幅将友谊关画在交趾的“严重政治错误”为例。谭其骧得知后，立即写信给邹逸麟、周维衍、王文楚、赵永复等，要他们查明事实。结果非常清楚，他们列举的“史料”毫无根据，充其量只是几种不同说法之一。而且他们根本不提这样的事实：自西汉至唐，“交趾”（或安南）都是中原王朝的一部分，所以这条界线纯属中国内部的政区界，与今天的边界根本无关，岂能与今天的边界完全重合？正因为如此，他对这一反映未予置理。但到9月间，谭其骧得知他们的意见已经反映到外交部、国家测绘总局、中国社科院、地图出版社和胡乔木等处，9月20日，他只能据这些意见写了详细的答复，由我复写三份，寄给高德、地图出版社社长沈静芷和国家测绘总局。

1984年7月，在处理第五册（隋、唐、五代）和第六册（辽、宋、金）时，地图出版社提出了南海的画法问题。因为根据有关方面的规定，凡出版中国全国地图一定要画出南海诸岛和南海界线，五、六两册的总图和有关的分幅图上没有画南海界线。谭其骧认为，这项规定适用于今地图，所以图集的底图都应该照办，但历史地图要按历史事实画，凡是在南海诸岛还没有行政建置的时代就不必画，更不应该画南海界线。地图出版社请示国家测绘总局，测绘局也不敢做主，就反映到了某部门。7月14日，某部门□□□致电中国社科院：

> 《中国历史地图集》第五、六册隋唐、辽宋图有个共同的问题是都未画南海诸岛。据了解，地图出版社与复旦大学有关人在此问题上有不同意见，复旦方面以“当时行政管辖还未到南海诸岛”为由，坚持不画出。
>
> 据查，1980年8月30日发表的外交部文件中明确指出“汉武帝时代中国人民就在南海航行，唐宋时期中国海军就在这一带巡海”。至少从唐宋开始，我已在南沙群岛进行捕捞活动。……地图上把香港地区界明确画出，本来1840年才有香港，如把香港画出，南海则更应画出。
>
> 根据以上理由，（我们）认为应该把南海画上，同时也应与外交部文件的说法统一起来。

谭其骧见到这一电话的记录稿后，在上面写上了这样的意见：“航行不反映主权，今天有许多国家航行于世界海洋，凡航行所及都要画到本国地图上吗？”“巡海也不一定限于本国领海，今天美苏舰队定期游弋全世界，都算他们领海吗？至于捕捞，今天苏联不是在全世界捕捞吗？”“香港自江宁条约后割让英国，自应与广东州县岛屿之间画界，南海是我国的土地，画什么界？底图上可以起自上古都画出，历史图上得有了明确记载后才能画。”可见某部门实际上是混淆了概念，作为底图的今地图当然应该按照今天的内容画，包括大陆与香港的界线在内，但历史图只能按当时的实际画，如果还没有正式设置政区，自然不能将以后的内容提前画上去。但他还是在图稿上作了适当修改，五、六两册在年底出版了。

1985年8月28日，地图出版社派人通知谭其骧，某部门要求从第七册元图开始，台湾应与大陆政权着同样颜色，明图起南海诸岛要画海界。对第一项要求，谭其骧感到十分意外，因为经中央书记处批准的《图集》修改方案已经确定，中国社科院的请示报告上写着：

> 台澎地区自古以来与中国大陆密切相关，但相当长时间只是我国当地土著民族的自主区，不属中原王朝直接管辖（宋以前全都在大陆王朝版图之外，南宋、元、明将澎湖收入版图。明末西班牙人、荷兰人侵占台湾，清初郑成功驱逐荷兰侵略者，以台湾建立奉明朝正朔的政权。直到康熙二十二年，郑氏政权

为清所灭，台湾才正式成为清王朝疆域的一部）。内部发行本分幅图自三国以来历朝都把台澎划作大陆王朝领土，不妥，应如上述把台澎改作邻区处理。

经了解，他才得知，此前中国科学院自然科学史研究所等单位编辑出版《中国古代地图集》时，某部门曾要求从元朝开始凡选入的古地图都应包括台湾在内，当年4月这一方案也得到了中央批准，所以某部门就根据新的“中央精神”来要求《图集》也从元朝开始将台湾画成与大陆政权同样的颜色。10月10日至13日，谭其骧给高德写了一封长信，说明不能接受某部门意见的理由。他并指出，《中国古代地图集》是汇编前人的地图，完全可以根据我们定的原则来挑选；《中国历史地图集》是根据历史事实来画图，绝不能违背历史事实。中央的两次批示是针对两个不同的对象，某部门以后一个批示来限制前一个批示是毫无道理的。

由于这封挂号信在路上走了20多天，高德已来电话催问，并希望谭其骧对南海的画法也作一答复，谭其骧又写了第二封信。他指出：今地图上的南海界线是1946年抗战胜利后国民政府派舰巡视后画的，决不能说明明清时就已存在此线。但西方人画的地图称南海为“大明海”，如利玛窦的地图就是如此，所以可以在明图南海上注“大明海”。清初葡萄牙人所绘地图于南海诸岛旁注“干豆”，据韩振华的研究，“干豆”即广东（Canton）的误译，因此可在明图南海诸岛注明“广东”。

胡乔木获悉这两封信的内容后，说此图由学者负责，应该按主编的意见画，对某部门方面让社科院副院长宦乡去做工作。12月间，宦乡约某部门同志解释，希望他们改变态度，但某部门不接受宦乡的劝告，并正式致函社科院，要求《图集》第七、八两册必须按内部本画。这时离第五、六两册的出版已近一年，第七、八两册却迟迟不见问世，引起了国内外有关人士的注意，地图出版社和谭其骧等都收到不少询问的函电，也出现了一些猜测。谭其骧去无锡参加纪念徐霞客学术讨论会时遇到美国明尼苏达大学地理系的徐美龄教授，她就问了《图集》七、八两册不出版的原因，还问：是不是遇到了经济上的困难？要不要在海外发动募捐？

1986年初，谭其骧看到了某部门函件的复印件。1月27日，他针对某部门提出的五点，逐点提出了反驳意见，又给社科院写了一份长达七八千字的材料。如他指出郑成功收复台湾是收复“先人（郑芝龙）旧业”，并不是恢复明朝的政区；元朝郭守敬南海测验是在占城（今越南南部），而不是在南海；至于他在70年代外交部审图会上没有提出异议，是因为“怕被斗，被戴上反革命卖国的帽子，所以在会上缄默，不等于真正同意”；而1980年之所以要修改后才公开出版，正因为内部本有不符合史实之处。他又应社科院的要求，将此信缩写成一份千余字的摘要，以便向中央汇报。有人问他：“要是中央不明确表态怎么办？”他说：“那我只有在第八册的后记中写明，此图集所有的点、线都有史料根据，唯有第七、八册中台湾和南海的画法是根据某部门的指示。”“如果办不到，最低限度也要在第七、八册上取消谭其骧的主编字样。”他表示，主编可以不当，图可以不出，但历史事实不能歪曲。

当时我正在美国，谭其骧在2月24日给我的信中写道：“现在毕竟不是四人帮时代了，我是决心斗争到底。……我若顺从某部门的要求，我还能算一个学者吗？我不怕拖，即使拖到我死后才出，那时照某部门主张画，人家也可以知道歪曲历史的责任不在我了。”

一些朋友和同事知道此事后，劝他妥协，以便将图集尽快出版。有人劝他：“你已经75岁了，这套图已经编了30年了，最后这两册无论如何要出全。这样改也不要你负责任，别人都明白，没有人会怪你的。”老友曾世英对他说：“你顶不过某部门，还是照他们办了吧。我已快90岁了，要不我就看不到这套图了。”但谭其骧不为所动，他坚信十一届三中全会后的党中央一定会贯彻实事求是的方针，妥善解决这问题。

艰难的胜利

1986年5月，宦乡向中央报告此事，要求中央做出决定。5月下旬，他又在北京召开了国际法学者座谈会，审查元明图的画法。不久，中央书记处正式讨论了《中国历史地图集》第七、八册中有关台湾和南海的画法问题，虽然也有人提出既然有不同意见就慢慢再出，但最后一致认为要尊重历史事实，尊重专家学者的意见。为了慎重起见，中央要求中国社科院主持召集国内有关专家作一次讨论，以便统一认识。

1986年8月3日，由中国社科院院长胡绳主持的讨论会在北京国务院第一招待所举行，出席会议的有中国社会科学院历史研究所所长林甘泉研究员、历史地理研究室主任陈可畏副研究员，近代史研究所所长余绳武研究员，民族研究所所长杜荣坤研究员、邓锐龄研究员，中国科学院地理研究所纽仲勋研究员，北京大学侯仁之教授，中央民族学院历史系贾敬颜教授，厦门大学台湾研究所所长陈碧笙教授、韩振华教授，杭州大学地理系陈桥驿教授，南京大学元史研究所陈得芝教授，云南大学历史系尤中教授，测绘研究所曾世英研究员，外交部条法司司长王厚立（余湛已任他职，沈伟良已退居二线），高德，谭其骧，周维衍。我作为谭其骧的助手列席，并为会议录音。

会议集中了全国学术界的权威人士、各有关学术机构的负责人或代表，经过一天半的讨论，有时是很激烈的辩论，最后基本取得了一致意见：元、明图中台湾用中国基色中的邻区颜色，与大陆不同；明图增加郑氏台湾图，附于福建幅；元、明、清图南海不画界线，在有关岛屿下注“广东”；在第八册后记中说明：《图集》系学者研究成果，不代表政府观点，学术界虽有不同意见，图上只能表示其中一种。

当年10月底，谭其骧应日本学术振兴会之邀在大阪大学等校访问讲学。在日本期间，他见到了由原来浙大史地系的学生、台湾中国文化大学程光裕教授和徐圣谟教授编绘的《中国历史地图集》二册，发现他们对元、明台湾的画法与自己的方案相同，南海诸岛也从未画过海上界线。11月3日，他写信给高德，告诉他这一情况。在日本，又有不少学者问到，为什么第七、八两册久拖不出，谭其骧只得把责任推给出版社。

中国社科院在10月就给中央书记处打了报告，只待批复。但1986年底中国政坛风云变幻，1987年1月16日胡耀邦辞去总书记一职。在这样的形势之下，此事的讨论显然不可能很快列入书记处的议程。但胡绳和胡乔木还是积极争取，在看到高德所写的关于台湾所出《中国历史地图集》介绍的简报后，胡绳给胡乔木写了一个报告，指出关于历史上台湾、南海诸岛的画法实不成其为问题，不会引起现实问题，已不需要再提交到中央书记处会议上讨论；建议或者由中央书记处的领导同志在中国社科院去年十月的报告上批示一下，或者委托中国社科院负责，社科院愿意承担责任。不能老使《中国历史地图集》拖着不得出版。胡乔木专门写了一封信给国务院总理赵紫阳、外交部部长吴学谦和乔石等三位书记处书记，表示完全同意胡绳同志意见，并同意按十月报告处理；三位书记都圈示同意。至此，一切障碍都已扫除。

高德在1月28日(农历除夕)写信向谭其骧传达喜讯，他在31日(正月初三)收到来信，感到无比欣慰。2月12日，谭其骧在北京主持《国家历史地图集》编委扩大会议，当晚就与地图出版社的尹正寿和计伯仁商谈了加紧出版第七、八册的有关事项。3月上旬，他审定了第八册新增加的郑氏台湾图和清光绪建省后台湾图，修订工作结束。

由于《图集》从1955年开编起已经过了30余年，前后参加的人时间不一，情况各异，其中又有“文化大革命”这样的特殊年代，原始记录不全，所以署名方案和具体名单的确定相当困难。经过反复协商，征求意见，至当年5月14日大致确定。

1987年12月第七册出版，1988年12月第八册出版，从1980年开始修订，历时八年半，公开本终于出齐。1989年1月23日，《文汇报》首先发布了这一消息。

3月13日上午9点半，中国社会科学院在院部召开庆祝《中国历史地图集》出齐大会，胡乔木、胡绳、余湛、刘导生等，各编绘、制图、印刷、发行单位代表和有关人员，专家学者共七八十人出席。谭其骧和复旦大学中国历史地理研究所所长邹逸麟教授专程赴会，我也随同前往。

社科院丁伟志副院长主持会议，胡绳、谭其骧、测绘局副局长和胡乔木先后讲话。在回顾了自1955年起的编绘、修订过程后，谭其骧说：

在我们庆祝这项重大任务胜利完成的时候，最大的遗憾是，对这部图集曾寄予厚望的毛泽东主席和曾经关怀图集编绘工作的周恩来总理没有能看到图集的出版。最令人痛心的是，主持这项任务达11年之久，为组织编绘人员，确定编绘方案付出了大量心血的吴晗同志，在“文化大革命”初起时就遭到“四人帮”残酷迫害，匆匆离开了我们。曾为图集做出贡献的白敏、冯家昇、傅乐焕、胡德煌、施一揆等同志在图集公开出版前已先后去世；在修订、出版的这几年间，又有韩儒林、尹达、方国瑜、夏鼐、姜君辰、翁独健等同志离开了我们。图集凝聚着他们的心血，他们的名字与图集共存，并将随着图集在国内外的流布，为越来越多的读者们所了解和纪念……

《中国历史地图集》所要描述的疆域之辽阔、年代之悠久是世界上任何国家的历史地图所无法比拟的，但编绘的物质条件又相当简陋，远远不及发达国家的水平。全体编绘人员为了国家利益，为了学术研究，为了共同的事业，发扬了无私奉献的精神，在连续几年或十几年的时间里，大多数编绘人员放弃了节假日和业余时间，放弃了个人研究和兴趣爱好，根本没有想到会有署名和领取稿酬的可能，没有工资之外的任何津贴，还要受到各种政治运动的折磨和干扰。编绘人员中有人因遭受打击而身亡，有人因积劳成疾而早逝，也有人戴着政治帽子而坚持工作。今天，参加过编绘的人员大多已年过50，他们为《中国历史地图集》奉献了一生最宝贵的时光，尽管他们所获得的荣誉和报酬同他们付出的代价是很不相称的，但他们都以能参加这项工作而感到自豪。《中国历史地图集》的编绘虽然已成为过去，但这种奉献精神是永存的。即使将来我国的物质条件大大提高了，知识分子的待遇大大改善了，这种奉献精神还是值得我们发扬的。

谭其骧没有提到他自己，但在场的人都知道，他为图集做出了最大的奉献。就是拿公开本的稿费来说，尽管已逐渐有所提高，但他分得的是：第一、二、四册917元，第三册623元，第四、五册1 494元，第七册1 077元，第八册1 120元，合计5 231元。以八年半计，平均每月51元。《图集》在上海市获得社会科学优秀成果特等奖的3 000元奖金中，他分得了最多的一份——220元。

会后社科院设宴招待，谭其骧与胡绳、刘导生、余湛、曾世英同桌。面对着这几位饱经沧桑的老领导、老专家，我仿佛见到了吴晗、范文澜、尹达、夏鼐、翁独健、韩儒林、方国瑜等老一辈（实际上我从未见过吴、范二位），八年来在谭其骧身边的所见所闻也浮现在眼前，我仿佛看到了他们怎样用自己的生命、智慧和良心建成了《中国历史地图集》这块辉煌的里程碑。

宴会后，谭其骧专门向到会的地图出版社、中华印刷厂和上海新华书店的代表致谢，高兴地与他们合影留念。

庆祝会前后也有两个小小的插曲。一是开会的当天早上，当我们三人到住所社科宾馆（中国社科院所办）的餐厅用早餐时，被告知只有炒饭。谭其骧不良于行，不便外出，只得将就，吃下了一小碗几乎没有热气的米饭。幸而会场的气氛是热烈的，谭其骧的心也是热烈的，没有受到冷饭的影响。一是第二天中午谭其骧刚要午睡，来了一位不速之客——中央民族学院的王□，他是闻讯赶来为自己没有能在图集第八册编者名单中署名来申诉的。他的确参加过一些工作，但似乎没有达到规定的时间或工作量，所以单位上报的名单中没有他的名字。我说："谭先生刚从外面回来，已经很累了，是不是等他午睡后再谈。”他说只讲几句话，并再三声明他并不计较名利，只是觉得不公正。谭其骧告诉他：“你的具体情况我记不清，我们是根据你们单位报来的名单排的，有事还是找你们单位的领导谈。”自然他并没有遵守只讲几句话的诺言，而是喋喋不休地讲了很长时间。听说以后他果然告到了北京某区法院，但没有胜诉。

《图集》的署名页中还有这样一行字：“尚有江武子等曾承担部分编稿，因故未予采用。”江武子早在1955年前就应地图出版社之约在编一些历史地图，谭其骧主持编绘后，地图出版社就推荐了他，所以一度到复旦大学参加编绘。但他的方法比较陈旧，所编图稿与图集的要求无法一致，以后就不再请他参加，所编的图稿也没有采用。《图集》公开本开始出版时，江武子已经逝世，但他的女儿声称《图集》剽窃了他父亲的成果，开始了持续不断的告状，一份份材料寄到了《文汇报》、中共上海市委、中宣部、国家科委主任武衡等机关和领导同志那里。这场风波多年后才平息。

历史是公正的，对谭其骧和《中国历史地图集》也是如此。1980年4月8日，胡乔木在中国史学会代表大会上的讲话中指出：“解放以后，我国史学界做了很多工作，其中最有成绩的工作之一，就是在谭其骧同志和其他同志领导之下编纂的《中国历史地图集》。这项工作还没有最后完成，但它是非常了不起的工作，可以帮助我们了解我国领土的历史。”1986年，在《图集》的公开本还没有出全的情况下，就被评为上海市哲学社会科学优秀成果特等奖。1994年，《图集》获中国社会科学院荣誉奖。1995年，获国家教委社会科学优秀成果一等奖。谭其骧于1980年当选为中国科学院学部委员（后改称院士），与他主编《中国历史地图集》的巨大成就是分不开的。

历史也是令人遗憾的，失去的便永远无法挽回。在《图集》的前言中谭其骧就曾指出：“文革中被无理删除的唐大中时期图组、首都城市图和一些首都近郊插图，被简化为只画州郡不画县治的东晋十六国图、南朝宋梁陈、北朝东西魏北齐周、五代十国等图，以及各图幅中被删除的民族注记和一些县级以下地名，若要一一恢复，制图工作量太大，只得暂不改动。”这就是说，要是没有这场浩劫，要是按照原来的计划，我们今天能从《图集》中获得的信息将更多。例如，唐朝（618—907年）有近三百年，前后的政区设置变化很大，《图集》原来准备编绘两套分幅图，分别显示安史之乱前的开元二十九年（741年）和后期的大中（847—859年）年间的状况；但现在只能看到开元这一套分幅地图。又如，本来在图上可以查到历代首都城市图和城市周围不少小地名，现在大多未能恢复，当时删除的理由很简单："首都和近郊是谁住的？还不是帝王将相！为什么对帝王将相就那么感兴趣？""画那么多地名，搞繁琐哲学，工农兵根本看不懂，是典型的资产阶级专无产阶级的政。"《图集》至今还没有能恢复这些被删除的内容，我们只能把希望寄托于下一个世纪了。

就在庆祝胜利的时刻，谭其骧念念不忘他毕生的追求，他在讲话中说：

《中国历史地图集》的完成固然是中国历史地图史上一项空前的成就，但严格说来，还只是一个开端，因为它仅仅是一部以疆域政区为主的普通地图集。要真正称得上完整的历史地图集，就应该包括历史时期任何自然、经济、政治、军事、民族、文化等所有有资料可据又能够用地图表示的地理现象，只有等这部地图集完成了，绘制中国历史地图的事业才能算大功告成，或者说告一段落。在中国社会科学院的主持下，从1982年底开始，我们已经着手编绘《中华人民共和国国家历史地图集》，并已完成了一百几十幅地图的初稿和复审，不少参加过《中国历史地图集》编绘的老同志又接受了这项新的任务，也有很多年轻的新同志加入了这支队伍。我们虽有编绘历史地图集的经验，但也碰到了前所未有的新困难和新问题。我已经79岁了，作为主编，当然希望在有生之年能看到这部新图集的完成和出版。我将一如既往，贡献自己的绵薄力量。只要党和政府能像当年重视和关怀《杨图》一样给予必要的条件，只要全体编绘人员能继承和发扬以往的奉献精神，我就有信心克服困难，完成我们的任务。

但报之以热烈掌声的听众和谭其骧本人都不会料到，他的生命已到了最后的三年五个月，而留给他工作的时间只剩下两年半了。

第十五章

荣誉与烦恼

1980年4月11日，在中国史学会代表大会上谭其骧被选会理事，在当天的首次理事会上，他被选为15位常务理事之一。同年底，他当选为中国科学院地学部委员，是复旦大学10位学部委员中唯一的文科教授，也是400位新当选委员中屈指可数的跨文理两科的学者。如果中国早些恢复社会科学院院士的话，谭其骧完全可能成为“双院士”。他是中国地理学会的发起人之一，长期担任学会理事。1981年，他被聘为首届国务院学位委员会学科评议组成员，同年首批被批准为博士研究生导师。在他的指导下，周振鹤和我于1983年9月成为我国首批文科博士。谭其骧于1982年被聘为国务院古籍整理出版规划小组成员，1986年任上海市哲学社会科学联合会副主席，他在其他学术团体的兼职、社会团体中的荣誉职务就更多了。1986年开始，他列名美国传记研究所出版的《世界领袖辞典》，1988年起列名英国剑桥国际传记中心的《世界名人录》。在他逝世前的几个月，美国传记研究所发来通知，他已入选将在1993年出版的世界名人录《500位有重大影响的杰出人物》。应该承认，在中国的知识分子中，有幸能够获得如此殊荣的人是极少的。一些学者用“国宝”来形容谭其骧，绝非过誉。

1983年10月于复旦大学举行全国首批文科博士学位授予仪式。左为周振鹤，右为葛剑雄

但作为一位知识分子、大学教授、系主任、研究室主任、研究所所长、科研项目的主持人、研究生导师、一个家庭的家长、社会的一员,他又免不了有与旁人一样或不一样的种种烦恼。

加 入 中 共

1980年7月1日,在中国共产党成立59周年之际,谭其骧致函历史系总支书记,表达了加入中国共产党的愿望。

晚年的谭其骧为什么要申请入党呢?在1983年6月入党后,他在上海《党的生活》(1983年第5期)上发表了一篇题为《为什么年逾七十还要入党》的文章,其中写道:

解放初期,我在旧社会过来的知识分子中,思想上是比较靠拢党的。那末,为什么解放以后长达三十年之久,我一直没有争取入党呢?总结起来主要有如下三个方面的原因:

一是那时党内一般都把旧知识分子的阶级属性定为资产阶级,既然是无产阶级的阶级异己分子,当然不属于党的发展对象。旧知识分子在那时被吸收入党虽不是绝对不可能,但这种可能性太小了。我有一点自知之明,知道自己没有这种可能,所以不愿意冒昧提出。

二是"文革"以前,在形势比较正常的时期,我也曾不止一次萌发过要求入党的念头,可是那时的运动是那么频繁,一次接一次,结果每次刚刚萌发出来的入党念头,来不及发展到采取行动,都被运动打了下去。"文革"时期对党由怀疑发展为失去信心,入党的念头也就无从谈起了。

三是作为一个史学工作者,讲历史不能违反历史事实,这是最起码的科学道德。但长期以来"左"的思潮硬要把学术与政治混为一谈,历史与现实联系起来,按现实政治需要来讲历史,有时不惜歪曲、篡改历史事实。这就使我对入党多了一层顾虑。

党的十一届三中全会彻底纠正了过去的"左"倾错误路线,过去使我不敢、不愿提出入党申请的顾虑很快一一打消了。知识分子包括从旧社会过来的老知识分子，他们已经成为工人阶级的一部分，这就消除了我的顾虑。

社会主义现代化建设代替了过去的“以阶级斗争为纲”，成为全党工作的重心，从指导思想到各条战线的实际工作都取得了决定性的拨乱反正的胜利，这就使我认识到，建国以前党曾经犯过“左”的和右的错误，后来错误得到了纠正，终于取得了新民主主义革命的胜利；建国以后犯的“左”倾错误更大一些，时间更长一些，但终于还是依靠自己的力量实现了历史性的伟大转变，正在领导全国人民斗志昂扬地、顺利地开创社会主义现代化建设的新局面。可见中国共产党确是一个具有无比伟大生命力的党，在前进的道路上虽然不免会犯错误，遭受挫折，但最后毕竟还是会回到正确的道路上来；党是能够领导人民建成社会主义，走向共产主义的。过去自己由于几次“左”的运动便失去了对党的信心是错误的；自己既然深信社会主义事业是正义的事业，愿意为社会主义贡献自己的力量，那就没有理由再不积极争取入党。

尤其使我欣慰的是，三中全会提出的实事求是的原则，影响到历史学界。过去学术与政治不分，历史与现实不分，为了现实政治的需要不惜歪曲篡改历史事实的风气，也基本上得到了纠正。百家争鸣的政策真正得到了贯彻，人人都可以各抒己见，用不着担心被戴上政治帽子了。

这方面我的体会比别人可能更深一些。从五十年代中期到七十年代中期，由于当时强调编历史地图要“为无产阶级政治服务”，我作为《中国历史地图集》的主编，无法实现我的按历史实际情况画的主张。有些少数民族独立自主的地区被画成了在中原王朝版图之内。好多幅“某时期全图”，东西南北各边都是按不同时期的最大版图拼凑而成的。名为“某时期全图”，却并不反映这个时期任何一年的实际疆域全貌。我不以这种做法为然是形于言表的，我也不想隐讳。这在“文革”时代当然就构成了我的“反动铁证”“弥天大罪”。图集出版以后，由于它的详细程度远远超过此前已出版过的任何历史地图，因而得到了学术界的好评，图中违反历史真实的地方，或一时还没有为读者所发现，或发现了而处于那个时期不便公开揭发指责，但我内心则深深引以为愧。我希望有朝一日能把这些不正确的地方一一改正，这才对得住读者；但二十多年来的经验，使我不敢想这个希望有可能实现。

想不到历史性的大转变不久竟然反映到这套图集身上。1980年，中国社会科学院提出要把这套原来限于内部发行的图集改为公开向海内外发行，召集原编绘和制图单位讨论如何进行。我当即指出图集存在着“左”的一套错误是很严重的，明显违反历史真实的地方不少，不作必要的修改不宜公开发行。社科院领导肯定了我的意见，并且决定由我草拟修改方案。这已使我感觉到气氛确已和三中全会以前不同。在起草修改方案过程中，我排除了干扰，坚决主张要把一些没有历史事实作根据的画法一一改正过来。不过这个方案能否得到领导批准，说老实话，那时我还没有多大信心。出乎意料的是，方案不仅很快取得了社科院领导的同意，由社科院呈送中央书记处，好几位中央领导同志都作了具体批示，完全同意了我这个在过去必然会被认为大逆不道的修改方案。这是多么令人激动啊！这使我深深体会到三中全会的实事求是精神确已贯彻到学术研究领域里。这对一个历史工作者来说，是多么大的鼓舞啊！

三中全会以前，由于“左”的错误影响，给人这样一种印象，似乎忠于学术就无法“忠于党”，特别像我这样搞历史地理的人，更是如此。所以那时我对入党不能不有所顾忌。现在的情况完全不同了，党提倡实事求是，忠于党和忠于学术是一致的了，这又是促使我从对入党有所顾忌转变为积极争取的一个重要原因。

党总支和党委领导对他的入党要求表示热烈欢迎，鼓励他努力争取，但令人不可思议的是，研究室中有几位党员却反对吸收他们的老师入党，公开提出来的理由只是两条：一是谭其骧联系群众不够，一是没有培养出一支队伍。这两条意见的潜台词是什么，明眼人一看就明白，“群众”也好、“队伍”也好，显然非他们莫属，因为到1983年为止他们的职称还是讲师，由于领导人选难以安排而拖了两年多才成立的中国历史地理研究所最终也没有他们的副所长位置。如果谭其骧不坚持学术水平和道德标准，在职称提升、学术评价或干部人选推荐时少说一些真话，多讲一些人情，或者随一下大流，这些意见至少会减少很多。可是他却不会也不愿意说假话。有时我们为了“大局”，劝他在一些发言或评议中尽量说得婉转些，或者少说些，但当他一开口、一动笔，直率的言辞就再也止不住了。有时实在事关重大，领导和同人要我务必劝他节制，他只得无可奈何地说：“我不会写这些东西，也不会这样说，实在不行就你们去写吧，我照念就是了。”其实谭其骧的严格要求并不是专对别人的，对自己也是如此。1981年底，他在“文革”后招收的首批四名研究生毕业时，就有一位未被授予硕士学位；1985年他的一位硕士生答辩时，因论文内容不尽全面而被要求在三个月后重新答辩；这在复旦大学也是少有的严格。正因为如此，谭其骧在得知这些意见后，坦率地说："我不能接受这些意见，不能为了要入党而说假话。"

这样一拖就是一年多，学校党委多次指示历史系总支应该尽快吸收谭其骧入党，市委组织部、统战部领导也不止一次过问此事，那几位党员却依然以谭其骧接受这些意见为前提，有人甚至扬言："你们一定要发展，到时我就投反对票。"谭其骧得知后，还是这句话："他们的意见如果正确，我一定接受，但要我满足他们的私心办不到。我不能为了要入党就说假话。"为了打破僵局，总支书记要我这个非党人士以自己的名义说服谭其骧，听取这两位党员所代表的"群众"意见，不发表不同看法，以示接受。谭其骧终于同意听他们意见，并打电话约他们来寓所。见面前我还提醒他，要多听少说，不要多作解释。其中一位除了上面提到的意见外，还专门提出了谭其骧发表批评郭沫若《李白与杜甫》一书中的地理错误的事，认为批评郭沫若是错误的，这是一个原则问题。另一位的意见甚多，下午未谈完，晚上又谈了一个多小时。在此后的一次党支部会议上，他们没有再反对谭其骧入党。

1982年7月7日，党委组织部和系总支领导来到衡山宾馆谭其骧的临时工作室，与他谈了入党问题，要求他尽快递交申请书。由于当时正忙于审定急待付印的《中国历史地图集》和准备一次国际学术讨论会，谭其骧到会后的9月20日才开始写入党申请书。他学习了党章和十二大的报告，用三天时间写完了申请，在24日下午挂号寄出。11月6日，他学习了宋振庭的文章《做一个怎样的共产党员》后，又补写了入党申请的附件。

1983年5月5日下午，总支书记来谭其骧家看望，告诉他组织上已同意吸收他入党，要他做好准备。10日下午，上海《党的生活》杂志三位同志来做采访，请他谈了入党动机和争取的经过。6月18日，总支派人送来了入党志愿书。20日谭其骧写完草稿，总支书记看后提了意见。由于谭其骧即将去北京参加国家教委召开的学科评议会，总支要求他提前返回，参加29日的审批会。在出发当天的凌晨3点，他填好了入党志愿书。

6月29日上午8点半，我陪谭其骧离开评议组开会的北京钢铁学院回上海，12点飞机降落在虹桥机场。回家稍事休息后，谭其骧赶到学校，参加下午3点召开的支部大会。会议在历史系资料室举行，我和几位非党人士列席。谭其骧宣读志愿书后，他的两位介绍人——前党委副书记徐常太和本所的周维衍介绍了情况，党员们相继发言后进行表决，10名党员一致通过。

尽管如此，会上有人又反复提出原来提过的这两方面的意见。对此，参加会议的党委副书记郑子文在结束前明确表态："党和国家交给谭先生的主要任务是科学研究，他的学术成就就是对党和国家的最大贡献。对他这样的科学家，不能用一般党员的要求。他年纪大了，身体又不好，主要精力花在工作上，他根本没有空，如果有空也应该多休息，难道还要他一家一家去联系群众？至于说到带出一支队伍，要从两方面看，老师要教，学生要学。老师教好了，学生不好好学也不行。同样是他的学生，为什么现在的就学得很好呢？"散会后，郑子文又单独与谭其骧谈话，要他千万不要受到这类意见的影响，不要为一些琐事操心，入党后更要注意保重身体，多休息，才能争取为党多工作。

30日，学校党委批准了谭其骧的入党申请。7月1日早上，上海人民广播电台播送了他入党的消息，当天上海的报纸也刊登了这一报道。下午2点，他登上复旦大学相辉堂的主席台，与其他56名新党员一起，在党旗前宣誓。他是新党员中最老的一位，其他新党员中他认识的只有外文系教授董亚芬。

谭其骧入党的消息传出后，收到了不少朋友和学生的来电、来信，表示祝贺，使他感触最深的是老友周一良11月30日的来信：

日昨读《新华文摘》，喜悉我兄光荣入党，雀跃无已，特函道贺！五十年代末，夏作铭（夏鼐）兄入党，弟亦曾致贺，并谓宜先以党员要求自己，再以专家要求。此语自今日观之，仍不为错误。但回顾三十年来，自己作为"驯服工具"之党员时多，而凭专家之科学良心办事时分嫌少。前者大驾在北大演说，谈及少正卯、柳下跖事，更使我深有感慨。当年在梁效时，初闻此说，亦曾期期以为不可，但只私下与历史、哲学系梁效成员有此议论而已，从未正式提出。尤其后来闻少正卯事乃康生嘱赵纪彬所为，遂知必是毛主席授意，更不敢议论矣。此实有负党员专家之称号也。四人帮粉碎后，关于弟有不少谣言，如保险柜钥匙事等，事若属实，确尔可鄙可恨。当时曾收一信，墨笔大书四字："无耻之尤"，下署"一个老朋友"。虽一笑置之，而保存至今。（魏建功先生亦接类似之信。）一来"老友"之义忿可以理解，二来虽不至"无耻"，然为评法批儒鼓噪，尽管不预闻阴谋，终乏科学良心，此一纸四字还是永远为诫也。

周一良信中提到的"在北大演说"一事，是指此前的9月24日上午，谭其骧在京参加国务院学位委员会学科评议组会议期间应邀到北大历史系做报告。谭其骧谈到，"文革"期间"四人帮"出于政治目的，大捧少正卯和柳下跖，故意歪曲和编造史料。像柳下跖这个人，有没有还是个问题，居然说他战斗过的地方就发现了几十处，其实靠得住的可以说一处也没有。

从“匡谬”到“正误”：对《李白与杜甫》的批评

“文革”期间郭沫若出版了《李白与杜甫》，谭其骧看后感到该书在涉及的历史地理方面错误很多，对郭沫若为了加强自己的论据而不惜曲解史料的做法很不以为然。但在当时的政治气候下，他作为一名“一批二用”的反动学术权威，自然无法公开发表意见。至1980年，对《李白与杜甫》虽已有多篇批评文章，但都集中的文学、思想方面，而对其地理方面的错误却无人指出。谭其骧认为，尽管郭沫若已经逝世，但这些流传很广的谬误还是应该加以纠正，所以选取几条，写成了《郭著〈李白与杜甫〉地理匡谬》一文。稿子编入《历史地理》第二辑送到出版社后，责任编辑、他的一位学生刘伯涵认为不应该批评郭沫若，几次劝他不要发表。在谭其骧的坚持下，他又劝谭其骧尽量减少批评的成分。谭其骧接受他的建议，将题目中的“匡谬”改为“正误”，又作了不少删削，于1982年底发表。但文章发表后，还是有人责问他为什么要批评郭老，认为即使郭沫若有错误也不应该写。

其实经过几次删削的《正误》所涉及的只是三个具体的地名：

1. 碎叶。郭沫若认为唐代有两个碎叶，一个在中亚，即苏联哈萨克境内托克马克；一个在焉耆，其城为王方翼于高宗调露元年（679年）所筑。谭其骧指出唐朝只有一个碎叶城，即王方翼筑于中亚碎叶水，在苏联吉尔吉斯（并不在哈萨克）境内托克马克。焉耆从未有过碎叶城，但因碎叶城本为安西四镇之一，碎叶城罢后，唐朝以焉耆备四镇。到了北宋，欧阳修误以为碎叶即焉耆，所以在《新唐书》中将碎叶城列在焉耆都督府下。郭沫若没有深究，误信谬说。他又以为李白生于隋末，不可能出生在调露年间才建成的碎叶城。谭其骧指出，这在逻辑上也是说不通的，要是焉耆真建过碎叶城，说筑城前生于此地的人为生于碎叶也未尝不可。

2. 条支。李阳冰《草堂集序》称李白先世“中叶非罪，谪居条支”。郭沫若认为碎叶城属于条支都督府，所以不说谪居碎叶而改为条支；又据李白《战城南》中“今年战，葱河道；洗兵条支海上波，放马天山雪中草”断言：“诗中条支与葱河（喀什噶尔河）、天山连文，表示其地望相接。”“此唐代条支既与葱河、天山等接壤，自当包含碎叶。是则所谓条支海，或条支都督府所辖之海，如非伊塞克湖（热海），当即巴尔喀什湖。因而条支都督府所辖地即苏联境内的哈萨克一带，是毫无疑问的。”

谭其骧指出郭沫若的这一段断论是极为荒谬的。《草堂集序》中的“条支”和《战城南》中的“条支海”都是文人用典，是文人心目中西方极远地区的代名词，不能指实，郭沫若据此得出的结论实则大误特误。唐朝条支都督府为高宗龙朔元年（661年）所置安西吐火罗道十六都督府之一，见于《新唐书》的《地理志》《西域传》和《大唐西域记》的记载，郭沫若连正史列传都不查，遽云“旧不详其地望”，未免太疏忽。根据上述史料记载，唐朝的条支都督府应在今阿富汗的加兹尼一带，北距碎叶城有数千里之遥，中间隔有阿姆河两岸吐火罗道诸府州和锡尔河北岸的西突厥濛池都护府诸府州，碎叶城怎么可能飞越这么许多府州悬属于条支都督府？“今阿富汗的东北境可以说与葱岭相接，在今阿富汗西南境的条支都督府就说不上与葱岭相接。何况葱河在葱岭之东，天山更在葱岭之北，条支怎么可能与葱河、天山相接？即令如郭老所说条支在碎叶一带，南去葱河亦有千里，去天山数百里，也说不上相接。阿富汗西南境去海甚远，哪儿会有什么条支海？伊塞克湖唐时名热海，一名大清池，一名咸海，见《大唐西域记》《经行记》、贾耽《记入四夷道里》；巴尔喀什湖唐时名夷播海，见《新唐书·地理志》北庭大都护府；二湖去条支都督府及古条支国各远达数千里，又怎么可能会叫起条支海来？”因此谭其骧指出：“考证历史时期的地理，自当取证于历史记载。文学作品旨在比兴，但求典雅，不求真实，是作不得史证的。郭老置《两唐书》纪传于无睹，竟想用迷离恍惚，不着边际的一二诗句来解决条支的地望问题，这就难怪会得出如此稀奇古怪的结论来了。”

3. 河西。杜甫于天宝末选授河西尉，不就，作有“不作河西尉，凄凉为折腰”的诗句。郭沫若说：“河西县在唐代有两处：一属于云南，蒙自附近，天宝后没入南诏；一属于四川，在宜宾附近。估计杜甫被任为县尉的是后者。”

谭其骧指出：郭沫若的两说是从商务印书馆1931年版《中国古今地名大辞典》里抄来的，由于欠仔细，既有抄错的地方，也没有抄全。《辞典》“河西县”

下有三条，第一条作“唐置，故城在今云南河西县东北……今属云南蒙自道”。但民国时蒙自道辖境很大，而河西故治在今通海县西，离蒙自达330里，中隔数县，岂能说在蒙自附近？第二条是“见河滨县条”，但郭没有去查。第三条是“唐置，今阙，当在四川旧叙州府境”。辞典编者因查不到明确资料，只能姑作推测。因宜宾是旧叙州府的附郭县，郭竟用肯定口气说成“在宜宾附近”，跟辞典的原意就不同了。

实际上，郭沫若十分信赖的《中国古今地名大辞典》对唐代的河西县既没有列全，对列出的三个所述沿革、地望又都不确。第一条云南的河西县始置于元，不始于唐。第二条河滨县是唐武德三年（620年）析同州朝邑县所置，贞观元年（627年）省，没有改过名。第三条的河西县本是唐戎州都督府所领宗州的属县，由于戎州都督府的辖境极大，根本不在宜宾附近，而在今云南境内。但宗州、河西县是羁縻州县，即使不被南诏攻陷，其长官也都是由当地少数民族首领充任，不会调杜甫去的。

谭其骧查了新、旧《唐书·地理志》和《元和郡县志》《太平寰宇记》等唐宋总志后发现，唐朝另有两个正县也名河西，并且就在长安以东三四百里之内。一个是武德三年（620年）分同州郃阳县所置，乾元三年改名夏阳县，故址在今陕西郃阳县东南40里。一个是河中府的附郭县，故址在今山西永济县蒲州镇，但初置于开元八年（720年），同年省，至乾元三年（760年）再置。所以杜甫于天宝末年（约755年）被任命的只能是前者，即在今陕西郃阳县东南的河西县尉，离杜甫当时所在地并不远。郭沫若将河西县错定在今四川宜宾一带，又断言杜甫不愿赴任是因为路远，怕艰苦，才不服从分配，宁肯在京师当逍遥派，显然是毫无根据的。

与这篇文章有关的另一件事，是丁东先生在《难以澄清的“谜团”》（载1998年5月15日《南方周末》）提出的：冯家昇夫人说“冯先生活着的时候，写过一篇研究李白身世的论文，后来，院长要看，派人取走之后，却署上自己的大名发表了”。此事引起了一场争论，但多少证明了一些事实。据白滨《应当澄清的“谜团”》（原载1998年9月16日《中华读书报》，转引自丁东编《反思郭沫若》，作家出版社，1998年12月版；以下同）一文称：

大约在1969年秋，民族所的人员几乎全部下了“干校”时，冯先生是特许留在北京，参加继续编制《中国历史地图集》（即“杨图”）的工作者之一。那时，郭沫若院长派人到民族所向地图组的专家们征询新疆古地名“碎叶”的准确位置和“条支都督府”的方位两个问题。冯家昇是地图组的主持人，即向来人谈了自己的看法。

冯铁侠《我可以澄清这个“谜团”》一文讲得更具体：

30年前，我在中科院院部机关（当时还叫“革委会”）工作，有机会经常同郭老见面。1969年10月的一天，我到郭老家里办事。郭老要我设法查准确唐代中亚碎叶和条支这两处地名今天的地理方位，这涉及李白的出生地。郭老恐怕我记不准确，就撕下一纸台历，在上面写了“中亚碎叶”和“条支”两个地名。当时于立群同志也在，她嘱咐我用郭老办公室的名义去联系。我随即与哲学社会科学部值班室通了电话。值班人员说，民族研究所有一个“图组”，负责搞唐宋元明清的疆界地图，可以听听他们的意见。我按照学部值班室的建议，走访了民族所的“图组”。待我说明来意之后，在场的几位同志都对郭老此时仍在从事学术研究，而且对历史地理方面的问题一丝不苟，深感敬佩。经过介绍，我知道了冯家昇先生是“图组”的负责人，工作进度是由近及远，刚做到明朝，还没有搞到唐代。冯家昇先生谈了他的看法，其他同志也时有插话。归纳起来，他们的意见是：中亚碎叶的位置在苏联哈萨克境内的老托克马克城，即今托克马克城以北15公里处；碎叶在条支国境内，条支国地域很广，相当巴尔喀什湖以南的一大片地区；条支国与条支都督府是两回事。我把这些意见扼要地记在郭老交给我的那张台历上，当晚向郭老做了汇报。冯家昇先生没有交给郭老任何文字材料，更没有提到过一部关于李白身世的论文。当天我交给郭老的，仍然那张郭老写过字的台历。

尽管冯家昇曾向郭沫若提供过论文的事尚无法证实，但郭沫若在确定碎叶和条支地望时的确征询过冯家昇的意见。不过正如有的文章已经指出的，不具备专业基础的冯铁侠能否凭在一张台历纸上记下的几句话向郭沫若汇报全冯家昇的意思，是值得怀疑的。而且事隔30年，他的记忆是否完整正确？如他所说不误，那么冯家昇只肯定了一个碎叶，并没有郭书中的两个碎叶说。至于条支的地望，以冯家昇的学识，似乎不可能提供这样的答案。莫非是郭沫若听了不准确的汇报就率尔下笔？这依然是个“谜团”。

谭其骧一生与郭沫若有过三次文字缘，第一次是郭沫若采用了他对《楚辞》中庐江地望的解释，第二次是谭其骧在对曹操的评价和对蔡文姬及其作品的考证提出了与郭沫若不同的看法，郭沫若却没有做出回应，这第三次却是在郭沫若的身后。不过，即使郭沫若还健在，大概也无法做出反驳的。就是反对谭其骧发表这篇文章的人，对这些“匡谬”的正确性也是没有异议的。

会见美国总统里根

1984年4月，美利坚合众国总统罗纳德·里根来中国访问，复旦大学是他到上海时的访问单位之一，学校闻讯后立即着手做各项准备。学校决定将谭其骧主编的《中国历史地图集》作为礼品。我们反映图集只出了五册，还有三册尚未出版，校长办公室和外事办公室认为，可以先送五册，其余三册可在出版后寄去。图集虽有精装本，但外面的硬纸套比较粗糙，也不美观，我们就定制了一批锦盒，每册装一盒。精装本中有一部分是我们所特制的“蝴蝶装”，全部用手工装订，可以保证每一页都能摊平。本想将蝴蝶装的图册放在盒内，但盒子取回后发现因蝴蝶装比一般精装稍宽，放不进去，只得仍用普通精装本。图集的第一册上由谭其骧签名。

此前不久，里根在国内遇刺，所以美国方面对他的访问提出了各种苛刻的保安要求，中美双方的保安人员对复旦大学进行了多次严密的检查，还要求参加接待的所有人员都要反复演习，做到万无一失。前一次的演习没有惊动谭其骧，校办将要求告诉我，由我转告他有关注意事项。4月28日是最后一次演习，上午我接到通知，立即去淮海路寓所将他接来。

谭其骧将参加的活动有两段：一是在物理楼接待室门口迎接，然后入座参加简短的欢迎座谈。一是在大礼堂主席台就座，参加里根的演讲会，会上将向里根赠送《中国历史地图集》，里根将与他握手致谢。自从1978年2月脑血栓形成引起半身不遂后，谭其骧左半侧行动不便，不良于行。他还患有过敏性鼻炎，有时会莫名其妙地大量流鼻涕，打喷嚏。平时他外出开会或活动时，一般都由我陪同，但里根来访时，限于严格的保安措施，我无法在场。第一段活动问题不大，因为等候时间较多，可以由其他人帮助他站到预定位置，由此就座的距离很近，座谈的时间也不长。比较麻烦的是第二段时间，因为主席台和休息处只允许有特号证件的人进入。除了在主席台就座的人以外，拥有特号证件的只有里根的一名贴身警卫、担任翻译的外语系教授董亚芬和穿着有复旦大学标志外衣的一名锦江饭店女服务员，连学校外办主任、美国驻上海总领事和中方警卫也只能在台下或门外。按规定，主席台上的人要与里根同时上台。谭其骧的座位安排在第二排中间，正在里根座位后面，就座时要跨上一级台阶。会议的时间也比座谈时间要长。那天我陪着谭其骧随众人从头到尾演习了一遍，他觉得除了进休息室前的楼梯和上主席台的几级台阶需要人扶持外，其他问题不大。为了以防万一，负责安排大礼堂座位的党委办公室副主任（后曾任中共上海市委常委、宣传部长）金炳华破例将我排在第一排中间，坐在一名中方保安人员和参加会见里根的几位教授之间，以便会议一结束就能及时照顾谭其骧，或者万一发生什么问题时能就近协助。金炳华手中的一份座位表上填着每个参加者的名单，到时必须完全符合。

在演习时，我们也了解了一些接待中的趣闻。美方要求里根使用自己带来的专用讲台，中方坚持应用复旦大学的讲台，后来双方妥协，因为美方的讲台较小，正好套在复旦大学讲台的后面，这样从台下往上看只见复旦大学的讲台，而里根站着演讲时只看到自己的讲台。讲台上方有一块浅色玻璃，一般以为只起防弹作用，实际可在上面用幻灯机打出数行讲稿，所以里根似乎是不念讲稿，出口成章，实际只是照本宣读。不过，由于玻璃上能打出的行数不多，所以得由专人控制，按他讲的速度显示。里根贴身警卫的位置安排在台上左侧的幕布后面，台下人看不到他，但却在里根的视线之中，据说如里根看不到他就会有不安全感，所以他们间的距离一般不能超过10米。美方要求在里根登台时拉上台前的幕布，待布置就绪后再拉开幕布，因为他们担心此时可能会出现混乱，中方认为让里根在这样的情况下出现不合礼仪，未予同意，同时保证安全绝对不会有问题，至于具体解决的办法当时不得而知，要待正式开会时才见分晓。

对于谭其骧的过敏性鼻炎，似乎没有任何控制的办法，因为这些年来已经用过不少治疗手段，都没有产生明显的效果。但有一点是可以肯定的，即与他自己的情绪有关，因为我发现有几次关键的时刻，他的过敏性鼻炎都不治自愈。如1982年9月召开国际学术讨论会期间，他的鼻炎曾发得很厉害，但轮到他做报告、参加宴会、主持会议时都没有事。特别是他做报告那天上午，进入锦江俱乐部的会场不久他的鼻炎就发作了，一时间无法止住，只能躺在后台休息室。但就在他做报告前不久，却奇迹般地恢复了正常。所以我们认为只要他事先休息得好，再服些预防的药品，就不必紧张。

30日上午10点1刻，我随学校的汽车到谭其骧家去接他。他已做好出门准备，那天他穿一套深色条纹花呢中山装，显得很有精神。回学校的路上又去长阳路明园村接经济系教授蒋学模，将他们送到第九宿舍51号休息。下午1点半，他搭苏步青教授的汽车去物理楼接待室。2点55分，里根来到接待室，复旦大学名誉校长苏步青、副校长华中一，谭其骧、蒋学模和章培恒等在门口迎接，由谢希德校长一一介绍。在接待室坐定后，谢校长致欢迎词，介绍复旦大学概况，里根致简短答词。然后里根去教室参观，谭其骧等去大礼堂，在主席台旁休息室坐候。

我按规定提前两小时进大礼堂，进门时每人都得通过安全检测仪，并接受个别检查。在礼堂中间，设有第二道安全线，只允许持有前排票子的人进入，绝大部分记者被挡在外面。我注意到，美国留学生被安排在这道警戒线之外右侧的座位，在他们的前后都坐着一排保安人员。据说有的美国留学生曾表示在里根来时要喊反对他的口号，为此谢希德校长事前专门找他们座谈，要他们尊重学校请来的客人，并要与其他学生一样提前两小时进场。

我在第一排中段坐下后，见左边几个座位还空着，这是留给参加会见的几位教授坐的，右边则坐着一位西装革履的我方保安人员，而当时大多数教师还不穿西服。这一排的左侧坐着一位女学生，显然已经过安全检查，因为她将上台向里根献花，所以一位美方保安和一位中方保安紧挨着她两边，连那束鲜花也作了过细的检查。美方的保安用小锤子在装地图的锦盒四边敲打，又将五册地图打开逐一检查，然后送上主席台。连放在台周围的盆花，也都用探条在盆泥中反复插过，自然不管这些花还能活多久。不久，在我前面的台边又站来两位高头大马的美国保安，直到会议结束。从第二排开始，坐着从外文、新闻、国际政治等系挑选出来的一批学生，他们是里根演说的基本听众。

近3点，一批美国人来到台前，在右侧前面几排就座，他们是里根的随行人员和美国驻上海总领馆的人员。3点过后，蒋学模教授等人来到会场，坐在我左边的几个座位，我知道会见已经结束。稍后，董亚芬在台上告诉大家，等里根到达时，她将用英语说“现在让我们热烈欢迎美利坚合众国总统罗纳德·里根先生”，大家就鼓掌欢迎。接着她说了一遍，听众都鼓起掌来。有了这次演习，大家以为在里根到来之前，她肯定先会说这句话的。可是过了不久，人们发现里根已出现在台上，等到大家反应过来发出掌声时，里根差不多已经走到了自己的座位前。不知这是不是就是中美双方事先商定的确保安全的策略？这时我见谭其骧已顺利地踏上这级台阶，向中间的座位走去。在第一排就座的除里根外，还有美国国务卿舒尔茨、中国文化部长朱穆之、上海市市长汪道涵、谢希德校长、苏步青名誉校长，坐在第二排的有美国驻华大使恒安石、中国驻美大使韩叙、上海市副市长阮崇武、复旦大学副校长华中一和谭其骧。

在里根发表演说后，谢希德致谢辞，然后向里根赠送《中国历史地图集》，并向他介绍主编这套地图集的就是本校教授谭其骧。这时，里根回过身去与谭其骧握手，谭其骧微微起身，伸出手去。美国和中国的电视摄像机同时摄下了这一场面，通过卫星和微波同步传输到世界和中国各地。

等里根一行一离开礼堂，我立即跳上台去，得知谭其骧在这几个小时中一切顺利，如释重负，他也说总算没有出什么洋相。休息了一阵，我就扶他出门，与蒋学模同车回家。

1985年我去美国，在介绍《中国历史地图集》时，不少人都说他们曾在电视中看到过谭其骧与里根握手。有的人并不知道复旦大学，但当我提起这件事时，他们就会说："噢，就是向里根总统送一套地图集的那所中国大学。"因为注意到那个场面的人远比听里根演说的人要多。

到1988年《中国历史地图集》八册出全时，里根已经届满离任，我们还是将其余三册寄往美国白宫转交给他。

流产的"路线斗争"

1982年6月4日，复旦大学中国历史地理研究所正式成立，谭其骧任所长，邹逸麟任副所长。这是中国高校中第一个经过教育部批准建立的历史地理专门研究机构，在成立大会上谭其骧提出了五年内完成《国家历史地图集》，十年内建成中国历史地理学科的发展目标。

实际上，教育部同意成立研究所的批文在1980年3月就下达了，却因为个别人的职位无法安排而拖延了两年多。3月22日上午，总支、系和研究室负责人先后来谭其骧家，商议了室改所后的人事安排，提出了让两位曾经担任过研究室实际负责人的教师担任所以下研究室的主任，而让邹逸麟担任副所长。这两位的目标是负实际责任的副所长，所以参加讨论的其中一位回家后就写信来，坚决拒绝。经过反复研究，学校一度同意了设三位副所长的方案，到10月间已决定在12月1日建所。但这两位都要担任负实际责任的第一副所长，彼此也毫不相让，建所计划首次推迟。到了1981年9月，学校再次考虑建所后的人事安排，3日下午在谭其骧家做了研究，10日下午谭其骧到校工会参加未来的所务会议，但其中一位本应出席会议的人拒绝到会。10月间，总支和系负责人又与谭其骧作了多次商谈，也多次找这两人做了思想工作，他们仍坚持各自的要求。谭其骧则明确表示，这两人虽以前担任过研究室的实际负责人，但根据他们在“文化大革命”中的表现、道德品质和思想作风，他们不适宜主持所的工作，他也无法与他们共事。1982年初，党委做出决定，研究所暂时只设一正一副，由邹逸麟任副所长。

研究所成立以后，这两人一直于心不甘，利用自己曾经担任过干部、人头熟的便利，通过各种途径反映意见，其中一位甚至不惜捏造事实，散布谣言，造成研究所人心涣散，工作无法开展的假象。新的总支领导也偏听偏信，放弃原则，准备向他们让步。1984年4月13日，总支负责人约见谭其骧，向他提出了以“学术假”的名义免去邹逸麟副所长职务，让这两人担任副所长。谭其骧对这一做法很不以为然，因为这样实际上就是将所务交给这两人领导了，所以他在19日向学校提出了辞去所长职务的请求。学校觉得谭其骧辞职不妥，同时这两人都是非所长不干，看来即使免了邹逸麟的职也解决不了问题。鉴于这样的情况，谭其骧认为，要从根本上解决所长领导人选，只能培养好接班人，让四十岁左右的人来接班，1985年10月他向副校长邹剑秋提出了自己的建议。

1984年5月，复旦大学中国历史地理研究所以优异的科研成绩被上海市人民政府授予上海市先进集体的光荣称号。但这两人和所内个别人却继续制造谣言，混淆视听。如研究所被评为市先进获得奖杯一座，他们就造谣说，还奖到一条地毯，邹逸麟领来后自己拿回家里用了。《肇域志》整理是国务院古籍整理出版规划小组下达的重点任务，几位参加者曾领过一次数额不大的津贴，他们就造谣说谭其骧每月领取干薪。由市政府顾问杨恺批准、市长汪道涵主持的一次招待云南省参加《肇域志》整理人员的宴请，被他们控告为“用公款吃喝”，发票拖了一年多无法报销。1985年夏，因外出工作不便，谭其骧在家中安装空调机，当时安装费用较贵，经学校批准在《中国历史地图集》的专项经费中报销了一部分安装费，他们就夸大事实，说谭其骧和邹逸麟滥用经费；又谎称我与周振鹤出国时每人都领了所里五百元钱，制造了一件“三个五百元事件”。其中一位又造谣：1985年提升职称时，谭其骧只提名我升副教授，却没有提与我同时取得博士学位的周振鹤，周得讯后到他家缠了一天，才将周补上。总支负责人非但不加分辨，反而认为研究所问题很大，谭其骧和邹逸麟不是一般性错误，而是依靠什么人的方向性、路线性错误。这样一来，那两人好不得意，他们一一访问有关教师，要大家支持他们出任所长。

到1986年初，所内已闹得沸沸扬扬。当时，我正在美国做访问学者，2月23日谭其骧给了我一封五页半的长信，告诉我：

一月初，□□□(总支书记)认为我们所内意见不一，群众有看法，要求做建所以来工作总结。先由党内交换意见，谈了两个下午。继由□(两人之一)、□(两人之一)二人来我家谈，□谈一个下午，□谈一个下午、一晚上，继由邹(逸麟)、□(党支部书记)、□(所长助理)在我家谈了一个总结初稿，又到所开一个由八九个人参加的总结预备会，交由邹写成文字，预定在三月初开学时由我向全所成员宣读。□(总支书记)先说总结目的在把今后工作做得更好，不在追究责任，但谈下来一看老邹所记稿子，我们上了大当。所内人心不一，许多人没有工作积极性，责任显然都在我和老邹的身上。我的罪名是圈子小，信任圈子内的人。邹的罪名是不民主，遇事不开会商量，独断独行。我的圈子是邹、葛为中心，其次(周)振鹤、(王)文楚。他们当我面攻击的目标是邹、葛、周，言下之意当然是说根源在我的支持。……总之他们那样名利居首，先私后公，对国家任务消极怠工，倒是无罪的，都是由于我和邹打击了他们的积极性之故。所内“群众”都是如此，所以他们的话是代表了群众意见。……现在我已决计约见李强(校党委副书记)，敞开谈一谈，把□造的谣揭穿，决不让他的夺权阴谋得逞。我自己同时要求引退，邹可能也得退。……此事大约本月底或下月初可见分晓。老实说，这个所交给□管决无好处，但眼前不能不如此。再者《大地图集》《历史辞典》二事毕竟得听我的，也不至于因我之辞去所长之职而发生太大变化。但今后留研究生势必不肯听我的话了。将来这个所若成为武大郎开店，如何得了！……□造谣说我先提名你当副教授，才提振鹤，鹤闻而来我家缠了一天，我乃再提鹤名。此谣乃吴应寿来拜年时见告。……我辈命中注定碰到□这种人，生气何用！

所幸学校党委及时制止了这场闹剧。2月24日，党委副书记李强、常委兼组织部长宗有恒和一位副部长应约来到谭其骧家。谭其骧详细汇报了“总结”的经过和那两人嫉贤忌能，先私后公，权力欲强及造谣生事的种种事实后，李强等当场决定：立即停止所谓“总结”，开学后也不必再作总结。所长仍由谭其骧当，或由另一人实际负责，改当名誉所长，但邹逸麟必须留任，不会任用那位造谣者。

这样的事情要是发生在拨乱反正之前的大学，那是不足为奇的。但时至1986年，在复旦大学这样一所重点大学中，对谭其骧这样一位正承担着国家重大科研任务、已有75岁高龄的知名学者竟还有人必欲将他这个所长搞垮而后快，并且居然能得到党总支书记的支持，就不能不使人感到心寒。

1986年10月，学校决定谭其骧不再担任所长，由邹逸麟接任，当时谭其骧正应日本学术振兴会之邀在大阪大学等单位访问。所里向学校提议任命谭其

1986年秋，与日本大阪大学教授斯波义信于奈良

骧为名誉所长，但迟迟未得到答复，因而又打了正式报告，要求校方尽快批复。又拖了几个月，得到了口头答复："现在老的退下来很多，不能都给名誉职务，给了谭先生，其他人不给也不行。"同时总支书记批评一位党员副所长参与提出这一要求是缺乏组织观念。谭其骧访日回国后，我们一直没有提及此事，他也没有问。记得在两三年后，他问我："要我当名誉所长的事，好像学校里没有提过？"我怕如实相告会引起他的不快，就含糊其词扯开了。1991年初，我随他去北京大学开会，一天闲谈时他说："看来学校里是不愿意我当名誉所长。"我默然无言，他见状，轻轻叹了一下，就不再说什么了。几年来，谭其骧尽管不再担任所长，但他依然关心着他亲手创建起来的这个学术机构和他亲自培养出来的这些学生，总是以他的声望和影响支持所里的工作和人才的培育。一个名誉所长，在他很多更大的头衔中实在算不了什么，但这联系着他30多年的事业，才使他一直挂在心上。他不会理解这种做法，在这一点上，他是带着深深的遗憾离开人间的。我至今也不了解其中的奥妙，但愿只是个别人的小心眼或官僚作风所致。

"诸葛亮躬耕地"风波

诸葛亮躬耕地在今湖北襄樊市的襄阳，本来是历史学界一致公认的，从来不存在分歧。但从80年代后期开始，有人发表文章，提出在今南阳市的卧龙岗才是诸葛亮的躬耕隐居地。1988年，邮电部开始发行《三国演义》系列邮票，围绕着第二组邮票中的"三顾茅庐"和"隆中对策"应在哪里举行首发仪式，襄阳和南阳之争公开化了。

1990年3月15日上午，谭其骧与华东师大历史系教授吴泽、简修炜，上海社会科学院历史研究所研究员方诗铭等16人出席了在上海人民出版社召开的诸葛亮躬耕地学术讨论会。谭其骧在会上说（据丁宝斋《谭其骧论诸葛亮躬耕地》，载丁宝斋主编《诸葛亮躬耕何处——有关史料和考证》，武汉大学出版社，1998年版）：

诸葛亮的躬（耕）地在南阳还是襄阳的问题，有人说是由来已久的问题，我认为这是向来没有疑义的问题。只要是学历史的，都会说诸葛亮躬耕地问题历史上没有悬案。诸葛亮说自己“躬耕于南阳”，这个“南阳”，不是指南阳郡郡治所在地宛（今南阳市区），而是指南阳郡管辖的一块地方。这块地方，就在今天的襄阳西边的隆中，离襄阳很近，而离南阳郡郡治所在地宛相当远。但在行政区划上，当时隆中属于南阳郡邓县管辖，所以诸葛亮说自己“躬耕于南阳”。

我看了一些文章（指1989年10月《集邮》和1988年4期《中州今古》等报刊主张“南阳说”的文章），那些反对诸葛亮躬耕地在襄阳隆中的说法，使人感到有些强词夺理。例如，记载诸葛亮躬耕地在襄阳城西20里的隆中，见于《汉晋春秋》。有些人竟说由于《汉晋春秋》不是正史，所以不能相信。我们学历史的人都晓得，正史不一定都可信，非正史不一定就不可信。一部史书算不算正史是后人定的。当初写历史的人，不是动笔时就说我写的是正史或非正史，不是正史就可以不符合历史事实。不是那么回事。写历史书的人总是认为自己写的是正确的。不一定正史全靠得住，非正史全靠不住。《汉晋春秋》的作者是东晋时的习凿齿，是相当有名的学者，他又是襄阳人，去东汉末年诸葛亮隐居隆中时不过百数十年，这么早的史料不可信，难道去汉末千数百年元、明以后的南阳府志，南阳县志倒可信吗？这怎么说得通呢？

习凿齿的《汉晋春秋》写得清清楚楚：诸葛亮故宅在南阳郡邓县之隆中，在襄阳城西20里。所以，诸葛亮在10年躬耕生活中，交往的人都是襄阳人，他不会老远跑到宛县去广交朋友。而且，宛县一带汉末是袁术占领的，诸葛亮不可能在那儿过隐居生活。襄阳当时是刘表的地方。刘表在初期没有介入军阀混战，所以诸葛亮有可能在那里度过号称10年的躬耕生活。他如果住在宛，那么老早就要卷入到战乱之中，不可能过躬耕隐居生活。

《水经注》讲得更清楚。《沔水注》：沔水又东迳隆中，历孔明旧宅北。亮语刘禅云：“先帝三顾臣于草庐之中，咨臣以当世之事”，即此宅也。这与现在的襄阳和隆中的地理位置是一致的。《水经注》是北魏郦道元写的，他写荆州地区那一部分所根据的材料，多数来自盛弘之《荆州记》。《荆州记》是一本很好的书，写得很详细很具体。说《水经注》这段记载靠不住，是说不过去的。

还有《元和郡县志》，虽然是唐朝人写的，但它保留了相当一部分唐朝以前的材料。它写道，襄阳城西11里有个山叫万山，是南郡的襄阳和南阳郡的邓县的分界处。所以谚云：“襄阳无西”，即一出城西11里，就到了邓县地界。这与《汉晋春秋》《水经注》等六朝时期的记载是完全符合的。

那么，什么时候隆中归属襄阳的呢？据我的推测，应在北朝时。因为邓县宋齐时犹存，至北周省。邓县既省，其地很可能便就近并入襄阳，所以唐初复置邓城县于故邓县，即改属襄州。唐邓城县至南宋初年又省入襄阳。另外，唐宋时期还有一些诗文，都讲到诸葛亮故居在隆中。总之，从六朝一直到宋代，没有任何史料说诸葛亮躬耕地在南阳宛县，都讲的是在襄阳隆中。

把诸葛亮躬耕地说成是在今日的南阳市内，即当时的宛县，这一说法是从元朝开始的。汉代南阳郡郡治的宛县，隋以后改称南阳县，元代又置南阳府于南阳县，所以元以后便有一部分南阳人把诸葛亮躬耕地附会为南阳郡治的南阳。但是，稍有历史知识的人，决不会相信南阳府志、南阳县志的这些话，而去否定六朝至唐宋时期历代文献上的记载。历史上常有过拉名人作本地人的风气。这个风气现在又盛起来了，而且越来越盛，许多地方都在为拉历史名人而打官司。南阳的同志写的几篇文章，读后很难让人信服，把不符合他们观点的史料，都说声"靠不住"，就予以否定了，这不是科学的态度。到底隆中在南阳的哪一个具体地方，他们又说不出来。

东汉的南阳郡是很大的。南阳郡的地盘绝大部分在沔水以北，但是隆中在沔水以南。主张诸葛亮躬耕于今日的南阳所提出的一条理由，就是南阳郡辖境不应延伸到沔水以南，而应全部在沔水以北。历史上的行政区划，不能简单地完全以自然山水为界来划分。南阳郡和南郡，这一地段基本上以汉水为界，但也有犬牙交错的地方。隆中在沔水以南，但它却归南阳郡管辖。历代行政区划基本上按自然山水为界而又有例外的情况是很多的。

关于《中国历史地图集》所绘东汉荆州刺史部隆中的辖属问题，由于当时参加编绘的人很多，我在审图时没有注意到。我郑重声明：《图集》东汉部分对此画得不太清楚，是有差错的，以后再版时要修改。但《图集》三国部分对此就画得很清楚。

我希望诸葛亮躬耕问题不要再争论下去了。

中午在越友酒家吃饭，饭后谭其骧为襄樊题词：

诸葛亮躬耕于南阳郡邓县之隆中，在襄阳城西二十里。北周省邓县，此后隆中遂属襄阳。

一九九〇年三月　谭其骧

到会的专家学者的意见完全一致。3月17日,上海《文汇报》刊登了这次会议的报道和谭其骧的观点。不久,《文汇报》收到南阳方面的不同意见,对谭其骧的观点提出异议。4月20日,《文汇报》将南阳方面的意见转给谭其骧。5月21日,谭其骧致函《南阳日报》周熠,在重申自己的观点的同时,明确表示:发展旅游与历史研究不同,南阳有卧龙岗,至少也是元明以来的古迹,完全可以继续成为诸葛亮的纪念地。据目前所知,周熠及南阳方面没有回信。

可是谭其骧根本不知道,在此期间已经有人干了一件见不得人的事,以致在香港和海外造成了恶劣影响。3月28日香港的《华侨日报》上刊登了一条"新华社3月27日电":

中国古典小说《三国演义》中,刘备三顾诸葛亮于草庐中的故事,至今还流传在大陆民间,当时诸葛亮躬耕地究竟在何处?日前在上海举行的诸葛亮躬耕问题学术座谈会上,专家们对因旅游景点的开发引起多年争论的上述问题,今获得一致看法。

著名的中国历史学家谭其骧教授说:根据他的考证,诸葛亮躬耕于今河南省南阳市(当时为南阳郡以南的邓县隆中,这地方邻近湖北省北部,在该省襄阳城西20里地,北周时废邓县,隆中曾属襄阳)。诸葛亮是181—234年间的三国蜀汉政治家、军事家,东汉末隐居躬耕,但仍留心世事,被称为"卧龙",207年,刘备三顾草庐即源于此。曾参加这次诸葛亮躬耕问题学术座谈会的有吴泽、方诗铭、张志哲、施宣圆、王界云等著名专家10余人。

这篇报道的依据是权威的"新华社电讯",自然不由人不信。可是,新华社根本没有人参加这次会议,事前事后也没有向有关人士作过采访,这条"电讯"却公然移花接木,将谭其骧和与会者的"一致看法"由湖北襄阳改到了河南南阳,而且肆意篡改了谭其骧的原话。要说这条电讯没有一句真话倒也未必,时间、地点和参加者的姓名完全正确,可见制造这条电讯的人并非无意出错。由于谭其骧是几个月后才得知此事,他又不愿再为此事多花精力,所以没有向新华社或《华侨日报》提出抗议,所以我也无法肯定,究竟是新华社发了这样的电讯,还是《华侨日报》制造了这条电讯。

《华侨日报》上白纸黑字登着的这条权威电讯当然会引起读者的重视,香港《明报月刊》7月号发表了署名容若的文章——《古隆中在湖北襄阳——驳谭其骧“诸葛亮躬耕于今河南南阳市”之议》。容若误以为谭其骧“意图翻历史之案”,所以对电讯作了逐点批驳,还在“结语”中写道:

在下对谭其骧教授过去的治学态度一向佩服,初看新华社电,不免产生怀疑,谭教授怎么会有这样的“考证”呢?但是,电文的白纸黑字,不由不信。纵然电文有疏漏,或报刊有误植,而“诸葛亮躬耕于今河南省南阳市”的结论已明确地提出来;即使不说隆中在南阳市区内,而说成是“南阳市以南的邓县”,同样是错误的。……

新华社电文有一句话,那是“因旅游景点的开发引起多年争论……”历史就是历史,何必因“开发”什么“旅游景点”而加以人为改变?个人的“考证”与十几人的附和(?)当作“多年争论”的学术问题“获得一致的看法”尤为尊重历史的学术界所不敢苟同。

《明报月刊》的古德明还专门写了一篇《编者的话》——《历史考证不能谓鹿为马》,强调“考证的目的不是哗众,而是辨伪。中国人似乎特别喜欢作伪,这风气在政坛上就演变为颠倒黑白,在学术上就形成无数疑窦。……一个‘不辨真伪’的民族是没有前途的”。尽管古氏没有点谭其骧的名,但矛头所指自然非他莫属。这两篇文章的发表足以证明,这条假电讯已经产生了多么严重的后果,可怜谭其骧本人还一无所知。

幸而谭其骧发表意见时始终在场的襄樊市文化局丁宝斋看到了这期《明报月刊》,并及时寄去了《错批谭其骧——容若〈古隆中在湖北襄阳〉一文的背后》一文。该刊了解真相后,即在第11期上发表,并致函谭其骧道歉。对自己竟曾在香港蒙受如此不白之冤,谭其骧只是一笑了之,他认为既然已经纠正了,还有什么好追究呢?

可是谭其骧万万没有想到,在他去世以后,还会有人在这件事上做文章,把污水泼在他身上。1995年11月2日,《中国青年报》刊出李庚辰的文章《何必辨襄阳南阳》,在“何必辨”的旗号下,公然声称能证明诸葛亮的故居在南阳的资料有一大摞,事关两千万人民的利益。接着就指责一些人“经人一请,宾馆一住,据说只用‘讨论’了那么几天,就有‘老权威’一锤定音”,“那被称作能够‘一锤定音’的‘老权威’不是别人,竟是一个名叫谭其骧的老先生”。然后他又讥讽谭其骧“不自量力无事忙”“稀里糊涂沦为人枪”“其‘权威’水平恐怕距离‘一锤定音’尚存在不小差距”“不知这位谭先生自我感觉如何”？

我因从来不看这份报纸，根本不知道有这样一篇文章，但看到的师友无不极为愤慨，四川大学历史系方北辰教授不仅写信给编辑部表示抗议，还给我寄来了这篇奇文的复印件。我一度想向法院控告，但自知花不起打官司的时间和精力，所以还是致电该版面的负责人，要求发表我的反驳文章。为了既说明事实真相，又不使李庚辰过于难堪，我接受编辑的建议，尽量以平和的语气摆事实，讲道理，并且用了《是历史学家的责任吗》作为文章的题目，以主要篇幅讲了在各地“旅游开发”中历史学家与当地官员应有的态度。此文于1996年2月7日在《中国青年报》发表。尽管编辑又对我的文章作了删节，李庚辰居然还坚持要在我的文章中插入他的“说明”，强词夺理。如在我文章中“说什么有人‘经人一请，宾馆一住’”后面加了一个括号：（李庚辰先生说明，此处另有所指，而非针对谭其骧先生——编者按）但读过他原文的人都知道，这些话都是连着一起说的，而被点名的只有谭其骧一人。又如，在我说明“襄樊市有关方面在上海召开学术座谈会，谭其骧与华东师大、上海社科院十余位学者到会”后面又加了括号：（李庚辰先生称，除了上海人士，也有外地人士与会，他们不能不住宾馆——编者）事实是，到会的16人中没有一位是来自外地；而且即使有人住宾馆，这与谭其骧有什么关系？退一步说，李庚辰连谭其骧已逝世三年多，生前是中国科学院院士、中国历史地理学的权威这一点都不知道，对这一点总该认错吧！可是，他从来没有向我或谭其骧的家属表示过丝毫歉意（包括通过该报编辑），所以我们没有理由原谅他，还应该请他扪心自问，写此文究竟是出于什么动机？

名人的另一面

1956年谭其骧就开始拿302.5元的月薪，但他在经济上一直并不宽裕。在这份高薪中，他要拿出相当大一部分，先后用于奉养母亲，资助曾经供养他读书的姑妈、经济困难的三哥和内弟、其他有急难的亲友。“文革”中他得知老友谢兴尧每月只领得生活费60元，“岁云暮矣，天寒地冻，煤米维艰”，立即寄去

20元,“区区仅表心意”,因为这钱“乃私房钱所积,小金库无多也”。

谭其骧的“小金库”确实很小,因为家里的财权由李永藩掌管,在固定的资助之外,要她再同意额外支出就很不容易,并且往往是她与谭其骧发生龃龉的根源。“小金库”的来源是一些零星稿费和有限的工资外收入,但一旦被李永藩发现,就会被全部没收。1980年李永藩中风后,谭其骧发现家中竟然毫无积蓄,问李永藩,也讲不出个所以然。以后李永藩患了老年性痴呆,记忆更不清。她本来随身带着一把抽屉钥匙,有一天突然说要交我保管。我只能阳奉阴违,接受后再交给谭其骧,但打开抽屉,里面空空如也。1985年春李永藩临终前一个月,把我叫到床前,说:“我有钱,我要告诉你。”可是等了老半天,她又哭着说:“我忘了放在什么地方,我实在想不起来了。”我安慰她,劝她不要急,什么时候想起了就让家里人打电话叫我来。过了几天我去看她,她又拉着我的手说了同样的话,但依然说不出具体情况。李永藩去世后,复旦家属宿舍里有人传言,说她的腰带里发现有不少存折,实际根本没有此事。我曾为她开了学校证明到附近几家银行查找,也没有任何发现。

1978年我师从谭其骧时,他还是大家眼中的高薪阶层,因为我们一般仅50多元工资。但当了他的助手后,我逐渐发现他的收入与他应有的地位越来越不相称,他的开支也越来越紧,这位誉满海内外的学者、复旦大学的名教授不仅在社会上得不到应有的尊重,就是在本校也往往遇到不愉快的事。

1983年夏天,为了集中时间修订《中国历史地图集》,我陪谭其骧住在学校外宾招待所工作。开始几天,正好校长在招待所开会,就与她一起用餐。几天后会议结束,在小餐厅用餐的就剩下谭其骧与我,伙食明显差了,很少有适合他口味的菜。一次他忍不住问管事的:“怎么现在伙食这么差了?”此人反问道:“差吗?你们的伙食标准本来就是这样的,前几天是校长在这里,又不是为你们做的,总不能一直这样。”在以后的一个月间,这位管事和服务员那种不冷不热的态度,连我也觉得难以忍受。我怕影响谭其骧的情绪,总是尽量淡化他们的态度,内心却有说不出的滋味。

1987年7月31日,日本和歌山大学滝野邦雄副教授来访,上年谭其骧访日时曾得到他的帮助,谭其骧请他吃饭。考虑到滝野是研究中国史的,又懂中文,谭其骧特意请他到城隍庙老饭店就餐,品尝一下有上海特色的菜肴。可是拿起菜单却大失所望,于是就问服务员:“没有你们的特色菜吗?”那位小姐打量了他一下,回答倒也爽快:“怎么没有?你吃得起吗?”说罢就报了几个菜名和价格，在谭其骧听来即使不是天文数字，也是完全出乎意料的，的确吃不起。结果，这顿五菜一汤的饭不仅“味平平”（日记），而且菜中的肉丝已变味，宾主的兴致自然高不起来了。

有一次，谭其骧说起螃蟹太贵，想吃也吃不起。我说：“你都吃不起，还有谁吃得起？螃蟹再贵，你想吃总可以买两个吧！”原来他家里一起吃饭的人大小九口，家人要单独给他准备什么吃的，他总是不愿意，说要吃就大家一起吃，但要九个人一起吃一次螃蟹，他的确花不起这个钱了。

谭其骧从1956年起住四大一小五间房间、厨房和卫生间独用的一套住房，“文革”中被挤占了两间。1974年底给他“落实政策”，让他搬到同一宿舍一套二大一小的独用房内。1980年初，上海市拨出一批新建住宅，以应高级知识分子落实政策的燃眉之急，谭其骧迁至淮海中路1753号102室。这套住房的三个房间合计59平方米，没有厅，住着一家三代及李永藩一位已退休的弟弟、保姆共七口，逢到过年、暑假儿孙来时人更多。谭其骧将最大的一间用书橱一分为二，里面约10平方米作他的书房兼卧室，外面14平方米做会客室和放书橱，晚上还要供家人睡觉，而在另外两个房间中也放着他的书橱或书架。尽管学

1987年5月13日偕李埏、邹逸麟访施蛰存摄于其寓所阳台

校及有关领导曾多次向上级报告反映，市政府领导也曾做出批示给他子女另配了一间房子，但根据上海和学校的具体规定，他作为一位教授，不可能分到更大的住房了。

他的书在书房中放不下，只能放在其他房间，他习惯工作到深夜，有时要用其他房间的书，但儿媳已经睡了，不便进去，只能等明天再说。由于没有放书的地方，他的书架只能往高处发展，书籍也重重叠叠，拿起来很不方便。晚上拿书时，他不止一次摔倒在地。有一次深夜拿书时倒在地上，家里人都睡了，他不愿意叫他们，但怎么也爬不起来，后来挪到沙发边上，才慢慢站了起来，花了20多分钟。罗竹风教授看到他家的情况，听他讲了深夜工作的不便，曾专门写了一篇杂文，发表在《新民晚报》上。

他的书房兼卧室只能放下一张小书桌，桌上总是堆得满满的。他的头绪多，加上记忆力渐渐衰退，经常找不到东西，有时为了寻找一篇稿子、一封信花费很多时间，有几次专门让我帮他找。1982年10月我随他去昆明开会，住在园通饭店，房间里有一张很大的办公桌。他感叹说："什么时候我家里能放得下这样一张大书桌，我的东西一定不会找不到了。可惜不在这里做事，这样大一张桌子派不了用场。"1980年后我作为他的助手，经常要到他家去，但他一开始就对我说："实在没有办法给你放一张书桌。"实际上的确没有任何放书桌的地方，所以我只能将他要我办的事全部带回家去做。有几次因急于要抄写文稿或拟信件，只能等他午睡时用他的书桌。1982年春，我随谭其骧到四川大学历史系拜访徐中舒教授，看到徐先生的工作室旁有一大间助手的办公室，他不胜艳羡，说："要是我也有这样大的房子，你就可以一直在我身边了。"

眼看扩大住房无望，书又在不断增加，他家不得已在阳台与围墙间小院内搭了一间小屋，放了10个书架。这间小屋自然是违章建筑，又挡住了邻居园内的阳光，引起邻居不满，要求房管所下令拆除。谭其骧无奈，除亲自上门向邻居道歉外，又将屋面拆至围墙以下，才把此事拖延下来。他逝世后，我和他家人清理他的藏书，发现小屋阴暗潮湿，闷热难当，书架间挤得难以转身，一些书籍发霉生虫，很难想象他在世时是如何使用这些书籍的。

谭其骧迁居淮海中路的原因之一，是因为那里离他日常看病的华东医院较近。但他没有想到中风以后始终未能恢复正常，出门仍离不开车。他当选为学部委员以后，学校就明确规定他随时可以向车队要车，费用由校长办公室结算。但他要车时却经常遇到麻烦，有时说派不出车，有时要他自己叫出租车报销。那时出租车还很少，开始他的“特约乘车证”还管用，不久就不大灵了，常常叫不到出租车。有时去医院时叫到了，等看完病后却叫不到，只能坐在医院等候。眼看有专车的人走了一批又一批，他只能让陪同的人不停地打电话找车。我得知后，曾请校长办公室出面要车队派车，果然有效，但总不能每次都找校办呀！家中觉得长此以往实在不便，就从郊县购买了一辆三轮坐车，由家人踩了送他就医或外出。可是由于车不是在市区买的，领不到牌照，随时有被交通警拦下罚款的可能。车辆的质量也大成问题，有一次去医院途中，车轴断开，车座倾倒，将他翻在地上。所幸他没有受伤，但只得慢慢步行回家，那天天气闷热，到家时他已气喘吁吁，大汗淋漓。

1981年秋，我随谭其骧去陕西师大参加学术会议，有一次史念海先生对我说：“你知道谭先生以前出门要带什么东西吧？光抽烟的就得有好几件：香烟、烟盒、烟斗、板烟、雪茄、火柴、打火机，要不你这个助手更难当了。”我听了觉得很奇怪，因为从1978年夏研究生入学口试在龙华医院的病房中见到他起，我从来没有看他抽过烟。以后才知道，原来他的确曾以烟瘾重出名。

谭其骧说他年轻时就开始抽烟，以后读研究生时养成了夜里写文章的习惯，烟也越抽越多了。不过他说自己并不能算烟瘾最大，“我至少不会像林语堂那样在课堂上抽烟。”至于戒烟的过程，他说非常简单：60岁那年支气管炎越来越严重，冬天气喘得晚上不能躺下，只能坐在床上过夜。医生问他是要命还是要抽烟，说只有戒烟才能治好病。他就此把烟戒了，以后再也没有抽过。我问他：“听人说戒烟很难，你用了什么方法？”他说：“什么方法也没有，说戒就戒掉了。”

谭其骧曾以酒量闻名，年轻时有过好几个醉酒的故事。1946年复员离开遵义时，他曾创下一次喝一瓶陈年茅台的纪录。他最后一次醉酒是在1963年，苏州大学的柴德赓教授来上海，他在文化俱乐部宴请。由于喝多了，又喝了两种酒，与柴德赓分手时他已酩酊大醉，从3路有轨电车上下来就再也支持不住，就地坐在站头上。当时耳听得一批批上下车的人在说“这人醉了”，却一点力气也没有，过了好久才半醒着回家。但快到家门口时又来了醉意，在门口坐到半夜才进屋。从此他决心戒绝烈酒，30年间一直只饮啤酒，偶尔喝些绍酒，数量也很节制。

虽然谭其骧从50年代就与高层人士时有工作上的来往，也参加过不少重要会议和重大活动，但他注意的只是自己应该说什么、做什么，所以对学术以外的知识往往还不如我们这些人。1982年10月，他去昆明参加《肇域志》整理工作会议。由于这是国务院古籍整理出版规划小组的第一项重点任务，会前又曾由国务院办公厅通知云南省政府，省府对这次会议相当重视，在开幕的15日晚上由省长出面安排了一次电影招待会。当天下午的会议结束后，谭其骧到云南大学宿舍访问了李埏和方国瑜，5点多又到了暨南大学的同学江应樑家，由江与方国瑜做东宴请，作陪的还有他的老友周咏先。故人聚首，分外热烈，我虽知已过预定时间，也不便催促，饭后到达小影院时已近8点，场内陪看的观众已恭候良久。等他在第一排沙发上坐定，电铃就响了，电影随即开映，他对我说："还好没有迟到。" 我听了暗笑，就对他说："今天你到得再晚也不会迟到，你不来，电影是不会放的。" 他还觉得奇怪，问："有这样的事吗？"

谭其骧在上海这个大城市生活了几十年，但对现代物质文明却相当陌生，到了80年代，他依然保持着自己长期延续的生活方式。他爱看昆剧、京剧和一切地方戏，但配他胃口的戏越来越少。中风以后出门更不方便，坐公交车不仅上下不便，而且上车后难有人让坐；叫出租车又嫌太贵，所以看戏的次数日益减少。年轻时他也看电影，但晚年基本不看，一般只是外出开会时才偶然看看。电视节目中他看的主要是戏剧，但还是愿意"听"，而不是"看"，他一直说戏是听的，不是看故事，不必有情节，而新的电影和电视片节奏太快，看不懂。有时他也看电视连续剧，看了总说"没有意思"，有时看着看着就在椅子上睡着了。但也有例外，他看了日本动画片《聪明的一休》就觉得很有意思。他每天看几种报，所以常常抱怨看报花的时间太多，但第二天还是看，出差回家还要补看。我建议他听新闻广播或看电视新闻，他说不行，听的总不如看得清楚。

1983年上半年，他有几次睡得很迟，有时保姆早上起来准备出门买菜，发现他还没有睡。我问他为什么要干得那么晚，他说并不是想睡得那么晚，常常是手表停了不知道，还以为不太晚。因为他中风后手指不灵活，没有劲，拧不紧发条，手表经常停。我建议他买一个电子表，他说他看惯了指针，看不惯数字，我说电子表也有指针的，他说从来没有听说过。6月17日，我替他在淮海路陕西路口的钟表店里买了一块68元的电子表，他感到很满意，从此再没有换过。

第十六章

最后的奉献

1977年11月下旬,《中国自然地理》编委会决定《历史自然地理》分册在上海定稿。原来选定的地点是南汇县,但袁樾方和王守春(中国科学院地理研究所)去后发现条件太差,交通不便。这时,中国科学院地理研究所的郭敬辉、瞿宁淑等已经到达上海,谭其骧与瞿宁淑商量后想改在复旦大学开会,但校方表示无法解决伙食。最后通过华东师大的陈吉余联系,决定到华东师范大学留学生招待所开会。先后参加会议的有杭州大学地理系的陈桥驿,中科院地理研究所的王守春、张丕远,陈吉余,北京大学地理系的侯仁之和复旦历史地理研究室的邹逸麟、张修桂等,到1978年1月30日才结束回家。

这两个月间,由于还有其他工作和活动,谭其骧经常乘公交车往返于华东师大和复旦大学之间,他毕竟快满67岁了,繁忙的活动和来回奔波使他感到"疲极"(日记)。如12月1日下午参加刘大杰(复旦大学中文系教授)的追悼会,2日下午参加在泰兴路的市政协学习会,11日与吴斐丹(复旦大学经济系教授、九三学社复旦分社副主委)等讨论民主党派工作,12日由学校外事组安排,在国际饭店会见香港《大公报》副总编陈凡。14日下午,他与李锐夫、李春芬、陈涵奎、吴景祥、钱宝钧、谈家桢等参加了由江华主持的座谈会,谈政协今后如何开展工作。25日起多次列席上海市七届人代会,29日下午回校主持北京钢铁学院教授柯俊的报告会,1月10和11日两天讨论研究室的发展规划,14日去泰兴路参加市九三学社的传达会,15日由政协组织去南汇县参观大治河工地,17日参加老友束世澂(华东师大历史系教授)的追悼会,18日和19日以全国人大代表的身份列席市革会全体会议。此外,他还要接待不少来访,复信,修改别人的文章等,花去的时间相当可观,但定稿工作也不能耽误,自然更加紧张了。食堂早餐供应时间有限,使他不得不比在家中早起,但他习惯于晚睡,又不能不在晚上工作。伙食不能算差,但菜较油腻,又多猪内脏,对患高血压的他就很不利。1977年12月15日天气奇热,谭其骧从下午起患热伤风,到17日尚未痊愈,又转为咳嗽。18日是星期天,他回家,但白天访客不断,晚上李永藩以他长期不在家为由,提出要随他去华东师大住,吵闹到12点。种种原因使谭其骧心力交瘁,已经到了发病的边缘,不幸的是,他和家人、同事都没有丝毫觉察。

“我不会死，我还要好起来继续工作的。”

1978年1月31日下午，中共上海市委在锦江小礼堂召开文艺、哲学社会科学工作者座谈会。这是粉碎“四人帮”后上海文教学术界的一次重要会议，由市委宣传部长车文仪主持，中宣部长张平化和市委书记彭冲讲了话，复旦大学有党委第二书记王零，周谷城、郭绍虞、漆琪生、胡曲园、蔡尚思、谭其骧等教授和借调在党委办公室的历史系教师李华兴参加。会上发言的有吴泽、漆琪生、王个簃、袁雪芬、巴金、孟波、丁善德、秦怡等知名人士。由于发言的人多，谭其骧没有机会发言。会后又招待看了英国、法国两部电影。他对电影没有兴趣，又感到很累，想早点回家休息，但没有车，只能等大家看完后一起走，到家已11点多了。

2月1日上午，谭其骧一早就到研究室，向全室人员传达了两个月来的工作成果和存在问题。结束时他已感到非常疲倦，但李华兴来找他，说因他昨天没有发言，请他谈谈参加会议的体会。他不好意思推辞，谈完后已近11点。他挟着几册新领到的《中国历史地图集》回家，只觉得脚步越来越沉重，刚走进第九宿舍的大门，左腿就不听使唤，手里的地图也拿不住了。旁边有人发现，急忙将他扶回家去，他已说话不清，口角流涎。家人赶紧到谈家桢家打电话叫来校车，将他送往第六人民医院，在急诊处确诊为脑血栓形成。

经抢救，他的病情稍稍稳定，但2月10日发现患了急性阑尾炎。动手术后，17日又出现溃疡，大便出血。24日替他作胆囊造影，发现了空肠瘘，只能停止进食，在小腹左侧插管进营养液。由于每天出血、流液不止，仅靠营养液无法维持，病情日益严重，医生多次会诊，难以确定治疗方案。最后决定动手术，又因他突患肺炎而作罢。3月6日，瑞金医院医师董方仲决定不开刀，用保守疗法，改用鼻饲营养，终于见效，至中旬肠胃病基本痊愈，刀口愈合。

在他病情险恶的时候，他还念念不忘自己的工作。当他还没有脱离危险，躺在病床上接受输氧、输液时，陈桥驿去看望他。听到陈的话音后，处于半昏迷状态的谭其骧居然用轻微的声音开口说话：“桥驿，请你转告杭州的老朋友们，我不会死，我还要好起来继续工作的。”他正是以自己坚强的毅力战胜疾病，顽强地生存了下来。但由此治疗并发症延误了脑血栓后遗症的治疗，使谭其骧从此半身不遂，左半边肢体的活动能力丧失了一大半。3月底起用针灸治疗，5月3日转至龙华医院，改用中医中药，但收效不大。考虑到今后的工作将大受影响，谭其骧的情绪一度低落，当年10月30日他给周一良的信中写道：

弟二十余年来始终置身于集体工作中。集体著作不能尽如吾意表达，有时甚至发现显著错误亦不克改正，其间个人读书有得，又绝无时间整理成文。近年《历史地图集》已付印制，今春《中国自然地理·历史地理》编撰写审稿初步结束，方谓今后当可逐步脱身于集体工作之外，尽我余年，从事撰述矣，不意竟于审稿结束后二日，今年二月一日中午，罹此中风恶疾（西医谓之脑血栓形成）。二月中旬又因神经中枢混乱对肠胃失去控制，发生应激性溃疡及空肠瘘，每日大量出血并流失胆汁胃液，至二月下旬三月上旬，病势危急，几乎不起。赖组织重视，大力抢救，三月中旬以后方得逐步转危为安。但以治肠胃出血与治瘫痪有矛盾，方肠胃出血有性命之虞时不得不置瘫痪于不问，迨肠胃愈合，乃转而顾及左半身瘫痪，则为时已晚，故恢复进度相当迟缓。自春组夏，略为好转，自夏入秋，遂停滞不进。至今左腿踝关节及脚趾不能活动，扶杖而行，仅能走百十步，即不再能举足离地。左臂仅能举起七八十度，不能平举，更无论高举。左手不能紧握，更无论操作。因此生活迨不能自理，赖儿女更番来医院相伴护理。自得病至今已九阅月，仍不知何日始能出院，何日始能部分恢复工作。江南房屋无取暖设备，医院亦不例外，病体畏寒，冬季更不知如何渡过。

根据近三四个月进展情况看来，今后若不出现一近乎奇迹的飞跃发展，此生大抵已无行动自如之望。为学虽主要靠头脑，然架上图书不克抽阅，箧中旧稿艰于检理，则欲求有所撰述，其可得乎？足不能登火车飞机，加以生活不能自理，则不可能出游外地。惠书谓“不知何日始克把晤”，此事弟已无能为力，只得期待吾兄之南来矣。

弟素性乐观，医院中病友亦颇以此见许。只以迩来数月不见进展，故不免悒悒。自知病中不宜如此，其奈无法开怀何？

以后又转至华东医院，因进一步康复无望而出院，前后在三家医院共住院一年又八个月。不过谭其骧并没有长期悒悒，在病情基本稳定后，他面对现实，努力使自己适应半身不遂条件下的生活和工作。实际上，从1979年他就开始去外地开会，到1991年10月他最后一次发病，他的足迹北至长春，南至中越边界，西至昆明，东至日本列岛，并曾经在我们的扶持下登上长白山天池，乘火车飞机上百次。他不仅依然“有所撰述”，并且完成了上百万字的成果，仅编入《长水集续编》的就有38万字。

“你们应该超过我”

1977年底，谭其骧得知国家将恢复研究生入学考试，已准备招收研究生。1978年招生时，报考者相当踊跃，经初试后，周振鹤（福州大学探矿专业1963年毕业生）、周曙（南京大学历史系1967年毕业生）、杨正泰、顾承甫（均复旦大学历史地理专业1967年毕业生）和我有幸参加复试。7月的一天，我们去龙华医院的病房参加口试，我第一次见到谭其骧。他原计划招生两名，但考虑到急需人才，考生的基本条件都能合格，就决定将五人全部录取。

新中国成立后，谭其骧能全力从事教学的时间很少，只招过三位研究生：中国科学院地理研究所的钮仲勋，1953年毕业于复旦大学历史系，1957年成为中国科学院地理研究所的在职研究生，由谭其骧指导，1962年毕业。他一直在地理研究所工作，后以研究员退休。胡菊兴，女，1958年毕业于复旦大学历史系，同年录取为研究生，毕业后留研究室工作，后提升为副教授，现已退休。史为乐，1964年毕业于复旦大学历史系，同年录取为研究生，1967年毕业，分配至中国科学院历史研究所工作，后任该所历史地理研究室研究员，现退休。谭其骧长期不能多招研究生的另一个原因，是研究生的招收一直没有实行真正的自由报考，往往需要首先由党组织根据“政治条件”决定，导师没有挑选的余地。所以谭其骧对这次招收研究生非常重视，希望在晚年找到合适的接班人。

我们在当年10月入学时，谭其骧还住在医院，但他坚持要给我们讲课，第一堂课就是在华东医院的大厅中讲的。由于厅堂高大宽敞，来往人多，声音嘈杂，他讲得很累。从第三次起，才通过在辞书出版社工作的朱芳向出版社借了一间在医院附近的房屋作为课堂。除了上课，他还要接待我们的单独问学，审阅、修改我们的习作。当我写了一篇关于清初地图测绘的文章送到龙华医院他的病房时，他正在接受头针治疗。见到他的头上插着好几根银针时，我放下稿子就告辞了，他却留住我，仔细地问了有关情况。我不忍看着他这样多说话，再次告辞，他又挽留，说："你别看我头上扎着针，其实没有什么不舒服，反正又不能做其他事，正好跟你谈谈。"

1980年底，我在《历史教学》上看到几条《中国历史大辞典》的试写条目，其中"北京"一条引起了我的兴趣，因为正好我的笔记中记着魏晋南北朝的几条有关地名称"北京"的资料，我对了一下，发现都没有被引用，就去告诉了谭其骧，却不知道"北京"一条就是他写的。他听到后很高兴，要我写成一则札记，说要交给《中国历史大辞典通讯》刊登，以引起大家的重视。《通讯》第2期果然登了这条札记，还同时发表了他给编辑部的信：

中国历史大辞典通讯编辑部：

葛剑雄同志是我的研究生，他近来阅读魏晋南北朝史料，发现了四条关于"北京"的资料，都是我所写的、刊登于《历史教学》1980年第7期上"北京"一条中所没有提到的。他跑来告诉我，我听了很高兴，特意要他写成札记一条，兹随函附上，即以推荐给《通讯》，希能予以刊出。今后"北京"一条定稿时，我准备把这四条资料都收进去。那期《历史教学》上选登了历史地理十五条，现在已有三位同志对我们的辞条内容提了意见，都或多或少能帮助我们提高质量。由此可见，编写辞书在正式定稿之前，先通过某种方式让辞条与读者见面，广泛征求读者意见，确是一个好办法。

敬礼

谭其骧　三月四日

他认为《通讯》是内部刊物，看到的人有限，又让我将札记在《历史地理》上发表，在修订《辞海·历史地理分册》和《历史大辞典·历史地理分册》定稿时，他都在"北京"一条中增加了这四条资料的内容。

我们五人中，周曙因家庭急需照顾中途辍学，回浙江长兴县原单位工作，后任副县长等职；其余四人于1981年毕业。我已于此前一年担任谭其骧的助手，留研究室工作，杨正泰也留室，顾承甫分配去出版社。1982年初首批博士研究生招生，周振鹤被谭其骧招为博士生，我被录取为他的在职博士生。1983

年8月，周振鹤与我经教育部批准，提前通过论文答辩，10月获得历史学博士学位，为全国文科首批。

10月19日下午，学校为授予茅诚司名誉博士和我们两人的博士学位，在数学系礼堂举行了隆重的仪式，由学位委员会主席、名誉校长苏步青主持，校长谢希德讲话并颁证，年高德劭的朱东润教授代表教师致贺词，国务院学位委员会的负责人也参加了仪式。当我们从谢希德校长手中接过博士证书后，向坐在台下第一排的导师谭其骧深深鞠躬致谢。仪式结束后，记者为他和我们在一起合影留念，这张照片次日刊登在《解放日报》上。那天谭其骧异常兴奋，因为这也是他培养的第一批历史地理专业的博士。1985年恢复职称评定后，周振鹤与我被评为副教授，1991年我们晋升为教授，1993年被批准为博士生导师。

1982年，谭其骧招收吉林大学历史系考古专业毕业生王妙发为硕士研究生，次年又招了本校毕业的郁越祖和卢云（入学后分别由邹逸麟、吴应寿任副导师）。此后他专招博士生，先后被录取的有：王妙发，后改为中日联合培养，去日本大阪大学学习，现任日本和歌山大学教授。卢云，现在美国工作。刘统，山东大学历史学硕士，后任中国人民解放军军事科学院大校研究员。王新民，南京大学历史学硕士，研究所在职生，现任暨南大学教授。曹树基，南京农学院农学硕士，现任上海交通大学历史系主任、教授。吴松弟，本所硕士，研究所在职生，现任本所长、教授。张伟然，湖南师大地理系研究生毕业，陕西师大历史学硕士，现任研究所教授。靳润成，天津师大历史学硕士，获博士学位后去华东师大地理系作博士后研究，出站后回天津师大任教授、校长、天津市教委主任。其中吴松弟由我任副导师，张伟然、靳润成由周振鹤任副导师，都是在谭其骧逝世后毕业获学位的。

谭其骧对研究生采用启发式教育，除了讲授历史地理要籍如《禹贡》《汉书·地理志》及历代正史地理志外，一般不上什么专业课，但他非常欢迎学生主动提出问题，或与他谈自己的见解，往往一谈就是一两个小时。不管工作多忙，只要有学生来，他总乐意接待。谭其骧常说："好学生不是教出来的。你们得靠自己学。"这固然是他的自谦，但的确表明了他的观念，因为他认为，对研究生来说，主要是培养能力和见解，而不是一般性的传授知识。他对学生的论文看得很仔细，博士论文一般都有一二十万甚至三四十万字，为此他要耗费大量时间，但他总是说："我这个老师是很不称职的，平时教得少，只能在论文上把一下关。”有几位博士生的学位论文在完成前都有过重大修改，就是出于他的指导，答辩和发表后证明，他的意见是极其重要的。他不仅看自己指导的研究生，每年还有不少其他导师或其他学校送来的学位论文，他也都如此认真，一篇博士论文都要看一两个星期。有时我看他实在忙，就建议他简单翻翻算了，但他宁可只看其中的一部分，并且在提意见时加以说明，也不愿意草草了事，敷衍应付。

他最关心的是学生如何超过自己，所以每次听到与他不同的意见，或对他的论著提出批评，总是加以鼓励。张伟然当谭其骧学生不久，曾与他谈到自己对洞庭湖演变过程的一些看法与张修桂发表的论文有所不同。事后张伟然得知这篇论文就是谭其骧的观点时，颇有些紧张，问我有没有关系。我告诉他，只要言之有理，就是直接反对他的观点也没有什么关系，要是提错了，他也会指出你的问题所在，我们与他在学术问题上的争论是常有的。谭其骧说：“我当然应该超过钱大昕、王国维，你们更应该超过我，要不，学术怎么能进步？”

对学生提出的问题，谭其骧经常用书信的方式答复，你劝他：“写信太花时间了，还不如打个电话找他们来，当面说一下省事。”他说：“学校里过来路远，他们的时间也花不起，还是我写吧。”他一生中的最后一封信就是写给博士生靳润成的，是为了答复他的论文大纲，长达1 400字。

明知不可为而为之：
编绘《国家历史地图集》

1982年，当《中国历史地图集》刚开始出版，不少后期工作还有待完成时，一项新的更艰巨的任务又摆在谭其骧的面前：由政协委员提案、经国务院批准，国家决定恢复60年代初中止的《中华人民共和国国家地图集》的编绘工作；其中《历史地图集》的主办单位中国社会科学院提名由他担任总编辑，主持图集的编绘。当时他已年过七十，不少友人劝他不要再承担这样大的集体项目，历史系杨宽教授直截了当地对他说：“我的经验就是不参加集体项目，这些年才能写出几部书来。我劝你不要再揽这样的事，把来不及写的文章写出来。”但他还是毅然受命。

1982年12月14日,《国家历史地图集》第一次编委会在北京中国社会科学院近代史研究所三楼会议室举行。社科院副院长张友渔任编委会主任,谭其骧、侯仁之、史念海、夏鼐、翁独健等任副主任,谭其骧兼任总编辑。谭其骧提出了编纂方案,会议初步确定了图组的设置和工作计划。此后,几乎每年都要举行一次编委扩大会议,并陆续完成了一批图稿。

但工作开始以后,就遇到了在编绘《中国历史地图集》时从未有过的困难。

首先是经费奇缺。国家只拨发了少量经费,随着物价的上涨,更显得杯水车薪,难以为继。不仅分到各个图组的经费极少,连支付绘图费都不够,就是他这位总编辑能使用的也相当有限。为了节省经费,他到北京开会和审稿时经常住在近代史所招待所的一间平房内。白天电话常打不出去,晚上总机下班,电话又接不进来。每天只有晚上供应几个小时热水,而此时一般都来客不断,等客人走后热水早已断绝。食堂供应时间也很短,有一次金冲及和另一位客人来看他,刚坐下食堂就来催他去吃饭,因他行走不便,出门去饭馆更难,只能下逐客令。金冲及是熟人,就陪他去食堂,等他吃完后再谈,另一位客人只得告辞。他一位亲戚、民盟中央副主席叶笃义来看他,不禁大吃一惊:“你怎么住在这样的地方?你们做这样重要的工作,不能找一个好一点的地方吗?”

《国家历史地图集》的编绘人员虽然几乎包括了国内各主要单位和历史地理学界的大部分同行,但大家同时承担的科研和教学工作很多,国家重点项目也不少,不可能集中精力于这一项。由于图集涉及历史自然和人文地理的各个分支,许多图组很难找到可以利用的成果,在国内外也都没有先例可循,前期研究的任务很重。这与当年编绘《中国历史地图集》时要人有人,要钱有钱,一路绿灯,编绘内容又集中在疆域政区,他以四五十岁的盛年驾轻就熟的情况实在不可同日而语。但谭其骧还是亲自拟订图组和大部分图目,审定各种工作条例和文件,主持历次编委会和工作会议,审阅了大多数已完成的图幅。特别是在保持和提高图幅的质量方面,他总是认真考虑、反复推敲,竭尽全力。

1990年4月5日至7日,谭其骧最后一次在北京主持图集的工作会议,常常显得精力不济,所以我与中国社科院科研局的高德(现任《图集》编委会秘书长）商定，下一次会议时不再请他到北京去，我们可以随时用电话请示。他得知后对我说："从1982年以来，编委会副主任中已经走了夏鼐、翁独健，我也不会等到图集出全的，但希望能看到第一册。"他还不止一次对我说过："现在大家对《中国历史地图集》的评价那么高，老实说这是因为以前没有。但这毕竟只有疆域政区，称历史地图集是名不副实的，只有《国家历史地图集》搞出来了才能算数。这件事情完成了，我这一辈子也就不白活了。"我深知，他把编绘出一本足以反映我国历史自然地理和人文地理研究成果的、世界第一流的巨型地图集当作他一生的最终追求，作为他对祖国、对学术的最后奉献，明知不可为而为之，一切困难和个人的利益早已置之度外了。

在这次会议期间的4月6日下午，考古研究所请谭其骧去参观近年新发掘的文物和妇好墓出土的骨器、铜器。因为考古所与近代史所仅一墙之隔，我扶着他从边门步入考古所的一座院落。这时，高德说："谭先生，这就是新塑的夏鼐先生的铜像。"谭其骧抬起头来，猛然见到老友熟悉的面庞和神态，霎时间变了脸色，他向着铜像深深地鞠了一躬，立刻涕泪横流，竟一连不停地鞠了几个躬还不停下。我和高德赶紧扶他进屋，他双脚颤抖，无法跨过这座老式厅堂的门槛。坐下后好一会，他才平静下来，对我说："铜像真像，我就像见到了他。"我知道，夏鼐是他的好友，也是一位诤友，他们之间有很多共同语言，但在学术问题上从来是互不相让的。夏鼐也是《国家历史地图集》编委会副主任，生前对由考古所承担的任务十分重视，并多次与谭其骧讨论过传说社会是否能上地图和如何上地图的问题。夏鼐逝世时，我正在美国访学，谭其骧在给我的信中写下了他的哀痛心情。现在骤然见到他的形象，难免不使他受到震撼，失去自制。

在谭其骧重病卧床的十个月间，已经无法说话或写字，每当我们向他提到《国家历史地图集》或给他看高德的来信时，他常常号啕大哭，不能自已。我将《图集》编委会主任张友渔同志逝世的消息告诉他时，他更是久久不能平静。只是在我从北京回来，告诉他《图集》第一册的图幅已大致完成，可以转入设计时，他才露出欣慰的笑容。弥留之际，我对着他耳朵大声说："你放心，我们一定把《图集》编出来。"我不知道他究竟能不能听到，但我相信这一定是他最愿意听到的话。

可以告慰于谭其骧的是，经过种种曲折，《图集》的经费终于有了着落。在全体编绘人员的努力下，三册中的第一册已经完成设计清绘，第二册已经交付设计，第三册的图幅已基本完成，这部有一千余幅地图、对开本三巨册的历史地图集将在近年出版。

“我还是要说真话”

1989年12月21日下午，谭其骧应邀参加在复旦大学召开的“儒家思想与未来社会”国际学术讨论会的闭幕式，并在会上发言。他本来不想参加会议，更不想讲话，他对我说：“我不懂，难道中国的未来要靠儒家思想吗？”会议组织者再三说明是自由讨论，并欢迎他发表意见，他才决定去讲，他说：“我还是要说真话，绝不说假话。”我知道他的观点，在当时的气候下，免不了为他捏了一把汗。

果然，在短短几分钟的讲话中，他直截了当地声明了自己的观点：

在我的脑子里，儒家思想和未来社会扯不上关系。一定要讲两者有关系，是违心之论。

儒家思想是发生在二千四五百年前的一种学问，当时社会不管是封建制也好，奴隶制也好，领主制也好，总而言之，与现在大不相同，与未来更没有什么关联。儒家思想是历史上的一种思想，我们只能把它摆在思想史中去研究，历史地对待。孔子以后，历代都有儒家思想的发展，比如两汉经学、宋明理学，我们都应针对当时社会的情况来研究、分析。在当时的社会背景中，分析它们到底是先进的还是保守的，革命的还是反动的。

历史上儒家思想盛行的年代很多，政府提倡，士大夫也都读儒家的书。但儒家思想对当时社会究竟发生什么影响，我看不出。要把儒家思想和未来社会联系起来，是不是有点功利主义？把历史上任何思想拿到现代功利主义地对待，都不会有什么正确的结论。“四人帮”搞批林批孔，把儒家思想批得一文不值，就是一种功利主义态度，目的是想有利于他们篡党夺权。“批孔”当然不对。近年又有人认为儒家思想似乎有利于当前的社会，有利于改善道德状况和社会风气，从而出现尊孔崇儒的倾向。我认为这也是一厢情愿，是办不到的。

二千多年来，历史上崇儒的时代很多，但崇儒起过什么作用呢？我看没有，汉武帝“独尊儒术，罢黜百家”，但西汉政权不能因为尊崇儒家而得以巩固下去，反而让一个经学大师王莽篡夺了权位。东汉号称是儒学炽盛的时代，但中叶以后政权都在宦官、外戚手中，国事日非，终至于引起黄巾起义，然后军阀割据以至于灭亡。宋朝儒学也很盛，但它对宋代也没帮什么忙。宋朝一代是积贫积弱，统治阶级陷于党争，终至于亡于金、亡于元。明代阳明之学盛极一时，但有人形容当时的官都是贪污的，所有的手都不干净。这就是大讲儒学的结果。

我认为中国之所以曾长期持续发展，汉族之所以长期屹立于世界民族之林，这主要是因为长期吸收各种文化，兼收并蓄，不排斥其它优秀文化。我们今后应继续遵循这条道路，推进中国文化在新时代、新形势下的健全发展。我们应大胆地吸收外国的优良文化。建国以来我们学习了马列主义，马列主义就是一种外来文化。但我们的毛病是没有学到家，而且长期地分不清什么是真正的马克思主义。因此，我们四十年来有成功的一面，也有很不小的失误的一面。

我们不能搞民族虚无主义，如《河殇》把中国的落后完全归结于黄河、长城。“全盘西化”是行不通的。但现在又有人说《河殇》否定传统文化，所以我们要肯定传统文化，甚至以为传统文化就是儒家思想文化，那同样是讲不通的。现在如要提倡儒学，事实上已经回不到孔子那里去，倒很可能回到明清时代的程朱理学、陆王心学那一套东西上去。明清时代的社会，是《金瓶梅》里面反映的社会，是《儒林外史》《二十年目睹之怪现象》等里面反映的社会。这四十年来，一些提倡传统文化的人，总是强调以前中国比外国强，中国的落后应归结于帝国主义的侵略。其实中国落后于西方至少已有五百年历史，远在鸦片战争以前。中国的落后只能怪自己。二十世纪只剩下十年了，假如还要提倡儒家文化，拒绝接受他人的优秀文化，那后果是不堪设想的。

“全盘西化”是根本行不通的，同样，儒家思想文化也救不了当前的中国。

与会学者报之以长时间热烈的掌声，上海社科院历史研究所研究员唐振常还当场起立说：“谭先生说的话，是我们大家想说而不敢说的。”当然这并不是说每个人都同意他的观点，但他坚持追求真理、坚持不说假话的崇高人格赢得了大家的尊敬。

超 越 死 亡

那是在1988年2月1日，谭其骧在北京开完了《国家历史地图集》工作会议，利用一天的空闲时间访友。上午10点，我陪他到了后拐棒胡同周有光家。周有光和夫人张允和热情款待，张允和还抱怨谭其骧不早一点通知，好让她有个准备，现在弄不出什么菜吃，实际上午餐时几款精美的菜肴使大家吃得津津有味。他们是相识30多年的老朋友，我也已随谭其骧去过周家很多次，所以他们谈得很自在。

谭其骧告诉他们，今天是他脑血栓发病十周年，大难不死，还能来访友，很高兴；还说："今天到你这个寿星家来，也好图个吉利，多活几年。"周有光听后哈哈大笑，说："你错了，我只有3岁。"面对我们的惊奇，他徐徐道来："我过了80岁生日，就宣布旧的周有光死了，我已经获得了新生，新的周有光只有3岁。所以别人过了80岁就在担心还能活几年，在数日子，我过了80却从头算起，这些年都是额外得来的，还能不高兴吗？"随后，他兴致勃勃地给我们看海外一本杂志封面上他和张允和的大幅合影；还在一台电脑文字处理机上作操作表演，边打出一串串词组，边解释使用汉语拼音输入的好处；他的言语、动作和思维真使人难以与一位83岁的老人联系起来。

归途车上，谭其骧十分感慨，说："周先生真了不得，不但身体好，心境也不同一般人，肯定能活一百岁。不过，要像他那样算法，我也已经赚了十岁了。"当时，还差24天他就满77岁了。

1988年7月26日，我随谭其骧去北京出席中国史学会代表大会，住在京西宾馆351室。当天和27日，他午睡都没有入眠，出外开会早上又不能晚起，晚上他却无法早睡，所以感到很疲倦。但他兴致仍然很高，有客人来访就聊得很高兴。28日，他早上7点就起身了，8点半参加全体会议，10点半参加第二小组的讨论，当天的会议至下午近6点结束。回房间后，文物局文献研究室的景爱在等他，请他为一项基金申请签字。晚饭后在室内填写大会选票，7点去投票，然后到三楼会议室参加主席团会议，十多分钟就结束了。回室后，白寿彝来访。他们已多年不见，见白寿彝已不良于行，谭其骧不胜感慨。白寿彝说："明年是建国40周年，我们都是75岁以上的老人了，我想约老人合出一本论文集。不是不要年轻人，他们以后机会多得很。”谭其骧说他的主意很好，只是自己太忙，恐怕不一定能完成。谈了一回，白寿彝在助手搀扶下缓缓离去。谭其骧说：“那年（1981年5月）在香山别墅开民族关系史会，我已用拐杖了，白先生多精神。可是岁月不饶人，还是周一良说得是：老健不足恃。”（这是周一良给他的一封信上引用的几句古语之一，另三事是春寒、秋暖、君宠。）正说着，洪廷彦和郦家驹来了，不久周振鹤也来了。谈到10点，洪、郦先告退。周也要走，谭其骧说：“早了也睡不着，可以再坐一回。”近11点周振鹤走后，他在沙发上休息。我见他颇有倦意，劝他早点睡了，他说还是做完功课吧，所谓功课就是每天的日记、睡前的一套自编的健身动作、吃安眠药。其他事情我都可以代办，唯有这三样却无能为力，他的药品种很多，不同的情况有不同的吃法，所以从来就是他自己从各种瓶中、包中配全，我的任务就是备好开水。

吃完安眠药，已经快12点，他说昨天没有洗澡，还是洗个澡吧。见他坚持，我就做好准备，让他尽快入浴。平时他出入浴盆时，都是由我一手拉住他有病的左手，一手托在他右边腰上，他自己用健康的右手拉住浴盆旁的扶手慢慢坐下或站起。可是那天洗完澡，我刚将他扶起，他的右脚就打滑，站立不稳，我立即跳下池中，双手抱住他后腰，又用左脚将他的左脚顶出浴盆，好不容易才使他跨到地下。我说：“你先上床，我把毛巾传出来擦身。”他说：“洗把脸再出去吧。”才走到脸盆前，他的脚向前滑去，人向后倾倒，我一把将他抱住，不知哪里来的力量，将他抱进房间，放在床上。这时，他的脚还垂在床外，我却再也没有气力挪动他的身体了，就拉过一把椅子将他的双脚搁上。

我知道这次会议配备着中央文献研究室的保健医生和急救药品，马上拨通了电话。放下电话，我奔到走廊上，见三楼会议室还有灯光，原来是姜义华等人在计票，见我惊呼，立即赶来。这时谭其骧已完全失去知觉，医生打了急救针后，他开始说胡话，我只听他提到了“毛主席”“林彪”“文化革命”等含糊不清的词语。医生说最好不要让他昏睡，我们不停地呼唤他，但他还是毫无反应。后来又说胡话了，过了一会我听见他叫他媳妇的名字，又说“葛剑雄怎么还不来”？我马上答应，但他又睡着了。这时救护车已到，大家拥着担架上电梯，送往解放军301医院。

在去医院途中，他似乎有了一些知觉，问我现在什么地方，我说刚才你不大舒服，我们送你去医院检查一下。在急诊室，他慢慢清醒过来，但一点不知道刚才发生的事情。医生作了检查，没有发现明显的后遗症，而脑部的检查一时又无法做，看一时没有危险，就开了一些药，建议先回宾馆休息。听了他的病史介绍后，医生严肃地对他说："老同志，不能再这样工作下去了。要不你连现在的情况都保不住啊！"

回到房间已2点多，他很快入睡了，我却怎么也睡不着，深恐因自己不能及时发现新情况而耽误大事。4点钟后，我见他呼吸均匀，睡得很安详，才上床睡觉。第二天早上他对前一夜发生的事基本没有什么印象，只依稀记得到医院后的事。我与在场的人约定，为了不给他造成心理影响，不要把事情说得过于严重，只说是由于洗澡引起头晕，等回上海作详细检查后再说。他则认为是由于安眠药吃早了，因为平时都是先洗澡，再吃药，吃完药就睡觉了。上午10点钟医生来打针后，他就又去听大会报告。金冲及等人见后，再三劝阻，他才回房间休息。

我们原定在这次会后直接去哈尔滨，参加在黑河召开的《东北历史地理》审稿会和黑龙江地区的考察。这是一个他很关心的项目，因为从开始到完成初稿，他已作过多次指导，他一直认为，东北地区历史地理研究的空白应该尽早予以填补。他与项目主持人、辽宁省社科院历史研究所的孙进己还有过一段特殊的交往。孙进己虽然长期享受"右派"待遇，对历史地理和民族史的研究却不改初衷。粉碎"四人帮"后，他调入辽宁省社科院，在谭其骧的指导下组织一批东北学者，开展了一系列的东北历史地理研究工作，并获得国家社会科学基金的资助。因此谭其骧坚持要按原计划在会后去哈尔滨，我们只能以买不到车票为由使他返回上海。

回上海后，我即经沈阳去哈尔滨，将他的意见带给审稿会，行前将在北京发生的事情原原本本告诉了他的子女，要他们立即安排他作检查。8月9日，原定下午3点去八五医院作血液检验，但到了时间学校的车不来。打电话给汽车间、校长办公室，还是没有车来，汽车间接电话的人甚至说"复旦大学的老教授又不止你一个，派不出车又有什么办法"。10日上午用出租汽车公司的"特约用车卡"叫来出租车去医院，医生当场就说他的血凝度高，每年要住院休养一个多月。回家时又叫不到车，只能挤上56路公交车。

8月10日上午，得知他验血的多项结果都超过正常，下午就去华东医院做核磁共振检查，医生发现除了右脑有陈旧性血栓外，左脑也有5毫米血栓，要他立即住院。这说明，那天晚上，死神的确曾经逼近过他。经过三个疗程，到9月

19日他才出院。

1990年6月16日下午，谭其骧感到两脚无力，6点钟送走客人后，他发现走路相当困难，吃晚饭时右手几乎握不住筷子。晚饭后家人送他去华东医院检查，值班医生检查一下后说没有什么问题，但回来后他发现连握笔都已十分困难。他改而看书，到2点3刻睡觉。第二天上午他看到昨晚写的字，自己都辨认不出，步履也更艰难，下午又去华东医院，医生见状立即将他送进病房。第二天，我们闻讯赶去，只见他原来健全的右侧也已麻痹，右手无法握笔，连翻身都不能自主。我将一支圆珠笔夹在他手上，请他签了个名，他写不成字形。走出病房门后，我与邹逸麟都感到了事态的严重。19日病情继续加重，我问医生还有什么可能，他说什么事都可能发生，现在没有脱离危险期。

他自己却没有那么悲观，坚持每天记日记，尽管开始几天所记的连字都分不清。6月29日，他开始用筷子吃饭，以便使右手得到锻炼。并在护工的帮助下起床走路。7月4日，他自己用皮围车帮助走到了走廊另一头的护士室。7月28日，医生同意他出院，但要他在家里休息一两个月，并且应注意千万不能第三次中风，还给他规定了五条：1. 不能被动吸烟；2. 血压应保持正常，勿高

1990年于上海淮海中路寓所

勿低；3. 体重不能再增加；4. 不能睡得太晚；5. 工作不能劳累。8月25日，医生又查出他有糖尿病，要他不吃糖。但他的糖尿病并没有控制住，以后成为他临终前并发症的一种。

当时他写字和走路仍很困难，我们都担心他还能不能出席将要在11月份举行的“庆祝谭其骧八十寿辰暨从事学术活动六十周年国际中国历史地理学术讨论会”，他却信心十足地说：“我不能坐在轮椅上进会场。”奇迹终于出现了，他不仅自己走上了开幕式的讲台，而且顺利地宣读了主题报告。

在16日的闭幕式上，谭其骧要求在散会前发言。根据会议规定，临时报名发言，不得超过十分钟，掌握闹钟的研究生问我到时要不要打铃，我说照样打。谭其骧说：这次会议的论文中有不少好文章，可以改正《中国历史地图集》中的错误，希望大家对《图集》多提意见，也为《国家历史地图集》的编绘提供素材，还举了几个例子。他的话音刚落，铃声恰好响起，会场上爆发出异常热烈的掌声，大家不仅在赞扬他虚怀若谷、对事业极端负责的精神，也为他驾驭自如的讲演能力、清晰的思维和条理所折服。但我心里明白，虽然他又一次拒绝了死神，却已经付出了太多的代价。

1991年6月23日，我随谭其骧乘9时20分的飞机去北京，参加中国科学院学部增选新委员的大会，住在京西宾馆新楼507室。前一天晚上他12点半睡觉，这是比较早的，却终夜没有入眠。吃完午饭已经较晚，他想午睡，又没有睡着。当晚没有客人来，他为《安阳社会科学》杂志起草了一份题词，说要早点睡，11点过后开始坐在写字台前记日记，吃药。我坐在床边等他，他说马上就好，过了一回再叫他，却没有答复，一看，他竟坐在椅子上睡着了。我叫他，摇他都不见动静，知道情况不妙，一边抱住他身体，防止倒下，一边拨通电话召来医生。会议领导和医生立即赶到，大家抬着他放在床上，情况与1988年那一次相似，但没有说胡话。送到301医院后，他又醒了。我自然比上一次更紧张，我知道自己完全没有能力帮他抵御死神，连发现预兆的能力也没有。但即使发现了，又能做什么呢？医生不早就发出警告了吗？但能使他完全休息吗？

第二天，科学院张玉台秘书长等与他商量，要不要提前回去休息，考虑到这次提名和投票至关重要，他没有同意，他们只能要我随时注意，小心照顾。6月30日晚上回到上海后，他似乎不愿意谈论那天晚上的事。友人与学生们不时劝他珍惜身体，细水长流，他对我说：“我何尝不知道休息，不知道保命？但活着不工作，或者不能工作，又有什么意思？”工作早已成了他生命中不可或缺的部分，成了他不可取代的、或许是唯一的乐趣。他心里是清楚的，留给他的时间已经不多了。他曾坦然地与我谈到了死亡，说："我不像周有光，是活不到90岁的。我不会等到《国家历史地图集》出版，但希望多活几年，看到第一册出版。"

经常在他身边的我感到他的精力和体力都明显地衰退了，那天晚上的事更使我产生了一种不祥的预感，他还有多少能力驱赶日益逼近的死神？我不敢多想，但又不敢不想。我曾经与他的大女儿谈过，她问我能不能有便时间一下他对身后的安排，我也有这样的想法，但得找到合适的时机。

于是我加紧了《长水集续编》的整理选编，在9月间打印出了一个目录请他审定。10月初，谭其骧打电话给我，问我哪一天可以在上午去他家，并说白天家里没有人，中午可以在他家吃饭，这样可以有时间谈些事。因为白天交通拥挤，从复旦大学往返淮海中路他家往往得花好几个小时，我一般是晚上去的。我意识到他肯定有重要的事要我办，就约定了时间。7日上午9点多我到他家时，一向晚起的他已经端坐在客厅的沙发上。果然，他郑重地向我交代了捐资2万元，作为设立一项资助历史地理研究的基金的首批捐款，委托邹逸麟与我管理；他要求我们务必对捐款的来源保密。他还谈了对身后事的安排，包括骨灰撒海的意愿。他说："我告诉过他们（子女们），我死了后将骨灰撒在海里，她（李永藩）的也一起撒掉。"我尽力用理智克制情感，认真记下他的嘱咐，并请示了一些细节问题。

其实在两年前谭其骧就与我谈过，想捐一笔钱资助历史地理研究。他说："看到现在中青年做研究这样困难，《历史地理》出版一拖再拖，我很不安。我没有什么积蓄，但还能拿一点出来。你替我想个办法，怎样捐出去帮助大家。"我知道他因长期主持集体项目，个人论著不多，稿酬有限，而他病后家中开销颇大，1981年李永藩也中风瘫痪，直到1985年去世，护理、保健和保姆的费用一直是不小的负担。所以我几次劝他把钱留下，以待不时之需。但这次他却说："我的时间不会多了，等我走了，恐怕你不一定办得成。""我知道这点钱做不了什么事，如果我不死，以后还可以捐，你们也替我想想办法扩大基金。"我自然没有任何不接受的理由了。他拿出一个存折，让我去淮海路储蓄所取出，又加上原暨南大学学生、香港大学高级讲师章群去年作为寿礼赠他的一笔钱，合计7 000元，作为第一笔捐款。

午饭以后，他拿出《续编》目录稿，告诉我已想了几个栏目。我看到在

《秦关中北边长城》一条后面写着“四毋斋丛考”，旁边的空处还写着“方志论丛”。他说可以将补白一类编在一起，名为“四毋斋丛考”，取孔子“毋意、毋必、毋固、毋我”(《论语·子罕》)之意。又说:“这几年有关方志的文章倒有好几篇，可以编为‘方志论丛’或‘地方史志论丛’。”“有几篇文章是不是可以合为‘悼念故旧’，但这个名称不大好，你帮我再想想。”“集子的名字也不一定再用《长水集》，可以换一个，但我一时还想不出，以后再说吧。”

还讨论的一个问题，就是《续集》要不要收他在编绘《中国历史地图集》过程中所写的考释文字。原来在编绘工作基本结束后，研究室已经将大家写的释文一起汇编装订了，除供同人因工作需要查阅外，还准备进一步整理出版。1981年我刚当他助手时，就已经开始抄录他所写的释文，以便他修改增补后可收入《续集》。但考虑到如果将他所写的释文单独整理，先行发表，必定会影响其他释文的顺利出版，他就要我停止抄录。尽管所里的整理计划因种种原因未能实行，那天他还是要我不要急于将释文收入，先与所长邹逸麟商量一下。

几天后，我根据他的意愿起草了一份“捐资意愿书”以及邹逸麟与我的“接受委托书”，将它们同修改后的《续编》目录一起邮寄给他。18日中午12点多，他打电话到所里来找赵永复，正好由我接到，告诉他可以由我转告。在谈完其他事后，我问他信收到没有，他说:“收到了，你什么时候来我就签字。目录也没有什么意见，就这样编吧。”我与他约定第二天(星期六)晚上去取回这两份文书和目录，并与博士生王振忠一起去听取他对王的博士论文的意见。可万万没有想到，就在放下电话不久，他在餐桌上突发脑溢血倒下，从此直到次年8月28日去世，再也没有能够说过一句话，写过一个字，这次电话成了他对我的最后嘱咐。

从他留下的日记中，我看到了他最后几天的工作记录：

10月13日是星期天，上午他接待了曲友陈宏亮，抄录了明清谢氏籍贯，这是为了给河南谢氏研究会写一篇短文。下午午睡后所里教师满志敏来访。晚上写信答复博士生靳润成，未写完，至3点3刻。

14日，白天将信写完。晚上写信给他北京的弟弟，至2点3刻。

15日，白天翻书，晚上9点客人走后看了一回电视，记古人名字，至3点。

16日，下午接待上海市地方志办公室的何惠明。查《元和姓纂》和《通志·氏族略》，发现对谢城的故址有山东宁阳一说，而《左传·昭公七年》又载谢息是孟孙氏臣。晚上又看了些积下的报刊,至3点。

17日,白天查找《两汉不列传人名韵编》,晚上对《青田县志》提意见,至3点。

他的日记至此永远结束了。

18日中午给我打完电话,他一个人坐在餐桌旁吃午饭,这时已经1点过了。到1点半他突然从座椅上向右侧倒在地上,保姆慌忙拉他起来,但拉不动,赶紧叫来对门楼上的邻居帮助,才将他扶到沙发上,同时打电话叫来他的子女,叫救护车送至华东医院。这天是星期五,医院下午政治学习,医生护士大多外出看电影。值班护士询问后说他是摔倒的,应该送外科;但又有人说他是脑血栓的老病人,应该送神经科;在走廊等了近半小时,还没有医生出来。他的小女儿给我打电话,我正在参加政治学习,总支书记牟元珪从九楼奔下来,说谭先生女儿来电话,谭先生已昏迷不醒。我到总支办公室拿起电话,传来她女儿的哭诉:"爹爹已经完全昏迷,现在在华东医院走廊,没有人管。"这时电话中传来一位女士的声音:"谁说没有人管的。"原来此时正好白杨等名流来看病,见此情景指责值班护士不负责任,谭其骧随即被送进急诊室抢救。

我打电话到校长办公室,没有人接,我意识到正是政治学习时间,办公室不会对外办公。于是我骑车到行政楼前,校办果然大门紧闭。我高声打门,惊动了在二楼开会的校办人员,立即调来汽车,要我快去医院。等在校门口的牟元珪和邹逸麟一同上车,到医院时约4点,谭其骧刚做完核磁共振检查被推回病房,完全不省人事。我们得知,经常为谭其骧治病的医生们已经赶到。不久医生召他的子女和我们去办公室,告诉我们已确诊为脑溢血,发出了病危通知。上海市政协主席、复旦大学顾问谢希德教授每天来医院照料久病的丈夫曹天钦,闻讯后到病房看望,并找了医院院长,请他们全力抢救。

他住的是一间三人病房,另外两位是久病的中风病人,伴有痴呆,经常大叫大嚷。他的病床面窗,窗外是锅炉房,机器轰鸣声日夜不绝于耳。我们要求医院换一间单人病房,但院方也有难处:来此住院的都是局级干部和为数不多的老年知名知识分子,大家都是照顾的对象,医院病房又紧,照顾了这个,不能不照顾那个。几天后此事反映到市委书记吴邦国那里,在他的干预下,医院才将谭其骧换到朝北的一间单间。以后,对他的治疗和护理费用方面的问题,吴邦国又作了批示:"对有特殊贡献的谭教授应予特殊照顾,特事特办,以充分体现党的知识分子政策,体现尊重知识,尊重人才。有的同志可能担心攀比问题,但学术和贡献上又有哪位可与之攀比呢?"市委副书记陈铁迪也作了指示。

最危险的两星期过去了，尽管谭其骧又一次延长了生命，但除病情比较稳定以外，没有出现任何好转，他有时能睁开眼睛，眼珠也能转动，脸上似有表情，但不会说话，左手和两脚不能动，只有右手还能作幅度不大的运动，能握紧并有一定的力气。他原来是脑血栓，为了防止脑血管堵塞，要采取疏通的办法；但这次出现的是脑溢血，为了使破损的血管愈合，却要采取堵的办法；医生很难找到两者兼顾的治疗方案。至于功能的恢复，医生明确表示已经没有希望。

但谭其骧还是顽强地生存着，病情渐渐稳定下来，一些功能居然慢慢恢复了：他开始听他爱听的昆曲录音，有时护工以为他睡着了，把录音机关掉，他嘴里就会发出啊啊的声音，重新打开后才平静下来。熟人来了，他会紧紧拉住人家的手不肯放开，常常激动得号啕大哭，在平静下来后脸上也会出现笑容。他不能说话，但对我们问他的事有时也能微微点头或摇头，来表示他的意见。最使我们感到宽慰的是，在他精力较好时，已开始用原来瘫痪的左手夹着报纸阅读了。这使我产生了一线希望，这次或许他又能战胜死神了。

听到他的病情后，周有光在电话中对我说："告诉他，这是自然规律，要坦然处之。"我附着他的耳朵，将周有光的话告诉他。或许他听到了，或许他根本没有听懂，或许他已没有接受能力，但即使是这样，周有光对生死的达观态度在几年前已经给了他深刻的印象，或许正是支持他与死神抗争的潜在意识，或许会使他坦然迎接死神的到来。

1992年2月3日是农历除夕，晚饭后我去医院看他。病房区显得格外安静，能出院的病人都回家了。他安详地睡着，录音机里放着昆曲，隔壁病房的老护工告诉我，家人将护工接回去吃年夜饭了，托她临时照顾。我坐在床边，他醒了，我说："谭先生，今天是除夕，我来和你一起过年，祝你新年好。"他听着就哭了，但很快又笑了，紧紧地拉着我的手。我们就这样紧握着手，在宁静的病房中辞旧迎新。14年前第一次在医院见到他，一次次聆听他的教诲，一次次跟随他参加各种学术活动，这些情景一一浮现在眼前，我知道今后再也不会有这样的机会了。或许他现在也在回忆往事，或许他已经没有回忆的能力，但他的手分明紧握着我的手，无论如何，他需要和我在一起。我说不出是伤感，还是欣慰，但只要他的需要得到满足，我也同样感到满足。他又睡了，我还是握着他的手，怕他醒来找不到我，直到他的子女和护工回来。

2月22日下午，周振鹤和我去看他，祝贺他即将到来的82岁生日（2月25

日）。那天他的精神较好，我告诉他我已着手作写他传记的准备，他含笑点头。3月7日下午，我问他到时能不能查阅他的日记，他也点头同意了。这几天，护工开始喂他喝一些酸奶和蛋糊，他白天醒的时间越来越多，不像以前基本都是半睡半醒。在四月间，他先后看了吕东明（他在浙大时的学生和助手、离休干部）、张遵骝（中国社科院近代史研究所）和侯仁之的来信，也看了一些报刊上的文章。但右手和右脚越来越僵直，肌肉萎缩，复原无望。有一次我将一支笔夹在他的右手，拉着他的手在纸上划，才划了几下，他的手就松开了，并且再也不愿意握笔。医生的病情报告也始终没有令人乐观的迹象。

五月初，华东医院组织了一次会诊，医生们的看法是他年事已高，又是多次发病，恢复是没有希望的，能维持现状就不错了，所以没有提出什么具体的治疗方案，只开了一种药，因为是进口的，一时无货，没能用上。医生检查时发现他咽喉部位仍无知觉，恐进食时不慎进入气管发生意外，要求停止对他喂食，全部依靠鼻饲。

在春夏之交，医生的估计似乎显得过于悲观了。有一次他拿着报纸看了很久，显得很兴奋，护工以为他看完了，要将报纸拿掉，他不肯，并且继续盯着报纸的一角，原来上面登着他的老友谈家桢访问台湾的消息。记得在一次闲谈中他曾经说："别人要我访问美国，我不想去，不会说英语，大家都不方便，去干什么？但台湾是应该去的，我想今后也会有机会。"怪不得他看到这条消息会如此激动。以前他看报纸，我们还不知道他究竟看懂了没有，这次使我们相信，他的确是在看，而且看懂了。白天他有很长时间坐在轮椅上，还让护工推着到院子里转，在医院门口他看着外面的马路久久不肯回来。

但奇迹没有再出现。到了8月初，他连续体温偏高，用药后也降不下来，肺炎、糖尿病等多种疾病并发，开始几天还能看看报纸，不几天就精力衰竭，整天昏睡，呼吸也出现困难。大约在22日晚上，我接到他病危的电话，请人报告了市委副书记陈至立。等我赶到医院时，医院已接到陈至立的电话指示，医生们正在全力抢救，但他们说，现在能做的只是延长他几天的生命。

8月26日晚上，他已经进入弥留阶段，嘴巴半张着，随着呼吸不断发出令人心碎的吼声，对别人的呼叫已没有什么反应。离开病房时，我意识到这很可能就是永诀，就对着他的耳朵，大声说着："先生，你放心，地图集的事，其他的事，我们都会做好的。"

28日零点刚过，他的长子德睿打来电话，我立即骑车赶去。1点1刻我走进病房，见谭其骧静静地躺在床上，困扰了他十个月的输液管、输氧管已经撤除，弥留的痛苦已经解脱，在零点45分，他走尽了人生的最后一步。

半小时后，周振鹤也赶来了。3点过后，他的遗体被白布包裹着送上灵车。我们推着灵车穿过寂静的院子，送他远行。德睿率领大家向他鞠躬告别，随着铁门砰的一声便人天永隔了。

一年后，我们在他的遗像和骨灰盒前献上一束金黄的菊花。第二天，他的子女护送他和李永藩的骨灰坛登上海轮，当到达长江口外的东海时，骨灰在夜色中被撒入大海。没有哀乐，没有仪式，没有传媒，没有外人，只有来自青藏高原、汇聚了半个中国的长江之水和连接着全球的东海之波，正敞开巨大的胸怀迎接这位中华民族的优秀儿子、我的老师，迎接他的回归，迎接他的永生。

谭其骧逝世了，但他超越了死亡。谭其骧离开了世界，但悠悠长水汇入了浩渺大海，他与大自然共存。谭其骧没有留下骨灰，但他的贡献长留人间，当后人翻阅《中国历史地图集》和未来的《国家历史地图集》时，当人们阅读《长水集》《长水集续编》和他的其他论著时，当中国历史地理学驰名于世界时，又有谁能忘记这个名字？

他与我永别了，但他永远在我的心中。

后　记

《悠悠长水——谭其骧传》本来是一部书稿，但在发排前却遇到了意想不到的麻烦。考虑到此事只涉及有关编绘《中国历史地图集》的后半阶段，为了能使此书尽快出版，我只能将书稿以1966年为界分为前后两部分，因而才有了前半部分的书名《谭其骧前传》。现在麻烦终于解决，剩下的书稿也得发排，但因有《前传》在先，这部分只能称为《后传》了。由于这并非事前计划，所以篇幅上也不相等，《后传》较《前传》为少。今后如有机会再版，我还是希望将两部分合为一册，以便于读者。

《前传》刚出版，即蒙先师故乡浙江嘉兴市图书馆的盛情，在那里举行了首发式。以后北京国林风书店和出版社又召开了出版座谈会，承蒙不少前辈和师友热情鼓励，发表了中肯的意见。黄永年、金冲及、胡绳武、先师的胞弟谭其飞等先生都指出了书中的具体错误；华林甫兄仔细校阅全书，摘出错字；使我深为感激，一定在再版时予以改正。

王锺瀚、王春瑜、先师的侄子谭德铨、缪元愉（缪钺先生孙子）等先生又提供了谭先生的信函和有关资料；陆灏兄为我搜集了《文汇报》在“文革”期间的《文汇情况》中的有关资料；安介生、张根福、董龙凯诸君也为我查核、复印资料，使我能在原稿的基础上对《后传》有所增补，理应向他们表示衷心的感谢。

本书的责任编辑陈丽菲女士，不仅从选题策划开始至书稿的修改校阅做了大量工作，还多次奔波于京沪之间，以促成《后传》的问世，她的作用已远远超过了一般的编辑。还有“丛书”的主编陈启能先生和华东师大出版社的前后两任社长洪本建和朱杰人先生，都为本书的出版做出了分外努力。但他们都将本书和这套丛书当作自己的事业，如向他们表示感谢倒反而有点见外，我只能铭记于心了。

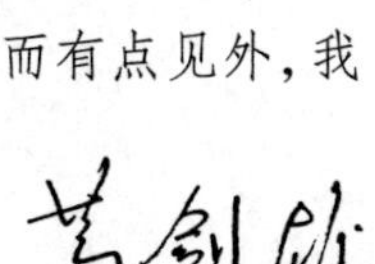

1999年3月8日凌晨，先师88周年诞辰后10天

再版后记

《悠悠长水》之所以分为前后两册,是因某部门根据失实的反映,在书稿发排前夕提出审稿要求。当时为不影响原定出版计划,不得不将未涉及“审稿”范围即“文革”前部分先行出版,书名也改为《悠悠长水——谭其骧前传》,此后部分只能称为《后传》。现在有重版机会,自然应该恢复原状,合为一书。

此次重版前,改正了《前传》《后传》出版后师友和读者指出的若干错讹,也根据近年出版的《顾颉刚日记》《夏鼐日记》等书和新发现的资料作了少量增补。孟刚弟每有发现,即为复印或拍照提供,出力尤多,合应致谢。

原书对部分相关人物、机构等注有“现状”,都是指笔者成书或初版时的状况。限于资讯及时间,再版前无法一一核对实际“现状”,一般只能保持原文,祈相关方面及读者谅解。

原书隐去了一些人名,除个别确系无法查考者外,其余一般都系“文革”期间的施害者或追随者,还有的是在政治运动中不得已说违心话做违心事的人,或者是当时还在世不便涉及其隐私的人。师友和读者一直希望我在再版时公开这些名字,或者要求公开目前已去世的人物。我考虑再三,除公开了一位已去世的人物外,其余仍保持原状。因为他们都不是公众人物,绝大多数也是“文革”等政治运动的受害者,当初了解他们的人无须我揭示其名,不了解的人即使现在知道了这些人名也没有意义。而且先师生前以德报怨,早已原谅了他们,至少不愿追究,我自应遵照他的遗愿。

葛剑雄

2014年6月

精简版后记

去年，文汇出版社建议为《悠悠长水——谭其骧传》出一个精简本，以适应更多非专业读者的需要。因此书已收入《葛剑雄文集》，目前版权属广东人民出版社。承蒙广东人民出版社慨允，得就原书简缩，编成此书。除作了一些文字精简外，主要删去了原书中纯学术部分如《从沿革地理到中国历史地理学》一章及一些引用的原文，以及反映传主所处形势、参加的重要活动和与他人关系的内容，如知识分子"神仙会"、与何光岳的关系等。

尽管结果还是略超过出版社约定的30万字，我却敝帚自珍，舍不得再删了，深恐有损于先师事迹与形象的完整性，只能请出版社格外关照。

葛剑雄

2017年5月30日